AF827717

Les relations monétaires franco-allemandes et l'UEM (1969–1992) : des ambitions aux réalités

Alain Coën

Les relations monétaires franco-allemandes et l'UEM (1969–1992) : des ambitions aux réalités

PETER LANG
Lausanne - Berlin - Bruxelles - Chennai - New York - Oxford

Information bibliographique publiée par Die Deutsche Nationalbibliothek.

Die Deutsche Nationalbibliothek répertorie cette publication dans la Deutsche Nationalbibliografie ; les données bibliographiques détaillées sont disponibles sur le site http://dnb.d-nb.de.

Publié avec le soutien de l'Université du Québec à Montréal (UQÀM).

Image de couverture : Pièce commémorative de l'ECU (European Currency Unit) introduit le 13 mars 1979. Crédits : Heritage Auctions, HA.com.

ISBN 978-2-87574-751-8
ePDF 978-2-87574-752-5
ePUB 978-2-87574-753-2
DOI 10.3726/b20332
D/2023/5678/12

Peter Lang Éditions Scientifiques Internationales - P.I.E., Bruxelles, Belgique

© 2023 Peter Lang Group AG, Lausanne
info@peterlang.com http://www.peterlang.com/

Cette publication a fait l'objet d'une évaluation par les pairs.

Tous droits réservés.

Cette publication, toutes parties incluses, est protégée par le droit d'auteur. Toute utilisation sans l'autorisation de la maison d'édition, en dehors des limites strictes de la loi sur le droit d'auteur, est passible de poursuites. Ceci s'applique en particulier aux reproductions, traductions, microfilms, ainsi qu'au stockage et au traitement dans des systèmes d'extraction électroniques.

Résumé

En 1969, dans une Communauté économique européenne (CEE) aux fondements déjà bien établis, et sous l'égide d'un néogaullisme assumé par la présidence de Georges Pompidou, l'Allemagne devient le modèle d'une France en quête de politique industrielle qui lui permettrait d'affirmer son rang sur l'échiquier international. Depuis le milieu des années 1960, le système monétaire international est fragilisé par l'endettement considérable des États-Unis. La France veut être à l'initiative d'une relance de l'Union économique et monétaire (UEM). Cette décision politique doit lui permettre d'adapter son économie et son industrie à l'instabilité grandissante du Système monétaire international. Comme le rappelait Jacques Rueff, « L'Europe se fera par la monnaie ou ne se fera pas ». L'action de l'économie française durant cette période qui court de la relance de l'Union économique et monétaire (décembre 1969) à la rédaction du Traité de Maastricht (février 1992), jalonnée par la mise en place du Système monétaire européen (SME : janvier 1979) et de l'Acte unique (janvier 1986), repose sur une volonté politique primordiale au service des relations avec la RFA, puis de l'Allemagne réunifiée. Les relations monétaires franco-allemandes ont pour but de promouvoir une Europe forte, maîtresse de son destin, et, d'une certaine façon, de revenir à une stabilité des changes. Le mythe de la stabilité de « l'étalon-or » a des acceptations différentes des deux côtés du Rhin. Si des études historiques récentes ont été consacrées partiellement aux conséquences de l'évolution des politiques monétaires européennes (et surtout françaises) sur l'intégration économique et monétaire dans la CEE, elles demeurent souvent centrées sur le septennat de VGE ou le début du premier mandat de François Mitterrand. La genèse de l'UEM est un processus dynamique long qui court de décembre 1969 à février 1992. En fait, les relations monétaires franco-allemandes englobent deux niveaux de décisions et d'applications. En premier lieu, sont à mentionner, les plus hautes instances politiques (présidence, chancellerie et ministères, mais aussi Commission européenne). En second lieu, interviennent les banques centrales dont le rôle quant à la mise en place et l'application des politiques monétaires est primordial. Cette dichotomie illustre l'avènement progressif du primat de l'économie sur la politique, perçu et analysé différemment en France et en Allemagne. Les attentes et les objectifs politiques et économiques divergent.Nous montrons dans cette étude que le processus d'UEM apparaît souvent comme un engrenage économique, où la politique cède le pas à l'économie. Les relations monétaires apparaissent asymétriques. Le pouvoir politique français a comme véritable interlocuteur le pouvoir économique allemand, représenté par la Bundesbank. Le « couple » franco-allemand est un mythe politique, français, que brise la libéralisation économique mondiale. L'UEM est, pour l'Allemagne, un moyen d'établir une Allemagne européenne au sein d'une Europe fédérale. En France, elle apparaît pour les gouvernements néo-gaullistes et libéraux comme un moyen de compenser une grandeur blessée, alors que les gouvernements socialistes donnent l'impression de l'utiliser pour compenser une idéologie en déroute. L'UEM parvient à la stabilité monétaire, mais en refusant l'Union politique européenne, proposée par l'Allemagne, la France laisse s'éloigner le rêve d'une Europe puissance et établit les bases une Europe allemande.

Mots-clés: Union économique et monétaire (UEM), Système monétaire européen (SME), Union européenne, politique monétaire française, politique monétaire allemande, Traité de Maastricht.

Abstract

In 1969, in a well-established European Economic Community (EEC) under the neo-Gaullist presidency of Georges Pompidou, Germany stood as a model for France, looking for an effective industrial policy and a recovery of its rank on the international scene. Since the mid 1960s the international monetary system had been weakened by the growing US debt. France wanted to be the leader of the economic and monetary union (EMU). This political decision was a means to improve its economy confronted with the instability of the international monetary system. As pointed out by Jacques Rueff, « L'Europe se fera par la monnaie ou ne se fera pas. »During this period, from the relaunch of the EMU (December 1969) to the Maastricht Treaty (February 1992), French economic action was based on a strong political will defined to reinforce the relationships with the Federal German Republic, and then the reunified Germany. The Franco-German monetary relationships aimed to promote a strong and independent Europe and to restore an exchange rate stability. The "golden standard" stability myth was viewed and understood differently in France and Germany. If recent historical studies have been partially devoted to the consequences of European monetary policies (essentially in France) on economic and monetary integration in the EEC, they focused on the 1974–1981 or 1981–1986 periods. The creation of the EMU was a dynamic process running from December 1969 to February 1992. Franco-German monetary relationships included two levels of decision-making. First, on the political level, there was the presidency, the chancellery, the European Commission and the ministers. Second, its counterpart, economic power. The latter requires analysis of the role played by central banks in the definition and application of monetary policies. This dichotomy illustrates the progressive transition between the political level and the economic level during the 1980s. The decline of politics and the primacy of economics were analyzed differently in France and Germany. Political and economic objectives and expectations were contrasted and divergent.

This study demonstrates that the EMU dynamic was an economic process where politics gave way to economics. Monetary relations were asymmetric. The real interlocutor of French political authorities was German economic power, represented by the Bundesbank. The Franco-German tandem was a political myth broken by world economy liberalization. For Germany, the EMU was a device to define a European Germany in a federal Europe. In France, it represented an illusory means to restore French primacy for conservative and liberal governments and a way of compensating a failing ideology for socialist governments. The EMU provided monetary stability, but the dream of a powerful and independent Europe vanished with the Maastricht treaty. Even as it rejected the idea of European political union defended by the German diplomacy, France paradoxically laid the foundations of a German Europe.

Keywords: European monetary union (EMU), European monetary system (EMS), French monetary policy, German monetary policy, Maastricht treaty.

Remerciements

Je tiens à remercier mon directeur de thèse, Monsieur le Professeur Samir Saul, qui a accepté de superviser mes travaux et a fait montre d'une grande disponibilité tout au long de mon parcours.

Je remercie également les membres du jury, Monsieur le Professeur Dominique Barjot, Madame la Professeure Deborah Barton et Madame la Professeure Régine Perron, qui ont bien voulu se pencher sur cette étude.

Mes remerciements s'adressent également à Messieurs les Professeurs Paul Létourneau, Michael Huberman, Bruno Ramirez, Christian Raschle, Thomas Wien, pour leur enseignement et leurs remarques ainsi qu'au département d'Histoire de l'Université de Montréal pour m'avoir accueilli.

Table des matières

Partie II Du SME au Marché unique (1979–1986) : de l'instabilité des politiques économiques à la nécessaire convergence

Introduction

En 1969, dans une Communauté économique européenne (CEE) aux fondements déjà bien établis, et sous l'égide d'un néo-gaullisme assumé par la présidence de Georges Pompidou, l'Allemagne devient le modèle d'une France en quête de politique industrielle qui lui permettrait d'affirmer son rang sur l'échiquier international. Une amélioration conjuguée de la productivité et de la compétitivité s'impose. L'appareil de production industrielle vieillissant à la fin des années 1960 semble de fait annoncer une rupture dans le modèle « fordiste » qui a permis le décollage de la société de consommation. Les entreprises françaises paraissent céder le pas face à leurs concurrentes ou partenaires allemandes. La France tend à développer un complexe d'infériorité à l'égard de l'Allemagne. Elle semble n'avoir ni confiance dans son économie ni dans ses entreprises. C'est le temps des « champions » industriels, voulus par Pompidou, et censés concurrencer les firmes multinationales américaines de plus en plus présentes sur le sol européen. Ce volontarisme économique permettra plus tard à Bernard Ésambert de qualifier Georges Pompidou de capitaine d'industrie[1].

Le Traité de l'Élysée scellant le rapprochement de la France et de la République fédérale d'Allemagne n'a pas répondu aux espérances qu'il suscitait. Incluant trois domaines politiques et stratégiques d'importance : les affaires étrangères, la défense et l'éducation et la jeunesse, il demeure « un lieu de mémoire centrale de la réconciliation franco-allemande »[2]. Dans les faits, seul le troisième volet a réellement permis au rapprochement franco-allemand de s'épanouir. Le rêve gaullien d'une Europe européenne, partagé par Konrad Adenauer, reste un rêve inachevé[3]. Les deux premiers volets géostratégiques devant conduire à une défense européenne, libre de l'autorité américaine, se

---

[1] Bernard Esambert, *Pompidou capitaine d'industries*, Paris, Odile Jacob, 1994.

[2] Corine Defrance et Ulrich Pfeil, *Le traité de l'Élysée et les relations franco-allemandes : 1945–1963–2003*. CNRS Éditions quatrième de couverture, Paris, CNRS, 2005.

[3] Pierre Maillard, *De Gaulle et l'Allemagne : le rêve inachevé*. Paris, Plon, 1990.

sont heurtés aux réalités de la guerre froide[4]. L'Europe gaullienne n'est pas l'Europe définie par la Traité de Rome, instituant la Communauté économique européenne. Cette divergence de perspectives sur les enjeux politico-stratégiques et économiques a connu son acmé en juin 1965 avec la crise de la « chaise vide » provoquée par la France dénonçant l'embryon d'un État fédéral. Les craintes et les méfiances suscitées dans les relations diplomatiques et économiques franco-allemandes par cet évènement restent fortes en 1969, malgré le compromis de Luxembourg (janvier 1966) et les politiques de collaborations industrielles franco-allemandes institutionnelles initiées de 1965 à 1969 (Bureau industriel franco-allemand (BIFA : 1965–1967) et Comité franco-allemand de coopération économique et industrielle (1967–1969)[5]).

1. De la nécessité de relancer l'Union économique et monétaire

1.1. Des partenariats industriels limités à une collaboration monétaire et financière

Comme le constate, Jean-François Eck[6], la coopération entre les firmes françaises et les firmes allemandes sur la période 1945–1969 reste réduite et affiche un bilan positif, mais décevant eu égard aux attentes. Trop souvent, dans un environnement économique, financier et politique fluctuant, les stratégies apparaissent indécises. Les entreprises françaises affichent une attitude variable en Allemagne, oscillant entre acceptation ou refus de la concurrence, essais de partenariat financier ou tentatives d'absorption, initiatives ou timidité dans les relations technologiques. Elles font montre, également d'une hésitation presque « pathologique » face à la présence conquérante des entreprises allemandes. Le poids du passé peut expliquer dans une certaine mesure les réticences persistantes sur la place de l'Allemagne en France et ne saurait cacher une certaine jalousie doublée d'admiration à l'égard du dynamisme qu'affichent les

[4] Georges-Henri Soutou, *L'alliance incertaine : les rapports politico-stratégiques franco-allemands, 1954–1996*. Paris, Fayard, 1996.

[5] Laurent Warlouzet, *Le choix de la CEE par la France : l'Europe économique en débat de Mendès France à de Gaulle (1955–1969)*. Paris, CHEFF, 2011.

[6] Jean-François Eck, *Les entreprises françaises face à l'Allemagne de 1945 à la fin des années 1960*. Paris, CHEFF, 2003.

entreprises allemandes dans le monde. Force est de constater avec J-F. Eck[7] que l'Allemagne apparaît comme un partenaire singulier, négligé par le patronat et trop longtemps méconnu. Si la politique industrielle revêt une place certaine au plan national, ce sont sur la monnaie et sur la politique monétaire et financière que vont dès lors se concentrer les relations économiques et financières franco-allemandes. Admiratif du « miracle allemand », mais aussi du « Bankenmacht », Michel Debré, ministre des Finances, est à l'origine de la réforme de déspécialisation des banques françaises : réforme Debré-Haberer (1967). Les pouvoirs publics incitent les banques françaises à s'inspirer de la structure bancaire allemande et de son fort niveau d'implication dans l'industrie, pour redynamiser l'économie française[8]. L'objectif est de se « rapprocher du modèle allemand »[9]. Des partenariats bancaires franco-allemands sont conclus afin de conquérir des marchés internationaux plus grands et plus lucratifs au cours des années 1960 et au début des années 1970. Ces collaborations apparaissent dans un contexte de stabilité financière menacée. Pourtant les partenariats et les rapprochements au sein d'institutions et groupements qui s'étaient intensifiés dans les années 1960 s'étiolent à partir du milieu des années 1970 et verront leur rôle diminuer à l'aube des années 1980. Les marchés monétaires et financiers dont le rôle et le pouvoir deviennent prépondérants s'affirment et modifient la structure du système économique et du capitalisme moderne dans son ensemble à travers la déréglementation, reléguant progressivement l'État au second rang.

---

7 Voir notamment Jean-François Eck, Stefan Martens Sylvain Schirmann, *L'économie, l'argent et les hommes. Les relations franco-allemandes de 1871 à nos jours*, Paris, CHEFF, 2009.

8 Hubert Bonin, « Les relations bancaires franco-allemandes (1900–1970) : admiration, guerre économique et coopération de voisinage », dans Eck *et al.*, *op. cit.*, Paris, CHEFF, 2009, p. 357–382.

9 Éric Bussière, « Les banques d'affaires françaises au XXe siècle », dans Maurice Lévy-Leboyer, *Les Banques de l'Europe de l'Ouest de 1920 à nos jours*, Paris, CHEFF, 1995, p.237.

1.2. De la primauté d'une décision politique concertée et des orientations stratégiques dans le secteur financier

Les années 1960 soulignent la fragilisation du système monétaire international qui menace la stabilité économique mondiale et la construction européenne au ralenti depuis la crise de la « politique de la chaise vide ». La période d'incertitudes qui court de mai 1968 à juillet 1969 laisse poindre des inquiétudes certaines tant chez les industriels que chez les politiciens français. Après l'élection de Georges Pompidou à la présidence de la République, l'économie française supporte encore le contrecoup monétaire de mai 1968. Des réformes s'annoncent en ce second semestre 1969, et le besoin d'une stabilité économique accrue se fait plus fort. Cet objectif peut être atteint par la monnaie, « facteur de stabilisation »[10] : une monnaie commune pour la Communauté économique européenne. La relance de l'UEM, décision politique forte et ambition affichée, est pour Pompidou, la clé de l'équation posée par l'instabilité du SMI. Elle est perçue comme le moyen pour l'économie française de retrouver sa compétitivité et d'adapter son industrie aux nouveaux défis qui s'annoncent dans un monde occidental en mutation.

Si le général de Gaulle a surtout cherché à contester la suprématie du dollar face aux perturbations du Système monétaire international, ses successeurs à la présidence de la République feront de la monnaie européenne leur cheval de bataille. Comme le rappelait Jacques Rueff, « L'Europe se fera par la monnaie ou ne se fera pas »[11]. L'action de l'économie française durant cette période qui court de la relance de l'Union économique et monétaire (décembre 1969) à la rédaction du Traité de Maastricht (février 1992), jalonnée par la mise en place du Système monétaire européen (SME : janvier 1979) et de l'Acte unique (janvier 1986), repose sur une volonté politique primordiale au service des relations avec la RFA puis l'Allemagne réunifiée. Le but est de promouvoir une Europe forte et d'une certaine façon de revenir à une

[10] Éric Bussière, « Georges Pompidou et la crise du système monétaire international », in Association Georges Pompidou, *Gearges Pompidou face à la mutation économique de l'Occident,* Éric Bussière (ed.) Paris, PUF, 2003, p.71.

[11] Jacques Rueff (1949) cité par Sean Van Raepenbusch, Droit institutionnel de l'Union. Repris dans Jacques Rueff, « L'Europe se fera par la monnaie ou ne se fera pas », *Commentaire* 3, Paris, 1978, pp. 386–388.

stabilité des changes : le mythe de la stabilité de « l'étalon-or » semble renaître. D'une certaine façon, cette « quête » a des accents gaulliens. Dans ce contexte économique et politique, notre problématique principale peut être ainsi formulée : en quoi les relations franco-allemandes dans le secteur monétaire ont-elles facilité la relance du processus d'Union économique et monétaire ?

2. Des ambitions aux réalités

À chacun des trois présidents français successifs, Georges Pompidou, Valéry Giscard d'Estaing, et François Mitterrand peut être associé un volontarisme politique et économique propre. Ils révèlent trois orientations et sensibilités : la première néo-gaullienne, la seconde plus libérale et la troisième socialiste. Leurs homologues allemands successifs, Willy Brandt (1969–1974), Helmut Schmidt (1974–1982), puis Helmut Kohl (1982–1998) y accordent des intérêts contrastés, influencés par le contexte géopolitique et géoéconomique. Georges Pompidou est l'initiateur, avec Willy Brandt, de la relance de l'Union économique et monétaire (UEM). Lors de la Conférence de La Haye, Pompidou énonce son célèbre triptyque : achèvement, approfondissement, élargissement. La phase de transition voulue par le Traité de Rome (1957) doit arriver à terme (achèvement). La France souhaite la construction « d'un ensemble économique qui forme véritablement un tout »[12] (approfondissement) et entend accueillir de nouveaux pays, dont la Grande-Bretagne dans la construction d'une Europe communautaire (élargissement).

Après l'accession de VGE à la présidence de la République, qui coïncide avec l'élection en mai 1974 de Schmidt à la chancellerie allemande, la France affiche le même volontarisme. Pourtant un changement est à relever : au volontarisme au service d'un projet européen, incarné par Pompidou, succède un volontarisme au service d'un rêve européen. Comme le rappelle Michèle Weinachter, le fer de lance de la coopération économique et monétaire franco-allemande sous ce septennat peut se résumer par cette position défendue par VGE et Schmidt, tous deux proches des cercles de Jean Monnet : « Harmoniser pour mieux résister »[13].

---

[12] CHAN, 5AG2/1089 : conférence de presse tenue par G. Pompidou, 10 juillet 1969.

[13] Michèle Weinachter, *Valery Giscard d'Estaing et l'Allemagne : le double rêve inachevé.* Paris, L'Harmattan, 2004, p. 117.

L'émergence du concept de « couple franco-allemand » date de cette époque. VGE et Schmidt sont conscients que l'unification économique européenne doit émaner d'une volonté politique forte. Il incombe donc aux dirigeants de ramener les questions financières, monétaires, énergétiques et économiques dans la sphère du politique. Leurs actions sur la création du Conseil européen (CE), du Parlement européen (PE) et du Système monétaire européen (SME) sont empreintes de ce volontarisme partagé. L'élection de François Mitterrand à la présidence de la République en mai 1981 est porteuse d'une nouvelle politique économique dont les ambitions vont très rapidement se heurter aux mutations de l'économie occidentale. Avec le deuxième choc pétrolier et les difficultés à maîtriser l'inflation et l'augmentation du déficit budgétaire, la France dispose d'une économie « à bout de souffle » dont les faiblesses structurelles sont de plus en plus évidentes. Afin de répondre aux attentes politiques qu'ont fait naître ses propositions et le programme commun, signé neuf ans plus tôt entre le Parti socialiste et le Parti communiste, Mitterrand fait le choix de la rupture en prônant une autre politique économique où l'État redevient un grand planificateur. Pourtant, dès son investiture, alors que la gauche réunie l'accompagne dans son « ascension » au Panthéon le 21 mai 1981, les marchés financiers spéculent contre le franc. Jacques Delors, trop esseulé, qui a déjà porté les espoirs d'une « nouvelle société » lorsqu'il était l'un des proches collaborateurs de Jacques Chaban-Delmas, est conscient du caractère utopique d'une politique économique à contre-courant des grandes orientations mondiales. Les administrations Reagan et Thatcher dessinent les contours d'une économie libéralisée et déréglementée : prémices d'une nouvelle phase de globalisation de l'économie mondiale. De fait, le franc est dévalué trois fois de 1981 à 1983. Dès juin 1982, l'échec de la politique de relance est acté. Mars 1983, avec la politique de rigueur défendue par Delors, inaugure une conversion aux exigences d'une politique économique libérale. Cette période a engendré des craintes et des inquiétudes en Allemagne, tant dans les plus hautes instances politiques, qu'à la Bundesbank ou parmi les intermédiaires financiers. La politique de rigueur est le choix réaliste de l'Europe : nouvelle planche de salut pour l'économie française ? Face aux fluctuations du dollar, un retour à la stabilité économique doit passer par une coordination des politiques économiques à l'échelle européenne et une convergence des politiques monétaires.

Par leurs actions politiques sur la monnaie et sur les secteurs financiers, les présidents français et les chanceliers allemands font écho aux initiatives de Marjolin, vice-président de la Commission européenne[14], et Röpke, grand architecte du « miracle économique allemand », qui furent parmi les premiers à définir la notion d'intégration économique et financière après la Deuxième Guerre mondiale[15]. Ils sont aussi les héritiers des pères fondateurs de l'Europe. Leurs actions politiques s'inscrivent dans le prolongement de l'action initiée par Robert Schuman en 1950, fervent défenseur de l'Europe des petits pas. L'Europe définit le cadre d'analyse des relations économiques franco-allemandes.

> « En se faisant depuis plus de vingt ans le champion d'une Europe unie, la France a toujours eu pour objet essentiel de servir la paix. L'Europe n'a pas été faite, nous avons eu la guerre. L'Europe ne se fera pas d'un coup ni dans une construction d'ensemble : elle se fera par des réalisations concrètes créant d'abord une solidarité de fait. »[16]

À l'aune de ces propos fondateurs, le rôle des relations franco-allemandes dans les secteurs monétaires dans la relance du processus d'Union économique et monétaire revêt une importance considérable.

Si des études historiques récentes ont été consacrées partiellement aux conséquences de l'évolution des politiques monétaires européennes (et surtout françaises) sur l'intégration économique et financière dans la CEE, elles demeurent souvent centrées sur le septennat de VGE ou le début du premier mandat de François Mitterrand[17]. Grâce aux colloques organisés notamment par Éric Bussière au sein de l'Association Georges Pompidou, le rôle joué par les instances politiques sur la politique monétaire de 1969 à 1974 a été mis clairement en évidence[18]. Robert Frank (1995) décrit la nouvelle politique européenne du second président

---

14 Robert Marjolin, *Europe and the United States in the World Economy*, Durham, N.C., Duke University Press, 1953.

15 Wilhelm Röpke, *Wirtschaftsfragen der freien Welt, Frankfurt*, 1957, p. 42. Cité par Fritz Machlup, *The history of thought on economic integration*, Working paper for the 4th World Congress of the International Economic Association, Budapest August 1974, « Economic Integration: Worldwide, Regional, Sectoral», Presidential Address, 1975, p.108.

16 Proposition lancée par Robert Schuman dans son allocution du 9 mai 1950.

17 La disponibilité des archives explique partiellement ce constat.

18 Association Georges Pompidou. *Georges Pompidou et l'Europe*. Éditions Complexe, Paris, Bruxelles, 1995 et Association Georges Pompidou. *Georges Pompidou face à la mutation économique de l'Occident : 1969–1974*. Paris, Presses universitaires de France, Paris, 2003.

de la Vème République. Il souligne les accents gaulliens d'indépendance à l'égard des États-Unis et de sa monnaie, et met en évidence son infléchissement à l'égard du Plan Werner (1970) qui, à travers une plus grande harmonisation des politiques économiques, paraît établir les bases d'une structure supranationale[19]. Gérard Bossuat (1995) et (2005)[20] démontre que le Plan Werner a cherché à « affirmer la politique monétaire de la communauté »[21]. La recherche d'une harmonisation des politiques économiques en France et en Allemagne met en exergue le volontarisme de Pompidou en faveur de la relance du projet européen. Par son action, il contribue à la mise en place du « serpent » monétaire européen. Eric Bussière et Émilie Willaert consacrent un ouvrage au rôle majeur de Pompidou dans le processus de construction européenne[22]. Concernant la démarche de VGE, Michèle Weinachter (2004) rédige une thèse portant sur les relations établies par VGE avec l'Allemagne tout au long de son parcours. Son action, tant en qualité de ministre d'État de l'Économie et des Finances, sous la présidence de Pompidou, que comme président de la République, est détaillée. Son rôle primordial est souligné dans la création du « serpent » monétaire européen, puis de l'ECU (European Currency Unit) et du Système monétaire européen. Son entente cordiale privilégiée avec son homologue allemand, Schmidt, a été le moteur de cette quête de stabilité monétaire. Cette thèse a déjà été évoquée dans les études collectives antérieures, mais plus parcellaires et circonscrites, d'Henri Ménudier (1985)[23] et de Robert Frank (2004)[24] notamment.

---

19 Robert Frank, « Pompidou, le franc et l'Europe : 1969–1974 » in Association Georges Pompidou. *Georges Pompidou et l'Europe*. Paris, Éditions Complexe, 1995, p. 357–361.

20 Gérard Bossuat, *Faire l'Europe sans défaire la France*, Bruxelles, PIE Peter Lang, 2005.

21 Rapporté par G. Bossuat « Le Président Georges Pompidou et les tentatives d'Union économique et monétaire ». In Association Georges Pompidou. *Georges Pompidou et l'Europe, op. cit.*, p. 411.

22 Éric Bussière et Émilie Willaert, *Un projet pour l'Europe : Georges Pompidou et la construction européenne*, Bruxelles, PIE Peter Lang, 2010.

23 Henri Ménudier, « Valéry Giscard d'Estaing et les relations franco-allemandes », in Samy Cohen, Marie-Claude Smouts (éds), *La politique extérieure de Valéry Giscard d'Estaing*, Paris, Presses de la FNSP, 1985, p. 67–85.

24 Robert Frank, « Les problèmes monétaires et la création du SME », in S. Berstein et J-F. Sirinelli, *Les années Giscard : Valéry Giscard d'Estaing et l'Europe : 1974–1981*. Paris, Armand Colin, 2004, p. 13–26.

Plus récemment, Emmanuel Mourlon-Druol (2012) s'est intéressé à la coopération transnationale monétaire européenne de l'échec du plan Werner (1974) à la mise en place du Système monétaire européen (1979). L'étude porte essentiellement sur le rôle joué par les pouvoirs publics et les plus hautes instances des États européens[25] dans la création d'une Europe monétaire. Le rôle prépondérant de l'élite européenne dans le processus d'intégration monétaire et financière est mis en exergue. L'analyse d'Amaury de St Périer (2013) englobe la totalité du septennat de VGE et accorde une place plus importante aux relations bilatérales franco-allemandes[26], même si celles-ci sont souvent centrées sur les relations entre le président français et le chancelier allemand Schmidt[27]. Les actions concertées de la France et de l'Allemagne ont permis d'établir les fondements de l'Europe monétaire, à travers la création du SME et d'une monnaie commune l'ECU (European Currency Unit), préalable à l'avènement d'une monnaie unique.

Vincent Duchaussoy (2011) s'intéresse aux liens entre la Banque de France et l'État de 1978 à 1984, dans une perspective essentiellement nationale : les enjeux monétaires européens étant placés au second plan[28]. La lucidité du ministre de l'Économie Jacques Delors et sa volonté d'infléchir une politique trop datée eu égard aux nouvelles réalités économiques mondiales y sont clairement établies. La constance et la loyauté à sa mission de garant de la politique monétaire du gouverneur de la Banque de France, Renaud de la Genière, dans un contexte politique difficile sont remarquables.

Dans une perspective plus globale, mais offrant néanmoins des contributions ponctuelles au sujet, les recueils d'études d'Éric Bussière, Michel Dumoulin et Sylvain Schirmann (2007) sur l'intégration

---

25 Emmanuel Mourlon-Druol, *The Emergence of a European Bloc? A trans- and supranational history of European monetary cooperation, from the failure of the Werner Plan to the creation of the European Monetary System, 1974–1979*, Ithaca, Cornell University Press, 2012.

26 Amaury de Saint Périer, *La France, l'Allemagne et l'Europe monétaire de 1974 à 1981 : la persévérance récompensée*, Paris, Presses de Sciences-Po, 2013.

27 Nous pourrons noter qu'en l'absence d'archives portant sur les entretiens téléphoniques entre VGE et H. Schmidt, de nombreux témoignages ont été utilisés.

28 Vincent Duchaussoy, *La Banque de France et l'État. De Giscard à Mitterrand : Enjeux de pouvoir ou résurgence du mur d'argent? 1978–1984*, Paris, L'Harmattan, 2011.

européenne à la fin du XXe siècle[29] (1979–1992), de Jean-François Eck, Stefan Martens et Sylvain Schirmann (2009) sur les relations économiques franco-allemandes de 1871 à nos jours[30], et plus récemment d'Olivier Feiertag et Michel Margairaz (2012) sur les banques centrales à l'échelle du monde[31], permettent d'obtenir des éclairages nouveaux et pertinents sur les relations économiques et financières franco-allemandes dans le processus d'intégration économique de l'Europe. Ivo Maes (2007) démontre en quoi la Commission européenne et ses principaux dirigeants ont joué un rôle moteur dans le processus de relance de l'Union économique et monétaire[32]. Le volontarisme de Jacques Delors qui sera à l'initiative de la convergence des politiques économiques est à souligner.

Éric Bussière (2007) s'intéresse au rôle joué par le ministère des Finances français en période de cohabitation de 1986 à 1988[33]. La politique monétaire d'Édouard Balladur, d'inspiration libérale, s'inscrit dans le prolongement de celle menée par la France depuis le tournant de 1983–1984. L'instauration d'une zone européenne de stabilité monétaire apparaît comme une nécessité dans un environnement financier international volatil. Les étapes vers la mise en place d'une monnaie commune stable sont établies en concertation avec les partenaires européens et notamment allemands. Balladur, alors ministre d'État de l'Économie et des Finances, a pleinement conscience du fait que la France, dans l'intérêt de son économie, n'a pas d'autres options que d'être l'instigatrice d'une Union économique et monétaire stable face aux fluctuations de la politique monétaire américaine et aux bulles spéculatives sur les marchés financiers. Georges Saunier (2007) étudie la politique économique de la France de 1981 à 1984; le tournant de mars

---

[29] Éric Bussière, Michel Dumoulin et Sylvain Schirmann, *Milieux économiques et intégration européenne au XXe siècle : la relance des années quatre-vingt (1979–1992)*, Paris, CHEFF, 2007.

[30] Jean-François Eck, Stefan Martens et Sylvain Schirmann, *L'économie, l'argent et les hommes : les relations franco-allemandes de 1871 à nos jours*, Paris, CHEFF, Paris, 2009.

[31] Olivier Feiertag et Michel Margairaz. *Les banques centrales à l'échelle du monde*, Paris, Presses de Sciences-Po, 2012.

[32] Ivo Maes, « La Commission européenne, le SME et la relance du processus d'UEM dans les années 1980 », in Éric Bussière *et al.*, *Milieux économiques, op. cit.*, p. 87–106.

[33] Éric Bussière, « Le ministère des Finances et les enjeux économiques européens à l'époque de la cohabitation 1986–1988 », *ibid.*, p. 147–164.

1983 marque la nécessité de recourir à une politique de rigueur conforme aux enjeux de la construction économique européenne[34].

La réalité de l'instabilité économique et monétaire impose le choix de la CEE pour l'économie française. Luc Moulin (2007) met clairement en évidence le rôle significatif joué dans l'appui à la mise en place d'une monnaie commune (appelée à devenir unique) par un groupe d'entrepreneurs européens influents rassemblés au sein de l'Association pour l'union monétaire de l'Europe[35]. Dimitri Grygowski (2009) présente l'UEM comme un exutoire, un instrument de dissuasion et de négociation utilisé par la France et surtout l'Allemagne dans leurs relations économiques et géostratégiques avec les États-Unis de 1957 à 1978 : les crises monétaires de 1971 et 1978 témoignent de la pertinence de cette approche[36].

Après avoir rappelé les conditions nécessaires à l'instauration d'une Banque centrale sans État, à l'aune de l'histoire bancaire depuis la fin du XIXe siècle, Harold James (2012) souligne la pertinence de la mise en place d'une Banque centrale européenne dans cette recherche de stabilité monétaire. Il revient sur les enjeux et les enseignements du rapport Delors devant conduire à cette réalisation[37].

Oliver Feiertag (2012) démontre le rôle clé joué par les banquiers centraux au sein du Comité Delors à partir de 1988[38]. Les rencontres du Comité Delors de 1988 à 1989 constituent une accélération de la globalisation dans le processus d'intégration monétaire européen. Leurs conclusions qui aboutissent au Traité de Maastricht et à la nécessité d'une monnaie unique sont l'illustration de la pertinence du « triangle d'incompatibilité » de Mundell (1961)[39] : il n'est pas possible de mener

---

34 Georges Saunier, « Le gouvernement français et les enjeux économiques européens à l'heure de la rigueur 1981–1984 », *ibid.*, p. 109–146.

35 Luc Moulin, « l'Association pour l'Union monétaire de l'Europe : un groupe d'entrepreneurs contribue à la création de l'euro », *ibid.*, p. 241–256.

36 Dimitri Grygowski, « La RFA et la France face aux turbulences du système monétaire international : l'Union économique et monétaire (UEM) comme exutoire, instrument de dissuasion et de négociation de 1957 à 1978 », in Eck *et al.*, *L'économie, l'argent et les hommes, op. cit.*, p. 339–356.

37 Harold James, « Making a central bank without a state », *ibid.*, p. 195–220.

38 Olivier Feiertag, « Le tournant de la mondialisation (1988–1989) », *ibid.*, p. 221–250.

39 Robert Mundell, « A Theory of Optimum Currency Areas», *The American Economic Review*, 51(4), 1961, p. 657–665.

une politique monétaire domestique autonome (1) dans un système de changes fixes (2) tout en cherchant à libéraliser les flux internationaux de capitaux (3). Jacques de Larosière (2012), en qualité de gouverneur de la Banque de France de 1987 à 1993, témoigne du processus de conversion des banques centrales européennes à l'euro. À l'initiative du président Mitterrand et du chancelier Kohl, et grâce aux efforts de J. Delors, alors président de la Commission, la mise en place de la monnaie unique a été rendue possible en raison notamment de la maîtrise et de la convergence des politiques économiques[40].

3. De la recherche d'une stabilité économique perdue à l'émergence d'une France forte dans une Europe maîtresse de son destin : deux ambitions majeures

En fait, les relations franco-allemandes dans le secteur monétaire englobent deux niveaux de décision et d'application. En premier lieu, sont à mentionner, comme le souligne la littérature consacrée, les plus hautes instances politiques où réside le pouvoir politique (Présidence, chancellerie et ministères, mais aussi Commission européenne). Elles sont à l'origine des grandes orientations politiques et ont vocation à établir et promouvoir les politiques économiques, la politique budgétaire comme la politique monétaire. En second lieu, interviennent les banques centrales dont le rôle quant à la mise en place et l'application des politiques monétaires est primordial. Dans la recherche d'une stabilité des devises et plus particulièrement du rapport franc/mark, la place occupée par les banques centrales doit être mise de l'avant, d'autant que la Banque de France et la Bundesbank ne jouissent pas du même niveau d'indépendance à l'égard des pouvoirs politiques. Si la Bundesbank jouit d'une autonomie lui permettant d'être la garante de la stabilité monétaire et de la lutte contre l'inflation, la Banque de France, malgré la présence et le rôle de son gouverneur, est dans les faits inféodée au pouvoir politique en place (elle n'obtient son indépendance qu'en 1993 dans la perspective d'une monnaie unique).

Forts de ce constat, nous nous proposons d'étudier et d'analyser la collaboration monétaire franco-allemande aux deux niveaux mentionnés

---

[40] Jacques de Larosière, « La conversion des banques centrales européennes à l'Euro », in Feiertag et Margairaz, *op. cit.*, pp. 251–261.

plus avant, en nous focalisant plus particulièrement sur le processus d'intégration économique et financière qui caractérise la période 1969–1992. Cette période peut être décrite comme un continuum économique et financier, marqué par de fortes perturbations, qui à partir de la mise en place du SME au premier trimestre 1979 laisse place à un engrenage conduisant inexorablement à l'instauration d'une zone mark. Notre problématique principale s'attachera à analyser dans quelles mesures les relations franco-allemandes dans les secteurs financiers ont facilité la relance du processus d'Union économique et monétaire. La période est marquée par de nombreuses évolutions et fluctuations dans les secteurs monétaires et financiers. La plus communément admise et étudiée est l'implosion, puis la disparition effective en 1976 du Système monétaire international établi lors des accords de Bretton Woods en 1944. L'émergence des pétrodollars et les contrecoups des deux chocs pétroliers qui ont ébranlé l'économie mondiale constituent également des phénomènes aux répercussions nombreuses sur les secteurs financiers et monétaires. Sur le plan politique, mais aussi économique, la « révolution libérale » dont les administrations Reagan et Tchatcher se sont fait les ardents défenseurs, a des conséquences importantes tant sur la globalisation de l'économie que sur la libéralisation et la déréglementation des marchés financiers. La forte volatilité des taux de change au cours des années 1980, suite à la politique monétaire de la FED (Volcker), conjuguée aux politiques économiques libérales prônées par Milton Friedman et le « Big Bang » de la place financière de Londres en octobre 1986, annonce une nouvelle ère de la finance internationale : l'incertitude devient l'une des caractéristiques intrinsèques d'une économie mondiale en crise.

Sur cette période qui s'étend de 1969 à 1992, nous émettons deux grandes hypothèses qui font écho à notre idée-force principale. Dans un contexte économique en mutation et confronté à des risques exogènes de grande ampleur, les instances politiques françaises et allemandes sont à la fois en quête d'une stabilité monétaire perdue et à la recherche d'une Europe forte capable d'affirmer son indépendance économique et politique sur l'échiquier international.

Hypothèse 1 : Les instances politiques et institutions monétaires françaises et allemandes s'adaptent aux mutations économiques de l'Occident dès les années 1960 : elles sont les instigatrices du processus de relance de l'Union économique et monétaire (UEM). Il est toutefois possible de relever une certaine asymétrie : la demande de rapprochement et de convergence provient essentiellement de la France. La quête d'une stabilité monétaire apparaît fortement : planche de salut pour la France, orthodoxie pour l'Allemagne. Toutefois, cette collaboration laisse poindre des divergences fondamentales quant aux ambitions des deux pays.

Hypothèse 2 : Le Système monétaire européen a été un « rempart structurant » face à la forte volatilité du dollar et aux risques induits. Il a permis une convergence des politiques économiques en France et en Allemagne. Le rôle des banques centrales est à souligner. Sur le plan économique et politique, il est sans doute l'un des facteurs majeurs qui expliquent la conversion (de raison) du gouvernement français à l'économie libérale en 1983 (« le virage libéral ») : le choix de l'Europe par la monnaie. Le SME apparaît comme le moyen d'entretenir l'espoir d'une Europe indépendante forte, entité politique maîtresse de son destin dans un monde qui devient multipolaire.

La quête de stabilité économique et l'émergence d'une entité européenne forte sont deux ambitions partagées par la France et l'Allemagne, elles révèlent néanmoins des divergences idiosyncratiques.

4. De la quête de stabilité monétaire à la recherche d'une entité européenne forte

Ces mutations du système économique et financier n'ont pas encore été étudiées à l'aune de l'analyse historique des relations monétaires bilatérales franco-allemandes pour une si longue période. D'aucuns, sans doute à juste titre, pourraient voir dans cette volonté de rétablir une certaine stabilité, notamment avec la relance de l'Union économique et monétaire, le désir d'un retour à un régime d'étalon-or dont le Système monétaire européen et l'Euro seraient les avatars. Le contexte économique qui prévaut lors la réforme Debré-Haberer en 1967 n'est plus celui de l'après « Big Bang » de 1986 : les enjeux stratégiques dans les secteurs monétaires et financiers ont muté et pris une tout autre dimension dans une Europe économique dont les rivages paraissent de plus en plus incertains.

Dans les études historiques consacrées aux secteurs financiers en France et en Allemagne au XXe siècle (essentiellement de 1900 à 1970), et depuis les travaux fondateurs de Raymond Poidevin[41], une constante

[41] Raymond Poidevin, *Les relations économiques et financières entre la France et l'Allemagne de 1898 à 1914*, Paris, Armand Colin, 1969.

semble se dégager : le secteur financier français tend à une admiration du secteur financier allemand revêtant des aspects « fantasmatiques », comme le précise Hubert Bonin (2009). De fait, la demande de coopération monétaire et financière, tant au niveau macroéconomique que microéconomique, émane essentiellement de la France. Par conséquent, nous privilégierons dans un premier temps la perspective française dans la structuration de notre réponse à notre problématique générale : en quoi les relations franco-allemandes dans le secteur monétaire ont-elles facilité la relance du processus d'Union économique et monétaire (1969–1992) ? Nous analyserons les relations entre les deux niveaux décrits précédemment : les hautes instances politiques (Présidence, chancellerie, ministères, Commission européenne) et les banques centrales et le Trésor, ainsi que leurs interdépendances. Cette approche, qui est une de nos contributions à la littérature existante, nous permettra de couvrir sur un large spectre les relations monétaires, en mettant notamment l'accent sur l'histoire du processus d'Union économique et monétaire, fondement prépondérant de la construction européenne. Afin de mieux appréhender les mutations considérables du secteur monétaire et financier, nous suggérons, comme souvent dans le champ, un découpage chronologique approprié à l'évolution de l'Union économique et monétaire du second semestre 1969 au premier semestre 1992.

5. Méthodologie, sources et archives

Notre problématique portant sur les relations monétaires franco-allemandes et l'Union économique et monétaire englobe à la fois des aspects politico-économiques, participant du champ macroéconomique et des relations internationales, mais aussi et surtout des aspects techniques, propres au secteur financier et monétaire. Les grandes décisions monétaires dans un cadre international relèvent en France de la présidence de la République et dans une moindre mesure de la Banque de France qui dépend, pour la période considérée, des autorités politiques. En Allemagne, si la chancellerie peut établir le cadre des relations monétaires internationales, c'est à la Bundesbank qu'incombe le rôle de veiller à la stabilité du mark. Dans les faits, elle mène véritablement la politique monétaire de la République fédérale d'Allemagne, puis de l'Allemagne à partir de 1990.

Notre objectif est d'analyser les ambitions entretenues en Allemagne et surtout en France (la France est dans une position de demande patente) qui ont conduit à la relance et à la dynamique du processus d'Union économique et monétaire depuis le discours de La Haye (décembre 1969) jusqu'à la signature du Traité de Maastricht (février 1992), avant d'établir les réalités effectives. Dans les faits, trois parties jouent un rôle prépondérant : la présidence de la République, la chancellerie allemande et la Bundesbank dont l'indépendance lui assure un rôle de premier plan dans la sauvegarde et le maintien de la stabilité monétaire. Ici réside l'une des contributions principales de notre analyse sur le processus de la construction européenne par la monnaie.

Notre étude sur les interrelations monétaires franco-allemandes porte essentiellement sur deux niveaux décisionnels : les plus hautes instances politiques en France et en Allemagne et les Banques centrales. Toutefois, il est important de noter le caractère intrinsèquement asymétrique de ces relations pour bien appréhender leur dynamique. Une non-prise en considération de cette caractéristique idiosyncratique peut biaiser complètement l'analyse tant sur le plan historique que sur le plan économique. Au risque de nous répéter, nous insistons sur un point fondamental : l'indépendance politique de la Bundesbank et sa mission de garante de la stabilité de l'économie conformément à la constitution allemande. La Banque de France ne jouit pas de cette indépendance et est *de jure* soumise aux pouvoirs politiques dont les compétences économiques ne sont nullement assurées ni garanties. En ce sens, nous avons consulté les archives de la présidence de la République et de la chancellerie fédérale, mais aussi les archives des premiers ministres successifs et des ministères. L'effort a été porté sur les archives des ministères des Finances, de l'Économie et des Affaires étrangères.

Toutefois, en raison de l'aspect technique de la démarche, et du caractère asymétrique des relations, nous avons souvent privilégié les archives répondant aux exigences de l'étude et de la problématique : les archives des ministères des Finances et plus encore des Banques centrales (Banque de France et Bundesbank). En adoptant ce choix, nous avons voulu également souligner notre contribution et nous distinguer des approches antérieures plus marquées par l'importance et l'influence des relations politiques internationales. Notre étude démontre la perte d'influence de la politique sur les mécanismes économiques et monétaires régulés par le marché. L'économie qui a une forte composante technique tend à supplanter la politique qui s'éclipse et se réduit parfois à de la communication.

Les véritables orientations et avancées sur le processus de l'Union économique et monétaire, quand elles n'émanent pas directement de la volonté politique, sont mises en exergue. Tant sur le plan historique que sur le plan économique, ce point est crucial pour la compréhension des mécanismes réels, en dehors de toute contamination ou biais associé à la communication politique connexe. Au cours de cette période qui inaugure la libéralisation des marchés financiers, après la fin du système de Bretton Woods, le primat de l'économie et de la finance sur la politique se profile. La révolution économique libérale, moins bien appréhendée en France qu'en Allemagne, dessine les rivages d'un nouveau monde économique où les relations franco-allemandes vont faire l'objet d'une profonde mutation.

6. Organisation

Dans la mesure où la Banque de France, contrairement à la Bundesbank, est sur la période dépendante du pouvoir politique, nous proposons d'adopter un plan en trois parties qui respecte la préséance des hautes instances politiques.

Dans la première partie *(De la relance de l'Union économique et monétaire à la création du Système monétaire européen : 1969–1979, le temps des turbulences monétaires),* nous nous intéresserons notamment au volontarisme au service d'un projet européen affiché et par les présidents français et par les chanceliers allemands. Nous chercherons à étudier la diffusion et les applications de ce volontarisme politique au sein des banques centrales et des institutions financières françaises et allemandes. Nous veillerons à mettre en évidence les conséquences et implications économiques, financières et politiques.

Dans la deuxième partie (Du SME à l'Acte unique : 1979–1986 : De l'instabilité des politiques économiques à la nécessaire convergence), nous montrerons en quoi l'instabilité des politiques économiques de 1980 à 1983 a influencé les relations franco-allemandes dans le secteur monétaire et comment le virage libéral (1984–1986) a été perçu et diffusé.

Dans la troisième partie (Du Marché unique au Traité de Maastricht : 1986–1992 : De la libéralisation à l'intégration des marchés financiers), nous chercherons à analyser les conséquences des vertiges de la finance internationale[42] sur le processus de relance de l'UEM et l'avènement de l'euro dans le texte du Traité de Maastricht (février 1992).

Cette étude, à travers la problématique générale présentée précédemment, cherchera, dans la mesure du possible à apporter des éléments de réponse à ces questions en suspens.

[42] Henri Bourguinat, *Les vertiges de la finance internationale*, Paris, Economica, 1987.

Partie I

De la relance de l'Union économique et monétaire à la création du Système monétaire européen (1969–1979) : le temps des turbulences monétaires

Chapitre 1

De la nécessité de relancer l'Union économique et monétaire

Depuis le milieu des années 1960, le système monétaire international est fragilisé par l'endettement considérable des États-Unis provoqué par la guerre du Vietnam et la course à l'espace. La stabilité économique mondiale est en jeu et la construction européenne semble au ralenti. Au premier semestre 1969, le besoin d'une stabilité économique est prégnant. Cet objectif peut être atteint par la monnaie : une monnaie commune pour la CEE. La France prend l'initiative, faisant écho à cette exhortation du général de Gaulle formulée quelques années plus tôt en 1967 : « La France, pour sa part, est prête à participer activement à la vaste réforme qui s'impose désormais dans l'intérêt du monde entier ».[1]

Tout au long du troisième mandat présidentiel de la Cinquième République (1969–1974), la France fait montre d'un volontarisme affiché au service de la construction de l'Europe par la monnaie. Georges Pompidou inscrit son action et sa vision de l'Europe dans le pragmatisme, entre l'Europe des nations du général de Gaulle et celle aux accents plus confédéraux de Robert Schuman: « Je pense qu'il faut construire une Europe maîtresse de ses destinées. Pour cela, elle doit devenir une réalité

[1] Charles de Gaulle, *Discours et Messages,* Plon, 1970, p. 334.

d'abord sur le plan économique et spirituel, afin que tous ses habitants acquièrent une conscience politique commune. Je suis convaincu qu'elle pourra, alors, jouer le rôle auquel elle a le droit ».[2]

De son passage à Matignon, Pompidou garde cette volonté de moderniser l'industrie française et de la rendre plus compétitive sur la scène internationale. Cet objectif passe par le maintien d'une stabilité économique et monétaire, pierre angulaire de la croissance de l'économie française.

Dès 1967, Pompidou prend position en faveur d'une union monétaire de l'Europe et annonce sa ligne d'action :

> « Concevoir une union monétaire européenne n'est pas un rêve, mais une idée juste qui se révèlera nécessaire si l'Europe progresse. Mais pour qu'elle soit possible, il faudrait que tous les pays européens prennent conscience de l'urgence d'une position concertée vis-à-vis du système monétaire international… l'Europe des Six se doit d'avoir en ces matières une attitude commune. Là est sans doute un des aspects essentiels d'une politique européenne… il faut au départ, une volonté qui ne peut être, elle aussi, que politique. Existe-t-elle? L'avenir vous le dira. La France, pour sa part, le souhaite. »[3]

Concernant la construction européenne, il se veut explicite : « Je crois d'abord que l'Europe est quelque chose qui se fait dans les réalités. D'ailleurs, c'était exactement, si je ne me trompe, les paroles prononcées par M. Robert Schuman en 1950 : « L'Europe se fera à petits pas et dans les réalités. » »[4]. Pompidou affiche un volontarisme au service d'un projet européen qui passe par la relance du projet d'UEM inscrit dans les ambitions du Traité de Rome (1957).

Après son élection à la Présidence de la République, l'économie française supporte encore le contrecoup monétaire de mai 1968. La forte

---

2 Georges Pompidou, Programme présidentiel de G. Pompidou : Objectif n 3 : L'Europe. CHAN, 5AG2/1088. Cité dans Eric Bussière et Emilie Willaert, Un Projet pour l'Europe : Georges Pompidou et la construction européenne, PIE Lang, 2010, p. 129.

3 CHAN, 5AG2/1087, extrait d'une interview accordée au journal La Croix, le 27 mars 1967. Cité dans Bussière et Willaert, *op. cit.*, p. 119.

4 Interview de Georges Pompidou, 13 juin 1969. CHAN, 5AG2/1088, interview accordée lors de l'émission « Face à face » de RTL, durant la campagne présidentielle. Cité dans Bussière et Willaert, *op. cit.*, p. 139.

hausse des salaires qui en a résulté a constitué un « choc asymétrique »[5]. Les autres pays européens n'ont pas eu à subir les conséquences de hausses salariales aussi importantes. L'économie française et le franc en sont sortis fragilisés. Comme le rapporte Robert Frank[6], citant Corentin Calvez, secrétaire général de la CGC : « Dès la fin des entretiens de Grenelle, le 31 mai 1968, à 8 heures du matin, Georges Pompidou a déclaré à André Malterre et à moi-même : « le prix des mesures que nous venons de décider, c'est une dévaluation de 15 % » ».

Alors que le général de Gaulle avait surpris les marchés en choisissant de ne pas dévaluer le franc à l'automne 1968, la compétitivité de l'économie française reste ébranlée à l'été 1969. La nécessité d'une relance économique apparaît de façon impérieuse, d'autant que la mise en place du marché commun industriel et agricole en 1968 et de la Politique agricole commune exige « la stabilité monétaire à l'échelle de la Communauté »[7]. Si la dévaluation « à chaud » n'a pas eu lieu, la perspective d'une dévaluation « à froid » paraît inévitable. Elle intervient en août 1969, accompagnée d'un *policy mix* restrictif. L'opération est un succès. L'inflation a été contenue et l'économie réelle a bien réagi. La baisse du franc, positivement accueillie par les marchés, a rapidement permis (trois à quatre mois) « d'effacer pour les entreprises le choc salarial de 1968 »[8].

Dans un contexte économique déjà très marqué par les vicissitudes du SMI, Pompidou a conscience que l'Europe doit être pour la France un « facteur de stabilisation »[9] qui lui permettra de regagner sa compétitivité. Il sait également que l'atteinte d'une stabilité monétaire passe par une coordination accrue des politiques économiques et donc une relative perte

---

5 Christian de Boissieu, « La politique macroéconomique : objectifs, contraintes et résultats », in Association Georges Pompidou, *Georges Pompidou face à la mutation économique de l'Occident : 1969–1974*, Paris, PUF, 2003, p.117.

6 Robert Frank, « Pompidou, le franc et l'Europe : 1969–1974 », in Association Georges Pompidou, *Georges Pompidou et l'Europe*, Bruxelles, Editions Complexe, 1995, p.341.

7 Éric Bussière, « Georges Pompidou et la crise du système monétaire international », in Association Georges Pompidou, *Georges Pompidou face à la mutation économique de l'Occident : 1969–1974*, Paris, PUF, 2003, p.72.

8 Boissieu (de), « La politique macroéconomique : objectifs, contraintes et résultats », *op. cit.*, p.118.

9 Bussière, « Georges Pompidou et la crise du système monétaire international », *op. cit.*, p.71.

d'autonomie. Le risque qu'une croissance non inflationniste, défendue et prônée par la RFA, soit imposée à la France est réel et alimente une certaine méfiance. Pour Pompidou, comme pour ses collaborateurs, il est primordial que la France préserve une certaine latitude dans la mise en place d'une politique économique nationale. La France doit être à l'initiative d'une relance de l'UEM. Cette décision politique doit lui permettre d'adapter son économie et son industrie à l'instabilité grandissante du SMI[10]. Porteuse de grandes ambitions politiques, l'initiative française reçoit un écho favorable de ses partenaires européens et, notamment, du premier d'entre eux, la RFA.

1.1 Une initiative politique française : « achèvement, approfondissement, élargissement »

Après la démission du président de Gaulle (28 avril 1969) et l'investiture du nouveau président de la République, Georges Pompidou, le principal objectif de l'administration française est de relancer l'Europe pour rétablir les grands équilibres économiques et assurer une meilleure stabilité monétaire. En qualité de premier ministre (14 avril 1962–10 juillet 1968), Pompidou a contribué de façon active à la mise en place de la politique européenne issue du Traité de Rome (1957) et voulue par de Gaulle. Si, comme son prédécesseur, il défend l'identité de l'Europe dans le respect des souverainetés nationales[11], affichant une méfiance à l'égard de la Commission, il s'en distingue notamment sur le plan économique. Comme le souligne Gérard Bossuat, « À la différence de son prédécesseur, il considère l'Europe autant comme un instrument de la politique française que comme une nécessité et une condition du développement économique de la France. Il veut étendre l'action des Six aux domaines monétaire, industriel, technologique afin d'arriver à une véritable union économique. »[12]

---

[10] C'est à partir de cette période que la RFA devient dans les discours politiques un exemple de réussite économique que la France doit chercher à rattraper.

[11] E. Roussel, *Georges Pompidou*. 1984, Paris, Lattès, p. 732., cité par G. Bossuat *in Faire l'Europe sans défaire la France*. Bruxelles, Euroclio, P.I.E. Peter Lang, 2005, p. 119.

[12] Gérard Bossuat, *Faire l'Europe sans défaire la France*, 2005, Euroclio, P.I.E. Peter Lang, p. 119.

Pragmatique, il veut orienter la politique économique de la France vers une indispensable « *ouverture européenne* »[13]. Il prône une Europe forte, capable d'affronter les turbulences économiques mondiales et où la France pourra prendre l'initiative. Alors qu'en juillet 1968, le chancelier allemand Kiesinger suggérait un sommet des chefs d'État et de gouvernement des Six, Pompidou s'engage dans cette voie lors de la campagne présidentielle de mai 1969 en proposant de relancer l'union politique et de poursuivre la construction européenne. Ses propos, portant sur la candidature britannique et sur l'Europe du marché commun, tenus lors d'un entretien télévisé le 23 mai 1969 sont éloquents : « En tout cas, en ce qui me concerne, je serais tout prêt à proposer aux chefs d'État et de gouvernement de l'Europe des Six, de se rencontrer, de reprendre le problème et d'essayer de relancer cette Europe… »[14]. S'inscrivant dans l'esprit de la réconciliation entre la France et l'Allemagne, incarnée par de Gaulle et Adenauer, le partenariat économique et politique avec la RFA est mis de l'avant.

> « Nous entendons rester fidèles à cette réconciliation et développer une coopération non pas privilégiée, mais exemplaire dans l'intérêt de nos deux peuples et de la construction de l'Europe… Nous avons proposé et je suis prêt à proposer à nouveau une progression vers l'union politique … »[15].

Cette position, avec quelques nuances, fait écho à la proposition du gouvernement allemand, avancée le 5 juin 1969 par son ministre des Affaires étrangères, Willy Brandt, d'organiser un sommet pour établir les termes de la relance européenne[16]. Le préalable à une véritable relance de l'UEM passe par une dévaluation du franc de 12,5 % réalisée le 8 août 1969.

---

[13] P. Gerbet, « *Pompidou* », in *Eurodictionnaire.* 2005, Éditons Complexe, Bruxelles.

[14] CHAN, 5AG2/1088, extrait d'un entretien télévisé de Georges Pompidou, le 23 mai 1969. Cité également dans Eric Bussère et Emilie Willaert, *Un Projet pour l'Europe : Georges Pompidou et la construction européenne*, PIE Lang, p. 134.

[15] CHAN, 5AG2/1088, extrait du discours de Georges Pompidou prononcé lors de la campagne présidentielle à Mulhouse le 6 juin 1969.

[16] Établie, lors de l'Assemblée de l'Union de l'Europe occidentale (UEO). L'Allemagne envisageait une rencontre à sept, incluant la Grande Bretagne. La RFA se rallie à la position de la France d'organiser un sommet à six, afin d'évoquer notamment les modalités d'ouverture de négociations avec le Royaume-Uni en vue d'une adhésion.

Comme le rappelle Bussière,[17] les objectifs de Pompidou peuvent être résumés en trois points :

- « à l'échelle nationale : dévaluer afin de restaurer les équilibres économiques tout en retrouvant une capacité d'initiative à l'échelle européenne et internationale ;
- à l'échelle européenne : promouvoir une coopération monétaire effective et consolider les acquis communautaires tout en préservant les marges d'autonomie nécessaires à la politique économique nationale ;
- au plan international : contribuer à la mise en place d'un ordre mondial stable et ne dépendant plus du dollar et des décisions américaines pour son fonctionnement à venir. »

Jacques Chaban-Delmas, Premier ministre, inscrit cette première initiative majeure dans un souci de retour aux réalités et dans la volonté d'insuffler une nouvelle politique européenne aux accents gaulliens d'indépendance à l'égard des États-Unis et de leur monnaie : « Reste l'Europe, l'Europe que le gouvernement entend faire avancer, et il est important que la coopération européenne ne soit pas entravée par une incertitude pesant sur le sort de notre monnaie. »[18]

À la dévaluation du franc, répond une réévaluation officielle du mark de 9,29 % le 27 octobre 1969. Il s'agit d'une rupture par rapport à la politique monétaire de la Bundesbank menée en 1968 et soutenue par le gouvernement précédent. Le chancelier Kiesinger a refusé à l'automne 1968 une réévaluation du Deutsche mark, qui aurait permis d'alléger les pressions des marchés sur le franc. Élu chancelier le 22 octobre 1969, Brandt va grandement faciliter une convergence des vues sur la nécessité de relancer l'UEM. Adoptant une suggestion de Jean Monnet, Brandt défend l'idée d'un Fonds européen de réserve, destiné à terme à établir les bases d'une banque centrale européenne. « Il y a une certaine probabilité qu'une initiative –même limitée – dans le domaine de politique monétaire entraîne des progrès sur le chemin de

---

[17] « Georges Pompidou et la crise du système monétaire international : intérêt national, solidarité européenne et enjeux internationaux », in Association Georges Pompidou sous la direction d'Éric Bussière. *Georges Pompidou face à la mutation économique de l'Occident : 1969–1974*. 2003, PUF, p. 74.

[18] Allocution télévisée de Jacques Chaban-Delmas, Le Monde 10–11 août 1969, repris in Robert Frank, « Pompidou, le franc et l'Europe : 1969–1974 », *op. cit.*, p. 346.

la convergence en politique économique. »[19] Face à la fragilité du dollar, et sa surévaluation, la RFA, première économie d'Europe, attire des flux croissants d'investissements. Ces mouvements des devises européennes entretiennent une instabilité certaine qui peut nuire à la politique agricole commune si chère à la France. Demandeur de politiques économiques communes, Pompidou est à l'origine de la Conférence de La Haye (1er-2 décembre 1969) qui illustre la relance volontariste de l'Union économique et monétaire. Il rencontre le soutien appuyé du chancelier Brandt, dès le 4 juillet 1969 lors de sa visite à Paris, dans sa volonté d'associer la Grande-Bretagne au devenir de la CEE.

Le sommet de La Haye représente un enjeu majeur pour la politique économique de la France et de la Communauté. Dès l'été 1969, sa préparation fait l'objet d'une attention particulière auprès du gouvernement français. Bussière rapporte cette citation de Maurice Schumann, ministre des Affaires étrangères. « Jamais peut-être dans l'Histoire, il n'y a eu de négociation plus préméditée »[20]. Lors de la Conférence de La Haye, Pompidou énonce son célèbre triptyque, déjà établi lors de sa première conférence de presse en tant que président de la République, le 10 juillet 1969 : achèvement, approfondissement, élargissement. Ce triptyque édicte les trois objectifs majeurs que vise la France dans le processus de relance de l'union économique et monétaire. La phase de transition voulue par le Traité de Rome (1957) doit arriver à terme (achèvement). La France souhaite la construction « d'un ensemble économique qui forme véritablement un tout »[21] (approfondissement) et accueillir de nouveaux pays, dont la Grande-Bretagne dans la construction d'une Europe communautaire (élargissement)[22].

Répondant aux attentes des six pays de la Communauté qui souhaitent une plus grande coopération sur les questions monétaires, Pompidou fait du dossier monétaire l'une des priorités la politique

---

19 Citation de Willy Brandt, reprise de A. Wilkens, « Willy Brandt, l'Europe et le mark » in Association Georges Pompidou sous la direction d'Éric Bussière. *Georges Pompidou face à la mutation économique de l'Occident : 1969–1974*. 2003, PUF, p. 52. Note manuscrite de W. Brandt, 9 novembre 1969, 5 pages, Willy-Brandt Archiv im Archiv der sozialen Demokratie der Friedrich-Ebert-Stiftung, Bonn (Archives W. Brandt), fonds Bundeskanzler, vol. 91.

20 Cité dans Eric Bussère et Emilie Willaert, *Un Projet pour l'Europe : Georges Pompidou et la construction européenne*, PIE Lang, p. 148.

21 CHAN, 5AG2/1089, conférence de presse tenue par G. Pompidou, 10 juillet 1969.

22 *Ibid.*

économique française dès son investiture. La position de la France sur le plan monétaire s'inscrit dans la continuité des propositions du plan Barre de février 1969. La coordination des politiques économiques au sein de la Communauté doit s'accompagner d'une solidarité monétaire affirmée. Une note de Jean-René Bernard en date du 10 juillet 1969 atteste de cette volonté de convergence monétaire. Il s'agit d'établir les bases d'une coopération entraînant un soutien à court terme « suffisamment élevé » et « vraiment automatique » pour éviter les interventions unilatérales sur le marché des changes. À cela doit s'ajouter un dispositif de concours à moyen terme, garant d'une plus grande stabilité.

Toutefois, l'administration française et l'Élysée ont conscience des risques que représenterait un alignement sur la politique monétaire allemande pour l'économie hexagonale. René Larre, directeur du Trésor, fait état de cette situation dans une note en date du 20 octobre adressée au président de la République. « Compte tenu (…) du poids de la RFA dans la Communauté, la France se trouverait contrainte soit de calquer l'évolution de ses prix et salaires – en valeur nominale – sur celle des prix et des salaires allemands, soit à subir la concurrence des produits allemands jusqu'à d'extrêmes conséquences, y compris l'élimination des entreprises qui n'auraient pas réussi à contenir leur coût de production dans la limite observée par leurs voisins. »[23] La France dans l'immédiat ne peut se défaire d'un modèle de croissance inflationniste qui a été le sien depuis la fin de la Seconde Guerre mondiale. Pompidou a conscience que son économie et son industrie ne sont pas pour l'instant adaptées à une stabilité des prix. Il exprime à Jean-François Deniau la nécessité « de gagner quatre ans qui permettraient à l'industrie et à l'économie françaises d'acquérir la solidité nécessaire. »[24]

La France tient à préserver son autonomie quant à la décision d'une éventuelle dévaluation, comme le suggère une note de Jean-René Bernard du 10 novembre 1969. Les objectifs de la position française, exprimée par Valéry Giscard d'Estaing, ministre des Finances, lors

---

23 Archives du ministère des Finances, F30B12544 : notes pour le ministre, 20 octobre 1969 ; 23 janvier 1970.

24 Archives privées Jean-René Bernard, note pour Michel Jobert, 22 octobre 1969. Cité par Éric Bussière « Georges Pompidou et la crise du système monétaire international : intérêt national, solidarité européenne et enjeux internationaux », in Association Georges Pompidou sous la direction d'Éric Bussière. *Georges Pompidou face à la mutation économique de l'Occident : 1969–1974*. Paris, PUF, 2003, p. 76.

des conseils restreints des 21 octobre et 18 novembre 1969, s'inscrivent dans le prolongement du plan Barre. Celui-ci préconise une réduction des marges de fluctuation entre les monnaies de la Communauté pour diminuer l'impact des variations du dollar dans les transactions intracommunautaires. Une collaboration accrue, notamment avec la RFA, est requise.

Dans le cadre de la phase de préparation du sommet, la France veille à privilégier les bonnes relations franco-allemandes dans le domaine économique et monétaire. En témoigne cette note de Pompidou en date du 28 novembre 1969. « J'attache beaucoup d'importance aux rapports entre la France et la République fédérale allemande et particulièrement à mes rapports personnels avec le chancelier. Je ne vois qu'avantage à des échanges de vues directs et confidentiels. En ce qui concerne La Haye, je compte sur l'appui allemand pour décision concernant le règlement financier… Je suis moi-même disposé à proposer une coopération économique et monétaire étroite entre les Six et j'envisage également la possibilité d'un fonds de réserve commun. Il serait bon que nous en parlions, le chancelier et moi, par la suite, afin de matérialiser le projet. »[25] Comme le concède Deniau, il s'agit pour la France de faire un « geste politique » fort, d'autant que ses positions sont restrictives sur les institutions de la Communauté, permettant à Pompidou de concilier les objectifs de politiques extérieures (relance économique, équilibre et stabilité monétaire…) avec les intérêts de politiques intérieures.[26]

Le bilan du sommet de La Haye est très positif. Il a permis de redynamiser le processus de construction européenne initiée par le Traité de Rome et relance l'UEM. Il répond au triptyque énoncé par Georges Pompidou en permettant de réaliser un accord unanime. Le règlement financier définitif de la politique agricole commune est obtenu à La Haye (achèvement). Sur le plan économique, ce point est particulièrement important pour l'agriculture française. En dépassant les accords agricoles et douaniers, le sommet a également établi les bases d'une coordination et d'une convergence accrues des politiques économiques et monétaires pour faire face aux vicissitudes du SMI (approfondissement). En reprenant certaines propositions du plan Barre de février 1969, cette initiative peut être portée au crédit de la diplomatie française. Les six

25 CHAN 5AG2/1009, Note de George Pompidou, 28 novembre 1969.
26 Robert Frank, « Pompidou, le franc et l'Europe : 1969–1974 », *op. cit.*, p. 348.

pays de la Communauté s'entendent pour adopter une attitude commune sur le processus de candidature de la Grande-Bretagne, du Danemark, de l'Irlande et de la Norvège (élargissement). Le sommet de La Haye inaugure une nouvelle étape dans le processus de la construction de la Communauté européenne. Affichant un volontarisme au service d'un grand projet européen, Pompidou en est l'un des principaux artisans : « … je crois pouvoir dire que cette conférence aura été heureuse, heureuse pour la France d'abord, heureuse pour l'Europe, à qui elle ouvre de nouvelles espérances. »[27]

1.2 Les fondements du Plan Werner : les ambitions, les espoirs et la réalité politique

De la Conférence de La Haye découlent les grandes orientations de la politique monétaire commune. Le point 8 du texte intégral du communiqué final de la conférence des chefs d'État ou de gouvernement des 1er et 2 décembre l'énonce clairement :

> « Ils ont réaffirmé leur volonté de faire progresser plus rapidement le développement ultérieur nécessaire au renforcement de la Communauté et à son développement en une union économique. Ils sont d'avis que le processus d'intégration doit aboutir à une communauté de stabilité et de croissance. Dans ce but, ils ont convenu qu'au sein du Conseil, sur la base du mémorandum présenté par la Commission le 12 février 1969 et en étroite collaboration avec cette dernière, un plan par étapes sera élaboré au cours de l'année 1970 en vue de la création d'une union économique et monétaire. Le développement de la coopération monétaire devrait s'appuyer sur l'harmonisation des politiques économiques. Ils sont convenus de faire examiner la possibilité d'instituer un Fonds de réserve européen auquel devrait aboutir une politique économique et monétaire commune. »[28]

Ainsi, les 23 et 24 février 1970, les ministres des Finances des Six décident de la création d'un groupe d'étude sur l'UEM. Le 4 mars, le second plan Barre (communication de la Commission au Conseil) présente un plan en trois étapes vers l'UEM. En mars est donné mandat à Pierre Werner, président du gouvernement luxembourgeois, d'établir

---

[27] CHAN 5AG2/1089, Déclaration de Georges Pompidou à l'ORTF, 2 décembre 1969.

[28] Texte intégral du communiqué final de la conférence des chefs d'État ou de gouvernement des 1er et 2 décembre 1969, à La Haye.

un plan d'Union économique et monétaire. Le comité est composé d'un représentant de chacun des six États membres, d'un représentant de la Commission et d'un secrétaire : P. Werner, président du gouvernement luxembourgeois ; H. Ansiaux, président du Comité des gouverneurs des banques centrales ; G. Brouwers, président du comité de politique conjoncturelle ; B. Clappier, président du Comité monétaire ; U. Mosca, directeur général des affaires économiques et financières de la CEE ; J.B. Schöllhorn, président du Comité de politique économique à moyen terme ; G. Stammati, président du Comité de politique budgétaire et G. Morelli, secrétaire.

Le comité est très influencé par le triangle d'incompatibilité, théorisé par les économistes Robert Mundell (1963)[29] et Marcus Fleming (1962)[30]. Selon le principe de théorie économique, il est impossible pour une économie nationale d'atteindre simultanément trois objectifs : un régime de change fixe, une politique monétaire indépendante et la libre circulation des capitaux. La Rapport insiste expressément sur ce point : « Une union monétaire implique à l'intérieur la convertibilité totale et irréversible des monnaies, l'élimination des marges de fluctuation des cours de change, la fixation irrévocable des rapports de parité et la libération totale des mouvements de capitaux. Elle peut s'accompagner du maintien de signes monétaires nationaux ou consacrer l'établissement d'une monnaie communautaire unique. Du point de technique, le choix entre ces deux solutions pourrait être indifférent, mais des considérations d'ordre psychologique et politique militent en faveur de l'adoption d'une monnaie unique qui affirmerait l'irréversibilité de l'entreprise »[31]. Dans cette perspective, le comité va chercher à « affirmer la personnalité monétaire de la communauté »[32] en insistant sur l'importance d'une coordination croissante des politiques économiques et l'émergence d'institutions communautaires qui en

---

29 Mundell, Robert A. « Capital mobility and stabilization policy under fixed and flexible exchange rates ». *Canadian Journal of Economics and Political Science.* 29 (4) (1963), p. 475–485.

30 Fleming, J. Marcus. « Domestic financial policies under fixed and floating exchange rates». *IMF Staff Papers.* 9 (1962), p. 369–379.

31 Rapport Werner du 8 octobre 1970, https://ec.europa.eu/economy_finance/publi cations/pages/publication6142_en.pdf

32 Rapporté par G. Bossuat « Le Président Georges Pompidou et les tentatives d'Union économique et monétaire », in Association Georges Pompidou. *Georges Pompidou et l'Europe.* 1995. Éditions Complexe, p. 411.

auraient la charge : le Rapport Werner (déposé en octobre 1970) établit les étapes vers une véritable fédération européenne.

Cette recommandation implicite ne peut que heurter le gouvernement français qui cherche surtout à établir une synthèse entre des positions parfois contradictoires. La France cherche à relancer, puis à préserver, la croissance économique intérieure à travers un retour à une stabilité des changes. Une coopération entre les banques centrales est souhaitée, mais un transfert de souveraineté ne peut être envisagé. Comme le précise explicitement le communiqué final du sommet de La Haye, il s'agit de poser les fondements « d'une communauté de stabilité et de croissance ». Le gouvernement français doit préserver son indépendance et conserver son autonomie quant aux décisions de politiques économiques.

Le rapport souligne clairement les implications d'une union économique et monétaire qui doit mener à terme à une union politique et un transfert des pouvoirs exercés par les instances nationales vers les instances communautaires. Ainsi, il est suggéré de prendre l'exemple du « Federal Reserve System » pour définir le futur système communautaire des banques centrales. Les fondements d'une future Communauté fédérale sont posés[33] :

- « Les monnaies communautaires sont assurées d'une convertibilité réciproque totale et irréversible, sans fluctuation de cours et avec des rapports de parité immuables ou, de préférence, sont remplacées par une monnaie communautaire unique ;
- La création de liquidité dans l'ensemble de la zone et la politique monétaire et du crédit sont centralisées ;
- La politique monétaire à l'égard du monde extérieur est du ressort communautaire ;
- Les politiques des États membres à l'égard du marché des capitaux sont unifiées ;
- Les données essentielles de l'ensemble des budgets publics, et en particulier la variation de leur volume, l'ampleur des soldes et les modes de financement ou d'utilisation de ces derniers sont décidées au niveau communautaire ;

---

[33] S'agit-il des États-Unis d'Europe défendus par Jean-Monnet au lendemain de la Seconde Guerre mondiale ?

– Les politiques régionales et structurelles ne sont plus exclusivement du ressort des pays membres ;
– Une consultation systématique et continue des partenaires sociaux est assurée au niveau communautaire. »

Privilégiant la continuité plutôt que le changement sur le plan monétaire, Pompidou précise ses attentes sur l'UEM qui doit garantir la stabilité économique et monétaire ébranlée par les tensions croissantes du SMI : « Pousser assez nettement la coordination de l'action des banques centrales vis-à-vis du dollar et sur les monnaies européennes…, rester ferme sur la flexibilité des changes…, ne pas abandonner par avance notre position hostile à l'élargissement des marges »[34]. Lors d'un entretien en juillet 1970 avec son homologue allemand, Brandt, il concède qu'il n'envisage pas une monnaie commune dans l'immédiat : « Il ne faut pas s'amuser à de tels rêves, cela sera peut-être un jour, mais sûrement ni en 1971 ni en 1972 »[35].

Bien qu'il existe une réelle coopération franco-allemande dans la construction de l'UEM, des clivages importants demeurent, mettant en exergue une certaine méfiance qu'entretient sur un autre plan des relations internationales l'Ostpolitik du chancelier Brandt. La France refuse que lui soient imposées des mesures anti-inflationnistes alors que l'Allemagne refuse de sacrifier « l'Or du Rhin » pour sauver des devises affaiblies par des dérives inflationnistes (dont le franc). De ces divergences proviennent les antagonismes entre le ministre de l'Économie et des Finances français, Valery Giscard d'Estaing, et son homologue allemand, Karl Schiller : la querelle des « monétaristes » français et des « économistes » allemands. Les premiers prônent une coordination des politiques monétaires en vue d'une plus grande stabilité et la création à terme d'une monnaie commune, quand les seconds imposent comme prérequis la convergence des politiques économiques (en particulier la politique budgétaire afin de réguler les dérives inflationnistes). Comme le rappelle Claude Pierre-Brossolette, le professeur Schiller était pour le moins dogmatique avec des conceptions souvent diamétralement opposées à celles de son homologue français : « Schiller gérait une économie libérale, avait des

---

[34] Citation de G. Pompidou in Éric Bussière et Émilie Willaert, *Un projet pour l'Europe : Georges Pompidou et la construction européenne.* 2010. PIE Peter Lang.

[35] Rapporté par Bossuat « Le Président Georges Pompidou et les tentatives d'Union économique et monétaire », *op. cit.*, p. 411.

convictions libérales, croyait au marché, à la politique monétaire, tandis qu'en France, on croyait au contrôle des prix, des changes, au plan, au contrôle des investissements, etc. ».[36]

Déposé le 16 octobre 1970 et discuté en Conseil des ministres des 6 le 23 octobre, le rapport Werner dresse les étapes à franchir pour remplacer les monnaies nationales par une monnaie commune et le chemin à suivre vers une Europe fédérale. « Trop fédéraliste » aux yeux de la France (et bien qu'édulcoré par rapport à sa version de juin 1970), il fait l'objet d'un désaccord des Six sur l'UEM le 14 décembre 1970 : la France ne peut se résoudre à un transfert de sa politique budgétaire à une instance « supranationale » (deuxième étape du rapport Werner). Comme le rappelle Frank, l'infléchissement de la France entre le printemps et l'automne 1970 est à porter au crédit de la présidence de la République française qui a veillé à ce que des instructions présidentielles soient données afin d'éviter tout accord. Pompidou précise « [qu'] il ne souhaite pas qu'on aboutisse le 14 ».[37] « C'est à croire qu'on a agité le chiffon rouge devant nous pour savoir si nous étions des veaux ou des taureaux »[38]. Alors que le rapport Werner prône une harmonisation des politiques économiques, rejoignant les positions allemandes et notamment celles de Schiller, la France craint une ingérence dans sa politique budgétaire et refuse une harmonisation fiscale (1re étape du rapport Werner vers une Europe fédérale par la monnaie) : elle campe sur sa vision « monétariste » et refuse toute ingérence dans sa politique « inflationniste ».

Comme le rapporte Bossuat, « Georges Pompidou n'accepterait un pôle européen » et l'équivalent d'un gouvernement européen « que le jour où les pays européens pourront demander aux États-Unis de reprendre leurs dollars et de leur renvoyer de l'or »[39]. Par ailleurs, comme le fait judicieusement remarquer VGE, le rapport Werner ne définit pas le stade final de l'UEM. Et Pompidou d'asséner : « Pour l'étape finale, il faut une vague formule inspirée du communiqué de La Haye, ou alors, il faut un nouveau texte »[40]. Les transferts de compétences ne sont envisageables

---

[36] Entretien de Claude Pierre-Brossolette avec Michèle Weinachter, in M. Weinachter, *op. cit.*, p. 44.

[37] Robert Frank, « Pompidou, le franc et l'Europe : 1969–1974 », *op. cit.*, p. 354.

[38] Citation de G. Pompidou extraite de G. Bossuat, « Le Président Georges Pompidou et les tentatives d'Union économique et monétaire », *op. cit.*, p. 413.

[39] *Ibid.*, p. 414.

[40] *Ibid*, p. 414.

qu'au cas par cas et par nécessité. « ... Les transferts de compétences qui se révèleront indispensables au fur et à mesure du progrès de l'Union économique et monétaire seront progressivement déterminés par le Conseil sur proposition de la Commission. »[41] Quant au passage de la première à la deuxième étape, éludant toute discussion stérile, « On verra »[42] résume le président français.

Lors de la réunion restreinte du 10 décembre 1970, en vue du Conseil des ministres des Communautés du 14 décembre 1970, Pompidou s'interroge sur les termes du rapport Werner et notamment sur « ce qu'est cette zone dans laquelle les biens, les services, les personnes et les capitaux circuleront librement et sans distorsion de concurrence sans pour autant engendrer des déséquilibres structurels et régionaux ».[43] Au cours de cette réunion apparaît une certaine méfiance (mais aussi une certaine rivalité) à l'égard de l'Allemagne et des orientations fédérales du Plan Werner. Cela conforte la France à affirmer son autonomie : « Tous ces gens disent et écrivent n'importe quoi. Les Allemands se disent « nous serons les plus forts ». On verra bien... »[44]. Le président insiste sur le rôle des États auxquels incombe la mise en place des politiques économiques. Le processus de l'UEM est un processus long qui requiert des adaptations économiques : « La vérité est qu'il faut une union progressive. Il y a des déséquilibres tous les jours, les États les corrigent, car c'est eux qui en subissent les conséquences... Il n'y aura une Europe que si les transferts de pouvoirs se font des gouvernements au Conseil des ministres des Communautés ».[45]

Quant à la date de la réalisation de l'UEM, une prudence politique et diplomatique s'impose : « si possible à la fin de 1980 ». La coordination monétaire au niveau communautaire est souhaitée et nécessaire. Il

---

[41] CHAN, 5AG2/60, note Union économique et monétaire, note pour le conseil restreint du 9 décembre 1970. Note reprise in Bussière et Willaert, *op. cit.*, p.225.

[42] Citation de G. Pompidou extraite de G. Bossuat « Le Président Georges Pompidou et les tentatives d'Union économique et monétaire », *op. cit.*, p. 414.

[43] CHAN, 5AG2/60, extrait du compte-rendu d'une réunion restreinte du 10 décembre 1970, à laquelle participaient, G. Pompidou, Président de la République française, J. Chaban Delmas, premier ministre, J. Duhamel, ministre des Affaires étrangères et V. Giscard d'Estaing, ministre de l'Économie et des Finances.

[44] CHAN, 5AG2/60, note Union économique et monétaire, note pour le conseil restreint du 9 décembre 1970. Note reprise in Bussière et Willaert, *op. cit.*, p.227.

[45] CHAN, 5AG2/60, extrait du compte-rendu d'une réunion restreinte du 10 décembre 1970.

n'empêche, des points doivent être clarifiés. La Banque de France doit rester sous la tutelle renforcée de l'État. Une concertation communautaire n'est envisageable que dans cette perspective. Et Pompidou de préciser : « Dans l'affaire qui nous occupe, la base c'est la coopération des banques centrales, c'est la coopération des politiques budgétaires et des politiques économiques et c'est la concertation des politiques monétaires internes et la définition d'une attitude commune en matière monétaire vis-à-vis de l'extérieur. »[46]

Bien qu'une version édulcorée du rapport Werner soit finalement adoptée en février 1971, cette décision française très fortement politique aura d'importantes conséquences sur la suite des relations économiques franco-allemandes. Elle illustre les « querelles théologiques » entre tenants de la « politique économique » (la RFA) et les « monétaristes » (la France). À la veille de la crise du Système monétaire international, le projet d'UEM est ébranlé.

1.3 De l'échec du plan Werner à la nécessaire stabilité intracommunautaire

Après l'absence d'accord sur le rapport Werner le 14 décembre 1970, le Conseil des ministres des Six parvient le 9 février 1971 à un accord sur la réalisation par étape d'une UEM. Cette décision est à porter au crédit de la collaboration franco-allemande : la première étape du plan Werner doit s'échelonner du 1er juillet 1971 au 31 décembre 1973. Une résolution est prise le 22 mars. Il est décidé « de former un ensemble monétaire individualisé au sein du système international, caractérisé par la convertibilité totale des monnaies, l'élimination des marges de fluctuation des cours des changes, la fixation irrévocable des rapports de parité, conditions indispensables à la création d'une monnaie unique et comportant une organisation des banques centrales ».[47]

Dans un contexte monétaire plus instable, les fluctuations des devises européennes sont ramenées de +/- 0,75 % à +/- 0,60 % le 27 avril 1971 : la stabilité intracommunautaire reste très fragile face à l'afflux de capitaux en RFA où les taux d'intérêt réels demeurent élevés. Cette décision est

---

[46] *Ibid.*

[47] CHAN, 5AG 2, carton 1012, 18 septembre 1971, note pour Michel Jobert. Cité par G. Bossuat, *op. cit.*, p. 418.

conforme aux orientations prises par la Communauté et s'inscrit dans le cadre de la première étape vers l'UEM. La France souscrit à cette voie tout en restant fidèle à la thèse gaulliste des parités fixes en Europe et en évitant de s'engager dans une union politique contraignante. Comme le souligne Bussière, cette première mise à l'épreuve est perçue par Pompidou comme un test de la volonté de la Communauté d'agir de façon concertée et solidaire face à l'instabilité grandissante du dollar.

Les fluctuations du dollar semblent ne pas être uniquement les conséquences des difficultés de l'économie américaine. Elles apparaissent aussi comme des moyens de pression entre les États-Unis et leurs partenaires géopolitiques des pays industrialisés (les pays européens et le Japon essentiellement) dans un contexte marqué par la Guerre froide. Si le plan Marshall était dans une certaine mesure une illustration de la loi des débouchés appliquée par l'économie américaine à l'égard de ses partenaires, la mise en place d'une UEM tend à être perçue comme une menace pour la production américaine. Des barrières à la libre circulation des biens et des capitaux en provenance de zones extracommunautaires sont redoutées par une économie dont la croissance est au ralenti. Avec l'arrivée à la tête du Trésor américain de l'ex-gouverneur de l'État du Texas, John Connally, semble apparaître de façon patente un conflit latent entre la zone économique américaine et l'Europe. Les craintes apparaissent déjà en 1969 dans les déclarations faites par Pompidou en petits comités interministériels.

Même si le président Richard Nixon avait tenu à rappeler à son homologue français, lors de leur première rencontre en février 1970, son soutien au processus d'intégration économique européenne, la présence d'une méfiance dans les relations diplomatiques est perceptible. Comme le rappelle Luciano Segreto, Nixon reprend la position de l'ambassadeur américain auprès de la Communauté, Robert Schaetzel, en assurant à Pompidou que l'administration américaine n'accorde aucune importance « aux craintes et même à l'opposition contre le marché commun européen ». Ces craintes semblent toutefois fondées.

La perspective d'une entrée de la Grande-Bretagne dans la CEE inquiétait les États-Unis. Avec un marché économique étendu, comprenant les quatre plus grandes économies d'Europe, la CEE allait devenir « increasingly competitive with the U.S. » et « a serious problem for us in an economic sense ». Peu avant le sommet de La Haye, un document rédigé par l'administration américaine au second semestre 1969 établissait que le département d'État, la Défense et la

CIA considéraient la CEE comme « a discriminatory trading bloc. » La note du compte-rendu du conseil restreint du 18 novembre 1970 révèle que le président français a conscience de cet enjeu. « Le président de la République rappelle l'entretien entre le général de Gaulle et monsieur MacMillan à Rambouillet en 1962. La rupture a eu lieu sur les fusées Polaris et ce n'était pas un hasard. Si nous étions en Europe capables de nous défendre seuls contre l'URSS, le problème du dollar serait résolu d'une façon infiniment plus rapide. »[48]

Dès les premiers mois de l'année 1971, la situation économique américaine se détériore, le déficit de la balance des paiements passant à 9,8 milliards de dollars. L'administration américaine doute de la disposition de l'Europe, et de la Communauté en particulier, à reconnaître le coût supporté par les États-Unis pour la protection du monde occidental en période de guerre froide avec le bloc soviétique. Les États-Unis sont les garants de cette stabilité géopolitique sur laquelle a pu se reconstruire l'économie européenne. Il est possible d'y voir une volonté de remise en cause de la stratégie adoptée au lendemain de la Seconde Guerre mondiale. Les États-Unis n'ont peut-être plus intérêt à sacrifier leurs intérêts commerciaux contre l'atteinte d'objectifs politico-stratégiques. Comme le souligne Segreto, reprenant une note de Connally adressée à Peter Peterson, assistant du président Nixon pour les affaires économiques et responsable du Council for International Economic Policy : « The United States has reached a watershed in its trade affairs. Hitherto this country could frequently afford to sacrifice its trade interests to attain broader political military and economic goals, while its trading partners concentrated on rebuilding or expansion their economic trade. This is no longer the case. »[49] Il s'agit de provoquer une modification des rapports économiques et commerciaux avec les pays industrialisés (et la CEE notamment) afin de les contraindre à assumer leurs responsabilités à l'égard « du maintien des équilibres économiques généraux. »[50] Connally cherche à atteindre cet objectif tout en évitant

---

48 CHAN 5AG2/59. Extrait du compte-rendu d'une réunion restreinte du 18 novembre 1969.

49 National Security Archives, fiche 30, doc. 373, Connally à Peterson, 29 mars 1971. Cité par Luciano Segreto, « États-Unis, Europe et crise du système monétaire international (1968–1973) : Vers le flottement général des monnaies », in Association Georges Pompidou, *Georges Pompidou face à la mutation économique de l'Occident : 1969–1974*, Paris, PUF, 2003, p.20.

50 Luciano Segreto, *op. cit.*, p. 20.

de générer une confrontation internationale majeure. Pour la nouvelle administration américaine, la CEE doit assumer ses responsabilités sur le plan géopolitique (voire en supporter une partie du coût financier) et non se réfugier dans une forteresse pour préserver sa croissance économique.

Peu avant, l'implosion du SMI, la note de Connally rédigée à l'attention du président Nixon semble assez explicite. « I believe we must realize there is a strong element of thinking within Europe that would take advantage of weakness or clumsiness on our part to promote the Common Market not as a partner but as a rival economic bloc vigorously with the dollar and reducing and shutting out, as best as it can, U.S. economic influence from a considerable portion of the world. »[51] Cette position semble établir les fondements d'une stratégie de riposte, faisant écho à un mémorandum de Henry Kissinger rédigé en mars 1969 quant à l'attitude à adopter dans le cas d'une suspension de la convertibilité de l'or vis-à-vis du dollar. Dès février 1970, une étude du Conseil national de sécurité, rapportée par Kissinger, présente le danger pour les États-Unis:

> « À long terme, nous pourrions nous trouver face à une Europe élargie formée d'un Marché commun d'au moins six membres à part entière liés avec des pays neutres de l'AELE, jouissant d'accords commerciaux avec au moins les pays méditerranéens et la plus grande partie de l'Afrique. Ce bloc assurerait environ la moitié du commerce mondial, alors que notre participation n'y est que de 15 % ; il posséderait des réserves monétaires faisant près du double des nôtres et serait même capable de nous mettre constamment en minorité au sein des organisations économiques internationales. »[52]

L'administration américaine part du principe que la CEE va chercher à adopter des politiques économiques discriminatoires afin de protéger sa croissance et éviter d'avoir à supporter le coût d'un rééquilibrage des dépenses politico-stratégiques. Dans cette éventualité et en fonction de l'aggravation des relations avec les pays industrialisés partenaires et alliés des États-Unis, des mesures de riposte graduelle à quatre niveaux ont fait l'objet d'une élaboration. -1- Les États-Unis doivent laisser la crise des changes se développer sans intervention substantielle de la Réserve fédérale

---

51 National Security Archives, fiche 30, doc. 385, Connally à Peterson, 8 juin1971. Cité par Luciano Segreto, *op. cit.*, p. 21.

52 Henry Kissinger, *À la Maison-Blanche*, p. 444. Cité par Pierre Mélandri in Association Georges Pompidou. *Georges Pompidou et l'Europe*. Bruxelles, Éditions Complexe, 1995, p. 98.

(FED). -2- Ce n'est qu'au moment opportun, lorsqu'une intervention devient nécessaire, que les États-Unis indiquent à leurs partenaires leur « solution privilégiée ». -3- Dans ce cas, il est prévu de mettre en place des instruments de négociation visant à favoriser la position américaine : a) « suspension de la convertibilité de l'or » (sachant que les partenaires sont aussi des créanciers…) ; b) « imposition de restrictions commerciales » ; c) « interventions diplomatiques et financières afin d'annuler l'efficacité des initiatives de pays tiers qui auraient pu interférer avec la réalisation des objectifs américains. » -4- Le quatrième niveau est un désengagement des États-Unis sur le plan politico-stratégique « réduction de la présence américaine en Europe et au Japon ».[53]

Cette situation de pression exercée par les turbulences du dollar au sein du SMI est difficilement tenable et, le 9 mai, le Conseil des ministres des Six autorise un élargissement des marges de fluctuation : la crise du SMI est imminente. Le même jour, le ministre allemand de l'Économie, Schiller, propose de mettre des crédits à la disposition des banques européennes en échange d'un flottement européen autour du mark. Cette initiative précède les décisions unilatérales prises par la RFA et les Pays-Bas de laisser flotter leurs monnaies le 10 mai. Alors que l'Allemagne propose un flottement en commun des devises, la France, par l'intermédiaire de son ministre des Finances, cherche à maintenir des parités fixes à travers notamment la mise en place d'un contrôle des mouvements de capitaux.

Cette attitude où l'Allemagne semble faire cavalier seul pour préserver ses intérêts porte un coup sérieux aux relations franco-allemandes et marque de façon éclatante la crise du SMI. Le risque d'une UEM arrimée au mark apparaît de façon évidente. Conscient du problème majeur que représente cette entorse à l'entente franco-allemande, Brandt écrit à Pompidou pour réitérer son soutien à la construction de l'UEM et protester de sa bonne foi. Jean Monnet, quant à lui, défend le projet Schiller auprès de Jean-René-Bernard en juin 1971 : « La Bundesbank aurait mis de l'argent à la disposition des autres banques centrales et en contrepartie les monnaies des États de la Communauté auraient flotté avec le mark vis-à-vis du dollar ».[54] Il va plus loin en préconisant de concert avec Schiller la

---

[53] http://www.state.gove/r/pa/ho/frus/nixon/iii/5347.htm, doc. 152, Contingency Planning Papers, Confidential, 8 mai 1971. Cité par Luciano Segreto, *op. cit.*, p. 22.

[54] CHAN 5AG 2, carton 1012, Jean-René Bernard, 20 juin 1971, note pour Michel Jobert, compte-rendu de conversation avec Jean Monnet. Cité par G. Bossuat, *op. cit.*, p. 418

création d'un fonds de coopération monétaire européen, devant jouer le rôle de « couverture européenne » face aux variations des changes. Cette proposition justifiant le flottement des monnaies ne peut que susciter des réactions négatives du côté français : elle officialise l'émergence d'une zone mark. L'indépendance nationale en matière de politique monétaire et plus généralement en matière de politique économique deviendrait de facto caduque. Comme le mentionne Balladur : « Cela signifie en clair que nous dépendrions désormais étroitement dans notre politique monétaire, par conséquent économique, des rapports entre le mark et le dollar »[55]. Pierre-Brossolette, reconnaissant les faiblesses structurelles de l'économie française, rappelle que VGE, lui aussi, refuse la domination monétaire allemande. « Honnêtement, on a toujours été sur la défensive, à la fois parce que nos thèses étaient fragiles intellectuellement et parce que notre situation technique n'était pas très bonne, sur le plan de l'inflation, de la stabilité des prix et du taux de change. Nous continuions à donner une très grande priorité à l'expansion, notre taux d'inflation était donc supérieur à celui de nos autres partenaires. Nous étions donc obligés de dévaluer périodiquement, etc. ».[56]

À cette méfiance entre la France et l'Allemagne, entre les tenants des parités fixes et les tenants des changes flottants, s'ajoute au cœur de l'été 1971, la crise du dollar qui marque de façon irréversible la fin du SMI établi vingt-sept ans plus tôt à Bretton Woods (1944).

1.4 La crise du Système monétaire international : le retour du réel

La décision unilatérale prise par la RFA de laisser flotter le mark face aux autres devises, en dépit des accords passés en mars, met à mal la solidarité de la Communauté des six et marque un temps d'arrêt (de courte durée) dans la voie vers l'UEM. Au printemps 1971, les capitaux continuent d'affluer vers l'Allemagne et dans une moindre mesure les Pays-Bas où les taux d'intérêt élevés suscitent ces mouvements financiers. Parallèlement, les États-Unis ne redressent pas leurs taux et

---

55 CHAN, 5AG 2, carton 1048, Édouard Balladur, 1er juillet 1971, note à l'intention du Président de la République, cité par G. Bossuat, *op. cit.*, p.421.

56 Entretien de Claude Pierre-Brossolette avec Michèle Weinachter, in M. Weinachter, *op. cit.*, p. 52.

n'interviennent pas pour défendre le dollar, plombé par le déséquilibre de la balance des paiements. Cette position américaine obéit à la fois à des considérations géopolitiques et économiques, tant sur le plan intérieur (en vue des prochaines élections) que sur le plan extérieur.

Malgré cette tension, la France cherche à concilier deux objectifs complémentaires tout en maintenant la compétitivité de son économie. En premier lieu, il s'agit de préserver la stabilité économique au niveau mondial à travers la poursuite dans la voie tracée par la première étape de l'UEM. En second lieu, elle vise à établir les fondements d'une Communauté européenne solidaire et capable de faire face aux positions contraignantes et pressantes des États-Unis. Après des concessions, elle refuse tout élargissement des marges de fluctuation vis-à-vis du dollar. Pompidou est ferme : « Il faut nous raidir sérieusement à Bruxelles et arrêter les discussions sur l'Union économique et monétaire en en montrant la vanité : il faut prévenir les Belges et les autres que nous ne céderons pas et que si l'on cède au FMI nous refuserons quant à nous d'accepter un élargissement supérieur à 1,5 % et nous demanderons à la Communauté de nous imiter. Si elle ne le fait pas, adieu l'Union économique et monétaire »[57].

Comme le rappelle Soutou[58], en élargissant les marges de fluctuation à l'égard du dollar (3 %) et en rétrécissant les marges européennes (0,5 %), deux considérations, allant à l'encontre des intérêts défendus par le gouvernement français sont apparues de façon marquante. Un élargissement des marges de fluctuation vis-à-vis du dollar répond aux attentes des États-Unis et ne peut que conforter le poids du dollar dans une période d'incertitude et d'instabilité grandissante. Le risque d'un glissement vers un flottement généralisé des monnaies et une augmentation de la spéculation est présent. Quant au rétrécissement des marges intracommunautaires, il se ferait au profit de la monnaie la plus forte : le mark. Ce « Serpent dans le tunnel », envisagé par la RFA, mènerait à la mise en place d'une zone mark, le franc étant conduit à s'apprécier alors que la France aurait à supporter une inflation plus importante que son voisin d'outre-Rhin. Une surévaluation du franc de 3 à 4 % à l'horizon 1973 serait à prévoir. Cette situation aurait pour

[57] CHAN 5AG 2, carton 1011, Jean-René Bernard, 29 juin 1971.

[58] G.H. Soutou, « L'attitude de Georges Pompidou face à l'Allemagne », in Association Georges Pompidou. *Georges Pompidou et l'Europe*. Bruxelles, Éditions Complexe, 1995.

conséquence pour l'économie française une baisse de sa compétitivité à l'international et une augmentation du chômage : une perte d'autonomie en matière de politique économique et à l'égard des États-Unis et à l'égard de la RFA. Comme le mentionne Jean-René Bernard, à cela s'ajoute une considération plus politique associée à la perspective des élections cantonales de 1973 [59]. Suivant Bernard, Pompidou adopte l'option d'un double marché des changes : l'objectif est de préserver la cohésion des pays de la Communauté et leur compétitivité à l'exportation.

Lors de la rencontre des 5 et 6 juillet à Bonn, le président français précise ses objectifs au chancelier. Il lui suggère une réévaluation du mark et un contrôle accru des mouvements de capitaux. Ainsi, la France accepterait un élargissement modéré des marges de fluctuation. Les positions françaises diffèrent des positions présentées en mai par Schiller qui préconise une forte réévaluation du mark, une large flexibilité des changes. Il témoigne également d'une réticence à l'adoption de mesures de contrôle de capitaux.

Le 15 août 1971, le président Nixon prend la décision de suspendre la convertibilité du dollar en or et annonce une surtaxe de 10 % sur les importations. La première mesure prend de surprise l'ensemble des économies et des places financières. La seconde mesure est censée répondre à deux objectifs. D'une part, lutter contre le déséquilibre de la balance commerciale américaine, d'autre part, chercher à séduire une partie de l'électorat que le président candidat Nixon, conseillé par Connally, veut gagner à sa cause en vue d'une réélection à la Maison-Blanche.

Cette attitude qui peut paraître pour le moins désinvolte marque aussi le début de la fin d'une période qui a consacré l'hégémonie du dollar américain dans un système de changes fixes. L'économie mondiale va devoir assumer les conséquences des politiques économiques américaines quelque peu laxistes, entrant ainsi dans une période d'instabilité économique et monétaire marquée par une incertitude croissante. L'attitude de la France et son initiative de convoquer dès le 18 août les Six pour définir ensemble un double marché des changes est remarquable. Pourtant, au sein de la CEE des avis divergents s'affirment. Alors qu'à travers son ministre de l'Économie et des Finances, Schiller, la RFA prône un marché des changes unique en Europe, le Benelux par l'intermédiaire de Jean-Charles Snoy propose dès le 19 août la mise en place « de cours

---

[59] CHAN 5AG 2, carton 1011, Jean-René Bernard, 29 juin 1971.

de changes fixes entre les monnaies de la CEE, et éventuellement d'autres pays associés et de fluctuer ensemble vis-à-vis du dollar »[60]. Ce flottement concerté annonce le futur « Serpent monétaire européen ». La France, par la voix de son ministre de l'Économie et des Finances, repousse ces solutions et ne parvient pas à bien jauger la nouvelle réalité économique en s'attachant à « une remise en ordre du système monétaire mondial »[61]. Comme le souligne Bossuat, la France endosse la responsabilité du refus de laisser flotter de façon concertée les monnaies européennes. La preuve est faite de « l'incapacité des 6 à réagir ensemble à une difficulté majeure »[62].

Alors que la France semble encore envisager un retour à un système de parités fixes comme semblent l'attester les initiatives de Pompidou, conseillé par son ministre de l'Économie et des Finances, la RFA, par l'intermédiaire de son chancelier, fait montre d'un pragmatisme politique en cherchant à relancer la concertation intereuropéenne et à faire taire les divergences « théologiques » entre Schiller et VGE. La France semble isolée d'autant que les États-Unis attendent sachant qu'un flottement des monnaies leur est favorable. Pompidou est conscient du jeu des Américains. En élaborant son approche technique d'un double marché des changes, la France cherche à constituer un front uni des Européens pouvant inclure le Japon, soumis également aux fluctuations du dollar. Il est important d'établir un compromis global, car un système de changes flottants aurait des conséquences fâcheuses pour la politique agricole commune et pour la politique commerciale de la Communauté. Les Américains facilitent le rapprochement en émettant des exigences inacceptables en termes d'objectifs de la balance des paiements.

Il s'agit d'effectuer un rééquilibrage vers l'Europe qui aurait à supporter le coût de la protection et des orientations géostratégiques américaines. Dès le mois de septembre s'esquisse une position commune : le groupe des Dix réclamant à Paul Volcker la dévaluation du dollar vis-à-vis de l'or. Le 13 septembre les ministres des Finances des Six s'entendent pour demander aux Américains de contribuer au règlement global de ce problème international. Celui-ci repose sur les termes avancés par le directeur du FMI au début du mois de septembre : « retour au système

---

60 Jean-Charles Snoy, *Rebâtir l'Europe, Mémoires*, Duculot, Fondation Jean Monnet, pp. 182, cité par G. Bossuat, *op. cit.*, p. 422.

61 Bossuat, *op. cit.*, p. 422.

62 Bossuat, *op. cit.*, p. 423.

des parités fixes assorti d'un réalignement général, d'un relèvement du prix de l'or, de l'élargissement des marges de fluctuation, de l'abolition de la surtaxe de 10 % et du rétablissement d'une certaine convertibilité du dollar. »[63]. Pour la France, il s'agit de résoudre les problèmes tant à l'échelle internationale qu'à l'échelle européenne. Comme le souligne Frank: « La France, en refusant de lier le sort de sa monnaie aux autres devises flottantes de l'Europe, s'était mise en bonne position de négociation. »[64]

À Brandt, revient le mérite de proposer à Pompidou dès le mois d'octobre « d'adopter une attitude commune vis-à-vis de l'extérieur » et « d'harmoniser notre politique économique » afin de lutter de concert contre les dérives inflationnistes. Fidèle à ses habitudes[65], la France répond favorablement à la première proposition, en prenant à son compte la représentation de la CEE face aux États-Unis sur les questions monétaires, mais elle est réticente à la seconde qui reste « lettre morte ». Des réunions régulières des chefs de gouvernements des Neuf sont mises en place et une coopération politique accrue au sein de la CEE est à porter au crédit de l'entente franco-allemande. La France souhaite que la parité de l'or et du dollar soit révisée, alors que l'Allemagne tend à jouer la carte diplomatique en privilégiant une Europe unie et en évitant de s'opposer aux États-Unis.

Pour l'Élysée, il est primordial de maintenir la compétitivité de l'économie française et de faire face aux pressions de la diplomatie hégémonique américaine. Afin de ne pas réévaluer le franc face au dollar, il s'agit de dévaluer le dollar et de réévaluer le mark : le franc apparaissant comme un pivot. Cette stratégie est établie en Conseil restreint le 10 novembre 1971 : une dévaluation du dollar de 5 à 7 % et une réévaluation du mark par rapport à la devise américaine de 5 à 6 %. Lors des entretiens des 3 et 4 décembre 1971 à Paris, Pompidou et Brandt s'entendent sur ce mécanisme d'ajustement qui conduit à un retour aux

---

63 Archives privées Jean-René Bernard, note pour le Président, 1er septembre 1971, 5 octobre 1971. Cité par E. Bussière « Georges Pompidou et la crise du système monétaire international : intérêt national, solidarité européenne et enjeux internationaux », in Association Georges Pompidou, *Georges Pompidou face à la mutation économique de l'Occident : 1969–1974*. Paris, PUF, 2003, p. 87.

64 Paul Fabra, « *Une opération vérité* », *Le Monde* 16 décembre 1971 cité in Robert Frank, « Pompidou, le franc et l'Europe : 1969–1974 », *op. cit.*, p.341.

65 C'est moi qui souligne.

parités fixes. En contrepartie, la France accepte un élargissement des marges de fluctuation entre monnaies européennes et un élargissement plus important à l'égard du dollar. Une solidarité et une stratégie franco-allemande sont affichées. L'accord franco-allemand issu de cet entretien est celui accepté lors de la rencontre des Açores par le président Nixon, puis ratifié au Smithsonian Institute. Parallèlement au rapprochement franco-allemand, au cours de l'automne 1971, Pompidou rallie à cette approche européenne les autres partenaires de la Communauté et notamment ses homologues italiens, Colombo, et britannique, Heath. Celui-ci est prêt à accepter une dévaluation du dollar comprise entre 5 et 10 %. Cette initiative française est l'illustration du volontarisme de la France dans le maintien de l'Union économique et monétaire et l'affirmation de la solidarité européenne. Comme le soulignent Soutou et Frank, lors de sa rencontre avec le président Nixon aux Açores, Pompidou apparaît comme « le véritable représentant de l'Europe » face à la première puissance mondiale.

Conclusion

Animé par la volonté de moderniser l'industrie française et de l'adapter à l'instabilité du SMI, Pompidou fait montre de volontarisme et de réalisme en établissant son triptyque, « achèvement, approfondissement, élargissement », pierre angulaire de la stratégie diplomatique française à l'égard de la CEE. En refusant le plan Werner et la monnaie commune inspirée des enseignements du triangle d'incompatibilité de Mundell, il est resté fidèle à l'héritage gaullien d'indépendance de la politique économique française. Cette position met en exergue les différences et les querelles entre les « monétaristes » français et les « économistes » allemands (ministère de l'Économie et des Finances et Bundesbank). Sous l'impulsion politique du chancelier Brandt, la coopération franco-allemande permet une relance de l'UEM face à l'attitude américaine.

Après d'âpres négociations, la rencontre Pompidou/Nixon aux Açores les 13 et 14 décembre se solde par un accord et une entente ratifiés et paraphés quelques jours plus tard dans le cadre de l'accord du Smithsonian Institute, le 18 décembre 1971. La rencontre Pompidou-Nixon est un succès pour la diplomatie française qui a agi dans les intérêts de la Communauté européenne. Elle constitue un évènement important dans les relations monétaires franco-allemandes. Sur le plan monétaire, le dollar est dévalué de 10 % par rapport à l'or : l'once d'or passant de 35 à 38 dollars. Le mark, le florin et le franc belge sont réévalués respectivement de +4,6 % et +2,76 %, le franc et la livre sterling restent stables quand la lire accuse un repli de 1 %. Le yen est réévalué de 7,66 %. Les réévaluations vis-à-vis du dollar sont ainsi importantes (lire 7,48 %, franc et livre sterling 8,57 %, florin et franc belge 11,57 %, mark 13,58 % et yen 18,88 %). Les fluctuations maximales vis-à-vis du dollar sont établies à +/- 2,25 %. Cette avancée due à l'initiative concertée de la France et de l'Allemagne est toutefois à relativiser. Le dollar reste inconvertible et la politique monétaire des États-Unis pour défendre cette nouvelle parité n'est pas définie. La crise du SMI n'est pas résolue : comme le souligne Bossuat, Pompidou peut y voir l'émergence d'une zone dollar universelle. Il s'agit néanmoins d'une avancée majeure sur la voie de l'Union économique et monétaire qui permet une accalmie dans cette période de fortes turbulences monétaires. Cette action concertée, succès pour la diplomatie française, annonce les prochaines étapes de la construction européenne et notamment, le « Serpent monétaire européen ». Cet épisode marque une étape importante quant au rôle de la France dans la création d'une monnaie européenne où la solidarité franco-allemande a su s'exprimer.

Chapitre 2

De l'accord du Smithsonian Institute à la fin des « querelles théologiques »

2.1 La recherche d'une harmonisation des politiques économiques : « Poursuivre dans la voie de l'UEM pour sortir de la crise »

Les accords du Smithsonian Institut sont un succès pour la diplomatie française et pour la coopération européenne et franco-allemande. Cet épisode important dans le processus de la construction européenne marque « une inflexion du débat européen »[1]. La fin de l'année 1971 semble annoncer un « rééquilibrage des forces et le développement de la puissance de l'Europe qui s'affirme sur l'échiquier mondial »[2]. L'objectif principal du président français est d'établir une solidarité européenne suffisamment forte pour inciter les États-Unis à respecter leurs engagements et à contribuer à une transition la plus stable possible du système monétaire international.

---

[1] Eric Bussière et Emilie Willaert, *Un Projet pour l'Europe : Georges Pompidou et la construction européenne*, Bruxelles, PIE Lang, 2010, p. 295.

[2] *Ibid.*

La coopération politique entre le chancelier allemand et le président français permet de juguler pour un temps la crise du SMI. Le projet d'UEM semble assuré. Les années 1969 à 1971 ont permis à Pompidou de poser les fondements d'un vaste projet, celui d'une « Europe européenne » où la France, puissance moyenne, peut apparaître comme le principal artisan d'un retour à une stabilité perdue, en utilisant le levier européen.

L'intensification de la collaboration à l'automne 1971 entre la Banque de France et la Bundesbank, laisse apparaître néanmoins des différences de conception, soulignant la fragilité des accords obtenus à Washington. Pour des raisons politiques découlant de « l'économie libérale de marché », le gouvernement allemand ne peut accepter un contrôle des changes, comme le permet le système bancaire français. La mise en place d'une loi sur le « bardepot » assure néanmoins une maîtrise des emprunts des entreprises à l'extérieur et une plus grande stabilité du mark vis-à-vis du dollar et des autres devises.

Compatibles, les deux systèmes peuvent être mis à l'épreuve dans la perspective d'une solution européenne à la crise du SMI, inaugurant une recherche de convergence économique. Toutefois des divergences de vue demeurent entre les principaux acteurs. Les positions défendues par le ministre allemand de l'Économie, Karl Schiller, d'une « *manière doctorale et vexante* » avant son départ pour Washington le 20 octobre 1971 restent en mémoire de l'administration française. Sans équivoque, partisan d'un système de change flexible, il se montre très critique sur la question des parités et sur l'attitude de la France.

> « Le fait que d'importants pays comme la France maintiennent artificiellement bas le cours de leurs monnaies pour des motifs commerciaux constitue un danger. Les chiffres les plus récents montrent que les commandes allemandes ont diminué de juillet à août de 8,3 % pour l'ensemble et de 16,4 % en ce qui concerne l'étranger. Nous ne pouvons supporter une pression plus forte sur notre expansion… et je maintiens que la réévaluation du mark doit être de 8 % moins x. La date de retour du mark à une parité fixe dépend de la correction des cours internationaux, ou à défaut, des cours pivots provisoires auxquels on pourrait parvenir dans le cadre de la CEE… Nos amis de France sont actuellement orientés vers une politique industrielle. L'importance de la France, et notamment de Paris, comme marché financier international n'a plus la même importance après la création d'un double marché des devises… C'est une sorte de colbertisme industriel… Pour les Français, les gains à l'exportation sont plus importants que le fait qu'ils bradent pour ainsi dire à bon compte une part de leur force productive

nationale. J'ai déjà eu l'occasion de dire que les pays à monnaie sous-évaluée dilapident leurs ressources économiques. »[3]

Cette période d'importantes turbulences monétaires marque une rupture avec la période de forte croissance économique internationale enregistrée depuis la Seconde Guerre mondiale. Son ampleur n'est peut-être pas perçue à ce moment à sa juste valeur : elle annonce l'émergence du pouvoir dominant des marchés financiers.

Dès janvier 1972, Pompidou veut poursuivre dans la voie de l'UEM pour sortir de la crise et invite Brandt à le rejoindre. Afin de protéger la Politique agricole commune (PAC) et préserver l'idée d'une « Europe européenne », il cherche à limiter les marges de fluctuation des devises. Pragmatique et réaliste, il sait que les accords monétaires sont fragiles. Ils dépendent de la volonté des États-Unis de les honorer. Dans ses échanges avec Nixon, il recherche un compromis international, garant d'une stabilité accrue.

> « Pour moi, la question est beaucoup plus politique que monétaire. Il s'agit du rôle du dollar et des autres monnaies. Nous sortons d'un système où le dollar avait tous les pouvoirs et portait toutes les charges. L'expérience démontre qu'il ne vous est plus possible de supporter toutes charges et que les autres ne veulent plus que vous déteniez tous les pouvoirs… J'estime donc qu'il est beaucoup plus normal de chercher à résoudre, dans une formule internationale, rattachée au Fonds monétaire, les notions de réserves et de liquidités, plutôt que d'essayer de recréer le rôle du dollar et d'avoir en face celui d'une monnaie européenne : cela conduirait à une guerre aussi absurde que néfaste »[4].

À l'issue d'une rencontre tenue à Paris le 10 février 1972, entre les chefs d'États français et allemand, la Communauté européenne est invitée à poursuivre et à avancer sur la voie de la coopération économique et monétaire. L'Europe doit s'affirmer face aux États-Unis. Fidèle à son triptyque énoncé en décembre 1969, Pompidou galvanise l'élan né

---

[3] AMF, B.0062113–1, Télégramme, en date du 20 octobre 1971, adressé par l'ambassade de France à Bonn au Ministère des Affaires étrangères et à transmettre au Ministère des Finances. Objet : crise monétaire : éléments sur la position allemande. Les propos sont repris (et traduits) d'une interview donnée par K. Schiller au *Süddeutsche Zeitung* avant son départ pour Washington en octobre 1971.

[4] CHAN, 5AG2/1022, entretien du président Pompidou avec le président Nixon aux Açores, le 14 décembre 1971.

du sommet de La Haye en prônant une harmonisation des politiques économiques.

> « … Mais plus que tout m'importe actuellement l'harmonisation de nos politiques pour la solution des problèmes créés en 1971 par deux évènements d'importance fondamentale, je parle de l'élargissement de la Communauté européenne, par l'entrée de la Grande-Bretagne notamment, et je parle de la crise monétaire internationale à laquelle les accords de Washington n'ont apporté qu'un début de solution… Il s'agit en effet de savoir si nous sommes résolus à faire de la Communauté une Europe véritablement européenne… C'est en Europe que se joue le destin de nos peuples. C'est l'Europe que nous avons décidé de construire à la conférence de La Haye… Nous ne pouvons rester passifs devant l'évènement ni attendre que d'autres aient réglé leurs problèmes pour nous engager sur la voie de l'UEM. C'est au cours des mois qui viennent que l'Europe montrera si elle est désireuse et capable d'affirmer dans ce domaine essentiel son individualité. »[5]

Pompidou prend des accents gaulliens pour appeler l'Allemagne et son chancelier à réaffirmer avec la France les bases de leur accord de coopération politique et économique, garant de l'avenir de la Communauté. « J'ai, à plusieurs reprises, précisé la pensée et les conceptions de la France. Mon pays est prêt à aller de l'avant, dans les faits et non dans les apparences. Nous sommes convaincus qu'une action commune de la France et de l'Allemagne est un élément nécessaire et important du succès. Je souhaite ardemment que notre rencontre aujourd'hui démontre qu'elles y sont prêtes. Le chemin est difficile. Le résultat n'est pas acquis. Mais il dépend, pour une large partie, de notre accord »[6].

Suivant les conseils de Robert Marjolin, il est décidé de réduire les fluctuations des devises européennes. Pompidou est opposé à la flexibilité mondiale des monnaies et au discours de Schiller jugé « tout à fait anti-européen ». La réduction des marges de fluctuation est la réponse aux vicissitudes du dollar et aux exorbitants privilèges monétaires américains[7].

---

5 CHAN 5AG2/1090, toast prononcé par Georges Pompidou lors d'un dîner à l'Élysée offert au chancelier W. Brandt.

6 CHAN 5AG2/1090, Toast prononcé par Georges Pompidou lors d'un dîner à l'Élysée offert au chancelier W. Brandt.

7 Gérard Bossuat, « Le président Georges Pompidou et les tentatives d'Union économique et monétaire », in Association Georges Pompidou. *Georges Pompidou et l'Europe*. Bruxelles, Éditions Complexe, 1995, p. 348.

« Il s'agit de définir l'Europe face aux États-Unis »[8]. Le président français propose au chancelier d'établir 2,25 % d'écart instantané entre les devises des Six et souligne les risques d'une dérive du libéralisme économique en cas de flottement des monnaies. « Je ne crois pas que le libéralisme économique puisse être total, car je crois que le libéralisme pur et simple, c'est le triomphe du plus fort »[9]. Brandt répond favorablement à cette demande de relance de la construction européenne en préconisant la création d'un comité directeur au sein de la Communauté et d'un conseil des banques centrales. La convergence des politiques économiques et monétaires revient dans les débats franco-allemands et le souhait d'un système d'interventions communes sur le marché des changes est formulé. Le gouvernement allemand et la Bundesbank veulent établir une défense monétaire européenne permettant d'éviter une réévaluation du mark et soulignent la pertinence d'une politique économique européenne (jugée trop fédéraliste par la France).

Le 7 mars, les ministres des Finances des Six s'accordent sur la réduction des marges de fluctuation entre leurs monnaies : 2,25 % applicable au plus tard au 1er juillet 1972. Le Conseil européen du 21 mars valide cette décision. La Grande-Bretagne est associée à cette nouvelle zone européenne de stabilité monétaire. Pompidou qui a fait montre d'un volontarisme européen en soutenant la candidature britannique, fait part à Edward Heath, premier ministre britannique, de ses espérances. « Au fond, nous devrions arriver, peut-être après notre conférence au sommet à établir une sorte de zone monétaire européenne. La monnaie européenne n'est pas pour tout de suite, mais une telle zone est possible, que nous pourrions le cas échéant, tenir à l'abri des vicissitudes du dollar »[10].

À Bâle, les banques centrales s'entendent pour soutenir les monnaies le 10 avril : les accords entrent en vigueur le 24 avril. L'unité de compte européenne est définie par 1/35 d'once d'or fin. Avec des marges de 2,25 %, le « Serpent monétaire européen » est mis en place. Des marges de 2,25 % vis-à-vis du dollar sont également établies et introduisent le « Serpent dans le tunnel ». Pour l'administration française, il s'agit, en s'appuyant sur le partenariat franco-allemand, de rassembler ses partenaires

---

[8] CHAN 5AG2/1011, Conseil restreint du 7 février 1972 sur la préparation de la rencontre des gouvernements français et allemand, 10 et 11 février 1972.

[9] CHAN 5AG2/1090, Toast prononcé par Georges Pompidou lors d'un dîner à l'Élysée offert au chancelier W. Brandt. Cité par G. Bossuat, *op. cit.*, p. 426.

[10] CHAN 5AG2/1014, Entretiens Pompidou/Heath, Chequers court, 18 mars 1972.

européens dans la perspective d'une Europe européenne capable à terme de s'affranchir de l'hégémonie monétaire américaine, sans sacrifier au supranational ou au fédéralisme. Les questions européennes englobent les problèmes économiques et monétaires, mais aussi la politique étrangère, les questions de défense et l'attitude des États-Unis à l'égard des pays de la Communauté. Ce contexte géopolitique permet de mieux comprendre l'apparente conversion de la France à « l'interprétation fonctionnaliste du processus de construction européenne »[11] que Pompidou explique : « Je considère que le rapprochement monétaire, la tendance vers une union monétaire a une telle importance, engage de tels intérêts, liera les États les uns aux autres si fortement, qu'elle ne pourra pas ou bien entraîner une coopération politique étroite ou bien résulter d'une coopération politique étroite »[12].

La poursuite de l'UEM à travers l'harmonisation progressive des politiques monétaires permet d'envisager une sortie de crise, une transition vers un système monétaire plus stable. L'élargissement de la Communauté et le souhait de faire participer au « Serpent monétaire » des pays européens non communautaires (Suède, Suisse, Autriche et Espagne)[13] s'inscrivent dans cette politique de construction d'une solidarité monétaire européenne. Les propos de Pompidou au *Times* le 12 mai 1972 étayent cette position : « ... Je ne crois pas que l'élargissement de la Communauté modifie en quoi ce soit, bien au contraire, la possibilité à laquelle nous sommes attachés politiquement de voir, dans des délais raisonnables, se développer une zone monétaire européenne qui serait un élément de stabilité dans le système monétaire international, et qui pourrait peser d'un grand poids lors des discussions qui s'ouvriront pour la remise en ordre de ce système ».[14]

Les espoirs nourris par la mise en place du « Serpent » monétaire européen sont de courte durée. Les marchés financiers et la spéculation boursière obligent la Grande-Bretagne à laisser flotter la Livre sterling le 23 juin. Cette déstabilisation ébranle également l'Italie qui annonce son intention de suivre l'exemple britannique le 26 juin. Pompidou prône la fermeté et la convergence des Six sur le plan monétaire. Il confie à

---

[11] Bussière et Willaert, *op. cit.*, p. 273.

[12] Conférence de presse de G. Pompidou tenue au Luxembourg, 4 mai 1972.

[13] CHAN 5AG2/1062, Jean-René Bernard, note pour Michel Jobert, 22 mai 1972.

[14] Georges Pompidou, *Entretiens et Discours, 1968–1974*, Paris, Flammarion, Tome 2, 1984, p.130.

VGE sa volonté de préserver cette avancée : « nous devons nous montrer fermes sur le bloc des Six en matière monétaire et par conséquent, sur la poursuite des accords de Bâle »[15]. Sous la pression et avec l'aide de la Communauté, la Lire se maintient et dans le « tunnel » et dans le « Serpent ». La coopération monétaire franco-allemande peut être créditée de cette opération de sauvetage. La Bundesbank, conformément aux propositions de son président, Karl Klasen, accepte certaines mesures de contrôle des capitaux[16]. Cet épisode fait une victime collatérale et permet d'envisager une éclaircie sur la voie de l'UEM. Très isolé au sein du gouvernement allemand, Schiller donne sa démission le 2 juillet à Brandt qui l'accepte. Plus consensuel et européen convaincu (proche des cercles d'influence de J. Monnet), l'économiste et ancien ministre fédéral de la Défense, Helmut Schmidt, lui succède au ministère de l'Économie et des Finances. Une page conflictuelle dans les relations économiques franco-allemandes, marquée par les débats théologiques entre les « économistes » et les « monétaristes », se tourne.

Cette perturbation monétaire a permis de mettre en lumière la fragilité des accords passés avec les États-Unis. Comme le souligne une note du conseiller Jean-René Bernard à l'attention d'Edouard Balladur, secrétaire général adjoint de l'Élysée : « Il n'y a plus de règles, les engagements souscrits ne signifient rien… la question fondamentale est celle de la réforme du système monétaire international… qui suppose une volonté politique des Américains de régler le problème, alors que cette volonté politique n'existe pas. »[17]

Dès juillet 1972, Pompidou et Brandt conviennent d'une nième relance de l'UEM avec toutefois des visions de plus en plus divergentes. Alors que Pompidou voit s'éloigner l'idée d'une confédération européenne qui aurait dû être annoncée au Sommet de Paris dans un contexte monétaire stabilisé, Brandt envisage la création d'un fonds monétaire européen (FECOM) reposant sur une coordination accrue de l'ensemble des politiques économiques au sein de la CEE. Le fédéralisme revendiqué

---

15 Archives privées Jean René Bernard, note pour le Président, 27 juin 1972. Cité in Association Georges Pompidou, *Georges Pompidou face à la mutation économique de l'Occident : 1969–1974*, Paris, 2003, p.95.

16 Deutsche Bundesbank, Geschäftsbericht 1972, p. 21.

17 Archives privées Jean René Bernard, note pour le Président, 27 juin 1972. Cité in Association Georges Pompidou, *Georges Pompidou face à la mutation économique de l'Occident : 1969–1974*, Paris, PUF, 2003, p. 94

et annoncé officiellement demeure la solution et l'objectif à atteindre pour le chancelier allemand. Quelques jours avant le sommet de Paris qui se tient du 19 au 21 octobre, il insiste sur la nécessité d'accroître la coopération économique et politique. « Je donne la première place à des mesures précises en vue d'arrêter l'évolution inflationniste. À ce sujet nous pourrions nous baser sur la concertation préalable entre nos ministres de l'Économie et des Finances. En plus de la création anticipée du FECOM, il faudrait confirmer que nous sommes décidés à déployer un optimum de coopération européenne pour le développement du nouveau système monétaire mondial ».[18]

Soucieux de préserver l'indépendance de la France, Pompidou rappelle que le sommet doit permettre d'avancer et décider sinon cela « créerait insensiblement une Europe purement mercantile qui n'est pas et ne doit pas être notre but. »[19] Il souligne l'attachement de la France à une vision humaniste de l'économie. Une réforme du SMI passe par une coopération et une solidarité européennes, luttant contre l'inflation et prônant des parités fixes, mais ajustables. Pour Pompidou la politique doit avoir préséance sur l'économie.

> « Il s'agit de dépasser l'union douanière et le libre échange commercial pour aboutir à ce que nos États pratiquent des politiques économiques et monétaires concertées, harmonisées, et finalement, unifiées.
>
> – La Communauté doit donc être déterminée à protéger les monnaies des États membres contre la spéculation, à lutter contre l'inflation (et la hausse des prix qui en est le signe), à progresser vers la création d'une zone monétaire européenne individualisée et à contribuer à la réforme du système monétaire international.
> – Sur le plan économique, notre préoccupation première doit être la lutte contre l'inflation.
> – Sur le plan monétaire, tout ce qui nous rapprochera d'une politique commune de nos gouvernements et de nos banques centrales ayant pour but de faire de l'Europe une zone solidaire de stabilité et de croissance doit être entrepris …

[18] CHAN, 5AG2/1036, Lettre de Willy Brandt à Georges Pompidou, 16 octobre 1972.

[19] CHAN, 5AG2/1090, Déclaration de Georges Pompidou à l'ouverture du sommet de Paris. 19 octobre 1972.

- Dans le domaine monétaire, plus qu'en tout autre, il conviendra de dépasser les déclarations d'intention, car les faits, nous le savons, mettront nécessairement à l'épreuve la cohésion européenne que nous avons pour tâche d'organiser.
- De même, la création d'un fonds traduirait notre volonté de concertation systématique des États membres de la Communauté dans le domaine monétaire.
- À ce propos, la Communauté devrait réaffirmer son attachement au principe de la fixité des parités, élément fondamental de l'ordre monétaire. »[20]

Et Pompidou de préciser l'identité de cette « Europe européenne » : « L'Europe, communauté de stabilité ne doit pas être une communauté de stagnation. L'Europe, communauté de prospérité, ne doit pas être une communauté d'inflation. Mais l'Europe ne doit pas être une communauté de marchands. Elle doit être conçue et réalisée au service des hommes »[21].

Pompidou propose une réponse humaniste à « la mutation économique de l'Occident ». La nécessité de mettre de l'avant la solidarité européenne face à l'impéritie américaine à régler les conséquences de l'implosion du SMI est soulignée. « La Communauté doit être compétitive vers l'extérieur, selon les règles de la concurrence mondiale, mais en même temps – et pour y arriver – nous devons avoir à l'intérieur de la Communauté une politique assez dirigiste, en faisant notamment en sorte que les objectifs nationaux ne soient pas contraires aux objectifs communautaires »[22].

Il prône une troisième voie alliant le dirigisme au libéralisme économiques, compatible avec l'économie sociale de marché allemande. « Nous devons combiner autant que faire se peut les avantages du libéralisme capitaliste et du dirigisme, plutôt que leurs inconvénients… En conclusion, nous pensons que l'aide de la Communauté doit bénéficier aux hommes plutôt qu'aux entreprises »[23].

À l'issue du sommet de Paris, des avancées notables sur la stabilité monétaire sont à rapporter. Le Fonds européen de coopération monétaire (FECOM) doit être mis en place avant le 1er avril 1973. La gestion

---

[20] *Ibid.*

[21] *Ibid.*

[22] CHAN 5AG2/1036, Compte-rendu des discussions entre les Neuf réunis à déjeuner le 20 octobre 1972.

[23] *Ibid.*

doit être assurée par le Comité des gouverneurs des banques centrales conformément aux orientations de politique économique arrêtées par le Conseil des ministres. Les fondements d'une coopération monétaire européenne sont établis afin de limiter les marges de fluctuation des devises et l'instauration d'une zone de stabilité économique :

> « – concertation entre les banques centrales pour les besoins du rétrécissement des marges de fluctuation entre leurs monnaies ;
>
> – Multilatéralisation des positions résultant des interventions en monnaies communautaires et multilatéralisation des règlements intracommunautaires ;
> – Utilisation à cette fin d'une unité de compte monétaire européenne ;
> – Gestion du soutien monétaire à court terme entre les banques centrales
> – Financement à très court terme de l'accord sur le rétrécissement des marges et le soutien monétaire à court terme… »[24]

La conférence permet également de proclamer l'objectif de l'Union européenne en 1980, conférant à l'UEM sa finalité politique. Il s'agit « d'orienter la réforme du système monétaire international vers l'instauration d'un ordre équitable et durable »[25] basé sur :

> « – des parités fixes, mais ajustables ;
>
> – Une convertibilité générale des monnaies ;
> – Une régulation internationale effective de l'approvisionnement du monde en liquidités ;
> – Une réduction du rôle des monnaies nationales comme instruments de réserve ;
> – Le fonctionnement efficace et équitable du processus d'ajustement ;
> – La nécessité de réduire les effets déstabilisateurs des mouvements de capitaux à court terme… »[26]

---

[24] CHAN, 5AG2/1090, Déclaration finale des États réunis lors de la conférence de Paris 21 octobre 1972.

[25] *Ibid.*

[26] *Ibid.*

Jean Monnet propose d'aller plus loin que le FECOM en instaurant une solidarité illimitée en matière de politique monétaire. Cette idée, très fédérale, ne peut qu'être repoussée par le dogmatisme gaullien de Pompidou qui y décèle le risque d'une « OPA allemande sur l'Europe »[27]. Finalement lorsque la lire est menacée en janvier 1973, la solidarité monétaire européenne fait défaut. La lire doit flotter en dehors du Serpent.

La dévaluation du dollar de 10 % par rapport à l'or, le 13 février 1973, semble mettre un terme à ces trop longs atermoiements politiques. L'once d'or passe de 38 dollars à 42,22 dollars. La situation grave exige une prise de position ferme. Cet évènement annonce le ralliement aux thèses allemandes et le temps des incertitudes.

2.2 Le ralliement aux thèses allemandes et le temps des incertitudes : « les vicissitudes du Serpent monétaire européen »

Avec la nouvelle dévaluation du dollar, l'espoir d'un retour aux parités fixes s'évanouit. Les thèses allemandes semblent triompher : il faut laisser flotter les monnaies et mettre en place une coordination des politiques économiques (monétaires, mais aussi budgétaires). Ce nouveau choc monétaire souligne l'échec de la solidarité économique européenne souhaitée par la France. Les approches françaises et allemandes divergent. Comme le souligne Christian de Boissieu: « … La France préfère accepter des dispositions qui freinent la mobilité internationale du capital, pour maintenir la stabilité des taux de change; l'Allemagne préfère la libéralisation financière externe, quitte à sacrifier la stabilité du change »[28].

Depuis le début de la crise du SMI, l'Allemagne se refuse à contrôler les mouvements de capitaux à court terme. Elle refuse également la mise en place d'un double marché des changes en Europe. La conséquence

---

[27] CHAN 5AG2, carton 164, Jean-René Bernard, 15 janvier 1973, note pour Michel Jobert, objet : « conversation avec Jean Monnet » (annotation de Pompidou : « Je suis fort réticent »). Cité par G. Bossuat, *op. cit.* p. 431.

[28] Christian de Boissieu, « La France et la réforme du système monétaire international », in Association Georges Pompidou. *Georges Pompidou et l'Europe*. Bruxelles, Éditions Complexe, 1995, p. 394.

est une appréciation du mark vis-à-vis des autres devises. Ce problème de coordination européenne et les dangers qu'il représente pour l'UEM ont déjà été évoqués par l'administration française[29]. Raymond Barre rappelle l'importance de cette condition de contrôle pour l'atteinte d'une stabilité des parités[30]. À cette absence de contrôle des changes s'ajoute une autre différence majeure : la politique de taux d'intérêt. Conformément à son mandat constitutionnel, la Bundesbank mène une politique de taux d'intérêt élevés afin de lutter contre toute dérive inflationniste. Les taux élevés favorisent la spéculation contre le dollar au profit du mark.

La France a deux options : laisser flotter sa monnaie avec le risque d'un SMI complètement désorganisé ou suivre les règles du « Serpent monétaire » avec le risque d'un système monétaire européen axé sur le deutsche mark. Pompidou a défendu la solidarité monétaire européenne. Il cherche à préserver la croissance de l'économie française et refuse un alignement du franc sur le mark qui pourrait sérieusement la compromettre.

La première quinzaine de mars 1973 marque la deuxième phase de la nouvelle crise, débutée par la dévaluation du dollar en février. Elle signifie la fin du système des changes fixes, l'Allemagne renonçant à sa défense. Schmidt avait annoncé dès la première phase que « le deutsche mark flotterait lorsque les marchés des changes seraient ouverts à nouveau »[31]. Le Conseil des 9 doit se rendre à l'évidence qu'un flottement des monnaies est inéluctable et demeure dans l'immédiat la seule alternative. Ce principe est admis le 12 mars alors qu'un écart de flottement de 2,25 % est établi à la même date : « *le Serpent dans le tunnel* ». Les monnaies européennes flottent de façon concertée autour du dollar. Il faut préserver une certaine stabilité au sein de la CEE. Cette décision politique est voulue par le président français et le chancelier, alors que sur le plan économique les ministres des Finances constatent le peu d'avancées de l'UEM.

S'ensuit une série d'ajustements visant à atteindre cet objectif précaire. Face à l'afflux des capitaux, le mark fait l'objet le 13 mars d'une réévaluation. Conscients de l'ampleur de la déflagration, les États-Unis

---

29 CHAN 5AG2, archives de Jean-René Bernard, note pour le Président, 4 février 1972.

30 CHAN 5AG2, archives de Jean-René Bernard, note pour Michel Jobert : conversation avec Raymond Barre, 12 février 1973.

31 ABF DDPE43-1397, Note de Jean-René Bernard pour le Président de la République, 5 mars 1973.

sortent de leur relative indifférence en organisant les 26 et 27 mars un Comité des 20 sur la réforme du SMI. Le 3 avril, la CEE réagit en officialisant la création d'un Fonds européen de coopération monétaire. Le FECOM[32] a vocation à favoriser les règlements entre banques centrales par la mise en place d'une politique concertée des réserves et un soutien monétaire à court terme.

L'avenir du SMI réside dans la volonté d'intervention des États-Unis. Lors des entretiens de Reykjavik (31 mai- 1er juin 1973), Pompidou cherche à convaincre Nixon de mettre un terme à cette période de « dirty floating » qui nuit à l'économie mondiale. « La France n'a pas le poids économique et monétaire suffisant pour espérer faire accepter les solutions ayant sa préférence »[33]. L'ambassadeur de France à Washington, Jacques Kosciusko-Morizet, rédige une note en ce sens permettant de défendre un plan européen[34] : « Si le système de Bretton Woods a sacralisé à l'excès la fixité des taux de change, conduisant ainsi à un système de parité des changes trop rigide, le nouveau système ne devra pas verser dans l'excès contraire et conduire au régime des taux de change flottants ».[35]

La France veut défendre son indépendance et celle de l'Europe tout en rappelant l'importance qu'elle accorde aux bonnes relations franco-américaines. Les États-Unis doivent prendre conscience que l'instabilité monétaire exacerbe les intérêts nationaux et nuit à la croissance et à la cohésion du monde économique occidental. L'ambition de Pompidou pour la France et l'Europe est claire, comme il le confie à l'ambassadeur de Grande-Bretagne : « Il faut faire de l'Europe une puissance économique, une puissance financière, si possible une puissance politique ». Là réside sans doute l'explication de l'absence de réponse et d'intervention des États-Unis. Il ajoute, témoignant de sa conception gaullienne de l'Europe européenne : « Je me souviens de ce que m'avait dit le général

---

32 Les réticences sont encore nombreuses à l'époque, notamment du côté français peu enclin au développement de nouvelles institutions communautaires à caractère « supranationale ». Il faudra attendre le Traité de Maastricht en 1992 pour qu'émerge une véritable convergence politique sur ce point.

33 CHAN 5AG2, dossier 1023, entretiens de Reykjavik, note de Michel Freyche, 24 mai 1973.

34 Sceptique et lucide, G. Pompidou ne présente pas cet argument au Président Nixon. Il n'envisage pas de solution immédiate à la crise du SMI.

35 CHAN 5AG2, dossier 1023, entretiens de Reykjavik, note de Jacques Kosciusko-Morizet (11 mai 1973) : Éléments possibles d'une conversation franco-américaine sur les problèmes monétaires internationaux.

de Gaulle en 1958 à propos du Traité de Rome : « Ce qui m'ennuie dans votre Traité de Rome, me disait-il, c'est qu'il va nous brouiller avec la Grande-Bretagne ». Eh bien, ce qui m'ennuie avec l'élargissement, c'est que l'élargissement risque de nous brouiller avec les États-Unis. En effet, l'élargissement entraînera pour l'Europe davantage de puissance et de réalité économiques ».[36] L'administration française prend acte de l'absence de volonté américaine à régler à court terme les problèmes du SMI. Le retour à une stabilité des changes s'éloigne.

Attirant les capitaux étrangers, la RFA doit réévaluer le mark le 18 juin. La perspective d'une zone monétaire européenne stable comprenant la Grande-Bretagne et l'Italie s'évanouit, à court terme du moins. Les différentiels de taux d'intérêt entre les différents participants menacent la survie du « Serpent ». L'amplitude de la crise monétaire ne permet pas le passage à la deuxième étape de l'UEM. Brandt en fait le constat : « la crise du dollar, de la livre et de la lire ne permettrait pas de progresser sur la voie de l'Union économique et monétaire »[37]. Cette position fait écho à celle exprimée un peu plutôt par Pompidou : « Les circonstances extérieures, la crise du dollar, la crise de la livre et la réévaluation même faible du deutsche mark, tout cela fait que nous ne pouvons pas dire que nous sommes vraiment prêts à passer à la deuxième étape »[38]. L'instabilité monétaire du premier trimestre de l'année 1973 a sérieusement fragilisé le dispositif de stabilisation mis en place au cours de l'année précédente. Paradoxe ou ironie de l'histoire, Kissinger a annoncé le 23 avril 1973 « l'année de l'Europe » et proposé la rédaction d'une « nouvelle Charte atlantique »...

En se basant sur le rapport Triffin[39], « La solidarité monétaire et économique des pays de la Communauté », Monnet insiste sur la nécessité d'une coordination des politiques monétaires et budgétaires afin de garantir la fixité des parités intraeuropéennes[40]. Il prône également

---

[36] « La politique étrangère de Georges Pompidou », par Gabriel Robin, avril-mai 1974, repris in Bussière et Willaert, *op. cit.*, p. 409.

[37] Willy Brandt, *Mémoires*, Paris, Albin Michel, 1990, p. 372

[38] CHAN 5AG2, carton 1012, Affaires étrangères, 138, rencontre Pompidou Brandt, 22 juin 1973.

[39] Robert Triffin, *La Communauté face au problème mondial du dollar*, 1er septembre 1971. Archives familiales Pierre Werner, Luxembourg, Comité d'action pour les États-Unis d'Europe. www.cvce.eu

[40] Pascal Fontaine, *Le Comité d'action pour les États-Unis d'Europe de Jean Monnet*, Lausanne, 1974, p. 201.

la mise en place de politiques conjoncturelles de soutien aux devises européennes attaquées, par l'intervention des banques centrales. Au vu de l'échec relatif de la solidarité monétaire européenne, cette position est difficilement envisageable dans le contexte politique. La Banque de France est contrainte à des interventions massives en septembre (1800 millions d'unités de compte) qui aboutissent malgré tout à la réévaluation du florin de 5 %. À cela, s'ajoute l'obligation (sans véritable concertation) d'une hausse des taux d'intérêt pour s'aligner sur les autres banques centrales européennes. L'Allemagne fait savoir par la Bundesbank, puis par son ministre des Finances qu'elle ne souhaite pas augmenter l'ampleur de ses interventions pour défendre les autres monnaies.

Alors que les résultats économiques soulignent les limites du chemin parcouru depuis le sommet de La Haye, les administrations françaises et allemandes préparent dès l'été, sur le plan politique, une nouvelle relance de l'UEM. Il importe de préserver les fondations déjà établies et de préciser les contours de cette identité politique européenne en devenir. La Conférence de Copenhague du 14 décembre 1973, a pour objectif de définir l'identité européenne de la Communauté, en précisant : -1- la cohésion des neuf pays membres de la Communauté ; -2- l'identité européenne par rapport au monde ; et -3- le caractère dynamique de la construction européenne. Pour Pompidou, dont la devise est « patience et foi », cette conférence doit être l'occasion d'établir et de renforcer les bases institutionnelles de la coopération économique et monétaire entre les neuf pays membres de la Communauté économique européenne. Dans un entretien accordé au Corriere Della Serra, il rappelle son antienne portant sur le contrôle des mouvements de capitaux déstabilisateurs. « Comme les expériences nationales l'ont fait apparaître, une réforme monétaire ne peut en effet réussir si l'on ne trouve pas, à cette occasion, une solution satisfaisante au problème des liquidités qui existent et peuvent à tout moment peser sur le marché des changes. Un contrôle des mouvements spéculatifs de capitaux sera nécessaire ».[41]

D'autres nuages s'amoncellent. La guerre du Kippour débute le 6 octobre (elle durera 18 jours), mais ses conséquences sur l'économie mondiale sont considérables. L'économie française est durement touchée et le franc en sort très affaibli vis-à-vis des autres devises européennes et

41 CHAN, 5AG2/1091, Interview de Georges Pompidou accordée au Corriere Della Sera, 1er octobre 1973.

surtout du mark : les enjeux de l'économie de l'énergie et l'importance des variations des changes apparaissent de façon prégnante. En accord avec Heath, Brandt demande à Pompidou de relancer l'UEM et les politiques communautaires. Des divergences d'ordre constitutionnel entre la France et l'Allemagne resurgissent. Ainsi le chancelier allemand insiste sur la nécessité d'un contrôle budgétaire, suggérant à terme la convergence des politiques monétaire et budgétaire : « … nous avons pensé l'un et l'autre qu'il pourrait être utile que les États membres prennent des mesures communes afin d'améliorer le contrôle des dépenses dans la Communauté européenne. Cela est devenu pour moi un point essentiel, car bien des choses en dépendront pour l'opinion publique en République fédérale vis-à-vis de la Communauté. »[42]

Il souhaite également renforcer le poids politique de la Commission en donnant au membre compétent le rôle d'un ministre des Finances d'un gouvernement national et lui accorder un droit de vote. Le rôle du Parlement est également précisé « … on pourrait donner au Parlement européen des possibilités renforcées de coopérer au contrôle des dépenses et former une Cour des comptes européenne »[43].

La réponse du président français reconnaît la nécessaire coordination des politiques économiques et la concertation pour lutter contre l'inflation au sein de la Communauté, mais souligne la volonté d'éviter une immixtion trop grande de la Commission et rappelle la garantie d'indépendance des États : « Je voudrais vous indiquer… que j'ai donné des instructions pour que soit étudiée l'idée d'une « Cour des comptes européenne ». Par contre, je ne pense pas que la solution de ce problème nécessite que le Conseil des ministres s'immisce dans le fonctionnement de la Commission ou la Commission dans le fonctionnement du Conseil. »[44]

Pour Pompidou, la conférence de Copenhague (18 décembre 1973) doit être l'occasion de renforcer les bases institutionnelles de la coopération économique et monétaire entre les neuf pays membres de la CEE en établissant un plan concerté de lutte contre l'inflation[45] , « afin de créer en Europe une zone de stabilité »[46].

---

[42] CHAN, Archives de Jean-René Bernard, 86 AJ150, lettre de Willy Brandt à Georges Pompidou, le 8 octobre 1973.

[43] CHAN, Archives de Jean-René Bernard, 86 AJ150.

[44] *Ibid.*

[45] Note CHAN, 5AG2/1036.

[46] Site internet : http//www.ena.lu.

Malgré ce volontarisme franco-allemand au service d'un projet européen, 1974 débute sous des auspices bien moins cléments que ne le laissaient prévoir ces résolutions. Face à l'impossibilité d'obtenir une convergence des taux d'intérêt français et allemand et à la difficulté de l'Allemagne à soutenir davantage les devises de la Communauté, le 19 janvier 1974, la France doit se résoudre à quitter le Serpent et laisse flotter le franc pour un temps…

Assumant la sortie du franc du Serpent monétaire européen, Pompidou s'exprime en ces termes le 24 janvier 1974 : « À l'heure actuelle d'abord, il n'y a pas d'espoir de réforme monétaire générale à court terme et par conséquent, nous maintenons entièrement nos thèses, nous les défendrons le moment venu, mais nous sommes bien obligés de constater qu'aujourd'hui, nous nous bornerions à crier dans le désert. À quoi bon ? Il faut donc s'adapter. »[47]

Cet acte politique est aussi motivé par la volonté de préserver l'acquis communautaire. Pompidou insiste sur l'importance de poursuivre sur la voie de l'UEM.

> « Quand on a construit de bonnes fondations, il faut d'abord les garder et les préserver. Il y a d'autre part les progrès vers ce qu'on appelle l'union monétaire et l'union économique. Il est évident que dans le désordre actuel et compte tenu des différences d'effets que la crise momentanée a sur les monnaies européennes depuis déjà pas mal de mois d'ailleurs, l'union monétaire est provisoirement en sommeil et ne peut être qu'en sommeil ».[48]

Le 2 avril 1974, le Président Georges Pompidou meurt. Il aura été l'artisan volontariste d'un projet pour l'Europe, empreint d'humanisme et de pragmatisme. Maintenant son cap en temps de crise, il lègue un message d'espoir pour l'avènement d'une identité européenne. « … il me semble que le mal de la civilisation actuelle, c'est que l'homme apparaît comme un instrument et non plus comme une fin. C'est pourquoi je souhaite que l'Europe dans la définition de sa civilisation, de sa conception de la vie, trouve son originalité et rende en même temps un service au monde tout entier en rendant finalement un sens à l'existence… »[49].

---

[47] CHAN, 5 AG2/1091, discours repris dans Bussière et Willaert, *op. cit.*, p. 402.

[48] CHAN, 5AG/1091, Discours de Georges Pompidou, 24 janvier 1974.

[49] CHAN 5AG2/1089, Conférence de presse tenue par G. Pompidou à Bruxelles, le 26 mai 1971.

Les relations économiques franco-allemandes s'inscrivent au cours de cette période d'instabilité monétaire sous le sceau de la relance de l'UEM. Malgré le volontarisme politique dont ont fait montre la France et l'Allemagne le bilan est très mitigé. Les politiques économiques françaises et allemandes restent divergentes même si des tentatives de coordination ont été esquissées. Comme le souligne Laurent Warlouzet, il y a un contraste important entre la politique industrielle de Georges Pompidou, très ambitieuse sur le plan national, mais exclusivement intergouvernementale sur le plan communautaire[50]. Malgré les efforts tant français qu'allemands, il n'y a ni harmonisation fiscale ni recherche d'un marché communautaire des capitaux. Ces lacunes soulignent l'incompatibilité du triangle de Mundell auquel doivent faire face les pays de la Communauté.

Au début du mois de janvier 1974, les positions françaises et allemandes sur la coopération monétaire semblent s'opposer. L'administration française ne parvient pas à envisager une solidarité monétaire en l'absence de l'Angleterre et de l'Italie, alors que l'administration allemande refuse la mise en place d'actes concrets pour l'unité monétaire, tout en cherchant à accélérer l'unité organique de l'Europe, défendue par Monnet.[51] La confiance de la France dans la Grande-Bretagne pour établir les fondements d'une « Europe européenne » qui s'émanciperait de la force d'attraction de l'Allemagne est rompue. Pour préserver l'économie française et son potentiel de croissance, Pompidou doit faire face au poids des circonstances et choisit le flottement du franc en janvier 1974. Dans cette période troublée, cette solution est sans doute la meilleure : « la France a les mains libres en se mettant à l'abri des pressions extérieures »[52]. Ce constat est un désaveu de l'UEM, perçu différemment des deux côtés du Rhin, et illustre une certaine méfiance, voire une défiance, dans les relations monétaires franco-allemandes.

Georges Pompidou a assumé l'héritage européen du général de Gaulle, restant fidèle à une certaine conception de l'Europe qui affirme son indépendance et clame son identité propre, notamment à l'égard des États-Unis. Il a également fait preuve d'un très grand volontarisme

---

50 Warlouzet, Laurent, *Le choix de la CEE par la France*. Paris, CHEFF, 2011, p. 483.

51 Gérard Bossuat, in Association Georges Pompidou. *Georges Pompidou et l'Europe*. 1995, Éditions Complexe, *op.cit.,* p. 434.

52 La politique étrangère de Georges Pompidou, par Gabriel Robin, avril-mai 1974, repris in Bussière et Willaert, *op. cit.*, p. 430.

au service d'un projet pour l'Europe en relançant à plusieurs reprises la construction de l'Europe à travers l'UEM. Malgré les turpitudes du SMI et les aléas de la géopolitique, il a su préserver et affirmer le rôle primordial de la France en Europe et dans le monde. Sur les questions monétaires, conseillé par son ministre de l'Économie et des Finances, Valery Giscard d'Estaing, il a constamment cherché à protéger la stabilité : pierre angulaire de l'économie française depuis 1958 et le retour de de Gaulle. En dépit des divergences d'opinions et de vues avec son homologue allemand, Willy Brandt, il a su surmonter la méfiance et la défiance pour définir le chemin de la construction européenne. Il restera « l'Homme de La Haye ».

2.3 La relance de l'Union économique et monétaire : harmoniser pour mieux résister

Valéry Giscard d'Estaing succède à Georges Pompidou à la présidence de la République française en mai 1974. Au même moment, Helmut Schmidt devient Chancelier en Allemagne à la place de Willy Brandt. VGE a été ministre d'État de Pompidou pendant les cinq ans de sa présidence et participé au premier plan à toutes les décisions économiques et financières. Cette transition est une continuité sur le plan économique et monétaire avec une coloration plus libérale et confédérale.

Autant les relations entre VGE et Schiller furent tendues (en raison notamment de problèmes d'égo et de divergences économiques), autant les relations entre VGE et Schmidt (tous deux proches des cercles Jean Monnet) inaugurent un tournant décisif qui permettra une plus grande solidarité et l'émergence d'une volonté d'établir une politique commune entre la France et l'Allemagne. Si, dans les textes, la confédération est d'actualité, la fédération européenne est un rêve latent.

L'essence de la coopération économique et monétaire pourrait se résumer par cette position défendue par VGE et H. Schmidt : « Harmoniser pour mieux résister »[53]. Cette volonté politique était déjà forte depuis la nomination de Schmidt au poste de ministre de l'Économie allemande en juillet 1972. Au volontarisme au service d'un projet européen succède un volontarisme au service d'un rêve européen où la dimension politique

53 Michèle Weinachter, *Valery Giscard d'Estaing et l'Allemagne : le double rêve inachevé*, Paris, L'Harmattan, 2004, p. 117.

est affichée. « En matière monétaire, il y aura des initiatives à prendre, et, s'il se trouve qu'accèdent aux responsabilités le ministre des Finances de la République fédérale, que je connais, et l'ancien ministre des finances français, qui s'était entretenu avec ses partenaires de toutes ces questions de façon approfondie et détaillée, j'imagine que nous pourrons prendre des initiatives de caractère monétaire »[54].

Bien qu'il existe une entente cordiale entre VGE et son homologue allemand, la France et la RFA affichent des politiques économiques divergentes qui nuisent à la création de l'UEM le franc restant en dehors du Serpent monétaire européen. Comme le rappelle VGE, l'UEM évoque le mythe de Sisyphe. « La construction monétaire de l'Europe ressemble… au mythe de Sisyphe ; toujours entreprise, perpétuellement relancée, elle se trouve généralement remise en cause quelques mois après les décisions d'organisation qui sont prises »[55].

Les élections simultanées de VGE et Schmidt laissent entrevoir l'espoir d'une plus grande convergence des politiques économiques. Dès son investiture, VGE affirme sa volonté de relancer la construction européenne dans un contexte économique défavorable.

Le plan Fourcade (ministre de l'Économie et des Finances) est le fer de lance de la nouvelle politique économique de lutte contre l'inflation voulue par la Présidence de la République et mise en place dès le mois de juin 1974 (conseil des ministres du 12 juin 1974) par le gouvernement de Jacques Chirac (premier ministre). Il illustre la volonté politique de VGE de permettre à la France de regagner le camp des pays du Serpent monétaire et relancer de façon éclatante le processus d'UEM. « Après mon élection à la Présidence, j'ai demandé au ministre des Finances Jean-Pierre Fourcade d'agir pour que le franc puisse reprendre progressivement sa place dans le serpent »[56].

L'objectif de ce « plan de refroidissement » de l'économie française est d'endiguer la croissance de consommation domestique, de diminuer la

---

[54] VGE 13 mai 1974 avant son élection, cité par M. Weinachter, *op. cit.*, pp. 132.

[55] Robert Frank, « *Les problèmes monétaires et la création du SME* », in S. Berstein et J-F. Sirinelli. 2004. *Les années Giscard : Valéry Giscard d'Estaing et l'Europe : 1974–1981.* Armand Colin, p. 16.

CHAN, 5AG3, JPR 172, dossier « Politique monétaire 1971–1974 », Exposé de VGE, ministre de l'Économie et des Finances, à l'École Centrale, 25 janvier 1974.

[56] Valéry Giscard d'Estaing, *Le Pouvoir et la Vie*, Paris, Cie 12, 1988, p. 113.

hausse des prix tout en maintenant la production nationale afin d'opérer un transfert au profit des exportations. Cette politique de lutte contre l'inflation, augmentant les exportations et diminuant les importations doit conduire à un retour à l'équilibre de la balance commerciale et une amélioration de la parité du franc. La politique budgétaire est utilisée : augmentation des impôts et diminution des dépenses. Le taux d'impôt sur les sociétés est augmenté de 18 % celui de l'impôt sur le revenu de 5 à 15 % selon les tranches d'imposition. Les prix des matières premières sont encadrés et les dépenses budgétaires de l'État réduites de 1 milliard de francs. Cette politique porte ses fruits dès la fin de l'année 1974 et permet d'établir un consensus au sein des pays de la Communauté : la nécessité des politiques économiques de stabilité. Elle souligne la pertinence des théories économiques défendues par la RFA. Il s'agit pour la France de restaurer un climat de confiance.

Le 16 septembre 1974, le mémorandum Fourcade est exposé lors du Conseil des ministres européens[57]. Il a pour but de poser les bases d'une identité monétaire européenne alliant flexibilité et solidarité communautaire. Plusieurs propositions sont avancées. Parmi celles-ci sont à dénombrer un emprunt communautaire, une unité de compte pour la Communauté et un changement dans les règles du Serpent. Cette démarche volontariste française s'inscrit dans un contexte où la Commission sous l'impulsion de son Président, François-Xavier Ortoli, a amorcé dès juin une initiative visant à préserver le Serpent monétaire et à développer en période de crise une coopération internationale économique et monétaire. Cette initiative donne lieu à la rédaction du rapport de Kiel présenté le 4 décembre, à la veille du Sommet de Paris. Il propose notamment la création d'une unité monétaire composite comme unité de compte au sein de la CEE (naissance effective de l'ECU : European Currency Unit).

Le mémorandum établit les fondements d'un nouveau régime de fluctuation visant à l'atteinte de quatre objectifs :

–1– « Le rétablissement d'un lien entre les monnaies européennes et l'environnement international » et notamment le dollar ;

---

[57] CHAN 5AG3/2697, Direction du Trésor, Esquisse d'un nouveau régime de fluctuation des monnaies européennes, 29 août 1974. Archives de la Banque de France, 14589200205/367, Note sur un nouveau régime de fluctuation des monnaies européennes, mémorandum Fourcade, septembre 1974.

–2– La création d'une unité de compte européenne;
–3– « Un nouvel aménagement des règles de fluctuation, visant à les adapter aux circonstances actuelles »;
–4– « La répartition plus équitable de la charge des interventions ».

Deux idées-forces sont mises de l'avant : -1- le commerce international ne peut se développer dans un système de change instable; -2- le système de change doit être suffisamment stable pour ne pas le mettre en péril.

Il est présenté au Comité monétaire et au Comité des gouverneurs lors du dernier trimestre 1974. Il doit permettre à la France et aux monnaies ayant quitté le Serpent monétaire de le réintégrer progressivement grâce à la mise en place d'une structure d'accueil. Le mémorandum n'est pas accepté. Le refus du gouvernement allemand et de la Bundesbank de déroger aux règles établies lors de la mise en place du Serpent en 1972 est patent. En réponse, Jean-Yves Haberer (haut fonctionnaire du Trésor) propose[58] (diffusion le 10 octobre 1974) la création d'un second système ou système parallèle au Serpent : « salle d'attente » avant un retour dans le Serpent. Ce système devrait être « flexible et secret » pour éviter les vicissitudes des marchés financiers. Il est suggéré la mise en place de deux phases qui instaurent un « tunnel déformable » :

–1– La période de « flottement de concert » qui fait l'objet de concertations tenues secrètes entre les Banques centrales;
–2– La période de flottement concerté établissant des marges de fluctuations plus larges et des interventions réciproques et simultanées en monnaies européennes.

Cette démarche volontariste fait écho aux propositions de la Banque d'Italie et la Commission, en insistant sur la nécessaire convergence des politiques économiques.

Ce système avec structure d'accueil repose sur un « tunnel déformable » où les marges de fluctuations peuvent être égales ou supérieures à 2,25 % : les interventions étant effectuées en dollars ou en devises européennes. La mise en place du tunnel est rendue possible par la création d'une nouvelle unité de compte européenne. Afin de préserver le maximum de secret entourant les interventions, le système pourrait être révisable de façon permanente. L'introduction d'une nouvelle

[58] CHAN 5AG3/2697, Direction du Trésor, Esquisse d'un nouveau régime de fluctuation des monnaies européennes, 29 août 1974.

unité monétaire communautaire paraît nécessaire pour deux raisons essentielles. En premier lieu, l'ancienne unité a été établie en 1969 avec une référence au prix de l'or (1 unité de compte (UC) = 0,888 g d'or). En 1974, les parités or des monnaies ne correspondent plus au prix réel de l'or sur le marché libre. Il est d'ailleurs prévu de supprimer la fixité de son prix. Il résulte de cette situation de fortes variations de l'unité de compte. En second lieu, le flottement des toutes les monnaies européennes rend difficile l'évaluation de chaque monnaie européenne en unité de compte.

L'idée d'introduire une nouvelle unité de compte européenne s'impose. Deux méthodes de constitution sont proposées : -1- la méthode des parités et -2- la méthode du panier. À cette époque aucune n'est retenue, mais la perspective d'une nouvelle unité monétaire nourrit les groupes de réflexion. Ces préoccupations sont également celles de la Commission et de l'Italie qui cherchent à relancer le processus d'UEM en insistant sur sa dimension monétaire. Ces positions ne sont pas partagées par l'Allemagne et les autres pays membres de la CEE. Face au refus du gouvernement allemand et de la Bundesbank, la coopération monétaire semble dans une impasse.

Les propositions portant sur la question des interventions entre le dollar et la redéfinition de l'unité de compte européenne rencontrent un meilleur accueil au sein du Comité monétaire et du Comité des gouverneurs. Toutefois les comités restent sceptiques[59] et les pays membres du Serpent monétaire sont opposés à une redéfinition du système de change. « All members of the existing Community exchange rate system (the « snake ») attached great importance to avoiding all action that would in any way diminish its significance or impair its operations »[60].

Lors de la présentation du mémorandum, Fourcade précise que l'adaptation du dispositif de change proposé doit permettre « à ceux qui le peuvent de rester dans le mécanisme prévu par l'accord de Bâle, il s'agit d'offrir à tous les autres États membres de la Communauté une structure d'accueil susceptible de les rapprocher progressivement du modèle européen initial »[61]. Ce système parallèle, établissant « un niveau

---

59 Archives de la Banque Centrale européenne (BCE), procès-verbal du Comité des Gouverneurs, 30 septembre 1974

60 Archives historiques de la Commission européenne, BAC565-1995 358–359, Report of the Monetary Committee on joint floating, 4 December 1974, Bruxelles.

61 Bulletin des Communautés européennes, 9–74, p. 24.

communautaire du dollar », permet de « définir la marge de fluctuation de chaque monnaie non plus par un écart maximal entre deux monnaies par rapport à sa valeur en unité de compte monétaire européenne (UCE)… La détermination des marges de fluctuation pourrait être fréquemment révisable »[62]. Sont également prévus des « mécanismes de mise en congé »[63]. Le mémorandum évoque également le problème de l'absence de symétrie de charges de soutien des monnaies.

> « Le fonctionnement de l'accord européen a reposé depuis mars 1972 sur la capacité du pays dont la monnaie était la moins appréciée à financer de façon illimitée sur ses réserves la défense de la marge européenne. Cette situation est inéquitable à deux points de vue : d'une part, la responsabilité de la tension entre deux monnaies incombe parfois à la monnaie la plus forte qui, faisant l'objet d'une spéculation particulière, a tendance à diverger. D'autre part, l'obligation d'intervenir vis-à-vis de la monnaie divergente n'incombe qu'à la monnaie qui s'en trouve le plus éloignée, à l'exclusion de toutes les autres »[64].

Dans ce nouveau système, la nouvelle unité de compte européenne joue un rôle important de stabilisation contribuant à une plus grande équité : « il n'y a plus d'écart maximum instantané entre deux monnaies, et la marge que chaque monnaie devrait respecter serait fixée par référence à la valeur de l'UCE en cette monnaie. Il en résulterait un élargissement sensible de la marge de fluctuation entre deux monnaies prises séparément. Mais l'écart maximum qui pourrait exister entre une monnaie et l'ensemble des autres ne serait guère différent de celui résultant de l'accord de Bâle »[65]. Dans les relations monétaires franco-allemandes, l'UCE est une « ancre » pouvant entraîner l'intervention de la Banque de France, mais aussi de la Bundesbank. «… les interventions pourraient être pratiquées de diverses façons : interventions réciproques en monnaies européennes lorsque deux monnaies atteignent simultanément la limite supérieure et la limite inférieure vis-à-vis de l'UCE, ou interventions simultanées dans plusieurs monnaies européennes, lorsqu'une monnaie s'écarte seule du point moyen, c'est-à-dire de sa valeur de référence vis-à-vis de l'UCE »[66].

---

62 *Ibid.*

63 *Ibid.*

64 ABF, 14589200205/367, Note sur un nouveau régime de fluctuation des monnaies européennes, mémorandum Fourcade, septembre 1974.

65 *Ibid.*

66 *Ibid.*

Soulignant la nécessaire cohésion et coordination des banques centrales vis-à-vis du dollar, le Gouverneur de la Banque de France, Bernard Clappier, défend le mémorandum (12 novembre 1974) qui permet de réguler les mouvements à court terme des devises en présentant trois avantages majeurs[67] : -1- Éviter les fluctuations injustifiées entre les devises ; -2- Permettre une meilleure répartition du coût des interventions ; -3- Dissuader si possible la spéculation. Il insiste également sur l'impact psychologique et politique des mesures d'interventions concertées[68]. Son homologue allemand, Karl Klasen, président de la Bundesbank ne partage pas son avis et considère que les interventions sont avant tout une question d'ordre technique et relèvent essentiellement de paramètres économiques. Ce différend est une illustration supplémentaire des différences de conception entre la France et l'Allemagne sur les questions monétaires.

Le mémorandum fait face à deux oppositions fortes[69] : celles de la Grande-Bretagne et de la RFA. Comme le rappelle de St Périer[70], la Grande-Bretagne défend son indépendance monétaire et refuse de « s'engager dans une relation de change qui mette davantage l'accent sur les liens de la livre sterling avec les monnaies de la Communauté que sur leurs liens avec le dollar »[71].

L'Allemagne (rejointe par les Pays-Bas et le Danemark) s'oppose à ce régime de fluctuation qui peut nuire à la compétitivité des exportations allemandes et dont les motivations intrinsèques s'éloignent de sa politique économique de lutte contre les dérives inflationnistes. La RFA et avec elle, les pays du Serpent, constituent sur le plan économique une zone mark et refusent de s'écarter des règles établies à Bâle en 1972. Face à l'appel à la solidarité européenne de la France, l'Allemagne exprime dans les faits une fin de non- recevoir. La France doit effectuer seule les efforts nécessaires pour assainir son économie et lutter contre l'inflation intérieure.

---

67 European Central Bank, procès-verbal de la 92e séance du Comité des Gouverneurs, 8 juin 1975.

68 Emmanuel Mourlon-Druol, A Europe Made of Money, Cornell University Press, New York, 2012, p. 79.

69 AMF, B 50 453, Comité monétaire des 3 et 4 décembre 1974, comité des suppléants.

70 Mourlon-Druol, *op cit.*, p. 84.

71 AMF, B 50 453, Comité monétaire des 3 et 4 décembre 1974, comité des suppléants.

Le Comité des gouverneurs écarte le mémorandum Fourcade en considérant « [qu'] il serait dangereux et irréaliste d'envisager des plans… avant qu'on ne soit parvenu à rendre plus convergentes les économies des États membres »[72]. Le Comité monétaire rejoint la position négative de la RFA.

Dans un contexte économique défavorable, les propositions ne peuvent aboutir. L'initiative française permet d'instaurer un climat de confiance et une plus grande solidarité politique au sein de la CEE. L'émergence du concept de « couple franco-allemand » date de cette époque. VGE et Schmidt sont conscients que l'unification économique européenne doit émaner d'une volonté politique forte. Il incombe aux dirigeants de ramener les questions financières, monétaires, énergétiques et économiques dans la sphère du politique.

Une décision majeure est prise dans ce sens lors du Conseil européen de Paris les 9 et 10 décembre 1974. VGE endosse la proposition de Jean Monnet[73] de créer une autorité européenne composée des chefs d'État et de gouvernement. Il propose également une élection au suffrage universel des députés au Parlement européen. Dans un souci de cohésion démocratique, l'instauration d'une majorité qualifiée pour les prises de décision et le renforcement de l'intégration politique sont avancés. Ces propositions à l'initiative de la France sont très bien accueillies par les membres de la CEE. Le communiqué final énonce que « les chefs de gouvernement ont, en conséquence, décidé de se réunir, accompagnés des ministres des Affaires étrangères, trois fois par an et chaque fois que nécessaire, en Conseil de la Communauté et au titre de la coopération politique »[74] et propose d'introduire « une approche globale des problèmes internes »[75]. L'instauration du Conseil européen est saluée par Monnet

[72] *Ibid.*

[73] Voir notamment pour plus de détails, Marie-Thérèse Bitsch, « Jean Monnet et la création du Conseil européen », in Gérard Bossuat et Andreas Wilkens (dir.), *Jean Monnet : L'Europe et les chemins de la paix*. Paris, Éditions de la Sorbonne, 1999, p. 399–410.

[74] Communiqué finale du Sommet de Paris, § 3, voir également wikipedia.org. Communiqué final du Sommet de Paris – 1974, § 3.

[75] Communiqué finale du Sommet de Paris, § 2, voir également wikipedia.org. Communiqué final du Sommet de Paris – 1974, § 2

comme « comme la décision la plus importante en faveur de l'Europe depuis le Traité de Rome »[76].

Le sommet de Paris accorde une place limitée aux problèmes monétaires. Les travaux préparatoires se bornent à souligner l'importance de la cohésion et de la coordination des politiques économiques. Il est intéressant de relever avec Emmanuel Mourlon-Druol que la date cible de 1980 pour l'UEM n'apparaît plus dans le langage diplomatique du communiqué final :

> « The heads of government, having noted that internal and international difficulties have prevented in 1973 and 1974 the accomplishment of expected progress on the road to EMU, affirm that in this field their will has not weakened and their objective has not changed since the Paris Conference »[77].

Confortée par les résolutions politiques décidées lors du sommet de Paris, la Commission mandate en mars 1975 un groupe d'experts présidé par Robert Marjolin pour établir une synthèse des actions menées par la CEE en matière économique et monétaire depuis 1969. Le rapport[78] souligne les discordances des politiques économiques. Trois raisons sont avancées : -1- des évènements non favorables ; -2- une absence de volonté politique et -3- une mauvaise compréhension des implications d'une union économique et monétaire sur le plan politique et institutionnel. Le rapport établit les mesures d'une relance et d'une redynamisation de l'Europe, mais les conclusions et recommandations se gardent de proposer un nouveau projet pour l'UEM.

Cette attitude politique prudente est justifiée par le contexte économique et monétaire international. Le rapport Marjolin fait écho au mémorandum Fourcade. Trois types d'actions concrètes sont requises à court terme : -1- une augmentation de la coopération entre le système de change intracommunautaire et les politiques monétaires nationales ; -2- la création d'un fonds de stabilisation (une amélioration du FECOM)

---

76 Valery Giscard d'Estaing, Le pouvoir et la vie, *op. cit.*, p. 181. Voir également wikipedia.org.

77 Archives du Conseil des Ministres, CM2 1974 111, Meeting of the heads of governement of the Community, Paris, 9–10 December 1974, final communiqué, Brussels. Cité par E. Mourlon-Druol, *op. cit.*, p. 47.

78 Robert Marjolin et al., Report of the Study Group « Economic and Monetary Union 1980 », Brussels: Commissions of the European Communities, 1975.

et la possibilité d'émettre des emprunts; -3- une nouvelle unité de compte européenne. Les conditions d'une véritable union doivent être psychologiques et concrètes sur le long terme (la création d'une banque centrale unique et la mise en place d'un budget à l'échelle de la CEE). L'Europe « des petits pas » défendue par Pompidou ne suffit plus. La création de nouvelles institutions politiques européennes et d'un véritable centre de décision économique sont des nécessités à porter à l'agenda de la construction d'une Europe indépendante et maîtresse de son destin[79]. Le volontarisme politique des relations monétaires franco-allemandes doit se concrétiser.

Ce rapport, suivi de la note Mathonnet sur « l'avenir monétaire de l'Europe » produite en mai 1975, constituent autant de jalons qui permettront par la suite à VGE d'établir les fondements de sa politique européenne. La note décrit les perspectives de la construction européenne. Sont notamment préconisés le renforcement du FECOM, la création effective d'une unité monétaire de règlement et l'institution d'un gouvernement monétaire. Créer une monnaie unique à l'horizon 1980 : l'idée est à nouveau relancée.

Un aide-mémoire au mémorandum Fourcade est ajouté le 20 mai 1975. Il définit le fonctionnement du mécanisme européen de rétrécissement des marges de fluctuation : « la reprise d'interventions coordonnées vis-à-vis du dollar serait opportune, pour des raisons d'ordre monétaire et commercial… Il convient donc d'envisager des zones d'intervention vis-à-vis du dollar, fixées par concertation fréquente entre les banques centrales, c'est-à-dire ajustables »[80]. Une stabilité n'est envisageable qu'avec une intervention des États-Unis. Les autorités américaines et notamment la FED ne sont pas favorables à la coopération et ne prennent aucun engagement. Schmidt ne croit pas à une coopération avec les États-Unis. Et la Bundesbank et la Banque de France partagent cette position. La RFA ne veut pas engager le mark dans une politique de soutien au dollar qui, sans l'intervention américaine, ne peut aboutir[81]. Une politique monétaire communautaire à l'égard du soutien du dollar

---

[79] Robert Franck, *op. cit.*, p. 18.

[80] ABF, 1489200205125, « Les problèmes techniques soulevés par le mécanisme européen de rétrécissement des marges », mai 1975.

[81] ABF, 1489200205/252, Compte-rendu de la 87e session du Comité des gouverneurs, 15 janvier 1975. Notamment la position du Vice-Président de la Bundesbank, Otmar Emminger.

serait effectivement pertinente,[82] mais force est de constater une absence de cohésion et de coordination des politiques, illustration du manque de véritable volonté politique. Le projet de stabilité des changes proposé par la France reste lettre morte au printemps 1975. La Bundesbank a clairement exprimé son refus de risquer le mark pour soutenir le franc.

Fort de la bonne tenue du franc et de son redressement sur le marché des changes (malgré les réserves de la Banque de France et du Trésor), VGE choisit la date symbolique de l'anniversaire du plan Schuman (9 mai 1975) pour annoncer le retour du franc sans condition dans le Serpent le 10 juillet 1975[83].

2.4 La divergence des politiques économiques : « L'UEM ou l'illustration du mythe de Sisyphe »

La confiance politique retrouvée dans les relations franco-allemandes est confortée par la réintégration du franc dans le Serpent monétaire européen en juillet 1975. VGE reste fidèle aux positions volontaristes qu'il défendait déjà en 1969 ; l'intégration économique de l'Europe doit se faire par la monnaie : illustration du détournement politique de l'idée avancée vingt ans plus tôt par Jacques Rueff. Les sommets franco-allemands biannuels, notamment celui du 25–26 juillet 1975, tenu à Bonn, sont l'occasion d'une accélération du processus de convergence et d'harmonisation des politiques économiques. Par ses positions volontaristes et résolument européennes, il incarne un changement vis-à-vis de la position plus en retrait de Pompidou. Il est à l'initiative de la création et de la rencontre du G6 à Rambouillet : l'objectif étant d'œuvrer pour une stabilité des taux de change.

La question monétaire reste au cœur des préoccupations de la CEE et des relations économiques franco-allemandes. Toutefois des divergences d'appréciation sont à recenser. Pour VGE la crise a des racines essentiellement monétaires et doit être traitée sous cet angle. Pour Schmidt, la crise est un problème plus global nécessitant une réponse économique du même ordre : la convergence des politiques économiques

---

82 ABF, 1489200205/254, Rapport sur les suggestions de la France visant à adapter le système de change communautaire, 8 juin 1975.

83 ABF, 1489200205/272, Le retour du franc dans le « serpent communautaire », 10 juillet 1975, 15 mars 1976.

et la lutte contre l'inflation. Le « couple franco-allemand », objet du marketing politique, ne parvient pas à dissimuler des incompréhensions économiques patentes qui sont l'une des raisons majeures du rejet du mémorandum Fourcade. Certes, en mettant en place dès l'été 1974 une politique de rigueur permettant de lutter efficacement (pour un temps) contre l'inflation, la France a choisi de s'aligner sur les exigences économiques de son voisin d'outre-Rhin. En décidant de réintégrer le Serpent monétaire sans condition, elle a affiché un volontarisme politique fort et opté pour une convergence économique jugée quelque peu prématurée tant de l'avis des partenaires allemands (le gouvernement et la Bundesbank) que de celui du Trésor et de la Banque de France.

La politique de refroidissement de juin 1974 a eu pour conséquences prévisibles un ralentissement de l'économie (baisse de la production de 3 %, diminution des investissements de 5 %, augmentation du nombre de chômeurs qui dépasse le seuil psychologique du million…) sans permettre de juguler l'inflation (9 % au dernier trimestre 1974) et de l'aligner sur celle de la RFA (le différentiel reste important et contribue à l'appréciation du mark). La balance commerciale s'est améliorée en raison d'une baisse des importations (moins 5 %) et non d'une hausse des exportations (qui tendent à stagner). Le directeur de la Prévision, Edmond Malinvaud, annonce une croissance ralentie.

Soucieuse de redynamiser son économie gravement touchée par le premier choc pétrolier, la France, à l'initiative de son premier ministre, Jacques Chirac, met en place dès mars 1975 une politique de relance d'inspiration néokeynésienne. Pour des raisons de politiques intérieures évidentes (préserver la coalition politique fragile qui l'a porté au pouvoir), VGE endosse le « programme de développement économique » de son premier ministre afin de stopper la vague de licenciements que subit l'économie française. 30 milliards de francs sont débloqués en soutien à l'économie (soit 2 % du PIB), sous la forme notamment d'investissements et de dégrèvements fiscaux pour aider les entreprises à maintenir leur personnel. Il s'agit d'un virage à 180 degrés par rapport à la politique économique qui avait été mise en place neuf mois plus tôt. Les considérations politiques intérieures l'emportent, l'UEM s'éloigne.

La France doit également affronter la menace de l'entrée du franc suisse, soutenue par le gouvernement allemand et la Bundesbank. Au premier semestre 1975, le Serpent monétaire ne compte plus que les devises des pays ayant adopté des politiques économiques rigoureuses de lutte contre l'inflation. Le Serpent monétaire est une zone mark. Le franc suisse apparaît comme une monnaie refuge qui tend à s'apprécier sur les marchés financiers. Son adhésion au Serpent risque d'entraîner les autres devises à la hausse, hypothéquant le retour des monnaies candidates à un retour. Le Comité des Gouverneurs souligne le caractère spéculatif du franc suisse et la menace d'instabilité qu'elle représente pour le système. À ce problème, s'ajoutent celui de la fiscalité suisse et la particularité de son système bancaire.

Les pays communautaires candidats à un retour ne tiennent pas à être victimes d'une devise forte très spéculative. Les ministres des Finances allemand, Hans Appel, et français, Fourcade, s'opposent sur la pertinence de la candidature helvétique. Appel encourage l'adhésion de la Suisse qui bénéficiera du même statut que celui de la Suède et de la Norvège, déjà membres. Fourcade témoigne de son désaccord à son homologue allemand : l'entrée du franc suisse va provoquer une hausse du franc nuisant à la compétitivité de l'économie française (baisse des exportations notamment). Il cherche à imposer des conditions difficilement applicables : « doter de moyens efficaces de lutte contre les mouvements de capitaux spéculatifs, choisir un rapport de change réaliste, rapprocher le système fiscal suisse de celui en vigueur en France, et prendre en compte le mémorandum de septembre 1974 »[84].

Malgré cette opposition française, la position allemande est confirmée par le chancelier Schmidt le 25 juin 1975 dans une lettre adressée à VGE, alors que le franc n'a pas encore réintégré le Serpent : « Le gouvernement fédéral croit pouvoir agréer la demande de la Suisse à être associée au groupe monétaire commun, de la même manière que le sont la Norvège et la Suède »[85]. En réponse aux conditions imposées par la France, la Suisse décide de surseoir à la demande d'adhésion le 15 décembre 1975. Cette candidature avortée est une des illustrations des dissensions dans les relations monétaires franco-allemandes.

Le sommet de Rambouillet (15–17 novembre 1975), premier sommet du G6 (Allemagne, France, États-Unis, Italie, Japon et Royaume-Uni), est une initiative de VGE et un succès pour la diplomatie française. Toutefois, les divergences de conceptions économiques française et allemande inaugurent un changement du centre de gravité : la

---

84 ABF, 1489200205/273, Lettre de Jean Pierre Fourcade à Hans Appel, 12 mai 1975.

85 CHAN 5AG3, JPR 96, Lettre du chancelier Schmidt au président Giscard d'Estaing en date du 25 juin 1975.

relance de l'UEM et la création de la CEE semblent marquer le pas sur la coopération économique internationale. Les questions monétaires européennes n'occupent qu'une place minime dans les discussions[86].

La coopération économique au sein de la CEE semble à l'arrêt. Lors du Conseil européen de Rome (1er et 2 décembre 1975) un ressentiment apparaît à l'égard du succès économique et de l'intransigeance allemande. Schmidt rappelle que l'Allemagne n'utilise pas sa puissance économique à des fins égoïstes nationales, mais qu'elle pourrait le faire si les autres membres de la Communauté décidaient de faire cavalier seul[87]. Au cours des discussions précédant le sommet de Rambouillet, le gouvernement allemand annonce que son objectif à terme est la création d'une Europe fédérale[88]. Il propose des mesures devant contribuer au développement de la coopération économique au sein de la CEE dans le cadre du Serpent monétaire, et refuse catégoriquement toute mesure qui pourrait déstabiliser le système de change actuel.

Le rapport Tindemans (présenté à Rome) recommandant une modification du Serpent monétaire et acceptant une UEM « à deux vitesses » est accueilli très favorablement par la Banque de France (concept d'indicateur de divergence) et le Trésor. Il insiste sur la nécessité d'une réelle convergence des politiques économiques et monétaires et souligne le besoin de symétrie et le développement d'un mécanisme de crédit communautaire. Il prolonge des propositions du plan Fourcade et répond aux attentes du gouvernement français : la flexibilité et la solidarité économiques. Face au refus allemand, ces recommandations ne sont pas appliquées.

Alors que se tient les 7 et 8 janvier 1976, le sommet de La Jamaïque officialisant le flottement généralisé des monnaies, le franc est de plus en plus affaibli sur la scène internationale. La politique de relance creuse les déficits et accentue le retard économique de l'économie française. En décembre 1975, la France a proposé, sans succès, des « taux de change stables, mais ajustables »[89]. Le processus comprend deux étapes. Dans

[86] Mourlon-Druol, *op. cit.*, p. 76–77.

[87] The National Archives, PREM 16/399. Meeting of the European Council, Rome, ½ December 1975, December 1975.

[88] Mourlon-Druol, *op. cit.*, p. 75.

[89] CHAN 5AG3/885, Questions économiques et financières. Schéma d'un retour progressif à un système de parités stables, mais ajustables. Première note à VGE en date du 29 juillet 1975 (Conférence d'Helsinki).

la première, les monnaies peuvent fluctuer librement pour une période courte avant de rejoindre le nouveau système international. Lors de la seconde, des taux de change pivots (révisables) sont établis entre les monnaies aux taux de change stables et celles qui continuent à flotter librement.

Le gouvernement allemand et la Bundesbank, par l'intermédiaire de son Président, Karl Klasen, et de son vice-président, Otto Emminger, s'opposent à une telle initiative. L'Allemagne ne veut pas faire de concession sur le système actuel du Serpent monétaire. Au premier trimestre 1976, les indicateurs de l'économie française sont au rouge : l'inflation est de 11 %, le déficit des finances publiques s'élève à 19 milliards de francs; les déficits des balances commerciales et des paiements courants se sont fortement dégradés passant respectivement à 4,2 milliards et 6,3 milliards de francs. En février 1976 (du 9 au 13), la baisse de la peseta et la hausse du mark obligent la Banque de France à intervenir et dépenser 8 milliards de francs pour soutenir le franc. Elle a déjà perdu 5 milliards en janvier suite à la chute de la lire.

Ni la déclaration commune de VGE et Schmidt ni celle du Comité des gouverneurs confirmant le maintien du rapport de change entre le franc et le mark ne parviennent à rassurer les marchés financiers. En mars, la chute de la livre sterling entraîne une nouvelle perte de 8 milliards de francs. Le 14 mars les gouvernements français et allemand entament d'âpres négociations devant conduire à la dévaluation du franc. Fourcade souhaite un réalignement de 6 % vis-à-vis du mark et demande à son homologue, Appel, une répartition égale : -3 % – +3 %. L'Allemagne est prête à coopérer, mais ne peut accepter qu'une répartition -4 % + 2 % et refuse d'endosser le laxisme de la politique économique française trop souvent mue par des considérations politiciennes plutôt que par l'atteinte d'objectifs économiques à long terme. Finalement, après avoir pris connaissance des résultats des élections cantonales, perdues par la majorité, VGE préfère mettre un terme à ces négociations et décide de la sortie du franc du Serpent monétaire. Le franc est également dévalué de 4,5 % vis du mark et du dollar. À l'issue de cet épisode, le franc ressort déprécié de 5,6 %.

L'administration française reproche au gouvernement allemand son manque de soutien : « Les Allemands ne jouent pas le jeu et leur négligence, dont témoigne la minceur de leurs interventions, peut être tenue pour largement responsable de la gravité de la crise. Si, en effet, la Bundesbank était, dès le début des troubles sur le marché, intervenue massivement, la spéculation aurait vraisemblablement été tarie »[90]. La Bundesbank a peu soutenu la Banque de France, comme en témoignent les archives de la Bundesbank, mais quelques indicateurs simples permettent de constater que la position de la France était difficilement soutenable. Pour l'année 1976, le taux d'inflation est de 4,5 % en RFA alors qu'il s'élève à 9,9 % en France. L'Allemagne affiche un excédent de son commerce extérieur de 12 994 millions de dollars quand la France rapporte un déficit de 8 291 millions de dollars. Le taux de chômage en France a augmenté passant de 3,8 % en 1975 à 4,2 %. L'Allemagne, elle, enregistre une baisse de 4,2 % à 4 %.

Les variations de politique économique, passant de la rigueur anti-inflationniste à la relance de la consommation, sont difficilement justifiables dans une perspective économique à long terme et constituent des signaux inacceptables par les marchés financiers. L'économie française doit supporter les conséquences de ces erreurs d'appréciation qui trouveront plus tard une justification politique dans les mémoires de VGE : « La situation de l'économie française était gravement détériorée par une politique de relance dont l'objectif était justifié, car l'année 1975 avait été marquée par une dépression mondiale, la plus forte depuis quarante ans ; mais cette politique avait été engagée avec des impulsions désordonnées, qui cumulaient les inconvénients de l'inflation, du déséquilibre des comptes extérieurs et de la faiblesse du franc »[91].

Face à la fragilité des devises européennes et avant même le retrait du franc du Serpent, le ministre des Finances néerlandais, Wim Duisenberg, propose en 1976 l'instauration de « zones cibles » permettant aux pays dont les monnaies sont hors du Serpent (la Grande-Bretagne, l'Italie et l'Irlande) de mener des politiques économiques de lutte contre l'inflation moins contraignantes. Ils doivent mettre en place des mesures économiques permettant de stabiliser leur monnaie et leur taux de change dans des « zones » de fluctuations définies par la concertation entre les membres de la Communauté. L'utilisation coûteuse des réserves pour soutenir le cours de la devise peut être suspendue et le pays abandonner la « zone cible » tout en maintenant des liens plus stables avec les autres monnaies.

---

90 CHAN 5AG3, JPR 99, Note de J. P. Ruault pour le Président en date du 20 mars 1976.

91 Valéry Giscard d'Estaing, *Le Pouvoir et la Vie*, Paris, Cie 12, t.3, 2007, p. 100.

La coopération entre les banques centrales doit permettre une solution aux problèmes de change conjoncturels sans recours à la dévaluation. Cette mesure pourrait concerner la France. L'Allemagne refuse ce projet d'assouplissement du système de change. Lors du Comité monétaire du 10 septembre 1976, Karl Otto Pöhl, représentant la RFA, considère sur un ton péremptoire que « le développement de la coopération entre banques centrales est satisfaisant et [que] les rapports de changes se stabilisent sans intervention ». Dans ces conditions, « il est prématuré de discuter d'un nouveau mécanisme de change, il vaut mieux lutter contre l'inflation et renforcer les cohérences des politiques économiques ».[92] Lors du conseil européen de La Haye du 29 et 30 novembre, Schmidt confirme le refus catégorique de l'Allemagne de céder au laxisme du projet Duisenberg : « La République fédérale d'Allemagne est contre toutes espèces de zones qui ne servent qu'à encourager la spéculation »[93].

Conclusion

Malgré les difficultés de l'économie française et ses erreurs d'orientation, la solidarité politique franco-allemande semble établie comme en témoignent les avancées issues des sommets de Nice/St Paul de Vence, les 12–13 février 1976, et de Hambourg, les 5–6 juillet. Des divergences économiques et monétaires ont été mises en évidence et expliquent la stagnation du processus d'UEM. La France affiche un volontarisme politique fort, mais peine à réformer sur le long terme son économie en adoptant des politiques économiques « aventureuses »[94]. Elle ne parvient pas à s'adapter aux exigences de l'économie allemande et doit faire face au refus du gouvernement allemand et de la Bundesbank d'assouplir la rigueur de la politique monétaire qui encadre l'évolution du deutsche mark. Économiste lucide, Schmidt résume la situation :

---

92 AMF, B 50427, Comité monétaire du 10 septembre 1976.

93 CHAN 5AG3, Affaires Étrangères 163, compte-rendu du Conseil européen de La Haye du 29 et 30 novembre 1976 établi par le conseiller technique du cabinet du ministère des Affaires étrangères, 6 décembre 1976.

94 L'adjectif est utilisé par J.Y. Haberer. Voir Amaury de St Périer, *La France, l'Allemagne et l'Europe monétaire de 1974 à 1981*. Paris, Presses de Sciences Po, 2013, p. 105.

> « L'UEM, dans une situation de telles disparités, n'est qu'un rêve de diplomates. Quoi qu'en pensent nos amis sociaux-démocrates, il faut d'abord lutter contre l'inflation »[95].

Le 25 août marque une date importante dans l'histoire économique de la France. Jacques Chirac donne sa démission : il quitte Matignon et est remplacé par Raymond Barre. La politique de rigueur inaugurée par « le meilleur économiste de France » (selon VGE) succède à la politique de relance et rencontre l'approbation du voisin d'outre-Rhin.

---

[95] CHAN 5AG3/AE 163, Compte-rendu du Conseil européen de la Haye du 29 et 30 novembre 1976.

Chapitre 3

De l'abandon des politiques keynésiennes de relance à l'avènement de l'ECU

3.1 De la relance à la rigueur : la confiance restaurée

La politique de relance de type « *stop and go* » initiée par Jacques Chirac au premier semestre 1975, puis endossée par VGE pour des raisons de politique intérieure est une politique économique d'inspiration keynésienne qui apparaît décalée dans le contexte économique marqué par une très forte instabilité des changes et une inflation non maîtrisée. L'administration française et plus particulièrement ses plus hautes instances accorde encore la primauté à la politique sur l'économie, sans toujours en apprécier les risques dans un système ouvert qui annonce la globalisation.

Ses conséquences sur les relations monétaires franco-allemandes sont désastreuses. Elle est la cause principale de la sortie du franc du Serpent en mars 1976 et explique en partie la stagnation du processus d'UEM. Elle a ruiné les résultats obtenus grâce à la politique de rigueur et de lutte contre l'inflation mise en place dès l'été 1974. Elle se solde par un échec pour la France dont la crédibilité tant économique que diplomatique est ébranlée. La confiance qui s'était instaurée entre la France et la RFA au printemps 1974 en sort très affaiblie. D'aucuns peuvent d'ailleurs déceler une pointe de méfiance, voire de défiance. Les refus répétés du Ministère des Finances de la RFA et de la Bundesbank d'accéder aux demandes d'assouplissement du Serpent monétaire déposées par le gouvernement français, le Trésor ou la Banque de France en sont l'illustration.

Les aspects psychologiques sont importants dans les relations monétaires et financières et peuvent être la source tant de spéculation que de stabilité. Comme le souligne le directeur du Trésor, Jacques de Larosière: « Les opérateurs justifient leurs réactions moins sur des faits que sur le sentiment qu'ils tirent des politiques menées dans différents pays. S'ils ont l'impression que les options fondamentales à Paris et à Bonn ne sont pas les mêmes, la spéculation peut commencer à tout moment »[1]. Pour le Trésor et la Banque de France, l'UEM doit conduire à un alignement des politiques économiques françaises et allemandes : des politiques de stabilité contre les dérives inflationnistes. VGE partage cette analyse en nommant premier ministre, le 25 août 1976, Raymond Barre. Celui-ci comprend les enjeux apparus à la fin du système de Bretton Woods : « Nous ne vivons plus dans un monde keynésien »[2]. Cette position fait écho à celle d'un autre économiste au pouvoir, Helmut Schmidt. « Les méthodes de Keynes ont fonctionné dans les années 30 ; ce n'est plus le cas et il n'y a plus de Keynes »[3].

Économiste de profession, universitaire de renom, haut fonctionnaire européen, en charge des questions monétaires et financières, Barre, homme politique de centre droit, qui a été directeur du cabinet de Jean-Marcel Jeanneney, ministre de l'Industrie dans le gouvernement Michel Debré (1959–1962), succède au gaulliste, Jacques Chirac. Par ce choix, VGE pose un geste politique fort et déplace le centre de gravité de sa majorité. Avec cette nomination, VGE peut insuffler une orientation plus libérale à la politique économique et regagner la confiance de ses partenaires européens et plus particulièrement de la RFA. Une nouvelle étape de la construction de l'UEM s'annonce. Barre sera également responsable du ministère de l'Économie et des Finances,

---

[1] CAEF, B0050484, Note de de Larosière, le « Serpent » monétaire européen, 6 février 1976.

[2] Citation de Raymond Barre rapportée par Emmanuel Mourlon-Druol, in *An Europe Made of Money*, Ithaca, New-York, Cornell University Press, 2012, p. 99.

[3] Citation d'Helmut Schmidt rapportée par Emmanuel Mourlon-Druol, *op. cit.*, p. 99.

jusqu'en 1978 : « L'un des meilleurs économistes de France » selon VGE. Barre a été vice-président de la Commission européenne de 1967 à 1973 responsable de l'économie et des finances, succédant à Marjolin. Il mesure l'importance de la lutte contre l'inflation, péché monétaire de l'Occident (sous la plume de Rueff). Face à la hausse du chômage et de l'inflation, il prône la mise en place de politiques économiques d'austérité et de rigueur. Lors d'une allocution télévisée aux Français le 22 septembre 1976, il résume la situation économique de la France : « La France vit au-dessus de ses moyens »[4]. Il énonce les causes de la crise et prépare le pays à un plan d'austérité et d'assainissement des finances publiques : « les revenus augmentent plus vite que la production, trop de crédit, trop de dépenses d'État, déficit budgétaire et déséquilibre du commerce extérieur, sécheresse, déficit de la sécurité sociale »[5].

Par son discours, celui qui fut également traducteur de l'économiste libéral F.A. Hayek[6], annonce un tournant libéral dans la politique économique de la France marquant une rupture avec les politiques d'inspiration keynésienne. Il est également à l'origine en 1969, à la demande de la Commission européenne, du « Plan Barre de coordination des politiques économiques et de soutien monétaire mutuel », approuvé à l'époque par VGE et qui servira de base au Plan Werner. Comme le rappelle Weinachter, les deux hommes étaient parfaitement conscients de « l'importance du développement de l'entente avec les Allemands ».[7] Comme le confiera, plus tard Barre à Weinachter, « la combinaison Giscard d'Estaing/Schmidt/Barre constituait le « meilleur trio possible », par l'expérience acquise, donc la compétence, la similitude des conceptions et la bonne entente personnelle »[8].

Barre met en place dès sa nomination une politique de redressement économique. Combattre l'inflation devient l'objectif du gouvernement. « Un pays qui réussit est un pays dont la monnaie est forte et stable »,[9]

---

4 Archives de l'INA, allocution télévisée du premier ministre, R. Barre, 22 septembre 1976. https://www.ina.fr/video/I12191598

5 *Ibid.*

6 F.A. Hayek, *Scientisme et Sciences Sociales : Essais sur le mauvais usage de la raison.* Première traduction de 1953, effectuée par R. Barre. Paris, Pocket, collection Agora, 1991.

7 M. Weinachter, *op. cit.*, p. 133.

8 Entretien de R. Barre avec M. Weinachter, *op. cit.*, p. 133.

9 Raymond Barre, *L'expérience du pouvoir*, Paris, Fayard, 2007, p. 100.

proclame le premier ministre. Lors de sa déclaration de politique générale devant l'Assemblée nationale, il définit le cap: « Le principal objectif de la politique du nouveau gouvernement sera de combattre l'inflation et de maintenir la stabilité de notre monnaie »[10]. Il expliquera plus tard ses choix: « Le franc était en difficulté... Il fallait reprendre tout cela en main et substituer à une politique de tendance inflationniste, avec augmentation des dépenses publiques et des rémunérations, une politique de stabilité à la manière de ce qui se pratiquait en RFA... Il fallait, avant tout stabiliser la monnaie et les finances publiques... Tenir la monnaie, défendre le franc, telle était ma priorité... Il n'y a qu'à regarder chez nos amis d'outre-Rhin, c'est la force de la monnaie allemande qui fait la force de l'industrie allemande ».[11] Il adopte et adapte les théories monétaristes développées par Milton Friedman et l'École de Chicago, en cherchant à contrôler la vélocité et la croissance de la masse monétaire pour limiter la hausse de l'inflation. Lors d'une allocation au Conseil économique et social, le 17 octobre 1978, il justifiera son choix de politique économique[12].

> « En 1976, un choix s'offrait entre trois politiques. En premier lieu, une déflation brutale et massive, cassant profondément l'activité économique et plongeant le pays dans la récession et le chômage. En second lieu, le contrôle autoritaire des prix et des revenus, différant la solution des problèmes de fond de l'économie française et entraînant tôt ou tard des rattrapages massifs, sinon des explosions économiques et sociales. En troisième lieu une action globale progressive et continue de désinflation et d'adaptation de notre économie, tenant compte des contraintes économiques, sociales psychologiques et politiques... C'est cette troisième politique que j'ai choisie comme premier ministre, avec l'accord du président de la République »[13].

Cette politique économique d'austérité et de rigueur doit conduire à terme au redressement économique de la France et au maintien de son indépendance. Comme le souligne de St Perier, Barre rappellera cet engagement et sa volonté politique devant l'Assemblée nationale. « Notre premier objectif demeure l'indépendance de la France... Cette indépendance s'exprime actuellement dans l'équilibre des comptes

---

10 Discours de Raymond Barre à l'Assemblée Nationale 5 octobre 1976, http://archives.assemblée-nationale.fr/5/cri/1976-1977-ordinaire1/002.pdf

11 Michel Djian, *Raymond Barre*, Paris, Flammarion, 2001, p. 158.

12 Citation extraite de l'ouvrage d'Amaury de St Périer, *La France, l'Allemagne et l'Europe monétaire de 1974 à 1981*, Paris, Presses de Sciences Po, 2013, p. 117.

13 Déclaration de R. Barre devant le Conseil économique et social, 17 octobre 1978.

extérieurs de notre pays. … Je ne reviendrai jamais … sur cet aspect prioritaire de notre politique »[14].

VGE et la France cherchent à rattraper économiquement l'Allemagne afin de construire une Europe plus équilibrée. Une nouvelle orientation vis-à-vis de l'Europe et de l'UEM est en place. Le 7 décembre, l'Assemblée nationale ratifie le Traité de Bruxelles (juillet 1975). Les pouvoirs budgétaires du Parlement européen sont étendus et la création d'une Cour des comptes est promulguée. Le message à l'égard de l'Allemagne est clair : une convergence des politiques budgétaires, indispensable à la création d'une Europe équilibrée, est envisageable.

Schmidt a conscience des efforts réalisés par son partenaire et sait que le problème majeur reste le dollar qui poursuit sa chute. La baisse de la devise américaine nuit aux exportations des pays de la Communauté et de la RFA en particulier. La concurrence internationale s'intensifie et le problème de la compétitivité devient prégnant, entraînant une hausse du chômage. L'Allemagne réitère sa confiance dans la nouvelle politique économique de la France malgré la faiblesse du franc. Le 17 octobre 1976, le mark est l'objet d'une réévaluation de 2 %. Les débats théologiques entre les « monétaristes » français et les « économistes » allemands semblent clos. En prônant une politique économique de désinflation d'inspiration monétariste (au sens de l'École de Chicago), Barre rétablit un climat de confiance : la lutte contre l'inflation devient le principal enjeu économique.

La France s'aligne sur les exigences de politique économique allemande et répond aux attentes de Schmidt lors du Conseil européen de Bruxelles (12 et 13 juillet 1976) : « il n'était pas possible de corriger les divergences de politique budgétaire… en utilisant uniquement la politique monétaire »[15]. Cette conversion à la lutte contre l'inflation fait également écho aux vœux du Conseil: « The European Council agrees on the necessity of increased convergence of economic and monetary policies, while recognizing that agreements concerning exchange rates is meaningful only if they are supported by a co-ordinated policy ».[16] Comme le souligne Emmanuel Mourlon-Druol, le choix d'une politique économique d'austérité par la France et les propositions de Duisenberg

---

[14] JO du 5 octobre 1978, Assemblée nationale, 1re séance du 4 octobre 1978, p. 5560.

[15] NAI, DT, 2006/133/484, European Council Meeting, 12–13 July 1976.

[16] Conclusions of the session of the European Council in Brussels, 12 and 13 July 1976.

permettent d'établir les bases d'un nouveau consensus économique au sein de la CEE[17]. L'adoption d'un programme anti-inflationniste en France inaugure une « mini convergence économique » et relance le tandem (ou couple) franco-allemand.

La coopération et la coordination économiques se renforcent au second semestre 1976 et annoncent la convergence des politiques économiques et monétaires. Le Comité des Gouverneurs en fait le constat lors de la session du 8 février 1977, en rapportant une convergence des taux d'inflation et un rétrécissement des marges de fluctuation des changes. Le rapprochement franco-allemand effectué en 1976 se poursuit et s'accélère au premier semestre 1977. Les résultats obtenus par la politique de Barre ont convaincu la chancellerie et la Bundesbank. Lors du Sommet franco-allemand de Paris des 4 et 5 février 1977, les gouvernements français et allemand annoncent une accélération de la collaboration monétaire et financière à travers l'instauration de rencontres bilatérales trimestrielles, associant les ministères des Finances, des Affaires étrangères et les Banques centrales.

L'expérience de la collaboration bilatérale franco-allemande sur les problèmes économiques et monétaires doit être le moteur de la relance du processus d'UEM[18]. La France et l'Allemagne souhaitent établir un bilan à la fin de l'année et effectuer « des propositions d'harmonisation des politiques économiques aux états membres »[19] de la Communauté. Les sommets franco-allemands des 4–5 février à Paris et des 16–17 juin à Bonn constituent autant de séances de travail préparant à la relance de la construction de l'Europe. Comme le note Weinachter, « VGE et H. Schmidt souhaitent la reprise de « la marche en avant vers l'Union économique et monétaire », considérée, comme « un point de passage obligé sur la voie de l'Union de l'Europe » »[20]. Mais c'est aussi lors de rencontres informelles que se prépare l'avenir de l'Europe : la rencontre VGE-Schmidt à Blaesheim peut être mentionnée. Deux éléments ressortent de cette « mini convergence » des politiques économiques. Le rétablissement de la confiance entre les deux principales économies

---

17 Mourlon-Druol, *op. cit.*, p. 99.-131

18 CAEF, B 50427, note de J. de Larosière à R. Barre, 10 mars 1977.

19 Texte de la déclaration jointe TNA, FCO 30/3626, Télégramme 108 en provenance de Paris, Sommet Franco-Allemand, 7 février 1977.

20 Déclaration de VGE devant la presse le 4 février 1977, à l'issue du 29e sommet franco-allemand, cité par M. Weinachter, *op. cit.*, p. 117.

européennes et le changement d'attitude de l'Allemagne, défendant un volontarisme politique sont à rapporter.

Ce rapprochement bilatéral relance le processus d'intégration économique communautaire par la coopération monétaire, bien que des réticences de la Bundesbank demeurent. Comme l'ont souligné Duisenberg, Richardson (Gouverneur de la Banque d'Angleterre), puis Clappier, le « Serpent monétaire » ne joue plus le rôle qui lui était dévolu. Face à l'intransigeance de la Bundesbank et son refus de déroger aux règles établies à Bâle en avril 1972, il est devenu un pur mécanisme monétaire alors qu'il devait faciliter l'intégration économique et monétaire au sein de la CEE. Le président de la Bundesbank, Klasen, campe sur ses positions et ne partage pas cet avis. Il n'empêche, la chute du dollar au cours de l'année 1976 et les doutes planant sur la volonté et la capacité du nouveau président américain, Jimmy Carter, à intervenir, constituent autant de nouvelles sources d'incertitude et d'instabilité qui soulignent les limites du Serpent[21].

La convergence économique franco-allemande, les limites du Serpent monétaire et l'incertitude de la politique internationale de Carter sont des éléments qui renforcent la coopération monétaire au premier semestre 1977. L'année 1977 est une année de transition dans le processus d'UEM. Elle inaugure un retour de la coopération monétaire à l'agenda de la CEE. La Bundesbank affiche néanmoins des réticences et parfois une opposition à déroger aux règles de stabilité et de lutte contre l'inflation qui définissent sa politique. En janvier 1977, Karl Otto Pöhl, président du Comité monétaire, reste fidèle à cette forme de conservatisme de la politique économique et monétaire allemande en apposant son veto à toute initiative ou toute forme d'arrangement monétaire qui pourrait entraver les règles de fonctionnement du Serpent.

Cette attitude illustre le « pouvoir de veto » de l'Allemagne et souligne ainsi son véritable leadership économique dans le processus d'UEM et au sein de la CEE. En accordant sa confiance à la France, qui mène à travers la politique économique de lutte contre l'inflation une politique d'alignement sur la sienne et en instaurant des rencontres bilatérales franco-allemandes trimestrielles (la première rencontre se tient le 8 juin à Paris), la RFA peut être vue comme la véritable instigatrice du processus de relance de l'UEM.

---

[21] CHAN 5AG3/911, Note de G. Robin à VGE, 23 mars 1977.

Bien que conservateurs, le ministère des Finances allemand et la Bundesbank expriment une attention et un intérêt plus marqués au premier trimestre 1977 pour les questions monétaires européennes. Lors du Conseil des ministres des Finances du 14 mars 1977, Pöhl annonce une consultation plus étroite sur les problèmes de change au sein de la CEE : « une première étape sur la voie qui a été initiée par Duisenberg, les Français et Tindemans »[22]. Le Conseil européen de Rome les 25 et 26 mars 1977, célébrant le vingtième anniversaire du Traité, inscrit la coopération monétaire à l'agenda de la CEE. C'est l'occasion pour la France, à l'initiative de son président, de « raviver l'objectif d'une Union économique et monétaire »[23]. La monnaie est au cœur du processus de construction européenne où les positions peuvent être divergentes.

3.2 Des options conflictuelles pour le processus de relance : une transition

La relance de la coopération monétaire européenne a plusieurs sources : (1) la double initiative de la Commission face aux dangers que représentent la détérioration de l'économie mondiale et la passivité des États-Unis, (2) le rapprochement franco-allemand sur les questions économiques et monétaires, et surtout (3) le changement d'attitude de l'Allemagne qui assume progressivement son rôle de première économie européenne.

La période qui suit le Conseil européen de Rome (avril 1977) et qui précède celui de Copenhague (7 et 8 avril 1978) est une période de transition dans les relations monétaires franco-allemandes. Elle souligne le changement d'attitude de la RFA qui assume véritablement son rôle de leader économique au sein de la CEE. Comme le note Mourlon-Druol, les archives révèlent leurs limites et ne permettent pas de dater précisément ce retournement. La RFA n'exprime aucune volonté de jouer un rôle stratégique dans les relations internationales (illustration du « paradoxe de la puissance allemande »[24]). De façon beaucoup plus subtile, elle utilise le « *soft power* » que lui confère le poids de son économie pour dessiner les

[22] TNA, ECO 30/3626, Télégramme 1803, CEE, Conseil des ministres, 14 mars 1977.

[23] TNA, PREM 16/1254, enregistrement du Conseil européen de Rome, 28 mars 1977.

[24] Hans Kundnani, *The Paradox of German Power*, London, C. Hurst, 2014.

contours d'une Europe qui doit s'affirmer dans une économie mondiale en mutation. Comme le souligne Schmidt :

> « What has actually changed? What's changed essentially is (a) the newly emerged stability consciousness in Rome, above all things in Paris, and the will. One of the most important preconditions. And another thing (b) has naturally changed that the American benign neglect, concerning the dollar balance of payments, in the meantime, became a malign neglect under Messrs. Carter and Blumenthal. And it was urgently necessary that the Europeans say to the Americans. That's not going to carry on »[25].

Avec le recul qu'enseigne la consultation des archives, dans le « tandem franco-allemand », l'Allemagne est à l'initiative des grandes orientations économiques, la France apparaissant comme un levier politico-stratégique[26]. Il est possible de voir dans cette période une étape importante dans la création d'une « Allemagne européanisée » plutôt que d'une « Europe germanisée »[27].

La Commission est à l'origine de deux initiatives de redynamisation de la coopération monétaire. La première est proposée par son président, Roy Jenkins qui défend une position très monétariste. La seconde est à porter au crédit de son vice-président F.X. Ortoli et présente une synthèse des visions « économistes »[28]. À la Roche en Ardennes (16–18 septembre 1977) les deux textes sont débattus. Le texte d'Ortoli présente cinq propositions : -1- l'utilisation et l'amélioration des mécanismes actuels de la CEE ; -2- la mise en place d'un marché unique en 1982 ; -3- une action monétaire ; -4- des améliorations pour la croissance économique ; -5- la remise en cause de la pertinence de l'aide accordée au Tiers Monde pour améliorer la croissance de la CEE. Ortoli, proche de Pompidou, partage de nombreuses idées de VGE sur l'avenir de l'UEM.

Jenkins (ancien chancelier de l'échiquier, travailliste), en fonction au 1er janvier 1977, donne une orientation très politique à sa proposition : « It must be a top priority for the new Commission to try to make progress

---

25 MTA. Helmut Schmidt, Bundesbank Council meeting with Chancellor Schmidt, 30 novembre 1978. Cité par E. Mourlon-Druol, *op. cit.*, p. 132.

26 La France ne peut agir qu'avec la volonté de l'Allemagne qui elle, grâce au poids du mark, a un droit de veto sur le plan monétaire.

27 Helga Haftendorn, *Coming of Age: German Foreign Policy Since 1945*, Lanham, Rowman & Littlefield, 2006, p. 319.

28 HAEU, EN 130, Ortoli, « Éléments de réflexion sur l'UEM », 15 septembre 1977.

in the economic and monetary field… Both coordination of economic policies, and development of monetary instruments need to be placed in the longer-term perspective of achieving economic convergence and eventually of economic and monetary union »[29].

Son approche monétariste volontariste prône une union monétaire rapide (plutôt qu'une UEM). « We need to reduce our present embarrassing reliance on rather dated, gradualistic doctrines, which are not taken seriously by the press and are maintained by member states as cover for their lack of political will, and as intellectual imprisonment for the Commission »[30].

Reconnaissant l'influence de Monnet, Jenkins donne lecture de ses idées à l'Université européenne de Florence le 27 octobre 1977. Il y défend la nécessité d'une union monétaire, mais ses propositions très académiques et emphatiques manquent de crédibilité et suscitent un fort scepticisme tant de la Bundesbank, de la Banque de France, du Trésor que de la Banque d'Angleterre.

Sept arguments politiques sont avancés pour défendre l'Union monétaire : « -1- une rationalisation plus efficace et développée de l'industrie et du commerce » ; « -2- une nouvelle monnaie internationale soutenue par l'élargissement et la force de la Communauté » ; « -3- un taux commun pour les variations de prix » ; « -4- la distribution régionale de l'emploi et le bien-être économique en Europe » entraînant « -5- un effet bénéfique sur l'emploi » et « -6- des implications institutionnelles et politiques majeures ». Et Jenkins de plaider que cette Union sera « -7-un véhicule pour l'intégration politique européenne »[31]. Il traite de deux problèmes majeurs : l'inflation et le chômage. Par son volontarisme, il est utile aux intérêts de la France et de VGE : « Jenkins a fait faire quelques pas à son hobby horse. En théorie, je l'approuve tout en n'étant pas sûr que ce soit réaliste, mais ce discours mérite d'avoir été prononcé »[32].

---

29 HAEU, EN1601, Note on Economic and monetary matters: The role of the Commission. Some suggestions for improvement. 13 July 1976.

30 TNA, FCO 30/3627, « The Prospect of Monetary Union ».

31 Roy Jenkins, « Europe's Present Challenge and Future Opportunity» (First Jean Monnet Lecture, European University Institute, Florence, 27 October 1977).

32 Confidence de VGE, rapporté par Claude Cheysson à Roy Jenkins, cité par A. de St Périer, *op. cit.*, p. 136.

La position de Jenkins, volonté politique forte, a le mérite d'instaurer un climat très favorable à la coopération et au rapprochement monétaires. Elle annonce la relance de l'Union économique européenne dans un contexte où les États-Unis peinent à assumer leur rôle de leader de l'économie mondiale, et rappelle que « l'égalité des performances économiques n'est pas un prérequis pour l'UEM »[33]. Bien qu'utopiste, elle instaure une nouvelle espérance.

Les résultats économiques de 1977 pour les pays membres de la CEE sont moins bons que ceux escomptés. Initialement prévue à 4 %, la croissance s'élève à 2,5 % et le taux de chômage est à la hausse à 5,7 %, soit une augmentation de 0,7 % par rapport à 1976 (5 %) et 2,4 % en 1975 (3,3 %). Le GATT redoute un retour au protectionnisme source de récession. Malgré des efforts de lutte contre l'inflation, les déficits des balances des paiements perdurent, l'instabilité du dollar et sa baisse constituant des freins supplémentaires. Les économies britannique (problème des balances Sterling) et italienne (inflation à 18 %) en difficultés sont tentées par le recours au « dirty floating ». Élu à la Maison-Blanche en 1976, Jimmy Carter a mis en place dès 1977 une politique keynésienne d'expansion.

Cette politique de « deficit spending » est en opposition aux politiques de rigueur défendues au sein de la CEE. La conséquence directe est une dépréciation du dollar, un ralentissement des exportations européennes et une hausse de la concurrence. L'inflation américaine, à la hausse, atteint 7,6 % (6,5 % en 1976). Le déficit de la balance commerciale s'élève à 30 milliards de dollars, contre 27 milliards en 1976[34]. Comme le souligne une note de de Larosière, le déficit de la balance des paiements américaine ne peut être corrigé que par une dépréciation du dollar[35].

Cette attitude exerce une pression sur les Banques centrales européennes pour envisager une action concertée. Lors d'une rencontre du Comité des Gouverneurs en juillet 1977, Emminger qui a succédé à Klasen le 1er juin[36], envisage des opérations occasionnelles. Il s'était

[33] Roy Jenkins, « Europe's Present Challenge and Future Opportunity» (First Jean Monnet Lecture, European University Institute, Florence, 27 October 1977).

[34] Sources FED de St Louis : https://fred.stlouisfed.org/series/BOPBGSA et https://fred.stlouisfed.org/series/FPCPITOTLZGUSA

[35] ABF, 1489200205/203, note de J. de Larosière à Barre/Boulin, 235e réunion du Comité monétaire, 15 novembre 1977.

[36] O. Emminger est proche de la CDU, le vice-président devient K.O Pöhl, ministre des Finances SPD, très proche d'H. Schmidt qui l'a placé à ce poste clé.

montré jusqu'alors très réticent à une intervention de la Bundesbank sur le marché des changes. Il attribue les fluctuations du dollar à sa chute et non à la force et à l'appréciation du mark qui n'en est que la conséquence[37].

Le Comité monétaire de novembre 1977 souligne le caractère structurel du déficit de la balance des paiements américaine, ébranlant le flegme d'Emminger et suscitant une certaine exaspération de la Bundesbank : « One of his (Emminger's) colleagues, recalling the Connally policy of « benign neglect », had unkindly described the Carter policy as the same without the « benign » »[38]. Une accélération de la coopération est constatée lors du sommet du Comité monétaire en décembre. La RFA rejointe par les Pays-Bas et le Danemark prône une politique active pour lutter contre la chute du dollar[39]. La France soutient cette position et propose une unité monétaire européenne face au « véritable chaos »[40] de la gestion du dollar.

La faiblesse du dollar redynamise la coopération monétaire européenne. Jenkins défend auprès de Margaret Thatcher, alors chef de l'opposition, l'idée d'une monnaie européenne commune : « one of the many reasons for wishing to move to a common European currency was the disarray of the present world monetary system and the declining fortunes of the dollar »[41]. La chute du dollar et l'appréciation des devises européennes, surtout du mark, deviennent un problème majeur.

Schmidt porte un jugement sans ambages sur l'attitude du président Carter : « un dilettante qui est incapable de diriger le monde occidental »[42]. À l'issue du Conseil européen de Bruxelles (5 et 6 décembre 1977), le chancelier témoigne de sa réprobation à l'égard du mépris des États-Unis : « ce sont les États européens qui, par leurs sacrifices, permettent aux États-Unis de financer une expansion dont eux, les Européens,

---

37 ECB, PV 113e séance du Comité des Gouverneurs, 12 juillet 1977.

38 TNA. FCO 30/3627, Wright to Boyd, Call on the president of Deustche Bundesbank: 11 novembre 1977, 15 novembre 1977.

39 ABF, 1489200205/203, note de J. de Larosière à R. Barre/Boulin, 236 ème réunion du Comité monétaire, 9 décembre 1977.

40 ECB, PV 116e séance du Comité des gouverneurs, 13 décembre 1977.

41 HAEU, EN1143, call of the leader of the opposition in Britain on the President of the European Commission, Brussels, 2 December 1977.

42 Karl Bracher, Wolfgang Jäger, Werner Link (dir.), *Die Geschichte der Bundesrepublik Deutschland, Republik im Wandelm 1974–1982*, T.1., Die Ära Schmidt, Deustche Verlags-Anstalt, 1987, p.288. Cité également par A de St Périer, *op. cit.*, p. 146.

sont obligés de se priver »[43]. Il exprime ses doutes à Barre quant à la stratégie de l'administration américaine : « l'énorme et croissant déficit de la balance commerciale et la chute du dollar ont eu des conséquences extraordinairement négatives non seulement sur l'économie, mais également sur la politique mondiale »[44]. Ce contexte de défiance à l'égard des États-Unis et la confiance instaurée par la politique menée par le gouvernement Barre renforcent le rapprochement franco-allemand sur les problèmes économiques et monétaires. La France a fait de la lutte contre l'inflation sa priorité, à l'instar de la politique économique défendue par l'Allemagne et la Bundesbank. Des résultats très positifs et encourageants sont à rapporter. Fin 1977, Barre annonce sur Europe 1 : « Nous avons réussi à stabiliser le franc, à stopper l'hémorragie de devises, à réduire le déficit du commerce extérieur de moitié ». L'administration française n'envisage pas pour autant un retour du franc dans le « Serpent », « tant que le différentiel d'inflation sera de six points »[45].

Le renforcement du tandem franco-allemand sur les questions économiques et monétaires et la volonté politique de l'Allemagne d'assumer son leadership économique au sein de la CEE constituent les principaux moteurs du processus de relance. La mini-convergence issue de la coopération bilatérale franco-allemande doit servir de base à une coordination des politiques économiques au sein de la CEE. En février 1978, Schmidt, s'appuyant sur la force du mark et de l'économie allemande, prend l'initiative de redynamiser le processus d'UEM. Il prend également en compte, le rapport du président du Comité monétaire, Jacques Van Ypersele, (Rapprocher les monnaies européennes) qui préconise le maintien du « Serpent monétaire », la mise en place d'une zone cible unique pour les pays non-membres et l'instauration d'une monnaie européenne, émise par le FECOM afin de permettre de financer de grands emprunts. Il a conscience de l'opposition prévisible de la Bundesbank et du ministre des Finances Hans Matthöfer qui risquent de considérer cette mesure trop prématurée. Il n'empêche. « Le temps était venu pour stabiliser les monnaies, car les gouvernements

---

43 François Donati, Les Échos, 7 décembre 1977.

44 AdsD, HSA, Note de Loeck, Gespräch des Bundeskanzlers mit PM Barre am 6. Februar 1978, 8 février 1978.

45 CHAN 5AG3/912, Notes de Dutet prises lors d'une réunion avec Paye, Secrétariat général du Comité interministériel pour les questions de coopération économique européenne, 8 novembre 1977.

comprenaient bien que l'augmentation de l'inflation mettait en danger leurs emplois en Europe, et cette manière de voir commune permettait de pouvoir tout oser parce que sinon le Marché commun se briserait »[46].

Le chancelier a trois objectifs : -1- établir un taux de change fixe entre les différents pays participants afin de promouvoir la croissance de la CEE ; -2- encourager l'intégration économique ; -3- créer une monnaie européenne unique, l'ECU capable de rivaliser avec le dollar et le yen. Cette démarche vise à stabiliser la croissance de la Communauté et de la RFA. Il annonce à Jenkins, le 28 février, ces objectifs qui ne peuvent être atteints qu'avec le soutien de la France (et surtout de VGE). « Aussitôt après les élections françaises, et probablement au prochain sommet de Copenhague – sous réserve que les élections françaises se passent bien, et qu'il n'y ait pas de communistes au Gouvernement, je proposerai, en réponse au problème du dollar, un progrès majeur vers l'union monétaire. Il s'agirait de mobiliser et de mettre en commun nos réserves, si les autres pays l'acceptent, et de former un bloc monétaire européen »[47].

Le chancelier le reconnaît. Cette décision est le fruit de ses discussions avec le président français. Après la victoire de la majorité gouvernementale aux élections législatives du 19 mars 1978, VGE prépare le sommet de Copenhague et annonce la mise en place d'une politique réconciliant la stabilité monétaire et la croissance au sein de la CEE. De Larosière, dans une note préparatoire au sommet, a mis l'accent sur ce point : « Il y a un facteur moins reconnu, mais également nocif quant à la faiblesse de la croissance européenne ; c'est l'instabilité monétaire intracommunautaire qui mine les anticipations des investisseurs aussi bien dans les pays dont les monnaies s'apprécient que dans celles où elles se déprécient »[48]. Et VGE de faire écho au volontarisme politique de Jenkins : « Le moment est venu de faire preuve d'imagination… et de réconcilier la stabilité et la croissance en un système de relation de change »[49].

Plus tard, Jenkins confiera à Weinachter l'importance qu'a joué le tandem « franco-allemand » dans cette initiative majeure : « Giscard et

---

46 Bracher et al. (dir), *op. cit.*, p. 290. L'initiative du chancelier a également un aspect psychologique et politique visant à lutter contre le « teutonic gloom » ressenti au cours de l'automne 1977 en raison notamment des attentats terroristes en RFA.

47 Cité dans Alexis de Saint Périer, *op. cit.*, p. 150.

48 CHAN 5AG 3/AE 165. Note préparatoire au Conseil de Copenhague, Jacques de Larosière, directeur du Trésor.

49 CHAN 5 AG 3/AE 165.

Schmidt formaient à eux deux une équipe très soudée, qui se développa et s'institutionnalisa, pour ainsi dire, du haut en bas de la pyramide, de sorte que l'on vit se constituer une relation solide entre les fonctionnaires des deux pays, comme par infiltration progressive »[50]. À la solidarité et à la bonne entente affichées dès l'entrée en fonction de VGE et Schmidt, succède la convergence des vues en matière de politiques monétaire et économique. Le volontarisme conjugué de VGE et Schmidt, au service d'un rêve européen, pour le premier et d'une « Allemagne européanisée », pour le second, prend forme.

3.3 La relance de l'UEM : « 1978 Année décisive » : de Copenhague (avril 1978) à Bruxelles (décembre 1978)

VGE et Schmidt affichent une grande solidarité et une complémentarité dans la construction de l'Europe. Celles-ci sont renforcées par les différends entre le chancelier allemand et le nouveau président américain, Carter, dont les atermoiements en politique étrangère déçoivent la RFA. L'attitude désinvolte lors de l'abandon du projet d'installation des fusées à neutrons sur le sol allemand en est l'illustration éloquente. Ce contexte crée une « disponibilité ». Comme le mentionne Jenkins, Schmidt est prêt à passer à l'action[51]. 1978 est une année décisive : l'année de la relance de l'UEM.

Lors du sommet franco-allemand de Paris (6 et 7 février), préparatoire au Conseil européen de Copenhague. La France et la RFA établissent les plans d'un « Bretton Woods européen » passant par l'abandon d'un système de changes flottants au profit d'un système de changes fixes, mais ajustables.

À l'issue des élections législatives de mars 1978, VGE peut s'appuyer sur sa majorité. L'horizon européen s'éclaircit. VGE et Schmidt préparent le Conseil européen de Copenhague (7–8 avril 1978), lors d'une rencontre informelle à Rambouillet le 2 avril. Les négociations sur la réforme du système de changes européen revêtent parfois un caractère semi-secret[52], laissant peu d'archives. Schmidt est très explicite sur ce choix délibéré

---

50 Roy Jenkins, dans M. Weinachter, *op. cit.*, p. 94. Entretien avec l'auteur.

51 M.Weinachter, in S. Berstein et J-F. Sirinelli, *op. cit.*, p. 41.

52 Mourlon-Druol, *op. cit.*, p. 163.

qui vise à éviter les oppositions politiques et la spéculation financière. « Comme convenu, nous avions tenu nos bureaucraties nationales, ainsi que la bureaucratie européenne, à l'unique exception de Roy Jenkins, à l'écart de nos projets »[53].

Le chancelier et VGE ont établi, à Rambouillet, dans le quasi-secret une stratégie diplomatique visant à l'adoption d'un nouveau système de change européen reposant sur une stabilité monétaire accrue. « Nous décidons avec Helmut Schmidt d'un partage des tâches entre nous. Je lui demande de s'en faire l'avocat à l'extérieur, en particulier aux deux prochains Conseils européens de Copenhague et de Brême »[54]. Le communiqué final du Conseil européen de Copenhague[55] énonce clairement la recherche d'une plus grande stabilité monétaire, en ne mentionnant pas l'éventualité d'un nouveau système de change, comme le relève de St Périer[56].

L'idée de réformer le système de change européen et surtout l'urgence de sa mise en place relèvent essentiellement d'un changement d'attitude de Schmidt. La France peut donner l'impression d'endosser cette décision du chancelier allemand à des fins politiques. VGE insiste pour que le « Serpent » soit abandonné et qu'émerge un nouveau système, où la France serait un acteur majeur. Dans les faits, la décision est allemande et dépend de la position de la Bundesbank, associant la France, mais aussi la Grande-Bretagne avant de convaincre tous les pays de la Communauté. Comme le rapporte Moulon-Druol[57], le chancelier Schmidt expose sa position au premier ministre Callaghan le 12 mars 1978 à Bonn.

> « The Prime Minister told me [Kenneth Stowe, principal private secretary], when alone, that Chancellor Schmidt had explained to him « an exotic idea » that he was pursuing. … The idea was to create another European snake, but of different kinds. He would not be going as far as Roy Jenkins wished to in terms of EMU, but what he would propose was that the FRG and certain other members of the Community should each put half of their reserves into a new currency pool, the currencies of which would be fixed against a European Unit of Account. This Unit of Account would be the sole unit of intervention. The pool would be managed by Finance

53 Alain Prate, *Quelle Europe?*, Paris, Julliard, 1991, p. 151.

54 Valéry Giscard d'Estaing, Le Pouvoir et la Vie, *op. cit.*, p.135.

55 Bulletin de Communautés européennes, 4, 1978, p. 11.

56 de St Périer, *op. cit.*, p. 160.

57 Mourlon-Druol, *op. cit.*, p. 165.

> Ministers. Countries in difficulties could borrow from this pool and repay in one of three periods: over eight weeks; over six to twelve months, or over two years. He would not want this pool to be tied to the dollar because the U.S. economy was too large and uncontrollable: the captain was not in charge, even though he was well-meaning. On this basis, the FRG will put in $20 billion and the United Kingdom $10 billion, with the French making a comparable contribution… Chancellor Schmidt said that he could tell the Prime Minister that one effect would certainly be to weaken the German mark »[58].

Schmidt reprend deux idées : -1- une monnaie européenne, utilisée comme pivot; -2- le fonds européen de réserves. S'il prône toujours une convergence des économies européennes, il prend l'initiative de préserver les acquis de la Communauté européenne. L'Allemagne est un pays exportateur dont les principaux partenaires sont européens. Les Anglais soucieux de sauvegarder leur indépendance, préfèrent l'idée d'un nouveau système monétaire international, où le dollar aurait sa place, plutôt qu'une refonte du Serpent monétaire européen. Dans ce système, la livre serait surévaluée et le mark sous-évalué. Par ailleurs, le plan du chancelier concurrence le plan du gouvernement britannique en cinq points : -1- croissance économique ; -2- libération des flux de capitaux à long terme ; -3- énergie ; -4- commerce ; -5- accroissement de la stabilité monétaire. La priorité est donnée à la croissance.

À la veille du Conseil européen de Copenhague, la perspective de la présentation du plan Schmidt, prônant une stabilité monétaire accrue, révèle trois caractéristiques : -1- la très grande réticence de la Bundesbank ; -2- le scepticisme du gouvernement et de l'administration français ; -3- et la constance de l'Irlande et de l'Italie qui réclament un parallélisme et une symétrie dans les relations monétaires européennes.

Pöhl, vice-président de la Bundesbank, a déjà fait part des critiques et du scepticisme prévisibles de la Bundesbank face à l'initiative monétaire du chancelier[59]. En France le Trésor est également très dubitatif quant à la possible réintégration du franc dans le « Serpent »[60]. La Banque de France estime qu'un retour prendrait du temps, évoquant la « tyrannie du

---

[58] TNA, PREM 16/1615, Note of Stowe: PM's meeting with Chancellor Schmidt in Bonn, 12 mars 1978.

[59] BB, N2/264. Note de K.O.Pöhl à H.S. Schmidt en date du 21 mars 1978.

[60] ABF, 1489200205/273, Note DGSE, Les chances de réintégration du franc dans le Serpent monétaire européen, février 1978.

mark »[61]. La mise en place d'un système de changes européen est risquée et difficile, présentant des conséquences néfastes sur la croissance[62]. La convergence économique n'est pas atteinte. L'écart entre les économies allemande et française est encore trop important.

La préparation de la diffusion de ce nouveau plan monétaire va être établie en dehors des circuits habituels, dans le quasi secret. Clappier, gouverneur de la Banque de France, qui sera un des six acteurs de cette démarche, est conscient que le franc ne peut réintégrer le « Serpent » et propose à Emminger trois options pour la création d'un nouveau système[63] : -1- le rétrécissement progressif des marges de fluctuations; -2- l'assouplissement du Serpent dans l'esprit du plan Fourcade et -3- l'association des monnaies évoluant hors du Serpent grâce à la mise en place de zones cibles. S'ajoutent la création d'un fonds de réserve européen et l'utilisation d'une monnaie européenne.

Afin de faciliter la réception du plan Schmidt, première étape à la réforme du système monétaire au sein de la Communauté, Jenkins adresse aux chefs d'État de la CEE un mémorandum en cinq points synthétisant les enjeux du Conseil : -1- la faible croissance des économies européennes; -2- l'absence et le manque de système monétaire international; -3- la division internationale du travail; -4- la dépendance énergétique et -5- la perspective d'un élargissement de la Communauté. Le plan du chancelier, endossé par le président français, sera le principal sujet des chefs d'État qui reconnaissent « la nécessité d'une stabilité monétaire accrue » défendue par un quartet Jenkins-Schmidt-Giscard-Callaghan.

Lors de la première journée du Conseil de Copenhague, Schmidt annonce son plan monétaire et déclare que l'unité de compte européenne doit permettre de créer un bloc européen de stabilité et devenir une devise pivot pour les monnaies européennes (en remplacement du dollar).

Callaghan, très sceptique, rapporte à Couzens les grandes lignes du plan Schmidt. « The proposal was basically for a new European snake; the intention was that the European unit of account should be used for

---

61 ABF, 1489200205/272, Note DGSE, L'avenir du « Serpent » monétaire européen, 12 janvier 1978.

62 CHAN, 5AG3/913, Note de J.P. Rouault à VGE, Situation économique et monétaire intra-européenne, 6 avril 1978.

63 BB, N2/264, Note d'O. Emminger à H. Schmidt, Währungspolitische Fortschritte in Europa, 30 mars 1978.

settlements between central banks only. It was, however, intended that the European unit of account should develop into a new currency in the longer term »[64]. Il est persuadé que la stratégie de Schmidt consiste à s'éloigner de la sphère du dollar, avec l'assurance que la France suivra la RFA, même si la Grande-Bretagne n'adhère pas. Comme le rappelle Mourlon-Druol, le premier ministre britannique est convaincu du déterminisme de VGE, prêt à accepter une zone mark : « the final result of the evolution being discussed would be a deutschemark zone, just as there had formerly been a sterling area »[65].

À l'issue de la réunion Schmidt-Giscard-Callaghan, les trois chefs d'État et de gouvernement s'entendent pour produire, en dehors des circuits diplomatiques habituels, deux rapports en vue du Conseil de Brême. Un rapport sera porté par les Allemands, le second par les Français, permettant ainsi de mettre un peu en retrait le leadership allemand. Trois conseillers sont responsables de la rédaction : Horst Schulmann, conseiller de. Schmidt, Bernard Clappier, gouverneur de la Banque de France et T. Couzens, conseiller de Callaghan. Le choix de VGE porte sur un conseiller pro-européen afin de contourner les réticences tant de Barre, premier ministre, Monory, ministre de l'Économie et des Finances que de de La Genière, sous-gouverneur de la Banque de France. Une note de Larosière souligne la fragilité de la situation économique et monétaire française; « L'ensemble de ces éléments fait que de nouveaux accès de faiblesse du franc sur le marché des changes ne peuvent être exclus. Il convient d'avoir ceci présent à l'esprit dans toute réflexion sur l'avenir de l'union monétaire européenne »[66].

À la même date, le ministère des Finances reçoit une note très confidentielle de la position des milieux financiers allemands sur le « Serpent » et sur les progrès de l'économie française : « Les responsables financiers allemands, qui ont constamment défendu le « Serpent » européen parce qu'il constituait un facteur de stabilité en Europe, restent

---

64 TNA, PREM 16/1615, Note de Couzens, PM's discussion on 8 April with Chancellor Schmidt and President Giscard, 11 April 1978. Original emphasis.

65 HAEU, EN 1144, Notes of Tickell on restricted meeting of the nine heads of state and government and the President of the European Commission, 7 April 1978, 18 April 1978.

66 AMF, B50 444, Note de J. de Larosière pour le ministre de l'Économie et des Finances, examen des rapports intracommunautaires de change par le Comité monétaire du 11 et 12 mai 1978, le 8 mai 1978.

persuadés que les autres monnaies doivent le réintégrer. Ils sont d'ailleurs favorablement disposés à une entrée du franc français dans le « Serpent » si la politique de stabilité financière pratiquée avec rigueur par le premier ministre Raymond Barre est poursuivie… Ils estiment toutefois qu'il faut attendre pour juger la politique économique française au cours des prochains mois »[67]. Le groupe Schulmann-Clappier-Couzens illustre le caractère secret des négociations qui conduisent à l'émergence du système monétaire européen, en dehors des circuits administratifs.

Le nouveau plan monétaire reçoit un accueil très mitigé au sein des comités d'experts. Lors du Comité des gouverneurs du 9 mai, Emminger s'affiche contre la création d'un nouveau système monétaire, d'autant que le rôle de l'UCE demeure très vague. Ortoli qui reconnaît le poids éminemment politique de cette initiative, suggère une démarche par étape[68]. Clappier propose de réviser le mécanisme du « Serpent ». Quelques jours plus tard, le Comité monétaire donne une nouvelle illustration du maintien de l'opposition allemande qui réclame l'amélioration préalable des conditions économiques des candidats à l'entrée dans le « Serpent », accordant une concession : l'élargissement des marges de fluctuations[69]. Le Comité (5 et 6 juin 1978), envisage trois options correspondant respectivement (1) au « Serpent » actuel, (2) à l'adaptation du mémorandum Fourcade et (3) aux zones cibles. Son communiqué final souligne la dimension politique du choix du système qui doit faciliter la convergence des politiques économiques[70]. Il cherche à définir plus précisément la notion de stabilité des changes. Comme le Comité monétaire, il semble, fait nouveau, adopter une position plus « monétariste »[71] et réclame une impulsion politique accrue[72]. Dans les faits, seule la Bundesbank grâce à son indépendance peut réellement décider d'une réforme du « Serpent » monétaire.

---

67 AMF, B50 443, Position allemande sur le « Serpent » monétaire, le 8 mai 1978.

68 ECB, PV 121e séance du Comité des gouverneurs, 9 mai 1978.

69 ABF, 1489200205/203, Note à P. Monory, 240 ème session du Comité monétaire, 11 et 12 mai 1978.

70 CMA, Intermédiaire 9688, Rapport du Comité monétaire au Conseil et à la Commission, le 9 juin 1978.

71 CMA, Intermédiaire 9680, Report of the Committee of Governors to the Council, « Efforts to Ensure Greater Exchange Rate Stability among EEC Member Countries' Currencies», 12 juin 1978.

72 ECB, PV 122e séance du Comité des Gouverneurs, 11 juin 1978.

Parallèlement au Comité monétaire et à celui des Gouverneurs, le groupe Schulmann-Clappier-Couzens, décrit par Ludlow comme le « gang des trois »[73], établit dans le secret les bases du rapport qui devra être présenté au Conseil européen de Brême afin de servir de fondements au futur système monétaire communautaire. Mourlon-Druol[74], rapporte que, selon les archives de la Banque d'Angleterre, le groupe se serait réuni trois fois (le 12 mai à Paris, le 26 mai à Washington et le 14 juin à Paris). Couzens et Schulmann se seraient rencontrés le 20 avril, et Clappier et Schulmann auraient participé à une réunion en présence de Schmidt et VGE à Hambourg. Cette démarche souligne le caractère « semi-secret » des relations monétaires franco-allemandes: « a semi-secret Franco-German statement of methods and objectives »[75] comme le note Jenkins.

L'analyse chronologique des évènements fait apparaître clairement le véritable leadership de l'Allemagne, et de Schmidt, dans les négociations. L'objectif est de mettre en place le plan Schmidt. Dans une année d'élections, la Grande-Bretagne peut difficilement rejoindre un nouveau système monétaire communautaire établi contre les vicissitudes du dollar. Lors de la première réunion à trois, Couzens insiste sur la nécessité de mettre de l'avant la croissance économique. C'est à Washington que Clappier propose pour la première fois l'idée de système monétaire européen (SME).

Lors de la rencontre du 14 juin, deux rapports sont discutés : le rapport Clappier et le rapport Schulmann. Clappier présente l'idée d'une unité monétaire européenne émise par le fonds monétaire européen[76]. Cette unité serait utilisée comme pivot dans la définition des parités avec des marges de fluctuations de 1 % dans les deux directions (des marges plus importantes sont envisagées de façon temporaire, notamment pour les pays candidats). Le rapport Clappier apparaît plus novateur que le plan Schmidt. Plus vague et moins technique, le rapport Schulmann a été

---

[73] Peter Ludlow, The Making of the European Monetary System: A Case Study of the Politics of the European Community. London: Butterworth Scientific, 1982, p. 1014–117.

[74] Mourlon-Druol, *op. cit.*, p. 177.

[75] Roy Jenkins, *European Diary 1977–1981*, London, Collins, 1989, p. 283.

[76] TNA PREM 16/1634, Couzens to Stowe, European Monetary Co-operation, Discussions in Paris on 14–15 June 1978, 19 June 1978, Annex A : Outline of a scheme by Clappier.

rédigé pour gagner le consensus des pays de la Communauté : « A system of closer monetary cooperation will be established in the Community. In terms of exchange rate management, it will be at least as strict as the so-called snake. In the initial stages of its operation, however, member countries currently not participating in the snake may opt for somewhat wider margins around central rates. Changes in central rates will be subject to mutual consent. The European Unit of Account will be the numeraire of the system »[77]. Couzens reste réservé et regrette l'absence de transferts de fonds des pays les plus prospères vers ceux qui le sont moins[78].

Illustration de la « neutralité critique » britannique, Couzens ne participe pas à la rencontre de Hambourg où VGE et Schmidt définissent la stratégie à adopter au Conseil européen de Brême. Ils établissent les bases d'un accord sur la coopération monétaire européenne. L'idée d'une monnaie commune, l'ECU (European Currency Unit), est avancée. Il s'agit de faire endosser la proposition franco-allemande par le Conseil européen et de demander aux Comités (Comité des Gouverneurs et Comité monétaire) d'établir les schémas possibles pour la date du 31 octobre. L'objectif est la mise en place du nouveau système monétaire dès janvier 1979. Avec la politique de rigueur initiée par Barre, la France s'est déjà lancée dans une politique de désinflation. Elle peut donc plus facilement veiller au rétrécissement des marges de fluctuations. La version du 28 juin 1978 du rapport Schulmann/Clappier introduit la notion de stabilité monétaire et évoque explicitement le Système monétaire européen. Le document franco-allemand[79] énonce six points en vue de l'émergence du SME : -1- « This system will be at least as strict as the so-called snake » et « the European Currency Unit (ECU) will be at the centre of the system »; -2- l'offre d'ECUs; -3- la coordination des politiques de change à l'égard des pays hors CEE; -4- la création d'un fonds monétaire européen; -5- la nécessité de maintenir et de mener des politiques de stabilité monétaire accrue, seules garantes du succès du système; -6- la date de remise des rapports d'experts fixée au 31 octobre 1978.

---

77 *Ibid*, Annex B : Herr Schulmann's draft for an agreement at Bremen.

78 Ibid, Couzens to Stowe, European Monetary Co-operation, Discussions in Paris on 14–15 June 1978, 19 June 1978.

79 TNA PREM16/1634 Schulmann/Clappier draft, 28 June 1978.

3.4 Les sommets de Brême et d'Aix-la-Chapelle ; le Conseil européen de Bruxelles

Lors du Conseil européen de Brême (6 et 7 juillet 1978), sous présidence allemande, l'Allemagne et la France présentent conjointement le projet de création du SME. La proposition franco-allemande, complétée par un préambule du premier ministre du Luxembourg, Gaston Thorn, reçoit un accueil favorable. Le rapport Schulmann/Clappier est annexé au communiqué officiel. Est conclu un accord sur le principe de création d'une stabilité monétaire en Europe. Seule la Grande-Bretagne exprime sa réserve quant à l'absence de transferts de fonds. Elle est rejointe par l'Italie qui craint de ne pouvoir satisfaire aux contraintes du nouveau SME. Comme le souligne Frank : « Le Système monétaire européen doit être au moins aussi strict que le Serpent, avec les mêmes marges de fluctuations autorisées (2,25 %). Les pays qui ne sont pas encore dans le Serpent ou qui en sont sortis – comme la France, la Grande-Bretagne ou l'Italie – pourront avoir dans un premier temps des marges plus grandes pour leurs monnaies. Le système d'intervention est à revoir et une modification des taux entre monnaies doit faire l'objet d'un accord mutuel »[80].

Le Conseil de Brême illustre une volonté politique forte, partagée par l'Allemagne et la France. Il permet une mise à l'étude du SME. Un processus politique irréversible est en marche. Grâce à un marketing politique très efficace, il participe de la mythologie communautaire dont la France a besoin pour la poursuite de sa politique économique. VGE utilise cet instrument politique pour justifier ses choix: « Le Président de la République attache en effet la plus haute importance à l'établissement d'une zone de stabilité monétaire européenne dont il a demandé que soit adopté le principe lors de la conférence de Brême. L'établissement d'une telle zone aurait en effet deux objectifs pour la France. Elle devrait s'accompagner d'une réduction plus rapide du taux d'inflation, et permettrait un accroissement de la compétitivité de l'économie française conduisant à une croissance plus élevée et à la création d'emplois »[81].

---

80 Robert Frank, in S. Berstein et J-F. Sirinelli, *op. cit.*, p. 22.

81 CHAN 5AF 3/357, Communiqué de VGE pour la relance économique à l'issue du Conseil européen de Brême, 7 juillet 1978.

VGE revendique également la paternité de l'ECU, monnaie de Louis IX (Saint Louis), afin de souligner le rôle emblématique joué par la France dans la création d'un système qui doit apparaître neuf. « La conception initiale du système monétaire européen, corrigeant les tentatives larvées de Serpent monétaire pour les remplacer par un mécanisme global introduisant l'ECU et prévoyant la création d'un Fonds monétaire européen, cette conception avait été imaginée à Paris, et définitivement mise au point au cours d'un dîner de travail à quatre, à l'Élysée, le 23 juin 1978, auquel participaient, outre le chancelier Schmidt et moi-même, le gouverneur de la Banque de France, Bernard Clappier, et Horst Schulmann, qui assistait le chancelier »[82]. Dans les faits, l'acronyme (ECU : European Currency Unit) apparaît bien avant dans les débats communautaires, mais la France a besoin de mythes sur le plan politique : peut-être pour corriger une asymétrie décisionnelle dans le tandem franco-allemand? Le plan présenté par Schmidt et endossé par VGE et la décision politique finale de créer un nouveau système monétaire européen restent essentiellement allemands. Seule la Bundesbank a le pouvoir de s'y opposer.

Le 12 juillet, Emminger prépare le conseil de la Banque centrale (Zentralbankrat) et définit la ligne de la Bundesbank[83] : le nouveau système monétaire devrait véritablement apporter plus de stabilité en Europe et être durable. Il recense trois risques pour la politique monétaire allemande : -1- l'excès de liquidité internationale; -2- la perte potentielle de création du deutsche mark; -3- le risque de parités non réalistes (taux de change artificiel pour éviter une dévaluation humiliante : la France et la Grande-Bretagne peuvent être concernées). Même si elle est rassurée sur ces points par Schmidt, la Bundesbank reproche à la chancellerie d'avoir été tenue à l'écart des négociations et demeure très sceptique. Pöhl rappelle que le système monétaire doit être nécessairement compatible avec l'exigence de stabilité de la Bundesbank[84]. Il mentionne également qu'un système basé sur une unité de compte est plus complexe à gérer qu'un système bilatéral avec des points d'interventions définis. Un

---

82 Valéry Giscard d'Estaing, *Les Français*, Paris, Pocket, 2001, p. 100.

83 BB, N2/265, Erklärung von O. Emminger zu dem Bremer Währungsplan im Bundeskabinett am 12.7.1978, 12 juillet 1978.

84 BB, B330/DRS. 142, 499–522, Sitzung, 1978, Protokoll der 512. Sitzung, 13 juillet 1978.

système avec des marges de fluctuations de 2,25 %, tel que le « Serpent », a fait ses preuves.

Afin d'éviter les dévaluations compétitives, maintenir et préserver la stabilité monétaire allemande, la Bundesbank exprime l'exigence que les variations de parités soient autorisées après consultation des banques centrales européennes. Schmidt redoute les réserves de la Bundesbank. Le 14 juillet, un document conjoint de la Bundesbank et du ministère des Finances est publié confirmant la ligne unitaire prise par les autorités monétaires et financières allemandes. La Bundesbank et le ministère des Finances adoptent une position commune sur tous les points laissés à discussion dans les négociations du SME[85] : -1- le maintien du système de grille de parités (rejet de l'ECU) ; -2- l'établissement de marges de fluctuations à 1 % (2 % pour les nouveaux entrants) ; -3- les changements de parités doivent faire l'objet de consultations préalables ; -4- les interventions monétaires doivent toujours être effectuées en monnaies communautaires ; -5- les pools de réserves ne doivent pas donner lieu à des liquidités supplémentaires. La Bundesbank comme le ministère fédéral des Finances s'opposent à l'ECU panier et exigent le maintien de la grille de parités qui définit le mécanisme essentiel du « Serpent ». Seule la Bundesbank a le pouvoir de faire opposition à la proposition franco-allemande de SME. Le réel enjeu est de définir les améliorations à apporter au fonctionnement du « Serpent monétaire ». Le caractère innovant du nouveau SME relève des arguments politiques.

Le sommet du G7 (Bonn 16–17 juillet), est un succès pour la RFA. D'une part, Schmidt rassure les États-Unis sur l'idée de SME perçue comme un acte d'autodéfense face au dollar et à l'attitude américaine dans le dossier des bombes à neutrons. D'autre part, il accepte une augmentation des dépenses budgétaires afin de relancer la croissance européenne et mondiale en autorisant un stimulus à hauteur de 1 % du PNB. Grâce à la diplomatie allemande, le sommet de Bonn marque une nouvelle étape dans la construction du SME, il témoigne de la volonté politique d'une « Allemagne européenne ».

---

[85] BAK, B126/70442, Note de Schlüter à Weber, Schlussfolgerungen aus dem Bremer EG-Gipfel vom 6./7. Juli 1978 im Währungsbereich, Abstimmung der deutschen Verhandlungsposition zwischen BBk und BMF auf Referentenebene für die kommenden Beratungen, 14 juillet 1978; BAK, B126/70439, Note de Willmann, Diskussion des Währungsauschusses über das EWS, 14 juillet 1978.

L'annexe de Brême laisse la place à d'importantes négociations techniques définissant les contours du SME (Comité des gouverneurs : 11 juillet): -1- le rôle de l'ECU; -2- les règles d'intervention et -3- le fonds monétaire européen. « L'ECU sera au centre du système ». Les considérations politiques occupent une place prépondérante. Il s'agit de choisir entre le maintien d'une grille de parités et l'ECU panier : un aménagement de l'ancien « Serpent monétaire » ou un nouveau système monétaire. La Bundesbank défend et choisit la grille de parités. Pour la France et VGE, l'enjeu politique consiste à faire apparaître le SME comme un nouveau système, différent du « Serpent ». Un consensus s'établit très rapidement : « le Serpent », fermement défendu par Pöhl et Lahnstein, ministre des Finances de la RFA, est maintenu tant que le SME n'est pas opérationnel.

La France reproche au Serpent monétaire, basé sur une grille de parités, de ne prévoir aucune réelle solidarité financière et de ne pas pouvoir lutter contre les déséquilibres économiques qui s'accentuent entre les pays à monnaie faible et les pays à monnaie forte en cas de spéculation forte des marchés financiers. « Le fardeau des pertes en réserves de change subies par un pays déficitaire est en fait plus lourd que celui d'une expansion monétaire excessive dans un pays excédentaire, tandis que les effets monétaires des interventions ne sont pas de nature à garantir à eux seuls un ajustement suffisant ».[86]

Pour remédier à ce problème structurel, elle prône le recours à l'ECU, utilisé comme monnaie pivot. Les marges de fluctuations sont définies par rapport à ce numéraire, l'ECU. Ce mécanisme, qualifié d'ECU panier détermine la devise qui diverge le plus du numéraire et sur laquelle devrait porter le coût des interventions. Il peut s'agir d'une monnaie faible comme d'une monnaie forte (le mark notamment). Un intérêt pour la France est à souligner : « eu égard aux différences entre les coefficients de pondération dont sont affectées les monnaies de l'ECU, les « petites monnaies », dont les fluctuations n'affecteraient que faiblement la valeur de l'ECU, arriveraient plus rarement à leurs points d'intervention obligatoire que les grandes monnaies »[87].

---

[86] ABF, 1489200205/347, Avant-projet de rapport intérimaire sur le système monétaire européen, 7 juillet 1978.

[87] ABF, 1489200205/341, Rapport au Conseil et à la Commission, Comité monétaire du 9 juin 1978.

Par construction, l'ECU a également l'avantage d'afficher des fluctuations plus faibles que les devises prises séparément. Alors que la Banque de France soutient le rôle de l'ECU afin de lutter contre les interventions asymétriques qui pénalisent les monnaies faibles au détriment des monnaies fortes, les ministères allemands de l'Économie et des Finances et la Bundesbank rejettent fermement le 24 août le concept d'ECU panier, source potentielle d'inflation accrue, et prônent le recours à la grille de parités défendue par la Bundesbank[88]. Ils défendent des positions exprimées lors des Comités monétaires antérieurs : « … si dans de système de grille de parités les interventions en monnaies communautaires doivent être la règle, et d'application courante comme le prévoit le Conseil européen de Brême, il n'en est pas de même dans le système fondé sur l'ECU. Une monnaie peut atteindre sa limite de fluctuation supérieure (inférieure) par rapport à l'ECU sans qu'une autre monnaie exécute le mouvement opposé en même temps. En conséquence dans cette circonstance, les interventions en monnaies communautaires ne peuvent résulter que de l'application, par consensus de règles à déterminer »[89]. Une autre contrainte est à nouveau évoquée : « Pour que le système puisse fonctionner efficacement, toutes les monnaies devraient y participer, ce qui poserait des problèmes plus grands dans l'éventualité d'un retrait »[90].

De façon explicite, lorsque l'ECU « valeur moyenne est indicateur unique ou principal, les pays à monnaies fortes qui s'écartent de la moyenne vers le haut sont contraints de supporter seuls le poids des interventions sans être aidés par leurs partenaires, leurs banques centrales sont obligées de gonfler sensiblement leur masse monétaire avec l'inconvénient de renforcer leurs tendances inflationnistes »[91]. Les autorités monétaires allemandes[92] refusent catégoriquement les transferts financiers à l'égard des pays membres économiquement les plus faibles à travers les mécanismes monétaires, mais admettent que la mise en place

---

[88] BAK B126/70439, Note de Grosche, EWS, 25 août 1978.

[89] ABF, 1489200205/347, Avant-projet de rapport intérimaire sur le système monétaire européen, 7 juillet 1978.

[90] ABF, 1489200205/341, Comité monétaire du 9 juin 1978.

[91] Eurépargne, février 1979.

[92] BAK B136/8060, Note de Weber à Ruhfus, Vorbereitung der deutsch-französichen Konsultation am 14./15., September 1978, 18 août 1978.

du SME, grâce à un effet disciplinaire, devrait permettre une convergence des économies au sein de la CEE.

Les positions françaises et allemandes semblent difficilement conciliables. L'indicateur de divergence (dont la paternité est attribuée à la Belgique) permet un compromis. Grâce à son indépendance et au poids de l'économie allemande, première économie d'Europe, la Bundesbank peut orienter les négociations et exercer de nombreuses pressions sur les décisions politiques. La prise de position de la Bundesbank, prononcée par Pöhl lors du Zentralbankrat du 7 septembre 1978 est une salve supplémentaire à l'égard de l'ECU panier[93]. Il rappelle que les économies européennes, malgré les efforts accomplis et la pertinence d'une unification politique, n'ont pas suffisamment convergé pour créer actuellement un nouveau système monétaire.

L'ECU-panier représente une inflation moyenne de la CEE et donc devrait conduire à une augmentation à long terme de l'inflation, à tout le moins à une importation de l'inflation communautaire en Allemagne (qui a de très loin le taux d'inflation le plus bas). Cet inconvénient majeur va à l'encontre des objectifs de stabilité dont la Bundesbank est la garante. Par ailleurs, la vision trop « monétariste » de l'Annexe de Brême conduirait la Bundesbank à intervenir beaucoup plus souvent qu'en maintenant la grille de parités actuelle. Dans ce contexte, la marge de manœuvre de Schmidt est réduite, d'autant qu'il doit également faire face à la pression politique du FDP, allié en perte de vitesse et indispensable à la coalition au pouvoir à Bonn. Très proche des milieux financiers et industriels, le FDP, par le biais du Comte Lambsdorf, ministre de l'Économie, se fait l'écho des craintes de dérives inflationnistes partagées tant par la Bundesbank que par l'industrie et le secteur bancaire allemands. Alors qu'un ralentissement de la croissance est enregistré (3,5 % au lieu des 5 % annoncés), le laxisme monétaire européen est redouté et la stabilité économique menacée. Winckler rapporte qu'il existe également des tensions politiques entre le chancelier et Genscher, ministre des Affaires étrangères, FDP[94].

---

93 BB, B330/DRS. 142, 499–522, Sitzung, 1978, Protokoll der 515. Sitzung, 7 September 1978, Anlage: Stellungnahme des Zentralbankrats der Deutschen Bundesbank zu den den Vorlschlagen fur ein EWS nach dem Stand vom 6. September 1978.

94 Heinrich Winckler, *Histoire de l'Allemagne, XIXème-XXème siècle : Le long chemin vers l'Occident*, Paris, Fayard, 2005, p. 752–74.

Le 11 septembre la France avance de nouvelles propositions pour la réforme des institutions européennes nécessaires à la convergence des politiques économiques. La veille du sommet, le 13 septembre, le chancelier rencontre à nouveau le Direktorium de la Bundesbank qui lui rappelle sa crainte d'une érosion de la stabilité économique allemande et la nécessité de maintenir une grille de parités. Veillée d'armes ? Les rôles de l'ECU et du fonds monétaire semblent scellés.

Les 14 et 15 septembre se tient le sommet franco-allemand d'Aix-la-Chapelle en vue de la préparation du Conseil européen de Bruxelles qui doit préciser la mise en application du SME et de la monnaie commune, l'ECU. Ludlow considère le sommet comme une étape majeure dans le processus de la construction européenne : « a seminal moment in the history of the EMS, which set the tone for twenty years of political debates about monetary union »[95]. L'économie dont la primauté s'affirme dans les relations internationales depuis la fin du système de Bretton Woods, cède le pas à la politique. Le degré d'implication politique de l'Allemagne et de la France nécessite un accord de principe. Il faut trouver un compromis (valider la grille de parités) sinon le SME pourrait être abandonné, comme le rappelle Schulmann à Schmidt lors du sommet[96]. Un échec n'est donc pas envisageable malgré les divergences apparentes. La RFA et la France doivent créer un front commun à présenter au Conseil des Finances du 18 septembre pour préserver la dynamique de relance de l'UEM. Le sommet franco-allemand conduit à la rédaction du « memorandum of understanding »[97] qui précise le résultat des négociations et les orientations de l'UEM : -1- La convergence des politiques économiques est rappelée comme une nécessité. -2- L'adoption de la grille de parités est actée. L'ECU peut servir d'indicateur pour les interventions. L'indicateur de convergence ou « compromis belge » est suggéré. -3- Les variations de parités sont possibles, mais doivent faire l'objet d'une consultation. -4- L'ECU doit devenir la seule unité de compte au sein de la CEE. Sa composition peut être révisée après consultation. -5- La nécessité de mettre en place des facilités de crédit

---

95 David Marsh, *The Euro : The Battle for a New Global Currency*, New Haven, Yale University Press, 2011, p. 82.

96 BAK, B136/8060, Note de Schulmann à Schmidt, Deutsch-französiche Konzultationen, 14 septembre 1978.

97 CAEF, B0050424, Confidentiel, Memorandum of understanding, Aix-la-Chapelle, 15 septembre 1978.

suffisantes est avancée. -6- La proposition d'un SME doit être présentée lors du prochain Conseil européen de Bruxelles. -7- La création du Fonds monétaire européen (FME) est repoussée à une date ultérieure au Conseil européen de décembre. Sa constitution doit s'inspirer de celle du FMI.

La France s'engage à lutter contre les dérives inflationnistes alors que l'Allemagne s'engage à faire montre une plus grande solidarité monétaire. Il s'agit d'une avancée considérable pour l'UEM, comme le précise Schmidt :

> « Nous sommes tous deux convaincus que les dérives du système monétaire international représentent dans leur ensemble une menace pour notre développement économique futur (...). Je voudrais dire très nettement que je ne tiens pas ces questions pour de la simple technique monétaire, mais que je les considère comme des questions de toute première importance sur le plan de la politique, sur le plan de la politique économique et sur le plan politico-psychologique »[98].

Le SME est une décision éminemment politique, rupture par rapport à la prudence et aux atermoiements passés. L'Annexe de Brême a deux objectifs l'un économique, l'autre politique : -1- augmenter la stabilité monétaire au sein de la CEE ; -2- organiser l'Europe. Si l'attitude très volontariste du chancelier dessine les contours d'une « Allemagne européenne », l'attitude de la France révèle un alignement sur l'Allemagne ; une « France européenne » ...

À l'issue du sommet franco-allemand d'Aix-la-Chapelle, Schmidt explique les fondements de cette action concertée : sauver les acquis du Marché commun face à la fin du système de Bretton Woods. VGE et Barre ont besoin d'un rapprochement avec la RFA pour mener la politique économique intérieure. Schmidt le sait. En s'alignant sur les volontés économiques allemandes, la France semble tourner le dos à la Grande-Bretagne. A-t-elle trahi ses convictions passées? L'impulsion donnée n'est plus celle qui prévalait au sommet de La Haye, elle s'affranchit de l'héritage pompidolien. Paradoxe : alors que la France, l'Italie et l'Irlande sont prêtes à rejoindre un nouveau « Serpent », seule la Grande-Bretagne continue à défendre la position française. Le SME apparaît comme une synthèse des positions et suggestions passées ordonnancées dans l'intérêt

---

98 Déclaration d'Helmut Schmidt devant la presse à l'issue du sommet franco-allemand d'Aix-la-Chapelle, le 15 septembre 1978, cité par M. Weinachter, *op. cit.*, p. 138.

de la Bundesbank. Son caractère novateur est le fruit d'un très bon marketing politique, où les autorités monétaires perdent progressivement leur indépendance nationale au profit d'un rêve européen… celui de l'UEM.

La France a besoin de mythes pour répondre aux attentes politiques et occulter les rapports de force. Après Ludlow, de St Périer, et Mourlon-Druol, une analyse détaillée des faits peut laisser un sentiment dubitatif face à cette déclaration de VGE, à l'issue du sommet d'Aix-la-Chapelle : « l'esprit de Charlemagne flottait peut-être au-dessus de nous pendant que nous discutions des questions monétaires. »[99]À la lumière des archives, la réalité économique s'impose. L'impulsion politique qui relance l'UEM est allemande et répond aux exigences de la Bundesbank. Le sommet d'Aix-la-Chapelle est présenté comme un compromis dont l'importance politique illustre un accord consensuel européen sur le long terme. Lors du Conseil des Finances, la solution avec grille de parités est accueillie avec intérêt, la solution ECU-panier étant définitivement écartée[100]. Seule la Grande-Bretagne, isolée, regrette cet abandon.

Le 17 octobre le mark est réévalué avant la définition officielle de l'ECU. Le 21 novembre VGE cherche à éviter les tensions politiques intérieures et organise une conférence de presse afin de rassurer le RPR sur l'Europe. Il repositionne ses pions sur l'échiquier : son collaborateur, Jean François-Poncet est nommé ministre des Affaires étrangères.

Lors du Conseil européen de Bruxelles, il est décidé d'instaurer au 1er janvier 1979, le SME. L'entrée en vigueur du SME passe par la suppression de montants compensatoires monétaires. Par ailleurs, il incombe au couple « franco-allemand » de convaincre la Grande-Bretagne, l'Italie et l'Irlande (les pays à monnaies faibles) d'entrer dans le SME et d'établir un accord sur la création du FME (prévu pour 1981)[101]. La réaction du parti néo-gaulliste est rapide. Chirac, sur son lit d'hôpital lance le 6 décembre l'Appel de Cochin et parle du « Parti de l'étranger » en visant VGE. Le RPR présentera une liste indépendante

---

99 Peter Ludlow, *The Making of the European Monetary System*, London, Butterworth Scientific, 1982, p. 182.

100 AMAE, DAEF 1553, Télégramme no. 3842/60 de Nanteuil, Conseil Eco-Fin du 18 septembre, 19 septembre 1978.

101 Voir sur ce point et pour tous les détails, Amaury de Saint Périer, Valéry Giscard d'Estaing, la France et l'Europe monétaire de 1974 à 1981 : la persévérance récompensée. Thèse de Doctorat, Université Paris IV Sorbonne, pp 194 -231.

aux élections européennes de 1979 : Non à l'effacement international de la France et contre un « condominium germano-américain ». Alors que VGE et Schmidt veulent une plus grande autonomie à l'égard des États-Unis : la détérioration des relations Schmidt-Carter explique en partie le rapprochement franco-allemand. La création du SME consacre l'émergence d'un « Bretton Woods européen ».

3.5 De la création de l'ECU et du SME : « l'émergence d'un Bretton Woods européen »

Après l'adoption d'une grille de parités, le principal enjeu réside dans la définition de l'indicateur de divergence. Le SME s'apparente à un nouveau Serpent monétaire. La grande différence tient dans sa dimension politique. Le Serpent apparaissait comme un système de change communautaire alors que le SME inaugure un système de politique monétaire[102]. Comme le souligne Mourlon-Druol, il s'agit d'un nouveau consensus économique et monétaire défini sur les bases des politiques économiques de stabilité et de lutte contre l'inflation. Le SME relance le processus d'UEM et l'ECU ravive le rêve européen. Le rôle joué par le Conseil européen éclipse celui de la Commission. La décision incombe aux chefs d'États et de gouvernement. Le processus long a été mené par les experts monétaires et économiques, et plus particulièrement, Schmidt et VGE. Les dernières négociations précédant le Conseil européen de Bruxelles portent essentiellement sur les aspects techniques de l'indicateur de divergence auquel il faut donner une dimension politique. Le poids du politique l'emporte sur la réalité économique : condition nécessaire à l'émergence d'un mythe…

Le rôle de l'indicateur de divergence est de définir la monnaie qui dévie le plus de l'ECU. Il répond ainsi au caractère asymétrique des interventions dans le « Serpent » monétaire. L'enjeu essentiel réside dans l'action à prendre lorsqu'une divergence est détectée. Selon la Banque Nationale de Belgique[103], trois alternatives s'offrent : -1- « la consultation » ; -2- « la présomption d'action » et -3- « l'obligation d'intervention ».

---

102 Mourlon-Druol, *op. cit.*, p. 259.

103 PAAA, Zwischenarchiv 122321, National Bank of Belgium, Combination of the parity grid and the indicator of divergence, Implications of the « Belgian compromise », 23 octobre 1978.

Sur ce point le « memorandum of understanding » d'Aix-la-Chapelle est clair. Conformément à la position de la Bundesbank, il prône la consultation : « The ECU might serve a useful purpose as an indicator of the need for intramarginal interventions, after consultation »[104]. Cette position ferme suscite la réprobation des pays à monnaies faibles qui réclament une intervention automatique[105]. Elle est confirmée lors du Zentralbankrat du 5 octobre et par la Bundesbank et par les représentants du gouvernement allemand, Matthöffer et Lahnstein qui rejettent les interventions automatiques[106]. Emminger justifie ce choix[107]. D'une part, les causes de la divergence ne sont pas traitées. D'autre part, dans le cas d'une spéculation, les interventions sont inefficaces. Lamfalussy[108] justifie l'intervention à condition de prendre en considération un facteur temporel définissant le caractère durable de la divergence (5 jours). Le Conseil des Finances du 20 novembre cherche à établir un compromis sans succès.

La solution à ce problème économique est politique. Le dénouement a lieu lors de l'intervention de Schmidt à la Bundesbank le 30 novembre 1978. Fait exceptionnel, il s'agit de la première visite d'un chancelier depuis celle d'Adenauer en octobre 1950. Le chancelier cherche à convaincre la Bundesbank et démontre que le SME n'est pas une innovation économique, mais une innovation politique[109]. Schmidt menace de brider l'autonomie de la Bundesbank si celle-ci s'oppose au SME. « La péroraison cachait une épine : si la Bundesbank s'opposait trop fortement à la signature de l'accord sur le SME, Schmidt laissait entendre qu'il demanderait au parlement de réduire l'indépendance que la loi lui accordait »[110]. Cette menace est un effet de style, le chancelier partageant les choix et décisions économiques de la Bundesbank et le

104 CAEF, B0050424, Confidential, Memorandum of understanding, Aachen, 15 septembre 1978.

105 AMAE, DAEF 1157, Télégramme 3806/08 de Sauvagnargues, Entretiens avec M. Healey relatifs au SME, 7 novembre 1978.

106 BB, B330/DRS 142, 499, 522. Sitzung, 1978, Protokoll der 517. Sitzung, 5 octobre 1978.

107 ECB, PV 125e séance du Comité des Gouverneurs, 9 octobre 1978.

108 ECB, PV 125e séance du Comité des Gouverneurs, 9 octobre 1978.

109 David Marsh, *La Bundesbank aux commandes de l'Europe*, Paris, Belin, 1993, p. 227–228

110 David Marsh, *op.cit.*, p. 228.

risque d'obtenir un consensus politique au parlement sur ses prérogatives constitutionnelles est très faible.

Le nouveau SME définit le cadre de la politique étrangère de la RFA. Le chancelier avance deux arguments pour l'économie allemande. En premier lieu, il s'agit de préserver le Marché commun menacé par les fortes fluctuations du dollar. Les principaux partenaires de la RFA sont membres de la CEE et une hausse de la devise allemande nuit à ses exportations et à sa croissance, entraînant un impact négatif sur l'emploi. En second lieu, le modèle allemand de stabilité économique et monétaire dont la Bundesbank est la garante est un modèle pour les pays de la Communauté et plus particulièrement pour la France qui, depuis la mise en place de la politique de rigueur initiée par Barre, a donné des gages de sa volonté politique de lutter contre les dérives inflationnistes.

Le chancelier reprend son credo : « la politique monétaire est la politique étrangère ». Le SME n'est pas inflationniste, comme peut le craindre Emminger, la Bundesbank gardant toutes ses prérogatives. Elle demeure indépendante et conserve son rôle de gardienne de la monnaie et de la stabilité économique allemandes. Sur le plan diplomatique, le SME doit jouer un rôle crucial pour l'Allemagne. La RFA a besoin « d'un manteau européen », que lui offre le SME, pour dissimuler ses succès politiques et économiques, jugés parfois arrogants par ses partenaires économiques.

Marsh relate le discours du chancelier à Francfort dans le salon du conseil de la Bundesbank, comme un moment d'anthologie de la construction européenne et de la politique étrangère allemande :

> « … ce fut l'occasion d'entendre le discours le plus passionné et le plus politique qui ait jamais retenti dans la salle du treizième étage. Il développa longuement le besoin pour l'Allemagne de jouer un rôle actif dans une intégration monétaire européenne, et se donna le plaisir de brosser une fresque qui remontait loin dans le passé. Son exposé allait bien au-delà du thème de la stabilité des changes : il avait commencé par évoquer l'héritage d'Auschwitz, et continuait en évoquant le futur de l'Allemagne en tant qu'État national, la nécessité d'amarrer fortement le pays à l'Occident, et la menace de l'euro-communisme. »[111]

Défenseur ardent du Système monétaire européen, Schmidt sert la construction européenne. Il partage les orientations économiques de la

---

[111] David Marsh, *op. cit.*, p. 228.

Bundesbank et la vision politique de VGE sur la nécessité de relancer de façon dynamique le processus d'UEM.

Ce dernier recadrage ouvre la voie à la validation du SME lors du Conseil européen de Bruxelles des 5 et 6 décembre 1978. Placé sous la présidence de Schmidt, le 1er jour du Conseil attise des tensions et est essentiellement consacré aux aspects techniques de l'indicateur de divergence, où seuls le chancelier allemand et le président français semblent avoir les compétences requises pour en apprécier toutes les subtilités ; chaque pays maintenant ses positions politiques. Le second jour accorde une place prépondérante aux transferts et aides communautaires. VGE, met en place une stratégie établie quelques semaines plus tôt, et se montre intransigeant envers la Grande-Bretagne. Il rejette également la demande d'aide du Fonds européen de développement régional (FEDER) émanant de l'Italie.

Dans un contexte de politique intérieure difficile, le président français justifie ses choix et cette position : « on n'a pas à payer pour l'entrée des autres et il ne faut pas croire aux transferts de ressources »[112]. Il place les considérations communautaires au-dessus des marchandages auxquels semblent se livrer la Grande-Bretagne et surtout l'Italie qui elle souhaite réellement adhérer au SME dès son inauguration et réclame 800 millions d'unités communautaires pour adapter son économie. Il propose d'octroyer une aide limitée de 200 millions d'U.C. à partager entre l'Italie et l'Irlande. Le président de la Commission souligne la lassitude de Schmidt devant cette incapacité à trouver un accord communautaire. Le chancelier exprime ses doutes quant à l'issue du Conseil : peut-être faut-il y voir une stratégie permettant de dénouer la situation. « L'Allemagne se porterait bien mieux sans le SME, quelles que soient les circonstances »[113].

La France réclame également le démantèlement des montants compensatoires monétaires (MCM) dans la perspective d'un SME ayant rétabli la stabilité des changes. Ces montants favoriseraient surtout l'agriculture allemande au détriment de l'agriculture française. VGE considère qu'il faut obtenir cet engagement de l'Allemagne lors du Conseil de Bruxelles : « Il faut lier les solutions du SME à la solution de fond des

---

112 CHAN 5AG 3/50, Compte-rendu du Conseil restreint à l'Élysée sur les affaires européennes tenu le 14 novembre 1978.

113 Roy Jenkins, « A Life at the Center», *Politico*'s, 2006, p. 485.

MCM. Le contexte politique est excellent. C'est une occasion à saisir »[114]. Il obtient satisfaction sur le principe, mais pas gain de cause. Dans son communiqué final, le Conseil européen insiste sur « l'importance qu'il attache à ce que soit désormais évitée la création de MCM durables, et à ce que soient progressivement réduits les MCM existants afin de rétablir l'unité des prix relevant de la politique commune »[115]. Le Conseil se clôt sur un accord pour l'entrée en vigueur du SME au 1er janvier 1979.

Trois pays décident de reporter leur adhésion : la Grande-Bretagne, l'Italie et l'Irlande. Finalement, l'Italie[116] et l'Irlande[117], une semaine après le Conseil européen de Bruxelles, prennent la décision de participer au SME dès sa création. La Grande-Bretagne maintient son refus d'adhésion au système, bien que la livre fasse partie de l'ECU, et semble garder un certain ressentiment à l'égard de l'attitude de la France qui a privilégié un axe franco-allemand.

> « In discussion it was suggested that the President Giscard had played a surprising role during the European Council. While the French had seemed to want Italy and Ireland to participate, he had brusquely rejected their demands for resource transfers and refused to agree to any increase in the Regional Development Fund. This probably reflected his domestic political difficulties and perhaps some disenchantment with the firm position which the Germans had maintained over the way EMS should operate »[118].

Conclusion

Le SME apparaît comme un « Serpent » revu et corrigé permettant un retour de la France. Il établit les fondements d'une Union économique et monétaire bâtie sur le modèle économique allemand et celui de la Bundesbank. Il présente deux innovations majeures : l'ECU et le Fonds monétaire européen (FME) qui apparaît déjà fragile, car les banques

---

114 CHAN 5AG 3/50, Compte-rendu du Conseil restraint à l'Élysée sur les affaires européennes tenu le 14 nobembre 1978.

115 Bulletin des Communautés européennes, 12, 1978, p. 7–14 et annexe 2.

116 AMAE, DAEF1557, Télégramme 2933/41 de F. Puaux, ambassadeur, L'Italie et le SME, 11 décembre 1978.

117 NAI, DFA, 2008/79/1939, Message from the Taoiseach to the heads of state or government of the member countries of the European Communities, 15 décembre 1978.

118 TNA, CAB/128/64/22, CM (78), 42, 7 décembre 1978.

centrales n'apportent pas des dépôts or au FECOM, mais préfèrent le recours aux swaps[119]. La France s'est alignée sur les orientations économiques de l'Allemagne. L'idée politique d'une Europe franco-allemande semble un leurre qui sert les intérêts de politique intérieure : le gouvernement français a besoin de ce message politique pour poursuivre sa politique économique. Pour VGE la motivation est essentiellement politique et il tend à bâtir autour de l'ECU une mythologie européenne.

Pour Schmidt la motivation a deux volets : économique et politique. Le SME, en instaurant une plus grande stabilité économique et monétaire, permet de redynamiser la construction économique européenne (importante pour l'économie exportatrice allemande). Sur le plan politique et diplomatique, il marque le choix d'une Allemagne européenne. Jenkins se montre optimiste et satisfait : « la création d'un tel système visait non seulement à établir une zone de stabilité monétaire en Europe, mais aussi à contribuer à renforcer la stabilité du système monétaire mondial dans son ensemble, dont un dollar solide est un élément essentiel »[120].

Lors du Conseil des ministres des Finances du 18 décembre qui doit entériner les décisions prises à Bruxelles, la France provoque une crise et annonce qu'elle réserve sa décision finale d'adhésion au SME tant qu'un accord sur le démantèlement des montants compensatoires monétaires n'aura pas été atteint. Elle demande que la RFA s'engage sur un calendrier avant l'entrée en vigueur du SME[121].

L'unité des prix agricoles a été maintenue de 1962 à 1969. Après les variations importantes des taux de change en 1969, cette stabilité est ébranlée : le franc est dévalué de 12,5 % en août 1969 et le deutsche mark fait l'objet d'une réévaluation de 9,3 %. Les montants compensatoires monétaires (MCM), idée française de VGE alors ministre de l'Économie et des Finances, sont instaurés pour éviter que les prix agricoles communautaires ne subissent les conséquences des variations erratiques des taux de change et maintenir ainsi l'unité de prix au sein de la CEE. Des MCM négatifs s'appliquent dans le cas de dévaluation alors que des MCM positifs sont octroyés dans le cas de réévaluation des devises. Il

---

119 Robert Triffin regrette ce point qui ne suit pas les indications du Conseil de Brême.

120 Bulletin des Communautés européennes, 12, 1978, p. 14 et annexe 10.

121 CAEF, B0050444, Compte-rendu du Conseil des ministres des CE du 18 décembre 1978, 19 décembre 1978.

s'agit d'un maintien artificiel des prix agricoles : un contrôle des prix à l'échelle communautaire. Lorsque la monnaie d'un pays est à la baisse, les biens agricoles bénéficient d'une subvention à l'importation ou d'une taxe à l'exportation. Inversement, dans le cas d'une hausse de la monnaie, une subvention à l'exportation ou une taxe à l'importation est pratiquée. Un taux de change représentatif pour l'application des MCM a été établi en U.C. or.

Ce mécanisme d'unité de prix tend à désavantager les monnaies faibles et à avantager les monnaies fortes : les premiers subissant une taxe à l'exportation, les seconds bénéficiant d'une subvention à l'exportation. VGE veut supprimer les MCM. Face à la pression répétée du RPR[122] et aux enjeux électoraux de mars 1979, le gouvernement français doit obtenir des résultats. Après d'âpres négociations, un accord est trouvé lors du sommet franco-allemand du mois de février 1979. Barre cherche à donner des garanties aux agriculteurs français sur le démantèlement des MCM, alors que le chancelier souhaite préserver le soutien du FDP[123]. Un compromis est entériné lors du Conseil des ministres de l'Agriculture les 5 et 6 mars 1979. Les MCM futurs restent possibles, mais n'auront pas un caractère durable. Les anciens MCM feront l'objet d'un démantèlement, sans toutefois qu'un calendrier détaillé soit annoncé[124].

Le deutsche mark est réévalué de 3 % au début du mois de mars. Lors du Conseil des ministres du 7 mars, la France annonce qu'elle lève sa réserve. Le SME devrait permettre une stabilité des prix agricoles. Il entre en vigueur le 13 mars, après le Conseil européen de Paris : la livre sterling, la livre irlandaise et la lire font l'objet d'une dévaluation.

Le taux de change du franc est établi à 2,3095 pour un deutsche mark par la Banque de France, alors que le gouvernement allemand l'établissait à 2,35. Le franc fait son entrée dans le SME, légèrement surévalué. VGE envisageait initialement une fourchette comprise entre 2,29 et 2,30. Ce choix nécessite de la part de l'économie française des efforts supplémentaires de compétitivité, d'autant que le prix du pétrole a enregistré une hausse de 5 % le 1er janvier 1979, suivie d'une nouvelle

---

122 L'appel de Cochin de Jacques Chirac et la requête de l'ancien premier ministre M. Couve de Murville sur le caractère constitutionnel de la décision de création du SME prise à Bruxelles ont lieu au début du mois de décembre 1978.

123 Henri Froment-Meurice, *Vu du Quai, Mémoires*, Paris, Fayard, 1998, p. 480–481.

124 Christine Verger, « Les montants compensatoires monétaires », in le *Système monétaire européen*, Cahiers français, 196, mai-juin 1980.

augmentation de 9,05 % au 1er avril. Le gouvernement français n'a mis en place aucune mesure d'accompagnement alors que le différentiel d'inflation entre le franc et le deutsche mark est de 6 % en mars. Lors de l'entrée en vigueur du SME le 13 mars 1979 les pondérations des monnaies entrant dans la composition de l'ECU (établi à 5,7983 FRF) sont les suivantes (nous avons également reporté le cours pivot des monnaies, en FRF entre parenthèses)[125] : deutsche mark : 33 % (2,30950 FRF) ; franc français : 19,8 % ; livre sterling : 13,6 % ; florin néerlandais : 10,5 % (2,13113 FRF) ; lire italienne : 9,5 % (0,00505013 FRF) ; franc belge et luxembourgeois : 9,5 % (0,146948 FRF) ; couronne danoise : 3 % (0,818286 FRF) ; livre irlandaise 1,1 % (8,75034 FRF).

125 Des marges de fluctuations de + ou – 2,25 % sont fixées autour des cours pivots bilatéraux afin de garantir la stabilité du SME.

Partie II

Du SME au Marché unique (1979–1986) : de l'instabilité des politiques économiques à la nécessaire convergence

Chapitre 4

Le SME mis à l'épreuve (avril 1979–mai 1981)

Dès 1979, le SME est exposé aux perturbations d'une économie mondiale en mutation. Comme le rappelle St Périer, il est confronté à des épreuves économiques qui soulignent son utilité. Le second choc pétrolier constitue la première épreuve. Les fluctuations du dollar et du mark illustrent la seconde. Ces chocs économiques (avril 1979 à mai 1981) permettent également d'évaluer la pertinence du SME et de jauger le chemin à parcourir sur la voie de l'UEM. Le SME repose sur deux fondements : une monnaie commune et une institution monétaire européenne. L'ECU n'a pas le statut de monnaie internationale et la structure du FME, reporté, ne fait pas consensus.

4.1 Le second choc pétrolier

Le second choc pétrolier, dès la fin de l'année 1978, constitue la première épreuve à laquelle est confronté le SME. Son impact est amplifié par la spéculation sur le marché des changes et la montée du dollar à partir de 1980, alourdissant le coût de la facture énergétique. Comme les pays de la Communauté, hormis la Grande-Bretagne, la France souffre d'une dépendance énergétique qui entrave sa croissance, entraînant une augmentation de l'inflation et du chômage. Une question se pose: la France va-t-elle sortir du SME?

Cette interrogation inquiète les partenaires économiques de la France, suscitant une spéculation boursière contre le franc. Cette épreuve permet d'évaluer la volonté politique du gouvernement et de la présidence à maintenir une politique de rigueur mise en place à l'automne 1976. Face aux contraintes et aux conséquences politiques et économiques du maintien d'une telle politique, le risque d'une sortie du SME, comme en 1974 et 1976, est fort. La spéculation sur la sortie du franc du SME est réelle.

Les efforts effectués depuis l'automne 1976 ont contribué à la mise en place d'une politique économique efficace de lutte contre l'inflation. Ce succès économique a permis d'instaurer une convergence des vues entre la France et l'Allemagne, et au sein de la CEE. Cette ébauche de coordination des politiques monétaires est à l'origine d'une plus grande stabilité économique communautaire. La mise en place du nouveau SME en est l'illustration.

Depuis le premier gouvernement Barre (août 1976), la France a mené une politique de lutte contre l'inflation. Cette rupture avec les politiques économiques du passé a créé un climat de confiance avec la RFA et avec les autres partenaires communautaires. Ce volontarisme politique est ébranlé par l'ampleur des conséquences économiques de l'augmentation du prix du pétrole. Bien qu'il existe toujours des écarts importants entre le taux d'inflation en France (9,2 %) et en Allemagne (2,6 %) des convergences ont également été observées en Grande-Bretagne (8,4 %) et en Italie (13 %). En France, le chômage se stabilise à 1 million de chômeurs et la politique de rigueur permet d'envisager à terme une réduction significative du différentiel d'inflation, garante de la stabilité monétaire et économique.

L'épreuve du second choc pétrolier est importante pour la survie du nouveau SME. La première crise pétrolière, en octobre 1973 a mis en évidence l'impact de la dépendance énergétique sur la croissance économique dans les pays de l'OCDE. Dès lors, la part de l'OPEP dans l'approvisionnement des pays occidentaux a diminué. Il n'empêche, l'OPEP est parvenue à maintenir son contrôle du marché avec des prix élevés s'ajustant en fonction de l'inflation. Un phénomène concomitant à l'importance croissante des marchés financiers, dont l'accélération est patente avec la fin du SMI, mérite d'être rapporté. La crainte d'une pénurie de pétrole entretient sur les marchés plus volatils une « psychose de crise », alimentant une forte spéculation amplifiée par des marchés financiers en voie de déréglementation. Depuis le « Rapport du Club de Rome », en 1972, la limitation des ressources mondiales et la prise de conscience qui en découle confirment les problèmes auxquels sont confrontés les modèles de développement économique basés sur la croissance. Il en ressort une peur de pénurie, expliquant un maintien de prix élevés.

Le second choc pétrolier marque le maintien d'une spéculation sur le marché de l'énergie. La persistance d'une « psychose de crise » explique la diffusion du choc à l'ensemble de l'économie. Cette dimension comportementale permet d'appréhender l'instabilité économique qui fait suite à la réduction, puis à l'arrêt, pendant plus de trois mois (début 1979), des livraisons de pétrole en provenance d'Iran, second exportateur mondial.

Pour la France, comme pour les pays de la Communauté, le prix du pétrole brut a enregistré une hausse de 57 % au premier semestre 1979. Avec les hausses d'octobre et de décembre qui précèdent la rencontre de l'OPEP à Caracas, la facture pétrolière de la France affiche une augmentation de 38 %, passant de 54 milliards en 1978 à 75 milliards en 1979. La croissance économique se détériore. Le retour à un équilibre budgétaire et à une balance des paiements équilibrée sont menacés. Le déficit commercial est de 1223 milliards de francs. Alors que l'objectif de croissance de la masse monétaire avait été établi à 11 %, il atteint 14,50 % pour l'année 1979, relançant la spirale de l'inflation. La stabilité du franc est ébranlée et son maintien dans le SME sérieusement menacée. Corollaire à ce choc économique, le pouvoir d'achat des Français s'érode.

Le gouvernement a deux options : (1) maintenir la politique de rigueur avec pour conséquence une hausse du chômage et une hausse de l'impopularité ; (2) laisser filer l'inflation avec une perte de compétitivité et un risque majeur de quitter le SME. À cela s'ajoute la perspective des élections présidentielles qui fragilisent davantage la position du premier ministre. Celui-ci le sait :

> « Nous étions à dix-huit mois de l'échéance présidentielle de mai 1981 et il nous fallait trancher : ou bien on laisse filer, mais la situation va considérablement se dégrader ; ou bien on bloque tout de suite les risques inflationnistes et nous pouvons éviter un dérapage d'ici à mi – 1981. Nous devons prendre de mesures sévères, il y aura un ralentissement économique sans toutefois tomber dans la récession. »[1]

Barre n'envisage pas de modifier sa politique qui a permis à la France et à l'Allemagne de porter sur les fonts baptismaux le nouveau SME. Un

---

1 R. Barre, *L'Expérience du pouvoir*, Paris, Fayard, 2007, p. 162.

abandon conduirait inéluctablement à une sortie du SME, synonyme de nouvelle humiliation politique, la troisième en cinq ans, et reporterait l'UEM à une date très imprécise. Une dévaluation concertée avec la RFA serait perçue comme un échec cuisant au vu des efforts consentis depuis trois ans. Il s'agirait d'une rupture dans le processus de construction de la CEE. Toutefois, le maintien d'une politique de lutte contre l'inflation risque d'hypothéquer la réélection de VGE.

En juillet 1979, le président de la République tranche et soutient son premier ministre. Il opte pour la continuité et la cohérence de sa politique économique. Par ce choix, empreint d'un fort volontarisme politique, VGE et Barre permettent à la France de poursuivre dans son vœu de concurrencer, voire de rattraper, l'économie allemande. La cote de popularité du premier ministre s'effondre et la politique du gouvernement suscite un mécontentement croissant de l'opinion publique[2].

Barre opte pour la politique difficile du chemin de crête : ni inflation ni récession. Cette attitude tant sur le plan économique que sur le plan politique conforte la place de la France au sein du SME, mais suscite la spéculation financière. Le franc est à la baisse et le mark à la hausse. Le second choc pétrolier provoque ainsi un réalignement des devises au sein du SME pour maintenir le mark à 2,34 francs, le 23 septembre 1979, le plafond de 2,36 francs ayant déjà été atteint plus tôt dans le mois. Le cours pivot du mark doit être réévalué de 2 % alors que celui de la couronne danoise accuse une dévaluation de 3 %. Ce réalignement établit la valeur du mark à 2,35 francs le 24 septembre avec un cours plancher à 2,30 francs et un cours plafond à 2,40 francs. Le cours pivot du franc passe à 0,17 ECU ; avec un ECU qui s'apprécie après la réévaluation du mark, passant de 5,798 francs à 5,855 francs. Ce réalignement n'est pas suffisant face à la spéculation sur le marché du pétrole. Le 30 novembre un nouveau réalignement portant sur une dévaluation de 4,8 % de la couronne danoise est requis.

Le premier ministre a fait montre de fermeté en maintenant une politique de rigueur conforme aux attentes du SME. Cette position révèle à la fois une cohérence économique affirmée et une volonté politique exprimée à l'égard des pays de la Communauté. La France adresse un signal fort de sa décision de tenir le cap malgré les difficultés. Toutefois ce choix a un coût qui se fait ressentir à court terme. Il s'accompagne d'une

---

2 St Périer (de), *op. cit.*, p. 287.

détérioration de l'emploi et d'une baisse du pouvoir d'achat provoquant le mécontentement marqué des Français et une hausse de l'impopularité du gouvernement, comme le rappelle Barre : « Dans les derniers mois de 1979, les revendications sociales ont débouché sur des conflits très durs. »[3]

Malgré ce volontarisme économique, les taux d'intérêt élevés et l'obsolescence de certains secteurs économiques, la sidérurgie notamment, entraînent la France dans la récession économique. La France ne parvient pas à aligner son inflation sur celle de la RFA. Le différentiel passe de 5 % en 1979 à 8,2 % en 1980[4]. Le premier ministre reste néanmoins fidèle à ses engagements. Il l'affirme devant l'Assemblée nationale, en décembre 1980 : « Tant que je serai premier ministre, je veillerai à la stabilité de la monnaie sans artifices. Je n'utiliserai jamais la dévaluation ou la dépréciation du franc comme moyen de stimulation de notre économie »[5].

Barre maintient le Franc dans le SME, mais son action courageuse sur le plan politique souligne les limites d'une politique monétariste dans une économie très étatisée. « La seule protection de notre économie, c'était la solidité de notre monnaie. »[6] Malgré le libéralisme affiché du Président de la République, l'économie française souffre d'un manque patent de réformes économiques. À cela s'ajoute l'absence de marchés financiers suffisamment profonds pour contribuer à dynamiser l'investissement productif. Comme le rapporte la direction de la Prévision du ministère des Finances « Par rapport à des pays comparables, la France accuse un net retard en ce qui concerne le développement du marché financier. »[7]

Ce problème est aggravé par le comportement du Trésor qui l'utilise pour financer certains postes budgétaires et contourner les problèmes de contrôle de la croissance de la masse monétaire. « Une part importante des besoins de financement de l'État a été couverte par le recours au marché financier »[8]. Si le contrôle des prix a été abandonné en 1978,

---

3 Barre, *op. cit.*, p.170.

4 *L'Année politique, économique, sociale et diplomatique de la France*, Paris, Éditions du Moniteur, 1981.

5 *Les Échos*, 18 décembre 1980.

6 Barre, *op. cit*, p. 174.

7 AMF, B52370/1 – Note 119/036 du février 1981, « Faut-il craindre une réduction de l'apport du marché obligataire au financement de l'économie? ».

8 ABF, Compte-rendu annuel, Exercice 1979. Lettre introductive du gouverneur au président de la République, mars 1980.

le poids de l'État dans les orientations économiques est toujours très présent : le maintien du plan en est l'illustration. Or la fin du SMI et l'attitude désinvolte des États-Unis semblent annoncer l'avènement du pouvoir des marchés financiers, en France le politique l'emporte toujours sur l'économie.

Face à l'épreuve du second choc pétrolier, la politique économique de la France est restée cohérente et a permis un maintien du franc dans le SME, garant d'une plus grande stabilité économique. Si le SME montre son utilité dans la crise énergétique, il est également confronté aux variations des taux de change, notamment à la baisse du mark et à la hausse du dollar.

4.2 Les vicissitudes des taux de change : la hausse du dollar et la baisse du mark

Comme le rapporte St Périer, le mark, monnaie de réserve, connaît au cours du premier trimestre 1980 une faiblesse relative due à la détérioration de la balance commerciale de la RFA. « Le solde des opérations courantes est de 1977 est de + 9,8 ; en 1978 de + 17,5 ; en 1979 de -10,1, et en 1980 de -33,2 milliards de deutsche marks. »[9] Ce solde négatif résulte de l'augmentation de la facture énergétique pour l'économie allemande. Alors que le mark apparaît comme le pilier du SME, sa fragilité de janvier à avril 1980 menace la stabilité du SME. De décembre 1979 à novembre 1980, les réserves monétaires de la Bundesbank diminuent de près de 35 %, passant de 89 milliards à 66 milliards de marks. La balance des paiements accuse un déficit de 7,3 milliards de marks en 1979, et de 1 milliard à la fin du 3e trimestre 1980. Le taux d'inflation en RFA passe de 2,82 % en janvier 1979 à 6,12 % en mai 1980[10].

Cette augmentation importante de l'indice des prix à la consommation nécessite l'intervention de la Bundesbank. Pöhl, nouveau président de la Banque centrale allemande depuis janvier 1980, mène une politique de resserrement de la croissance de la masse monétaire en relevant le taux d'escompte de la Bundesbank de 7 % à 7,5 %. Le taux Lombard augmente de 8,5 % à 9,5 %. L'inflation baisse à 4,89 % en septembre 1980. Malgré les interventions du second semestre 1980 (3,6 milliards de

---

9 St. Périer, *op. cit.*, p.291.

10 Federal Reserve Economic Data : CPI Total All Items for Germany.

marks selon de St Périer pour le seul mois d'octobre), le mark poursuit sa dépréciation par rapport au dollar, le taux de change USD/DEM passant de 1,7246 marks au 1er janvier 1980 à 2,015 marks au 1er janvier 1981, soit une augmentation de 16,58 % au cours de l'année 1980.

Une dévaluation du mark au sein du SME est exclue par Helmut Schlesinger, vice-président de la Bundesbank, d'autant que la Banque centrale bénéficie de réserves importantes (65 milliards de marks en 1980). Même si cette mesure permettait à court terme de rééquilibrer la balance commerciale et de générer des excédents, elle romprait avec l'orthodoxie de la Bundesbank, constituant une entrave à la politique de lutte contre l'inflation. Cette faiblesse relative et passagère du mark a toutefois un intérêt politique pour la France: celui de montrer l'utilité du SME et la bonne santé du franc. Cette situation exceptionnelle, mais ô combien symbolique, permet à la France d'aider son partenaire d'outre-Rhin dans leur lutte commune pour l'atteinte d'une stabilité économique et monétaire en Europe. Le mark s'étant déprécié de 3,1 % sur les 10 premiers mois de 1980, le Gouverneur de la Banque de France suggère d'ajuster les taux courts de la Banque de France à ceux de la Bundesbank, rendant ainsi le franc moins attractif par rapport au mark. Le taux directeur de la Banque de France passe de 11,25 % à 10,25 % et le taux de l'argent au jour le jour de 10,75 % à 10,25 %. Le montant des réserves obligatoires est augmenté pour assurer une stabilité.

Cette opération est politique et peut être perçue comme une entorse à la politique de rigueur et de lutte contre l'inflation. Il ne s'agit pas tant d'une appréciation du franc, mais bien d'une dépréciation passagère du mark. VGE voit l'occasion de soutenir le mark et montrer l'efficacité du SME. Il suggère à Schmidt (octobre 1980) d'affirmer la politique de rigueur et d'augmenter les taux allemands. Grâce notamment à cette collaboration, le mark s'apprécie à 2,3576 francs en mars 1981 et culmine à 2,3926 francs en mai 1981, avant le second tour de l'élection présidentielle française, période sujette à une forte spéculation contre le franc.

Cette collaboration franco-allemande a une portée symbolique tant en France qu'à l'étranger. Elle souligne la stabilité et l'utilité du SME, même si la situation de fragilité du mark revêt un caractère exceptionnel, comme le souligne le chancelier allemand. « À mes yeux, la situation actuelle du deutsche mark n'est pas une raison pour considérer l'avenir avec pessimisme, parce que, à la longue, deux états de fait fondamentaux finiront par s'imposer, même vis-à-vis des cours de change. L'augmentation des prix en Allemagne est inférieure au taux d'inflation des autres pays et le restera. La compétitivité des prix de l'industrie allemande continuera de s'accroître dans les mois à venir, et dans les années qui viennent, et comblera ainsi le déficit de la balance des paiements. J'escompte à l'avenir un Mark solide, et des spéculateurs font de même »[11].

La Banque de France a l'occasion de soutenir la Bundesbank et de montrer aux marchés financiers, et aux électeurs, la bonne tenue du franc. La relance de l'UEM grâce à la mise en place du SME est porteuse de stabilité au sein de la CEE. Schmidt le rappelle: « Le SME fait parfaitement ses preuves dans la crise actuelle. (…) Je considère qu'il représentera à l'avenir un facteur de stabilité dans la structure mondiale des monnaies. La France aussi bien que l'Allemagne et les autres pays partenaires en Europe en bénéficieront »[12].

La fragilité relative du mark est aussi une conséquence de la nouvelle politique monétaire de la Réserve fédérale américaine. Celle-ci est caractérisée par la remontée du dollar sous l'impulsion de la politique monétariste agressive menée par Paul Volcker. Conséquence du changement de politique de l'administration Carter qui adopte une politique monétaire anti-inflationniste à l'issue du sommet de Bonn en juillet 1978, Volcker est nommé à la direction de la Réserve fédérale des États-Unis le 1er juillet 1979. Son objectif est de mettre fin à la stagflation, en s'appuyant sur les enseignements du monétarisme. Cette politique d'assainissement de l'économie, à travers la lutte contre l'inflation, passe par une hausse des taux. Les federal funds passent de 8,04 % en août à 10,29 % en juin 1979. En janvier 1980, ils atteignent 13,82 % et 17,61 % le 1er avril, expliquant en partie les difficultés rencontrées par les autres devises et notamment le mark. Le premier janvier 1981, ils affichent une valeur très élevée de 19,08 %. En mai 1981, ils atteignent un sommet à 19,10 %.

La conséquence directe de cette politique agressive de la Fed est une appréciation du dollar. Les autres pays n'ont pas les moyens de suivre les États-Unis dans cette ascension des taux qui nuit à l'investissement productif, provoquant un ralentissement de l'économie, voire une récession et une augmentation majeure du chômage. La hausse du

---

11 Déclaration du Chancelier Schmidt, « Entretien avec Jacqueline Beytout », *les Échos*, 25 février 1981.

12 Déclaration du Chancelier Schmidt, *Ibid.*

dollar se répercute sur la hausse de la facture énergétique et entraîne l'augmentation du coût des matières premières, les factures étant libellées en dollars. Cette politique provoque à la fois une hausse importante de l'inflation dans le monde et une très forte volatilité des taux de change. La stabilisation des taux de change au sein du SME devient plus difficile.

Une hausse du dollar favorise la RFA; les produits allemands devenant plus attractifs face aux produits américains. La RFA, pays exportateur, à l'économie compétitive exporte davantage. Le déficit de sa balance commerciale est rapidement résorbé au cours de l'année 1981. La hausse du dollar est concomitante à la baisse relative du mark. La France dont l'économie est obsolescente et beaucoup moins exportatrice enregistre une augmentation importante de l'inflation et du chômage. Le taux de change entre le dollar et le franc passe de 4,0405 francs au 1er janvier 1980 à 4,6453 au 1er janvier 1981 (+14,97 %). Le taux de change atteint 5,657 francs en mai 1981, après les élections présidentielles françaises (+40 % en 17 mois).

La hausse de la devise américaine est forte vis-à-vis du mark, entraînant des conséquences différentes sur l'économie allemande. Le taux de change entre le dollar et le mark passe de 1,7246 marks au 1er janvier 1980 à 2,0105 marks un an plus tard (+16, 58 %). Le 1er juin 1981, le taux s'élève à 2,3781 marks (+37,89 % en 17 mois).

La hausse des taux d'intérêt américains constitue un problème majeur pour la croissance économique en Europe et a un impact très négatif sur l'investissement dans la CEE. Les taux d'intérêt élevés aux États-Unis attirent les capitaux et défavorisent l'investissement productif en Europe et dans le monde, entraînant une augmentation de l'endettement et de ses corollaires.

Les problèmes de coordination des politiques économiques deviennent de plus en plus prégnants au sein de la CEE. Dans ce contexte d'instabilité, le SME fait figure de rempart. Les pays européens dont les économies apparaissent fragilisées entrent en récession et se heurtent au problème de coopération des États-Unis pour une coordination des politiques monétaires. Pour les Américains, la situation économique est claire. La priorité est la lutte contre l'inflation : les Européens doivent se débrouiller seuls. Cette attitude n'est que la poursuite de celle initiée dès la fin du SMI et pourrait être résumée par un slogan wilsonien, décliné ici dans un contexte d'économie ouverte: « America First ». Comme le souligne l'économiste et historien Barry Eichengreen, « Volcker était prêt à accepter une hausse des taux d'intérêt et une chute de la masse monétaire jusqu'à n'importe quel niveau, pourvu que cela ramène l'inflation à un chiffre[13] ».

Les Européens malgré la résolution du conseil de Bruxelles du 5 décembre 1978 ne peuvent compter que sur eux-mêmes et la coordination des politiques monétaires européennes est un exercice difficile. Pour le chancelier allemand : « Les taux d'intérêt actuels pratiqués aux États-Unis sont destructifs et inacceptables… [ils provoquent] un écoulement permanent du capital au détriment du deutsche mark »[14]. L'attitude des États-Unis freine la croissance de l'économie mondiale : baisse de l'investissement productif, hausse du chômage, augmentation du coût du service de la dette, risque majeur de ralentissement de la croissance mondiale.

Cette politique monétariste est maintenue avec l'élection à présidence des États-Unis en novembre 1980, du Républicain Ronald Reagan dont l'administration est très influencée par les théories libérales de l'École de Chicago. Les administrations françaises et allemandes suggèrent un projet de déclaration commune franco-allemande lors du sommet Eco-fin du 18 mars 1981. Le Trésor suggère de recommander aux États-Unis de recourir davantage à la politique budgétaire qu'à la politique monétaire. Attitude éloquente quant à la situation de l'économie française dans un monde en mutation, le Trésor va jusqu'à prôner le recours à l'encadrement du crédit (pratiqué par le gouvernement Barre) pour limiter et contenir l'évolution de la masse monétaire[15]. L'attitude est étonnante : elle illustre une certaine incompréhension de l'administration française à l'égard de la politique monétariste de la Fed. Les politiques keynésiennes sont abandonnées et laissent place aux politiques de l'École de Chicago. Cette intention de déclaration commune restera lettre morte.

Lors du Conseil européen de Maastricht des 23 et 24 mars 1981, Schmidt prend l'initiative : « Les Dix sont convenus d'intensifier le dialogue avec les États-Unis en vue d'arriver à une attitude concertée en matière de politique monétaire »[16]. Face à la politique monétaire

---

13 Barry Eichengreen, *L'expansion du capital*, Paris, L'Harmattan, 1997, p. 189–190.

14 Déclaration du chancelier Schmidt, *Ibid.*

15 AMF B 50428, ministère de l'Économie, direction du Trésor, projet de déclaration commune germano-française sur la politique monétaire américaine du 13 mars 1981.

16 CHAN, 5AG 3/AE 170, résumé des travaux du Conseil européen de Maastricht du 23 et 24 mars 1981.

américaine agressive et la forte volatilité du dollar, le SME a fait preuve de stabilité. Le gouvernement français a maintenu sa politique de rigueur et permis la bonne tenue du franc. Toutefois ce choix politique a un coût : le nombre de chômeurs augmente, passant de 1 074 333 au 1er janvier 1978 à 1 729 100 au 1er avril 1981 (+60 % en 39 mois). De janvier 1978 à janvier 1981, le taux d'inflation passe de 9,25 % à 13,31 % (+43.89 %). Sur la même période d'observation, le taux d'inflation en RFA, passe de 2,72 % à 6,34 %, le nombre de chômeurs augmentant de 990 000 à 1 167 000 (+17,88 %).

Force est de constater que la politique de rigueur de Barre ne permet pas d'endiguer la dérive inflationniste dans une période de fortes variations conjoncturelles et laisse filer le chômage. Ce point est important : il permet d'illustrer la situation économique très fragilisée dont héritera le gouvernement suivant, en mai 1981. Il permet surtout de mesurer l'impact de la mise en place du SME sur l'économie française. Le nouveau SME n'est en fait qu'un serpent monétaire légèrement modifié. Son mécanisme a fait ses preuves pour une économie en particulier : l'économie allemande.

En 1981, la RFA affiche à nouveau un excédent commercial de 24 milliards de marks. Haberer, directeur du Trésor, tire cet enseignement en novembre 1981 : « les variations de l'ECU par rapport aux monnaies tierces ne doivent pas être totalement livrées au libre jeu du marché ». Pour le Trésor, l'objectif est de « faire prendre en compte les intérêts européens dans la politique économique et financière des États-Unis »[17]. Ces différentes mises à l'épreuve appellent à une prise en considération de l'utilité effective du SME et à une analyse de l'état d'avancement du FME dont le rôle doit également contribuer à l'émergence d'une plus grande stabilité au sein de la CEE.

4.3 De l'utilité du SME

L'utilité et la performance du SME au cours de la période avril 1979–mai 1981, doivent être évaluées à l'aune des objectifs fondamentaux qui lui donnent sa légitimité politique : la convergence des économies

---

17 AMF B 50 429, note de Jean-Yves Haberer pour le ministre du 12 novembre 1981 en vue du Conseil Eco-Fin du 17 novembre 1981. Objet : approfondissement du SME.

européennes au sein de la Communauté, le rôle de l'indicateur de divergence et enfin l'utilisation effective de l'ECU.

Comme le souligne St Périer[18], la première question repose sur la convergence des économies des Neuf (qui deviennent Dix après l'adhésion de la Grèce le 1er janvier 1981). La convergence économique est la condition de stabilité qui a été défendue par l'Allemagne et par la Bundesbank notamment. Malgré des disparités économiques structurelles importantes au sein de la Communauté, il n'y a pas de détérioration dans la convergence.

Clappier, Gouverneur de la Banque de France, précise un élément: « La stabilité du SME dépend moins directement de la différence en valeur absolue des taux d'inflation des pays membres que du sens dans lequel évolue cette différence. Une tendance au rapprochement est un facteur de stabilité »[19]. Le SME a permis de maintenir une stabilité des changes malgré les fortes fluctuations du dollar, du yen et de la livre sterling. Le mark passe de 2,2966 francs le 1er avril 1979 à 2,3645 le 1er avril 1981. Cette bonne tenue du franc et du SME vaut un satisfecit exprimé par le directeur du Trésor, Haberer[20]. La politique monétaire de la France affiche cohérence et stabilité.

La France a mis de l'avant le rôle de l'indicateur de divergence pour lutter contre le caractère asymétrique des interventions. En raison de la grille de parités imposée par la Bundesbank et de l'absence de la livre sterling dans le système, il ne parvient pas à remplir la fonction qui lui était dévolue. Haberer souligne ces limites en les mettant en contexte : « le mécanisme est faussé par la non-participation de la livre sterling, et par la marge de fluctuation admise pour la lire, qui est de 6 % au lieu de 2,25 % pour les autres monnaies du SME. La hausse de la livre sterling pendant la période 1979–1980 tend à faire baisser le cours en ECU de toutes les monnaies ». Il rapporte au début de l'année 1980 qu'« il est devenu techniquement impossible, au cours actuel de la livre, pour une monnaie de diverger à la hausse. Il en résulte une atteinte à la crédibilité

---

18 St Périer, *op. cit.*

19 *Le Monde*, 28 avril 1979, cité par A de St Périer, *op. cit.*, p. 304.

20 Jean-Yves Haberer, « Les problèmes de l'identité monétaire. Conférences Jacques Rueff », *le Monde*, 12 mars 1981.

de l'indicateur de divergence, qui n'est plus utilisé réellement par les banques centrales. (…) Il n'y a pas de remède à cette situation »[21].

Le président du Comité monétaire, Jacques Van Ypersele, se montre moins critique en mettant en évidence son utilité ponctuelle : « l'indicateur de divergence a joué un rôle utile dans le cas de la Belgique et du Danemark, pays dont les autorités ont joué un le jeu quand leurs monnaies respectives ont franchi leur seuil de divergence »[22]. Toutefois, son rôle est limité et bien en deçà des attentes de la France. La grille de parités est le principal outil de stabilité du SME. L'objectif d'instaurer une plus grande symétrie dans les interventions sur les marchés des changes et ainsi une plus grande équité communautaire n'a pas été atteint. L'absence de la livre sterling, très volatile, dans le SME et le refus répété de la France[23] de son intégration dans le mécanisme de change, permettent de trouver des explications au rôle décevant de l'indicateur de divergence.

Le SME marque également la mise en place de l'ECU, comme unité de compte communautaire, susceptible de faciliter les interventions des banques centrales sur le marché des changes. Son utilisation est effective, mais reste faible. La portée de l'ECU semble symbolique[24], voire politique, lors de ces deux premières années, les banques centrales préférant utiliser le dollar.

Il n'empêche, le SME est inachevé en 1981 et a montré son utilité. Il a permis un accroissement de la solidarité communautaire, comme en témoignent les attitudes de la France et de la RFA. La solidité du SME permet de poursuivre la construction de la CEE à travers l'UEM. La création du fonds monétaire européen reste par contre en suspens.

---

21 AMF, B 50428, note de J.Y. Haberer, directeur du Trésor pour le ministre sur le bilan d'un an de fonctionnement du SME en date du 7 mars 1980.

22 Jacques Van Ypersele, « SME et coopération monétaire », intervention à Paris au colloque organisé par le GREF (Groupe de réflexions économiques et monétaires), 26 juin 1980. Cité par A. de St Périer, *op. cit.*, p. 306.

23 CHAN, 5AG 3, JPR 98, extrait du relevé de décisions du Conseil des ministres du 12 mars 1980 concernant la déclaration du premier ministre, Raymond Barre.

24 Jean Claude Koeune, « La mise en place et les premières expériences du SME », in Éric Bussière, Michel Dumoulin, et Sylvain Schirmann (dir*), Milieux économiques et intégration européenne au XXe siècle, op.cit.*, p.66.

4.4 Du report du FME

La gestion de l'ECU nécessite la création d'un organisme monétaire communautaire, comme le rappelle la déclaration commune des Neuf à l'issue du sommet de Bruxelles[25] des 4 et 5 décembre 1978.

Acte politique fort, la monnaie étant un attribut régalien définissant l'espace national, la création du fonds monétaire européen requiert la convergence économique ; condition préalable exigée par la Bundesbank. Deux structures sont envisageables : une banque centrale européenne et un fonds monétaire dont le rôle et le fonctionnement s'inspireraient de celui du FMI. La France préfère cette deuxième option, la RFA ne peut concevoir qu'une banque centrale, ayant pouvoir de battre monnaie[26].

Des arbitrages politiques demeurent en suspens, car ils mettent en exergue les prérogatives nationales sensibles concernant la monnaie : le cas des transferts des réserves est assez éloquent. La prorogation des systèmes actuels des swaps est établie pour éviter de prendre des mesures qui menaceraient l'indépendance nationale. Les considérations politiques sur les sujets sensibles l'emportent sur les exigences économiques. Ainsi, la Bundesbank refuse de se séparer de ses réserves et « s'oppose à tout montage qui ne lui donnerait pas la haute main sur la gestion du FME. »[27] L'intransigeance affichée de l'Allemagne peut heurter la sensibilité de ses partenaires européens et constituer un frein à la mise en place du FME. L'instauration à terme de l'ECU comme monnaie internationale suscite le doute de la RFA. De Larosière suggère, sous réserve de l'acceptation de l'Allemagne, d'attendre l'issue des élections présidentielles afin de conférer à l'ECU un nouveau statut lui permettant de fluctuer, en qualité de monnaie du SME[28].

L'ECU, tel qu'il a été défini, et le FME présentent trois incompatibilités structurelles pour l'administration allemande : la

[25] Conclusion de la présidence du Conseil européen des 4 et 5 décembre 1978 de Bruxelles. Bulletin des Communautés européennes, 12, 1978, p. 10.

[26] AMF, Z/9943, comité monétaire du 14 novembre 1980, compte-rendu du directeur du Trésor au ministre. J.Y. Haberer est le directeur du Trésor à cette date et René Monory occupe le poste de ministre de l'économie et des finances.

[27] AMF, Z/9943, note du directeur du Trésor pour le ministre sur l'avenir du SME, 21 octobre 1981, signée J.Y. Haberer.

[28] CHAN 5AG3, JPR 98, note du secrétaire général de l'Élysée, Jacques Wahl, au président de la République, 25 mars 1981.

disponibilité (liquidité) de l'ECU, son acceptabilité et son inconvertibilité. L'ECU est destiné à devenir une véritable monnaie internationale, « une monnaie de réserve et de règlement ». Les montants d'ECU en circulation sont définis sur une base trimestrielle, limitant sa liquidité et sa disponibilité. Cette disponibilité dépend des cours de l'or et du dollar, du montant des réserves des banques centrales et du renouvellement des swaps, résiliables sous 48 heures. En qualité de monnaie de règlement, l'ECU ne peut être utilisé que pour régler les dettes associées à des interventions officielles sur les marchés des changes pour défendre une devise communautaire. Son acceptabilité est, par conséquent, elle aussi limitée. Le point le plus important est son inconvertibilité en devises. Haberer suggère que « l'ECU soit progressivement acclimaté comme instrument de règlement à part entière et que les « acceptance limits » disparaissent »[29]. Il se heurte toutefois à la réticence de la Bundesbank.

La RFA montre une grande résistance à l'utilisation et à la généralisation de l'ECU en raison du manque de convergence des économies et du risque que représente la création de liquidités supplémentaires, sources d'inflation accrue au sein de la Communauté. Le Conseil économique et financier du 17 novembre 1980, comme le Conseil monétaire, ne peut que constater que les conditions du passage à la deuxième étape (initialement prévue en 1981) ne sont pas réunies. Et le Conseil de suggérer aux pays membres de « s'orienter vers une prolongation de la phase initiale du Système, sans modification des mécanismes actuels. »[30]

Des obstacles importants, tant économiques que politiques, s'opposent à la création dans les délais prévus au FME. La convergence économique au sein de la CEE est limitée, attisant les critiques justifiées de la Bundesbank. Par ailleurs, des devises communautaires restent en dehors du SME : c'est le cas de la livre sterling et de la lire. Or la Grande-Bretagne veut demeurer à l'extérieur du système. Sa monnaie présente par ailleurs l'inconvénient d'être très volatile, fluctuant au gré des variations des cours du pétrole, dont la Grande-Bretagne est un producteur grâce à l'exploitation des gisements découverts en Mer du Nord. La devise italienne, membre du système, présente également cette caractéristique de forte volatilité permettant à l'Italie de bénéficier de

---

29 AMF, B50 446, note pour le ministre rendant compte du comité monétaire du 17 octobre 1979.

30 Bulletin des Communautés européennes, 11, 1980.

marges de fluctuation de 6 % dont le gouvernement transalpin ne veut pas se défaire.

À ces obstacles économiques et monétaires, s'ajoutent également des considérations politiques avivées en période électorale. En France, l'opposition reste très sceptique. Le SME doit faire ses preuves avant de rencontrer l'assentiment des parlementaires et menace l'indépendance nationale. En Allemagne, la coalition entre les socio-démocrates (SPD) et les libéraux (FDP) est également fragilisée, d'autant que le deutsche mark a montré sa relative vulnérabilité face aux assauts spéculatifs sur le marché des changes en 1980.

Dans ce contexte politico-économique incertain, le Conseil européen souligne les avancées sur la voie de l'UEM et préfère consolider les acquis plutôt qu'hypothéquer une création trop hâtive du FME. « Le SME a fonctionné de manière exemplaire, malgré tous les faits nouveaux intervenus depuis sa création. »[31] Conscient des enjeux et du risque d'un arrêt du processus de construction européenne, le Comité des gouverneurs prévoit une prorogation de deux ans de la phase de transition. Si Jenkins souhaite respecter le calendrier initial, Ortoli est beaucoup plus réservé tant que la Grande-Bretagne marque son désaccord.

Le SME et le FME posent le problème de la souveraineté nationale et son corollaire, son transfert à l'échelle européenne. À la veille d'élections politiques majeures, une prise de position trop tranchée, tant en France qu'en RFA, pourrait conduire à un échec pour longtemps. Ces différents points économiques et politiques constituent autant d'obstacles importants qui permettent de mieux comprendre le report du FME : un échec pouvant être perçu comme une interruption majeure dans le processus de relance de l'UEM et dans la construction européenne dans son ensemble. Cet excès de prudence ne sera pas récompensé et donne raison aux craintes formulées par les instances économiques et financières qui redoutent un report à moyen terme de l'institution monétaire européenne.

---

[31] AMF, Z/9943, Conclusion du Conseil européen de Luxembourg des 1er et 2 décembre 1980, en annexe compte-rendu du Comité monétaire du 8 décembre 1980.

Conclusion

Face aux conséquences du second choc pétrolier et aux fortes fluctuations du dollar, le gouvernement français fait le choix de la rigueur. Le maintien des politiques de lutte contre l'inflation permet d'assurer les exigences du nouveau SME, au détriment toutefois du chômage et du pouvoir d'achat des ménages. Au cours de cette période d'incertitude économique et de forte instabilité, le SME a montré son utilité comme stabilisateur des relations économiques au sein de la Communauté. Une volonté de convergence des politiques économiques européennes est à signaler même si celles-ci ne parviennent pas à éliminer les fortes différences structurelles.

Cette absence de convergence suffisante est soulignée par l'Allemagne. Avec la mise en place de la grille de parités, voulue par la Bundesbank, l'indicateur de divergence, réclamé par la France, présente un intérêt limité. Le SME doit reposer à terme sur deux piliers : l'ECU et le FME. L'ECU affiche une utilité encore limitée, mais dont le potentiel reste prometteur. La mise en place du FME, en raison de l'absence de convergence suffisante des économies et des conséquences politiques qu'il implique au niveau national et européen, a été reportée de deux ans. Cette période permet de tirer certains enseignements, souvent occultés, sur le processus d'union économique et monétaire et sur la place de la France et de son économie dans cette construction européenne. La mise à l'épreuve du nouveau système monétaire européen de 1979 à 1981 offre cette occasion en soulignant certaines caractéristiques structurelles.

L'économie française souffre d'une inadaptation aux nouvelles exigences de l'économie de marché et au rôle croissant des marchés financiers annoncé dès la fin du système de Bretton Woods. Alors que l'Allemagne a opté pour l'économie sociale de marché à l'issue de la Seconde Guerre mondiale sous l'impulsion de l'économiste Wilhelm Röpke, et surtout du ministre de l'Économie Ludwig Erhard et du chancelier Konrad Adenauer, la France, à l'initiative du général de Gaulle, de Michel Debré et de Maurice Thorez, a choisi un mode de développement planifié qui présente des similitudes avec celui qui a établi les fondements de l'économie soviétique. De fait, le gouvernement définit les grandes orientations économiques dans une logique fonctionnaliste : place prépondérante des hauts fonctionnaires dans les choix économiques, place importante de la fonction publique, recours au plan, encadrements des prix, des changes. L'initiative personnelle et la libre entreprise ont une place très limitée; en témoigne le décalage patent entre la taille et la puissance des PME allemandes avec celles de l'Hexagone. Le marché n'a pas de rôle régulateur : l'État est le grand planificateur. Ce système qui a permis à la France de reconstruire son économie semble inadapté aux nouvelles exigences et aux nouveaux enjeux de l'économie mondiale qui prône le libéralisme économique.

Malgré des réformes établies depuis la nomination de Barre à Matignon en septembre 1976, elles restent très modestes. L'économie française a besoin de réformes structurelles de fond dont les principaux décideurs économiques ont conscience. Toutefois, ceux-ci doivent effectuer des arbitrages entre l'atteinte des objectifs économiques et des objectifs politiques et sociaux. Alors que la RFA a choisi de séparer l'initiative économique des décisions politiques, la France continue à prôner la primauté de la politique sur l'économie. La fin du système de Bretton Woods, et l'attitude des États-Unis qui se défaussent de leurs responsabilités sur leurs partenaires économiques, inaugurent la fin de cette primauté et annoncent une inversion des rapports. Sur le plan économique – le taux d'inflation et le chômage l'attestent – l'économie française n'est pas préparée à cette mutation structurelle. Cette inadaptation structurelle aux nouvelles réalités de la libéralisation accrue de l'économie, offre un cadre d'analyse permettant de mieux appréhender la fascination (mais aussi la répulsion) des dirigeants français pour le modèle économique allemand.

Paradoxe, il va incomber à un gouvernement socialiste, élu sur un programme politique fort (« Changer la vie ») d'opérer ce changement structurel de l'économie tout en préservant l'illusion d'un pouvoir politique prépondérant.

Sur de nombreux points, l'économie française a de meilleurs résultats que l'économie allemande. Il n'empêche sur deux points essentiels dans une économie libérale, la France accuse un déficit considérable à l'égard de l'Allemagne : la lutte contre l'inflation et le chômage. Les performances de l'économie française sur la croissance ne peuvent combler cette différence structurelle. Sans doute victime d'un complexe, les dirigeants français prennent l'Allemagne comme exemple, mais aussi comme rivale, faisant du partenaire d'outre-Rhin l'objet d'une catharsis nationale qui répond à des attentes politiques.

Chapitre 5

La possibilité d'une autre politique ou les illusions perdues

La période de mai 1981 à mars 1983 constitue une étape charnière dans les relations monétaires franco-allemandes. Alors que les chancelleries étrangères et les marchés financiers internationaux attendent la réélection de VGE à la Présidence de la République, François Mitterrand, premier secrétaire du Parti socialiste, est élu le 10 mai 1981. Porteur du programme politique et économique commun établi par le Parti socialiste et le Parti communiste en 1972 et amendé lors du congrès de Metz en 1979, Mitterrand annonce une rupture avec les politiques libérales et d'austérité des gouvernements précédents.

Les cent-dix propositions du candidat à la présidentielle traduisent un ambitieux programme politique, basé notamment sur « l'emploi et la croissance sociale par la maîtrise de l'économie » : « Changer la vie ». Ses positions suscitent certaines inquiétudes sur l'échiquier communautaire, acquis aux enseignements de l'économie libérale. Dans ses discours et ses écrits d'opposant politique, Mitterrand a souvent critiqué les orientations de la CEE. Il y dénonce une « Europe qui ne serait que celle du capital et des marchands »[1], déplore « l'adhésion de la Communauté aux principes

[1] Favier et Martin Roland, *La décennie Mitterrand : les ruptures*, Paris, Seuil, 1990, p.434.

de l'économie libérale qui l'infléchissent vers la zone de libre-échange universel où l'attendent de pied ferme les multinationales »[2] et conclut à l'été 1980 « l'Europe sera socialiste ou ne sera pas »[3]. Il n'a pas hésité à dire : « Le « projet socialiste » affirme : « Il ne s'agit pas pour nous d'aménager le système capitaliste, mais de lui en substituer un autre. » »[4]. Il est convaincu depuis la fin des années 1960 que le destin de la France passe par la construction européenne : « Sans l'Europe, la France, de même que ses cinq autres associés, sera livrée aux gémonies. … la Fédération de la gauche s'est exprimée radicalement : elle a choisi l'Europe des peuples et du suffrage universel contre l'Europe des technocrates et des cartels. »[5]

Toutefois, la lecture des 110 propositions révèle le peu de place que représente la CEE : Mitterrand y défend « une France forte dans une Europe indépendante ». Une seule proposition concerne le système monétaire international – aucune le SME -: « Proposition 11 : …»[6] Pour reprendre la position d'Élisabeth du Réau sur le programme commun : « L'Europe est plus évoquée comme une contrainte que comme une réalité positive ».[7] Bino Olivi, ancien porte-parole de la Communauté européenne est plus explicite quand il mentionne « l'absence, au départ, chez Mitterrand, d'une vision européenne… »[8] avant « sa profession de foi… » qu'il établit lors de son discours à Strasbourg, le 24 avril 1984.

Cette période de vingt-deux mois représente la tentative de mise en place d'une politique économique de rupture, sanctionnée par trois dévaluations successives du franc (octobre 1981, juin 1982, mars 1983). L'Allemagne, malgré des incompréhensions et des visions différentes sur les orientations économiques, fait montre d'une grande coopération et

2 *Ibid*

3 François Mitterrand, *Ici et maintenant*, Paris, Fayard, 1980

4 Michel Winock, « Le Parti Socialiste dans le système politique français », *Vingtième siècle*, 96, octobre 2007, p. 11–21.

5 François Mitterrand, *Politique*, Paris, Fayard, 1967, p. 450–451.

6 *Les 110 propositions du Parti Socialiste pour la France,* F. Mitterrand, candidat à la Présidence de la République française, 1981.

7 Élisabeth du Réau, « L'engagement européen », dans Serge Berstein, Pierre Milza et Jean-Louis Bianco (dir.), *François Mitterrand : Les années du changement : 1981–1984*, Paris, Perrin, 2001, p. 286.

8 Bino Olivi, *L'Europe difficile, Histoire politique de la Communauté européenne*, Paris, Gallimard, 1998, p. 280–283

affirme son soutien à la France, en réévaluant à chaque fois le mark, permettant au franc de se maintenir dans le SME. Schmidt désapprouve les orientations économiques du programme commun et les choix du gouvernement de Pierre Mauroy qui vont à l'encontre des efforts de convergence établis avec le gouvernement Barre depuis la mise en place du SME en mars 1979. Fidèle défenseur de la stabilité du mark, il dénonce des aberrations économiques dans la démarche du gouvernement socialiste français qu'il juge doctrinaire[9]. Comme le souligne Hubert Védrine, conseiller aux Affaires étrangères de Mitterrand : « … Schmidt a trouvé incongrue, voire chimérique l'idée mitterrandienne « [d'] Europe sociale ». Et la France n'a obtenu ni en octobre 1981 ni en juin 1982 la réévaluation du deutsche mark qu'elle souhaitait pour éviter ou atténuer la dévaluation du franc. »[10]

Il n'empêche. Le mécanisme du SME est un garant de la coopération monétaire européenne et un outil de stabilité dans le processus de construction de la CEE. La voie vers l'UEM tracée par Schmidt et VGE reste ouverte et bénéficiera d'un nouvel élan après la conversion de l'administration française aux réalités et aux exigences d'une économie libérale mondialisée, après mars 1983 et surtout après les Conseils européens de Stuttgart, en juin 1983, et de Fontainebleau, un an plus tard.

La politique de rupture inaugurée par le nouveau gouvernement socialiste français, à travers ses mutations et altérations successives sous l'impulsion initiale du Ministère des Finances et de la Banque de France, annonce une conversion progressive aux politiques économiques libérales. La politique de rupture, relance économique d'inspiration keynésienne, est une promesse électorale dont les promoteurs, Mitterrand le premier, démentiront l'abandon. Confronté au dilemme de la conversion à la réalité économique néolibérale et à l'aveu de l'échec des politiques de relance en économie ouverte, Mitterrand définira une troisième voie médiane, présentée comme un « nouvel élan » embrassant toutes les facettes du champ politique et dont l'Europe sera le théâtre. Faut-il voir dans cette période d'adaptation à la mondialisation de l'économie une « parenthèse » dans les relations monétaires franco-allemandes sur la voie de l'UEM ? Une « politique de rupture » qui n'a pas eu lieu, mais dont la communication politique a été brillamment orchestrée ?

---

9 Helmut Schmidt, *Die Deutschen und ihre Nachbarn*, Berlin, Siedler, 1990, p. 245.

10 Hubert Védrine, *Les mondes de François Mitterrand*, Paris, Fayard, 1996, p.288.

L'expérience « de la politique de rupture » et son dénouement (le « choix de l'Europe ») soulignent l'efficacité du mécanisme du SME dans le processus d'UEM. L'évolution de la politique de rupture se décline en quatre étapes qui mettent en exergue le rôle du SME et l'importance des relations monétaires franco-allemandes, pierre angulaire du processus de construction de la CEE.

5.1 La tentative de mise en place de la « politique de rupture » : « changer la vie »

Au lendemain du second tour de l'élection présidentielle (10 mai 1981), l'économie française apparaît durement touchée par les deux chocs pétroliers successifs qui ont mis en évidence la perte de compétitivité de son industrie. Les tentatives de relance menées sous les présidences de Pompidou et de VGE n'ont pu redonner aux entreprises françaises l'impulsion économique et la confiance nécessaires pour faire face à une concurrence mondiale accrue. Les entreprises françaises souffrent d'un problème de sous-investissement, d'une dégradation de la compétitivité, d'une baisse du profit et d'une hausse de l'inflation, sans possibilité de recours à une dévaluation compétitive depuis l'adhésion du franc au SME. Dans plusieurs secteurs industriels clés, l'outil de production révèle une obsolescence significative. Le nombre de chômeurs, au sens du BIT, est en forte hausse sur un an et s'élève à 1 794 900 en mai 1981[11]. La lutte contre le chômage est une préoccupation majeure, dont le candidat Mitterrand a fait une priorité[12].

Le plan ambitieux du programme de la gauche « Vivre mieux, changer la vie » repose sur une anticipation de reprise de la croissance mondiale. Les principaux pays du G5, hormis la France, connaissent une récession. Les experts de l'OCDE, de la CEE, de l'INSEE et de la direction de la Prévision tablent sur une reprise de la croissance pour le premier semestre 1982. Selon l'OCDE, le ralentissement économique consécutif au choc pétrolier de 1979 devrait prendre fin au début 1982 et céder la place à une phase d'expansion : une croissance de 2 % des pays

---

11 Le nombre s'élève à 1 589 100 en octobre 1980 et 1 895 000 en octobre 1981, soit une augmentation de 19,3 %.

12 *Programme commun de gouvernement du parti communiste et du parti socialiste*, Paris, Éditions sociales, 1972, p. 56–57.

de l'OCDE est prévue, permettant à la France d'anticiper 60 milliards de recettes supplémentaires, l'équivalent de son déficit commercial de 1980[13].

La politique de relance de la demande (« nationalisations, planification démocratique et nouveaux droits des travailleurs »), d'inspiration keynésienne, du gouvernement Mauroy doit composer avec l'héritage de la politique économique menée par le gouvernement Barre depuis 1976. Comme le souligne Asselain[14], grâce à la politique de rigueur menée depuis 1976, l'héritage du gouvernement Barre offre de nombreux atouts permettant une marge de manœuvre réelle. Sur le plan international, la France bénéficie d'un franc fort dans le SME, proche de son court plafond: l'écart entre les taux nominaux français et allemand s'est réduit, passant de + 5,4 points en 1977 à +1,6 point en 1981. L'économie française affiche sur la période 1973–1980 un écart de croissance positif par rapport à la moyenne des pays du G5 (2,8 % contre 2,4 %). Pour le rythme de croissance de la productivité, elle se place en seconde position derrière le Japon. Alors que les États-Unis et la RFA ont enregistré une baisse de leurs parts de marché à l'exportation sur la décennie 1970–1980, celles de la France sont restées stables.

Le gouvernement Barre est parvenu à maintenir un déficit budgétaire et un endettement public inférieurs à ceux des autres pays du G5, permettant une stabilisation du franc. Les points faibles portent sur l'emploi et l'investissement. Les effectifs employés stagnent sur la période avec une hausse de +0,3 % par an de 1973 à 1980. Le chômage a augmenté plus vite que dans les pays du G5. Le taux d'investissement a diminué et s'établit à 19,2 % par an de 1976 à 1980, alors qu'il devient plus élevé en RFA avec une moyenne de 22,2 %. Deux facteurs expliquent ce ralentissement : la diminution de l'effort d'investissement des entreprises publiques et la diminution des taux d'intérêt réels, plus faibles en France qu'en RFA. Ce déclin peut être expliqué à travers l'analyse de la répartition primaire de la valeur ajoutée[15] : l'excédent brut d'exploitation (EBE) passe de 42 % en 1973 à 36 % en 1980, alors que la rémunération

---

13 « La reprise au coin de la rue », Favier et Martin-Roland, *La décennie Mitterrand : les ruptures (1981–1984), op. cit.*, p. 129–132.

14 Jean-Charles Asselain, « L'expérience socialiste face à la contrainte extérieure », dans Serge Berstein, Pierre Milza et Jean-Louis Bianco (dir.), *François Mitterrand : Les années du changement : 1981–1984, op. cit.*, p. 383–430.

15 Rapport des comptes de la nation 1982.

des salaires passe de 52 % à 58,5 %, altérant la compétitivité du travail. La capacité d'investissement des entreprises s'est donc dégradée. Le sous-investissement impacte négativement la compétitivité de l'économie française. Avec une inflation élevée, la France enregistre une baisse de la compétitivité des coûts salariaux unitaires.

En adhérant au SME, la France ne peut plus pratiquer de dévaluation compétitive pour recouvrir sa compétitivité. L'augmentation des coûts salariaux et une inflation plus élevée que les pays du SME (hormis l'Italie) provoquent un déséquilibre extérieur, conduisant à terme à une dévaluation. La baisse de la compétitivité et l'impossibilité de recourir à une dévaluation compétitive sont un problème majeur pour les entreprises françaises. La solution mécanique à ce déséquilibre existe : elle consiste à rétablir l'EBE et donc les profits tout en luttant contre la hausse de l'inflation. Toutefois, elle ne s'inscrit pas dans les propositions du programme commun…

Le gouverneur de la Banque de France, de La Genière, a établi les orientations économiques strictes qu'impose le respect des contraintes du SME. La politique monétaire doit s'inscrire dans une lutte contre les dérapages inflationnistes et ne peut soutenir « une économie défaillante », sous risque d'une forte récession. La politique économique doit s'inscrire dans la stabilité et la rigueur, laissant une marge de manœuvre extrêmement faible à toute autre alternative. Seuls une croissance mondiale et ses effets externes positifs permettraient d'espérer une latitude moins étroite. Or, après le contrecoup du second choc pétrolier, l'économie mondiale est en récession en 1980 et au premier semestre 1981. En 1982 le PIB américain enregistre une baisse de 2 %.

> « M. le Gouverneur récuse absolument une politique « à l'anglaise » consistant à (…) soutenir une activité économique défaillante, avant d'être obligé, devant les déséquilibres immenses ainsi développés, de freiner brusquement par tous les moyens et de faire plonger ainsi l'économie, non pas dans une moindre progression ou une stagnation – ce qui est jusqu'à présent le cas de l'économie française – mais dans une récession profonde. (…) Il faut regarder au-delà des quelques semaines ou quelques mois qui viennent pour essayer de placer l'économie sur une lancée à moyen terme et améliorer la situation de façon progressive. »[16]

---

[16] ABF, Procès-verbaux des délibérations du Conseil général- recueil 171- Séance du 24 décembre 1980.

La situation de l'économie française est d'autant plus précaire qu'après la mise en place du SME, la Banque de France a surtout privilégié la stabilité du taux de change sans parvenir à encadrer la croissance de la masse monétaire (14 % en 1980) en raison notamment de l'augmentation du coût de l'énergie. Une politique monétaire, reconnue comme « laxiste » par la Banque de France elle-même, est source d'un surcroît d'inflation rencontré en 1980 et au premier semestre 1981.

> « Les résultats de la politique monétaire assez laxiste menée en 1979 auront pour conséquence que l'effet déflationniste immédiat de la stabilité du taux de change du franc sera contrebalancé par un surcroît d'inflation dans la mesure où le rythme de croissance monétaire actuel (14 %) resterait du même ordre. (…) La France a, en 1979, nettement sacrifié l'objectif de croissance monétaire à celui de la stabilité du taux de change effectif du franc, notamment à partir de la mise en place effective du Système monétaire européen (SME) en mars 1979. »[17]

Face à la perspective d'une élection à la Présidence de la République du candidat du programme commun, les marchés financiers, dès l'entre-deux-tours spéculent sur la baisse du franc. Cette pression sur la monnaie française s'accentue le lendemain de l'annonce des résultats, le lundi 11 mai.

> « Les pressions sur le franc, qui s'étaient accentuées du fait d'un changement d'attitude des non-résidents au moment du premier tour des élections présidentielles, se sont quelque peu atténuées par la suite. Au lendemain du scrutin (second tour), une très importante demande de la clientèle résidente, et notamment du secteur pétrolier, a porté le franc à son cours limite contre le Deutsche Mark, soit 2,4093 F, dès la matinée de lundi. Puis les opérateurs du marché américain (…) ont déclenché une très vive attaque contre le franc, reprise mardi par les marchés européens. Ces opérations se sont trouvées aggravées par des ventes massives de francs et de valeurs françaises émanant de pays du Moyen-Orient. »[18]

Ces attaques contre la stabilité du franc redoublent pendant la période de transition du pouvoir politique entre le lundi 11 et le mercredi 20 mai, date de passation officielle des pouvoirs entre VGE et Mitterrand. Jacques Delors, futur ministre des Finances, décrit cette période de turbulences

---

[17] ABF, DASM – 1417200405/10 – Note 80/40.1 du 20 février 1980 par J.P. Patat.

[18] ABF – Procès-verbaux des délibérations du Conseil général – recueil 172 – Séance du 14 mai 1981, p. 157.

sur le marché des changes dans ses mémoires et déplore une certaine vacance du pouvoir préjudiciable à l'économie française.

> « Entre les deux tours (de l'élection présidentielle), j'avais demandé qu'on intervienne auprès du premier ministre Raymond Barre pour qu'il prenne des mesures de défense du franc. J'avais été informé par le directeur du Trésor, Jean-Yves Haberer. (…) Maintenant que les Français ont choisi leur président, Haberer n'a plus besoin d'intermédiaire pour solliciter des instructions. François Mitterrand refuse d'en donner avant la passation officielle des pouvoirs (…). J'apprendrais que malgré la demande renouvelée d'Haberer et de La Genière, Barre, à défaut d'instruction formelle du président, s'était obstiné dans son immobilisme »[19].

Sa position fait écho à l'analyse de J. Attali, conseiller du président Mitterrand, qui prône une dévaluation immédiate pour enrayer la spéculation et la crise qu'elle annonce : « Il faudrait dévaluer tout de suite. (…) Malgré la demande renouvelée de Haberer et de La Genière (…) Barre s'obstine dans son immobilisme sans instructions formelles du Président élu, lequel refuse encore d'en donner ».[20] Barre n'a plus la légitimité politique pour intervenir et Mitterrand refuse pour des raisons politiques évidentes d'endosser une dévaluation du franc avant même son entrée en fonction.

Mauroy est nommé le 21 mai premier ministre d'un gouvernement d'union des partis de gauche, regroupant des ministres socialistes, communistes et radicaux. Fidèle à l'idéologie socialiste, il met en place une politique économique interventionniste et dirigiste, en rupture avec la politique économique inaugurée par Barre. Alors que les économies anglo-saxonnes redécouvrent les vertus de l'économie de l'offre sous l'impulsion des conseils de Milton Friedman et Friedrich Hayek, la France semble revenir aux « vieilles recettes » du passé, celles de la reconstruction de 1946, en prônant le recours aux politiques conjoncturelles keynésiennes. Une politique économique de la demande est mise en place. Elle passe par une augmentation de la consommation des ménages et un accroissement du déficit budgétaire. Empreinte d'un fonds idéologique marqué qui date de l'élaboration du programme commun de 1972, la politique économique française a également des visées structurelles et cherche à redéfinir les contours du capitalisme hexagonal, notamment à travers les

---

[19] Jacques Delors, *Mémoires*, Paris, Plon, 2004, p. 159.

[20] Jacques Attali, *Verbatim I : 1981–1986*, Paris, Fayard, 1993, p. 20.

nationalisations. L'État doit être le garant des limites à apporter au rôle jugé déstabilisateur des marchés dans une économie mondiale ouverte. Cette position politique, si elle semble fidèle aux promesses électorales, s'éloigne de la réalité économique.

La Banque de France s'inquiète de la situation sur le marché des changes: « Le mercredi 20, marqué par l'entrée en fonctions du président de la République, et le jeudi 21, date de la nomination du premier ministre, les opérateurs sont inquiétés des décisions pouvant être prises au sujet du statut du franc dans le SME ou de l'application de dispositions restrictives en matière de contrôle des changes. »[21] Dans ses mémoires, Delors fait part de cette crise qui précède et suit l'investiture de Mitterrand. Mauroy, en maintenant dans ses fonctions de La Genière, Gouverneur de la Banque de France, acquis aux théories économiques libérales, cherche à rassurer les marchés financiers. Comme le rapporte Thierry Pfister : « Il lui signifie qu'à l'inverse de ce qu'il imagine, il n'est pas question de sacrifier le franc. Une première ligne de défense va être mise en place. Il est capital que le gouverneur reste à son poste. »[22] Toutefois, en imposant dès le 22 mai un contrôle des changes, le nouveau gouvernement enfreint les règles de fonctionnement du SME. Ce signal, même s'il permet, dans l'urgence, au gouvernement de gagner du temps, souligne les contradictions et le caractère politique du programme commun, qui ne tiennent pas compte de la réalité économique mondiale.

> « Le premier ministre venait d'être nommé et j'avais débarqué à Matignon (...), j'étais là pour un travail précis : il fallait de toute urgence décréter le blocage des changes pour arrêter l'hémorragie des devises. Étaient convoqués, en plus des collaborateurs du premier ministre, Jean Peyrelevade et Jean Deflassieux, le gouverneur de la Banque de France Renaud de La Genière et le directeur du Trésor Jean-Yves Haberer. Pendant cette soirée fameuse où Mitterrand, ses amis et les vedettes du PS se dirigeaient vers le Panthéon, nous avons préparé les textes qui allaient paraître le lendemain au Journal officiel. Il s'agissait de rétablir le contrôle des changes de façon à éviter les sorties de devises. »[23]

---

21 ABF – Procès-verbaux des délibérations du Conseil général – recueil 172 –Séance du 27 mai 1981, p. 173.

22 Thierry Pfister, *La Vie quotidienne à Matignon au temps de l'Union de la gauche*, Paris, Hachette, 1985, p. 244.

23 Delors, *Mémoires, op. cit.* p. 158.

Cette réponse face à la spéculation est fragile et ne parvient pas à rassurer les opérateurs financiers, malgré le rappel officiel de la solidarité monétaire franco-allemande au sein du SME.

> « En ce qui concerne le franc, il faut bien voir que l'accalmie qui s'est dessinée vendredi, s'est affermie lundi et surtout mardi, et se poursuit ce matin, n'est qu'un répit dû à des circonstances voulues par le gouvernement français : le resserrement du contrôle des changes (...), la hausse très brutale des taux d'intérêt (...) enfin la déclaration faite dimanche pour réaffirmer solennellement la solidarité monétaire franco-allemande. Les mesures qui ont été prises sont des mesures d'urgence. Elles devaient être prises, mais aussi bien pour les taux d'intérêt que pour le contrôle des changes, leur nature même implique qu'elles ne soient pas maintenues au-delà de quelques semaines et elles doivent être relayées par la définition d'une politique économique compatible avec l'équilibre extérieur. »[24]

Au cours de cette période de forte spéculation, la Banque de France doit intervenir sur le marché des changes pour soutenir le franc, enregistrant des pertes de devises importantes (10,2 milliards de francs). La dévaluation du franc est inéluctable. Une note de la Banque de France fait état de ce climat: « Après le 10 mai, un fort courant de défiance s'est développé sur le marché à l'encontre du franc français, obligeant la banque centrale à prendre des mesures de relèvement des taux. Ces diverses mesures (...) atténuaient un peu les prestations exercées sur le franc sans empêcher pourtant le bilan de la Banque d'enregistrer des pertes de devises à concurrence de 10,2 milliards de francs. »[25]

Cette phase de tension spéculative perdure tout au long du mois de mai 1981 : « Des anticipations défavorables se sont encore fait sentir entre le 18 et le 22 mai, c'est-à-dire pendant toute la période de l'intérim gouvernemental. Dès la nomination, le 21 mai, du premier ministre, les mesures de contrôle des changes ont été nettement renforcées (...), mais n'empêchaient pas les pertes officielles de changes au bilan de la Banque d'atteindre 7,8 milliards de francs. »[26]

De La Genière prône une politique monétaire rigoureuse : lutte contre l'inflation et encadrement de la croissance monétaire. Son attitude

---

[24] ABF – Procès-verbaux des délibérations du Conseil général – recueil 172 – Séance du 27 mai 1981, p. 173.

[25] ABF – 1417200405/12 – Note DASM datée de juin 1981.

[26] *Idem.*

souligne la faible marge de manœuvre, voire l'absence d'alternative, dont dispose le nouveau gouvernement quant à l'application d'une autre politique économique que celle découlant de la mise en place du SME. Le risque d'un déséquilibre accru de la balance commerciale est réel.

> « C'est pourquoi des mesures techniques doivent être relayées par des mesures plus fondamentales, qu'il appartient au gouvernement de définir et de décider afin d'obtenir un meilleur équilibre interne et externe de l'économie. Si en ce qui concerne le contrôle des changes, il ne semble pas qu'il y ait des dispositions urgentes à prendre, le problème se pose en revanche pour les taux d'intérêt. »[27]

La lutte contre l'inflation reste une priorité. Elle passe par un contrôle strict de la croissance de la masse monétaire, difficilement compatible avec une politique de relance basée sur l'augmentation de la consommation des ménages et une augmentation des déficits budgétaires.

> « Quoi qu'il en soit, il existe un problème tenant à la progression de la masse monétaire et M. le Gouverneur l'a déjà signalé au ministre des Finances. Ce problème devra être traité dès la formation du gouvernement après les élections législatives. Il faudra parvenir à maintenir la croissance de la masse monétaire au rythme plus modéré qui a pu être heureusement enregistré depuis 18 mois. »[28]

Attali, comme Delors, mesure les difficultés et le risque majeur de l'instabilité du franc. Cette conversation entre le ministre des Finances et le président de la République illustre ce décalage, entre la perception économique de certains membres du gouvernement et la volonté politique du chef de l'État et d'une grande partie de sa majorité. Si l'économie tend à supplanter la politique au cours des années 1970 et au début des années 1980, Mitterrand n'en prend pas acte. Au contraire, il semble suivre un programme politique qui relègue au second plan les réalités économiques. Dès le 5 juin, Delors recommande au Président une dévaluation immédiate et la préparation d'un nouveau budget de rigueur : « C'est la Bérézina » annonce-t-il et Mitterrand de lui répondre : « Ce n'est pas si grave. La crise dure depuis trop longtemps, elle n'est pas éternelle, elle ne durera pas sept ans et je dois faire toutes les réformes de structure au plus vite. La vague de croissance emportera tout

---

27 ABF- Procès-verbaux des délibérations du Conseil général – recueil 172 – Séance du 11 juin 1981, p. 191.

28 *Idem*.

cela. Sans compter que la France est un pays riche. »[29] Mitterrand donne du « temps au temps ».

Mais le temps mitterrandien n'est pas celui qu'exigeraient dans les manuels d'économie politique la précarité et la gravité de la situation économique. Comme il le confie à Attali, « Pour le moment je fais de la politique : la rigueur on verra ça plus tard. »[30] Son objectif est de répondre aux attentes de ses électeurs. Sa désinvolture politique ostentatoire et son incompétence économique affichée (qui n'a d'égale que celle de son premier ministre[31]) laissent à penser que les échéances électorales sont les principaux ressorts de ses actions politiques… Dès le mois de juin 1981, l'Élysée et le gouvernement savent que les promesses électorales du candidat Mitterrand ne seront pas tenues avant même l'adoption des mesures prévues. Plusieurs archives de la Banque de France l'attestent. La reprise de la croissance de l'économie mondiale à court terme est illusoire et irréaliste. « L'hypothèse d'une croissance de l'économie américaine est irréaliste : une chute brutale et soudaine de la croissance est d'ores et déjà amorcée aux États-Unis. »[32]« Le relèvement du SMIC, des prestations familiales et de l'allocation logement entraînera une reprise de la croissance d'ampleur modérée. »[33] Pour l'heure, Mitterrand fait de la politique et se refuse à adopter la rigueur. Comme souvent dans son parcours, il justifiera ex post ses choix, dressant un bilan flatteur de son action[34].

---

29 Attali, *Verbatim I : 1981–1986, op.cit*, p. 45.

30 Favier et Martin-Roland, *La décennie Mitterrand : les ruptures (1981–1984), op. cit.*, p. 486. Entretien avec J. Attali, le 15 mars 1989.

31 Pierre Mauroy le reconnaît : « Ma grande force, c'est d'avoir des audaces que les économistes n'ont pas. J'ai la vertu de ceux qui ne sont pas des spécialistes. » Favier et Martin-Roland, *op. cit.*, p. 496. J. Peyrelevade est plus explicite : « Au départ, Mauroy avait une culture économique nulle. », *Ibid.*, p. 496. « À l'Élysée, on préfère la méthode du cours par correspondance. » *Ibid.*

32 ABF- Papiers Bruneel – 1180200501/571 – Compte-rendu de la réunion de conjoncture du 2 juin 1981 rédigée par Didier Bruneel.

33 ABF- Papiers Bruneel – 1180200501/571 – Note du 9 juin 1981 rédigée par Didier Bruneel.

34 « Nos obligations devant les français étaient autant sociales qu'économiques. Nous n'avions pas été élus pour répondre aux espérances du Figaro, mais pour respecter avec ces mesures sociales la partie authentique du socialisme. Ce que nous avons fait en arrivant correspondait à un plan et à des engagements qui n'avaient rien à voir avec une quelconque exaltation du moment. Nous savions que l'ensemble des réformes et des mesures sociales que nous allions mettre en place seraient coûteuses et viendraient s'ajouter aux difficultés de la crise. Évidemment tout aurait été

Schmidt est le premier chef d'État ou de gouvernement étranger à rendre visite au nouvel hôte de l'Élysée le 28 mai. Malgré des divergences d'opinions sur le plan économique et des inquiétudes sur les orientations que Mitterrand veut donner à la politique économique de la France, il renouvelle son soutien, mais il défend aussi la rigueur monétaire et budgétaire[35]. Les choix politiques de la France et du nouveau gouvernement qui tendent à ne pas évaluer l'ampleur des conséquences économiques de telles orientations allant à l'encontre du SME et de l'UEM instaurent une certaine méfiance dans les relations franco-allemandes. Il n'empêche ; le chancelier affirme sa volonté et la nécessité de poursuivre la collaboration franco-allemande, notamment dans les relations monétaires. Conscient de l'intérêt non prioritaire accordé par Mitterrand et Mauroy aux questions économiques, Schmidt adopte un ton dans ses messages qui s'apparente parfois à « une mise en demeure »[36], illustrant l'incompréhension qui s'installe dans les relations monétaires franco-allemandes. D'autant qu'au même moment, il accentue la politique de rigueur en RFA en pratiquant des coupes budgétaires afin de faciliter la politique d'encadrement de la masse monétaire menée par la Bundesbank. Le chômage et la croissance de l'économie mondiale sont des enjeux majeurs dans le processus d'UEM.

Comme en témoigne un rapport confidentiel de la Commission européenne devant faire l'objet d'une discussion lors du Conseil européen de Luxembourg (29–30 juin 1981), et transmis à Mitterrand par Delors, ministre des Finances, et Auroux, ministre du Travail, la stagnation de la croissance et le chômage sont au cœur des préoccupations de la CEE. Il est préconisé de maintenir une lutte contre l'inflation, de contenir les dépenses budgétaires et de diminuer les coûts salariaux.[37] Dès le mois de juin, la présidence de la République a connaissance des attentes et

---

parfait si nous n'avions rien fait. On nous aurait alors considéré comme des gens sérieux, mais nous ne pouvions ignorer l'attente de ceux qui nous avaient portés au pouvoir. Nous donnions du mieux-être, ce qui justifiait notre action et nous permettait d'être mieux assis politiquement… Tout le problème consistait à prendre ce risque et à savoir à quel moment il faudrait cesser de le prendre pour en écluser les conséquences. » Favier et Martin Roland, *La décennie Mitterrand : les ruptures, op. cit.*, p. 130–131.

[35] Helmut Schmidt, *Die Deutschen und ihre Nachbarn*, *op. cit.*

[36] CHAN 5AG4, 11300. Note de Pierre Bérégovoy, alors secrétaire général de l'Élysée, suite à un message de H. Schmidt, en date du 1er juin 1981.

[37] CHAN 5AG4 2231, fiche du SGCI pour le Conseil européen de Luxembourg.

des recommandations de la Commission : « c'est bien une politique de rigueur qui est préconisée par la Commission, le cap à garder pour tous les États membres du SME étant de respecter une stricte orthodoxie financière. »[38]

Malgré la nomination de ministres pro-européens aux fonctions gouvernementales amenées à traiter avec Bruxelles, la politique économique et sociale du programme commun présentée par Mitterrand lors de son premier Conseil européen à Luxembourg fait l'objet d'une incompréhension de la part des chefs d'État et de gouvernement qui ont tous opté pour l'option libérale. L'Europe sociale défendue par le président français est en décalage avec les préoccupations économiques du moment, d'autant que la CEE est à l'arrêt depuis 1979 en raison de désaccords sur la politique agricole commune et de la double contribution britannique. Mitterrand décrit ce blocage institutionnel, en déclinant son credo social : « L'Europe n'a plus de grand dessein. Elle est paralysée par la règle non écrite du juste retour. Sa nature libérale ne lui permettra pas de résister à la pression du capitalisme multinational. »[39] Cette même incompréhension doublée d'une méfiance certaine apparaît également lors du sommet du G7 à Ottawa au début de mois de juillet. Dans ses entretiens avec Mitterrand, Schmidt préfère aborder les problèmes diplomatiques et géostratégiques qui préoccupent l'Allemagne plutôt que les questions économiques. Il n'a plus un interlocuteur avec lequel partager des visions communes sur l'avenir de l'UEM, comme l'était son homologue et ami VGE. Malgré un soutien constant de la RFA pour maintenir les acquis de l'UEM, les différends économiques et la politique française à contre-courant de l'évolution de l'économie mondiale instaurent une parenthèse dans les relations franco-allemandes.

Suivant les conseils d'Attali, Mitterrand choisit la continuité dans les relations franco-allemandes, nécessaires à la stratégie diplomatique multilatérale de la France dans un contexte toujours marqué par la « Guerre froide ». « Les relations franco-allemandes sont un élément irremplaçable de la stratégie multilatérale de la France. »[40] Attali préconise de « renouveler, non point solennellement, mais très concrètement le

---

[38] du Réau, « L'engagement européen », dans Serge Berstein, Pierre Milza et Jean-Louis Bianco, *François Mitterrand : Les années du changement : 1981–1984*, *op. cit.*, p. 289.

[39] *Du Réau op. cit.*, p. 291.

[40] CHAN 5AG4, 4767. Note de Jacques Attali au Président, 10 juillet 1981.

contrat de confiance et de dépendance réciproque qui est à la base de la construction européenne »[41].

La relance économique promise prend forme pendant l'été à travers une augmentation du SMIC et des prestations sociales aux plus démunis dans une atmosphère d'euphorie politique au sein du gouvernement. Le discours de politique générale de Mauroy annonce une rupture avec l'économie libérale. Louables sur le plan social, ces actions trop éloignées des réalités économiques inquiètent tant la Commission, la BRI que les marchés financiers. Face à l'augmentation de la dette de nombreux pays, la Commission a, dès le la fin du mois de juin, évalué les risques d'aggravation des déséquilibres économiques, alors qu'une perspective d'un retour à une croissance suffisamment importante en 1982 s'éloigne. « Le constat de la CEE est le suivant : dans la majorité des pays membres, la dette publique s'est accumulée; la reprise économique en 1982 ne sera pas suffisante pour rééquilibrer les comptes publics. Une politique restrictive des finances publiques s'impose, car : il existe des liens évidents entre déficits publics et déficits extérieurs, (…) la politique monétaire devient inopérante s'il n'y a pas de politique budgétaire. »[42]

Dans un tel contexte, une politique de relance keynésienne est vouée à l'échec, d'après la Commission. La BRI fait le même constat. Elle « indique dans son dernier rapport (…) [qu'il faut] que la détermination des autorités à persister dans leur lutte contre l'inflation soit rendue crédible. Or, ce ne peut être le cas par exemple lorsqu'il y a persistance (ou création) d'un besoin de financement important des pouvoirs publics. »[43]

La spéculation contre le franc reprend au cours de l'été et va s'amplifier en septembre à l'annonce des grandes orientations budgétaires et des nationalisations. Les archives de la Banque de France permettent de présenter un état de la situation du franc : « Quant au franc français, il se trouve à la cinquième place dans le SME. Il a subi de vives pressions en raison de la présentation devant l'Assemblée nationale du programme

41 *Idem.*

42 SAEF – B5238/1 – Note 91 du 3 juillet 1981, R. de Villepin – Compte-rendu de la réunion du 30 juin du Comité de politique économique de la CEE.

43 ABF- DASM- 1417200405/13 – Note 81/155 .1 du 19 août 1981 rédigée par J. Pecha.

de nationalisations ainsi que du fait de certaines rumeurs à la veille du week-end du 14 juillet. »[44]

La Banque de France rappelle les contraintes de la politique monétaire et de la politique budgétaire dans le cadre d'une économie ouverte instable où le SME fait figure de rempart. La bataille de l'emploi ne peut être gagnée à travers une augmentation des dépenses budgétaires, source d'instabilité.

> « Une détérioration des équilibres en valeur n'est pas compatible avec une détérioration durable des agrégats en volume (production et emploi). La détérioration est cependant encore faible et elle est, par conséquent, maîtrisable, notamment dans le domaine où le gouvernement peut avoir une influence, le budget et la politique monétaire. Mais il ne faut pas perdre de temps. »[45]

Les pressions contre le franc reprennent à la fin de l'été, d'autant que la Banque de France rappelle les risques engendrés par un déficit budgétaire croissant : « L'évolution du découvert budgétaire en 1981, celui qui est envisagé pour l'année prochaine et, plus encore, l'augmentation de 28 % des dépenses publiques d'une année à l'autre sont des facteurs inquiétants pour le maintien de l'équilibre économique. »[46]

La spéculation contre le franc s'amplifie au moment de l'annonce par Mauroy le 15 septembre des grandes mesures de sa politique pour « relever le défi du chômage » : « réduction de la durée du travail avec l'objectif des 35 heures hebdomadaires en 1985 ; aides financières aux entreprises qui pratiqueront cette réduction ; extension du travail à temps partiel ; abaissement et modulation de l'âge de la retraite ; contrats de solidarité État-employeurs visant, par la négociation, à faciliter la retraite anticipée des travailleurs de plus de 55 ans afin de favoriser l'embauche des jeunes ; prêts participatifs aux PME, aides aux entreprises qui embauchent, et bien sûr, nationalisations »[47]. Cette suite de mesures qui prennent place dans le budget de 1982 a pour conséquence une augmentation des

---

44 ABF-Procès-verbaux des délibérations du Conseil général – recueil 172 – Séance du 23 juillet 1981.

45 ABF, Procès-verbaux des délibérations du Conseil général – recueil 172 – Séance du 9 juillet 1981. P. 219

46 ABF – Procès-verbaux des délibérations du Conseil général – recueil 172 – Séance du 20 août 1981– p. 260.

47 Favier et Martin-Roland, *La décennie Mitterrand : les ruptures (1981–1984)*, *op. cit.*, p. 132.

dépenses publiques, du déficit budgétaire et de l'endettement, allant à l'encontre des recommandations de la Commission et des exigences de rigueur du SME.

Au moment « le moins mauvais possible », la dévaluation du franc est effectuée le 4 octobre 1981, à l'initiative du ministère des Finances (Delors), du Trésor (Haberer) et de la Banque de France (de La Genière). La décision a été prise à la fin du mois de septembre en concertation avec les partenaires de la CEE. Réalignement monétaire, la dévaluation s'accompagne d'un réaménagement des cours pivots au sein du SME : dévaluation du franc (8,5 %), de la lire (3 %) et du franc belge (3 %), réévaluation de deutsche mark (5,5 %) et du florin (5,5 %). Toutefois, le budget de 1982, qui s'inscrit pour des raisons politiques dans le respect des promesses électorales, prive cette dévaluation d'un plan d'accompagnement nécessaire.

Delors et son ministre délégué au Budget, Laurent Fabius, s'opposent sur ce point. L'Élysée et Matignon privilégient la politique et arbitrent en faveur du second. Pour le ministre des Finances, comme pour le gouverneur de la Banque de France, le plan d'accompagnement est très insuffisant, voire inexistant, appelant à brève échéance à un nouveau réalignement monétaire. Delors a hésité à donner sa démission : « Je n'ai pas obtenu ce que je voulais en conseil interministériel, mais j'ai décidé de rester quand même aux Finances. Je sais que c'est insuffisant compte tenu de la conjoncture. Mitterrand a coupé en deux la poire du plan d'accompagnement. »[48] Une prochaine dévaluation s'annonce. La politique de rupture marque une nouvelle étape (l'apprentissage à travers l'échec) dans le processus de conversion aux exigences qu'imposent les réalités économiques intérieures et extérieures.

5.2 Les illusions perdues : octobre 1981–juin 1982 (premier plan de rigueur)

Cette première dévaluation du franc inaugure une période d'illusions perdues qui aurait dû signifier une conversion affichée à la politique de rigueur, si elle avait été suivie d'une politique d'accompagnement. Or le gouvernement fait face à une équation politique difficilement solvable : appliquer les grandes orientations du programme électoral, en

[48] IFM – Notes de P. Favier et M. Martin-Roland – Entretiens avec J. Delors.

respectant les contraintes économiques extérieures imposées notamment par le SME. La Banque de France s'inquiète de la situation et appelle à une adaptation de la politique économique :

> « Une opération d'ajustement monétaire ne se conçoit que dans une politique d'ensemble tendant à la stabilisation de l'économie. Dans le cas particulier de la France, cette politique doit viser à la résorption progressive des deux déséquilibres, interne et externe, dont notre économie souffre. (...) Or, ces deux déséquilibres, bien loin de se résorber, s'accroissent. (...) Pour que cette opération réussisse, c'est-à-dire pour qu'elle ne soit pas suivie d'autres opérations de même nature dans un avenir plus ou moins proche, il est essentiel que certaines dispositions soient effectivement mises en œuvre, dans l'esprit et avec la vigueur que le Conseil des ministres a lui-même fixés. »[49]

Delors freine de façon très limitée la politique de relance voulue par l'Élysée et défendue par le ministère du Budget. Alors que le budget 1982 vient d'être voté, il obtient, lors du conseil des ministres du 7 octobre, une réduction des dépenses budgétaires de 10 milliards et le gel de 15 milliards supplémentaires, sous la forme d'un « fonds de réserve » sur un budget total de 800 milliards de francs. Il défend une ligne comparable à celle du chancelier Schmidt, « profit-investissement-emploi », alors que la quasi-totalité du gouvernement baigne encore dans l'euphorie de la victoire de mai et se rallie à la position du ministre du Budget, Fabius : « relance-solidarité-emploi ». La relance économique repose sur un déficit budgétaire de 95 milliards de francs, soit 2,6 % de PIB. Outre-Rhin, le chancelier établit un politique budgétaire qui défend la stagnation des dépenses publiques, la compression des dépenses sociales et la réduction des déficits. Lors d'une invitation à Latché (7 et 8 octobre 1981), résidence de Mitterrand dans les Landes, le chancelier précise ses convictions économiques à son hôte français et évoque les problèmes du chômage et de l'inflation, soulignant les différences de perception en France et en Allemagne.

> « Pour l'instant, nous connaissons en Allemagne la récession la plus forte et le taux de chômage le plus élevé depuis la guerre. Or, les Allemands ont une sensibilité névrotique sur ces points. Si nous avions en Allemagne le même taux de chômage que chez vous, je serais déjà parti, car le conflit entre le gouvernement et les syndicats aurait atteint un seuil insupportable.

---

[49] ABF – Procès-verbaux des délibérations du Conseil général – recueil 172 – Séance du 15 octobre 1981, p. 321.

Le mouvement syndical pense en effet que nous pouvons réduire le chômage par des plans gouvernementaux, et moi, je sais que ce n'est pas possible. (…) En tant qu'économiste, je dois dire aussi que je suis convaincu de la nécessité absolue de combattre l'inflation et de la réduire, faute de quoi le chômage augmentera inéluctablement. Nous devons donc ne pas dévaluer notre monnaie. Si l'argent perd de sa valeur, le chômage, à terme, augmentera. (…) L'Allemagne est hypersensible à l'inflation, elle est véritablement allergique au déficit budgétaire comme au chômage, ce qui nous empêche de lutter contre le chômage par des politiques de déficit. »[50]

En France, seul Michel Rocard, ministre d'État de l'Agriculture, fait écho aux craintes de Delors. Il préconise depuis mai une forte dévaluation par rapport au mark (20 %). La première dévaluation du septennat est insuffisante pour espérer un redressement des déséquilibres économiques. Conformément à la loi des pouvoirs d'achat, la dévaluation de 8,5 % du franc à l'égard du mark correspond au différentiel d'inflation entre les deux zones monétaires. Elle ne permet pas un redressement structurel de l'économie française et nécessite une intensification de la lutte contre les dérives inflationnistes comme en témoigne une note d'un conseiller de l'Élysée : « La lutte contre l'inflation sera intensifiée. Son rythme, sensiblement plus élevé que celui observé chez nos partenaires commerciaux, met en péril compétitivité, croissance et emploi. »[51]

Selon Peyrelevade[52], directeur adjoint du cabinet du premier ministre, le projet d'une seconde dévaluation est envisagé dès le mois de novembre 1981.

Face à ce premier échec économique, l'Élysée met en place une riposte politique en deux volets : faire reporter la faute sur la gestion économique libérale des gouvernements précédents et rassurer sur la pertinence du recours à la politique budgétaire expansive dans la perspective d'un retour à une croissance mondiale imminente.

« Première constatation : la politique économique libérale a échoué. Face à la crise (…) ses objectifs étaient de ralentir l'inflation, de rétablir les profits et de maintenir une forte parité du franc. L'amélioration de l'emploi était délibérément renvoyée à plus tard. Cette politique n'a toutefois pas su éviter

---

50 Attali, *Verbatim I, op. cit.*, p.165–166.

51 AN 5AG4/2108. Papiers de François-Xavier Stasse –Note FXS.534 du 21 octobre 1981 : « résumé du plan intérimaire : une stratégie pour deux ans. »

52 IFM- Notes de P. Favier et M. Martin-Roland – Entretien avec Jean Peyrelevade, le 20 juillet 1990.

ni la perpétuation de l'inflation ni le déficit des paiements extérieurs. Elle a accepté le ralentissement de la croissance et n'a pas su provoquer une reprise durable de l'investissement. »[53]

« Le déficit public, qui restera mesuré, sera employé à soutenir la demande, à amorcer l'adaptation structurelle de notre économie, à faire reculer le chômage. Le retour à un rythme soutenu d'expansion, générateur de recettes fiscales et parafiscales, et la stabilisation puis la diminution des dépenses liées au chômage favoriseront ultérieurement le retour à l'équilibre. »[54]

À la fin de l'automne, les déficits s'aggravent. Comme Attali l'avait annoncé à Mitterrand en juin, le déficit de la Sécurité sociale s'accroît, imposant le rétablissement de la cotisation maladie de 1 % sur les salaires (supprimée par Barre en février 1981, juste avant les élections), et réduisant d'autant le pouvoir de consommation des ménages (ponction de 10 milliards de francs) et la capacité d'investissement des entreprises (ponction de 4 milliards de francs)[55].

Sur le plan international, les perspectives économiques établies par la Banque de France sont mauvaises. Le retour de la croissance qui conditionne le succès de la politique de relance est reporté au deuxième semestre 1982, au plus tôt, comme le rapportent les archives de la Banque de France[56].

Au sein de la CEE et du SME, l'inquiétude et la méfiance à l'égard des politiques économiques définies par le gouvernement français vont en s'accroissant. La Bundesbank doute des orientations économiques du gouvernement Mauroy. La stabilité économique et monétaire doit demeurer la priorité. Sur elle repose l'espérance d'un retour à la croissance. « M. Gleske [représentant de la Bundesbank au Comité monétaire] n'est pas convaincu par les conceptions développées par M. Camdessus [représentant français] sur la convergence et se déclare surpris qu'on puisse préférer la croissance à la stabilité alors que l'expérience confirme

---

53 CHAN -5AG4/2108. Archives de François-Xavier Stasse – Note FXS.534 du 21/10/1981 : « résumé du plan intérimaire : une stratégie pour deux ans ».

54 CHAN – 5AG4/2108. Archives de François-Xavier Stasse – Note FXS.534 du 21/10/1981 : « résumé du plan intérimaire : une stratégie pour deux ans ».

55 Favier et Martin-Roland, *La décennie Mitterrand : les ruptures (1981–1984)*, *op. cit.*, p. 486.

56 ABF- Papiers Bruneel – 1180200501/571 – Compte-rendu de la réunion de conjoncture du 1er décembre 1981 rédigée par Didier Bruneel.

que la croissance ne peut être assurée à long terme que si la stabilité monétaire et la paix sociale le sont. »[57]

Les craintes exprimées par la Bundesbank sont partagées par la Banque d'Angleterre qui souligne les incohérences structurelles de la politique économique de relance. « M. Balfour pense que le gouvernement français s'efforce de faire en même temps beaucoup de choses, certes louables socialement, alors que la conjoncture ne s'y prête guère ; ce qui donne l'impression d'une certaine incohérence (…) Comment concilier la stabilité du franc dans le SME avec le taux d'inflation prévu, qui dépasse la moyenne de la CEE ? »[58]. La chancellerie allemande se montre plus explicite et signale une divergence de politique économique, contraire aux règles de fonctionnement du SME. L'ambassade de France à Bonn, s'en fait l'écho : « La politique économique française accomplit un effort indispensable de rattrapage dans le domaine social, mais elle le tente dans une conjoncture internationale qui en rend le succès improbable. (…) Contrairement à la convergence recherchée au sein de la CEE, la politique économique française est un facteur de divergence. »[59]

Au sein des industriels et des chefs d'entreprises français, face à cette incohérence économique, s'installent une méfiance et une inquiétude à l'égard du gouvernement. Les partis d'opposition, le Rassemblement pour la République (RPR), et l'Union pour la démocratie française (UDF), s'unissent pour soutenir avec véhémence le mécontentement qui s'installe progressivement dans l'opinion publique. Delors, conscient de l'impasse économique vers laquelle se dirige le gouvernement, propose d'effectuer une pause dans les réformes. Le dimanche 29 novembre sur RTL, il utilise un mot banni du vocabulaire du parti socialiste depuis les désillusions de 1936. « Mon opinion personnelle est claire : il faut faire une pause dans l'annonce des réformes, mais en revanche mener à bien celles qui ont été décidées ».

---

57 ABF – 1489200205/130 – Compte-rendu de la 276ᵉ session du Comité monétaire des 10 et 11 décembre 1981, par Alain Prate.

58 ABF – 1489200205/130 – Compte-rendu de la 276ᵉ session du Comité monétaire des 10 et 11 décembre 1981, par Alain Prate.

59 ABF – 1489200205/130 – Note de P. Mordacq, attaché de l'Ambassade de France en Allemagne, adressée le 7 décembre 1981 à MM. Haberer et Camdessus (Trésor), Cortesse (Prévision), Brunet et Jolivet (cabinet du ministre des Finances) et Prate (Banque de France).

Il va à l'encontre de la politique défendue par Mitterrand et Mauroy. Mitterrand veut mettre en place des réformes économiques le plus rapidement possible afin d'éviter « d'être condamné à l'inertie »[60]. Il est obligé de défendre son action politique devant les étudiants de l'École des hautes études commerciales, le 8 décembre. Il appelle les Français à la mobilisation « dans un formidable esprit d'entreprise à l'échelle de la nation. » Comme le soulignent Favier et Martin Roland, il va jusqu'à « entonner l'hymne au profit capitaliste » : « Il est évident que le profit est le moteur sans lequel il est inconcevable qu'une entreprise subsiste (…). Les chefs d'entreprise et les pouvoirs publics ne doivent pas être des adversaires, ils doivent être des partenaires. »[61] En décembre 1981, Mauroy semble montrer une inclinaison pour les vertus de la politique de rigueur, sans préciser comment concilier rigueur et réformes basées sur le déficit budgétaire. Comme il le mentionnera : « Delors, lui voulait déjà en octobre 1981 faire une pause dans les réformes. Moi je n'étais pas d'accord, je voulais continuer les réformes et en même temps mener une politique économique de rigueur pour casser l'inflation. »[62]

Le premier trimestre de l'année 1982 marque un net recul du parti socialiste et de la gauche dont la politique économique est sanctionnée. Dès le mois de janvier, l'opposition gagne les quatre élections législatives partielles : les partis de gouvernement accusant un recul de 6,5 points. Lors des élections cantonales des 14 et 21 mars, cette tendance se confirme, d'autant que la situation économique s'est aggravée. Le RPR et l'UDF gagnent 238 sièges, le PS et le PC en perdent 55. Comme le rappellent Favier et Martin-Roland « les faits donnent raison à la droite : stagnation de la production industrielle, recul du PIB, recul du pouvoir d'achat ouvrier en raison d'une forte poussée des prix, creusement de l'écart d'inflation avec la RFA et les États-Unis, hausse continue du chômage (près de 20 % en un an), aggravation du déficit extérieur et menace sur le franc. »[63] Au lendemain des élections cantonales, le franc atteint son cours plancher au sein du SME. La Banque de France a dû utiliser ses

---

60 Favier et Martin-Roland, *La décennie Mitterrand : les ruptures (1981–1984), op. cit.*, p. 496.

61 *Ibid.*, p. 494.

62 IFM. Notes de P. Favier et M. Martin-Roland – Entretien avec Pierre Mauroy. P. Mauroy n'explique pas comment concilier ces deux objectifs…

63 *Favier et Martin-Roland, La décennie Mitterrand : les ruptures (1981–1984), op. cit., p. 499.*

réserves de change pour soutenir la devise française : 10 milliards de francs. Au ministère des Finances comme à Matignon, l'imminence d'une nouvelle dévaluation du franc paraît évidente d'autant que les perspectives d'une croissance mondiale sont à nouveau écartées. La Prévision n'annonce pas de reprise avant le second semestre 1982 et la récession persiste, hypothéquant les chances de réussite de la politique de relance. Mitterrand a conscience du danger pour l'économie française[64].

Delors et Mauroy s'accordent pour dévaluer le franc le plus tôt possible et au plus tard au début de l'automne. Un plan d'accompagnement est prévu et annonce le « tournant de la rigueur ». Préparé par les conseillers et économistes de la rue de Rivoli (P. Lagayette notamment), de Matignon (F. Guillaume et J. Peyrelevade) et en coordination avec F.X. Stasse, conseiller économique de l'Élysée, il s'inscrit dans un véritable plan de rigueur incluant outre la dévaluation, le blocage des prix et des salaires, les restrictions budgétaires et le resserrement du crédit. Afin de négocier une coopération américaine hypothétique sur la politique monétaire, la date est fixée au lendemain du sommet du G7 qui se tient à Versailles du 4 au 6 juin 1982. Officiellement durant cette période la politique économique reste la même, fidèle aux promesses électorales du président Mitterrand.

Sur le plan communautaire, l'administration française sait qu'elle ne parviendra pas à convaincre l'administration britannique d'opter pour une déflation moins forte et ne parvient pas à convaincre l'Allemagne du bien-fondé de sa relance économique. Mauroy en fait le constat : « J'ai cessé de croire que je pourrais arriver à quelque chose avec Schmidt quand j'ai compris que l'économie allemande ne se conduisait pas à la chancellerie, mais dans les banques. »[65]. En raison de l'obsolescence de l'appareil de production français, la relance économique intérieure profite surtout – pour plus de la moitié – aux produits d'importation : automobiles, électroménager, Hi-Fi, importés surtout du Japon et d'Allemagne et, dans une moindre mesure, d'Italie.

Après l'échec des négociations avec les États-Unis pour une éventuelle relance de l'économie mondiale, l'Élysée prend acte de la dévaluation

[64] *ABF – Papiers Bruneel – 1180200501/571 – Compte rendu de la réunion de conjoncture du 2 mars 1982.*

[65] Pierre Favier, Michel Martin-Roland, *La décennie Mitterrand : les ruptures (1981–1984),* Entretien avec Pierre Mauroy, le 4 janvier 1989, Paris, Seuil, 1990, p. 502.

du franc prévue le 12 juin. Une note rédigée par Stasse fait état de la situation et décrit les perspectives de la politique économique française : « Un ajustement monétaire s'impose donc très rapidement, étant entendu qu'il est subi et non pas voulu, puisqu'il va devoir intervenir dans une conjoncture défavorable : atonie de la demande mondiale ne permettant pas aux exportateurs français d'exploiter leur compétitivité prix ; niveau élevé du dollar, rendant particulièrement coûteuse une nouvelle hausse du prix de nos importations. »[66] Plus soucieux de la perception politique de ce constat échec, il abonde dans ce sens : « Il importe que les orientations qui vont être annoncées s'inscrivent dans la ligne de ce qui a déjà été fait pour ne pas donner l'impression d'un échec que l'on chercherait à corriger. »[67] Le nouveau réalignement monétaire du franc conduit à une dévaluation du franc de 5,75 % et à une réévaluation du mark de 4,25 % au sein du SME.

5.3 Le second plan de rigueur : l'autre politique et la réalité économique

Lors du Conseil des ministres qui succède à la seconde dévaluation, Mitterrand sait bénéficier d'un capital confiance de son électorat, maintenu par le respect de ses engagements emblématiques : revalorisation du SMIC et des prestations sociales et familiales, retraite à 60 ans, 39 heures hebdomadaires et 5e semaine de congés payés notamment. Il dresse le bilan de son action en omettant dans ses objectifs initiaux, la lutte contre le chômage, difficilement compatible à court terme avec les exigences et les contraintes de l'économie mondiale et du SME. Lucide et ambigu, il annonce le changement dans la continuité, conservant à la politique la primauté sur l'économie. Le tournant de la rigueur ne sera jamais reconnu comme la fin de la politique de rupture promise lors des élections, mais comme une parenthèse dans les réformes.

> « Nous nous trouvons dans un cas typique de lutte des classes, à la fois nationale et internationale. Nous ne pouvons compter sur aucun des grands pays capitalistes, car pour eux le but est de démontrer que nous ne pouvons

66 CHAN – 5AG4/2164 – Archives de F.X. Stasse – Note de J.C. Milleron pour le ministre, le 10 juin 1982.

67 CHAN 5AG4/2164 – Archives de F.X. Stasse – Note d'Alain Boublil : « Fiche conférence de presse – politique de l'investissement », 7 juin 1982.

pas nous isoler. Ce constat aurait pu conduire à quitter le SME, car, finalement ce système nous lie aussi à ceux qui nous combattent. Les États-Unis se comportent aussi, objectivement, comme les ennemis de la France en vertu de leur égoïsme sacré. Nous sommes donc soumis à une guerre internationale, mais c'est une situation politique plus qu'économique. »

Et Mitterrand de poursuivre la justification de son combat sur le plan politique :

> « Nous avons accepté de vivre avec le patronat, pas seulement par pitié, mais parce que nous ne disposons pas d'une administration capable de se substituer tout de suite aux forces du marché, et de le faire fonctionner, sans doute en violant au passage bien des libertés. Puisque nous avons accepté de vivre dans une économie libre, il faut en tirer les conséquences : ne pas perdre l'objectif de vue, mais ne pas courir le risque d'être balayés. »[68]

Reposant cette fois sur un plan d'accompagnement, la seconde dévaluation du franc en moins d'un an marque le « tournant » dans la politique de rupture mise en place à l'été 1981. La relance par la consommation a entraîné une hausse des importations de produits manufacturés. L'industrie allemande profite grandement de cette relance française. La RFA est le premier partenaire économique de la France. Les mesures d'accompagnement inscrivent un blocage des prix – à l'exception des prix de l'énergie et des prix agricoles régulés par Bruxelles – et des salaires – à l'exception du SMIC – jusqu'au 31 octobre, une limitation du déficit budgétaire de 1983 à 3 % du PIB et un rééquilibrage des budgets sociaux. Cette restriction budgétaire doit permettre à l'inflation de se maintenir en dessous du seuil de 10 % en 1982 avant de descendre à 8 % en 1983. Le différentiel d'inflation entre la France et la RFA doit être significativement réduit à court terme afin de soutenir la stabilité du franc dans le SME. Les marchés financiers internationaux accueillent favorablement cette dévaluation, permettant ainsi une amélioration des réserves de la Banque de France, très éprouvées au second trimestre 1982.

> « Près de 2,5 milliards de dollars avaient été perdus depuis le début du mois de juin et les réserves nettes d'engagements ne représentaient plus, hors encaisse or, qu'environ quinze jours d'importations. (…) Au lendemain de l'opération monétaire du 12 juin, la situation s'est complètement renversée

---

68 Favier et Martin-Roland, *La décennie Mitterrand : les ruptures (1981–1984), op. cit.*, p. 516.

sur le marché des changes et les rentrées qui ont été enregistrées ont compensé les pertes du début du mois. »[69]

Par ce changement de politique économique, le gouvernement français répond aux attentes du Gouverneur de la Banque de France qui insiste sur les causes intérieures de l'instabilité du franc et la nécessité de mener une politique monétaire rigoureuse en utilisant les facteurs dont la France dispose.

> « En ce qui concerne les pertes de devises qui ont été enregistrées depuis un certain temps, et qui ne sont pas négligeables, M. le Gouverneur voudrait dire qu'elles ne sont pas liées uniquement à la spéculation. (…) il faut bien voir qu'une bonne moitié des pertes totales de devises depuis le début de l'année est imputable au déficit de la balance des transactions courantes. (…) La tenue de franc est essentiellement l'affaire des Français et de la politique monétaire française. On ne peut rien contre ce qui se passe sur les marchés financiers étrangers. Même si cela peut influencer la tenue du franc, les facteurs principaux de celle-ci sont en France. »[70]

Malgré le redressement des politiques économiques, cette dévaluation apparaît vite comme insuffisante. La croissance de l'économie mondiale, si attendue, est reportée et le déficit du commerce extérieur s'aggrave. Delors le constate rapidement au cours de l'été : « … le plan de rigueur n'apparaissait pas suffisant, alors que la récession marquait les autres économies et que le déficit de notre commerce extérieur continuait à se creuser. »[71] L'Élysée fait le même constat et met en place une cellule politico-économique, chargée de développer un « nouvel élan » dans la perspective des prochaines échéances électorales (les élections municipales de mars 1983). Il s'agit d'une troisième voie entre les tenants de la rigueur incarnés par Delors et Mauroy et les tenants de la sortie du SME dont les contraintes apparaissent incompatibles avec les promesses économiques du programme commun. Attali s'en fait l'écho : « La seule erreur que l'on ait faite c'est de ne pas avoir dévalué assez fort. Dès août 1982, on s'est rendu compte, et je l'ai dit, que ce n'était pas suffisant. On aurait dû faire une troisième dévaluation aussitôt, en août ou septembre. (…) Au cours

---

[69] ABF- Procès-Verbaux des délibérations du Conseil général – recueil 173 – Séance du 24 juin 1982, p. 202.

[70] *Ibid.*

[71] Delors, *Mémoires*, *op. cit.*, p. 186.

de la troisième semaine d'août 1982, on se rend compte que la reprise ne viendra pas. (...) on décide de tenir bon jusqu'aux municipales. »[72]

Malgré les résultats positifs de la dévaluation et de la politique de rigueur, les statistiques de l'automne confirment cette crainte. Le déficit du commerce extérieur constitue une entrave à la croissance interne, menace la stabilité du franc et augmente dangereusement le niveau d'endettement, déjà élevé en raison de la politique de relance basée sur l'augmentation des dépenses publiques et le déficit budgétaire. L'augmentation de la consommation et du pouvoir d'achat des ménages tendent à creuser ce déséquilibre de la balance commerciale. Les orientations du VIIIe Plan pouvaient laisser présager cette situation.

L'industrie française depuis les années 1960 a enregistré une dégradation de sa compétitivité. Les entreprises françaises ne parviennent que difficilement à exporter vers les pays de l'OCDE, notamment les États-Unis, le Japon et l'Allemagne dont les devises s'apprécient par rapport au franc. L'industrie française exporte principalement vers les pays en voie de développement dont les économies souffrent d'un endettement croissant, aggravé par la politique monétaire menée par les États-Unis dans sa lutte contre l'inflation depuis le second semestre 1979. La situation est connue mais semble avoir été mise sous le boisseau par les tenants les plus acharnés du programme commun. La politique économique de rigueur n'est pas assez ambitieuse et ne permet pas de combler le déficit extérieur comme le soulignent deux notes de Stasse. Un troisième alignement du franc semble inévitable :

> « La politique menée depuis juin 1982 porte ses fruits en protégeant la pouvoir d'achat, en réduisant l'inflation, le déficit extérieur et la croissance du chômage. Mais ces résultats sont trop limités face à un monde extérieur qui mène une politique nettement plus dure. Les travaux de l'INSEE et de la direction de la Prévision montrent, et les premiers scénarios élaborés pour le IXe Plan le confirment, que la politique menée depuis 1982 est la bonne, mais n'est pas assez ambitieuse. »[73]
>
> « Le goulot d'étranglement majeur de notre économie pour les années qui viennent est le déficit du commerce extérieur : il empêche toute croissance

---

72 IFM – Notes de P. Favier et M. Martin-Roland –Entretien avec Jacques Attali, le 2 janvier 1989.

73 CHAN 5AG4/2162 Archives f. Stasse – Notes d'octobre 1982 : « problèmes posés par les prévisions de la conjoncture économique ».

plus rapide du pouvoir d'achat et de la consommation ; il menace gravement le franc ; il crée une spirale coûteuse d'endettement. »[74]

La situation économique et monétaire se dégrade au mois de décembre. Les réserves de la Banque de France pour défendre la parité du franc ont été nettement réduites en raison des nombreuses interventions survenues depuis le printemps 1981. La capacité de défense de l'institution monétaire est faible et laisse une marge de manœuvre très étroite à la politique économique. Dans cette situation précaire, la haute administration publique semble se convertir à la nécessité d'un alignement de politique économique sur les exigences de stabilité des changes définies par le SME et défendues par la Bundesbank depuis 1979. Une note d'Élisabeth Guigou, responsable des questions monétaires à l'Élysée, fait écho à cette tendance.

> « En France, les statistiques de masse monétaire seront publiées vers la mi-février et pourraient faire apparaître un dépassement de l'objectif affiché par le gouvernement. L'indice des prix, le déficit des comptes sociaux peuvent également exercer une influence défavorable sur les marchés des changes. Si les marchés sont convaincus que le franc sera dévalué au 2ᵉ trimestre, la spéculation peut nous contraindre à de très fortes sorties de devises (en mars et en juin dernier, il est arrivé que la Banque de France perde en une seule journée près d'un milliard de dollars). »[75]

Sur le plan politique, parfois plus éloigné des réalités économiques, la dégradation de l'économie française et son isolement au sein de la CEE, donne lieu à un affrontement entre deux grands courants au sein du gouvernement : les tenants de la rigueur et de la tenue du franc sur les marchés des changes et les tenants d'une sortie du SME et, de fait, d'une mise en réserve de la CEE. Les premiers regroupent le cabinet du ministre des Finances et celui du premier ministre, les seconds constituent un groupe plus hétérogène composé notamment du ministre du Budget, L. Fabius, du ministre de l'Industrie, J.-P. Chevènement, et de P. Bérégovoy, secrétaire de l'Élysée, et quelques industriels et économistes, proches conseillers de Mitterrand que Mauroy décrit comme les « visiteurs du soir ». Dans ce cénacle politique, Mitterrand

---

[74] CHAN – 5AG4/2161 – Archives de F-X Stasse – Note d'octobre 1982 : « problèmes posés par les prévisions de conjoncture économique ».

[75] CHAN – 5AG4/2140. Archives de F-X Stasse – Note d'Élisabeth Guigou au président datée du 10 décembre 1982.

avec ses plus proches conseillers, dont Attali, élabore une troisième voie, le « nouvel élan », susceptible de maintenir une cohésion au sein du gouvernement dans la perspective des prochaines élections municipales. Cette stratégie politique permet une transition conduisant le Président à faire le choix de l'Europe, véritable tremplin pour sa politique intérieure.

5.4 La fin des illusions : la fin de la politique de rupture ou la trahison du programme commun (janvier 1983-mars 1983)

« On ne sort de l'ambiguïté qu'à ses dépens » est une maxime du cardinal de Retz que le président Mitterrand pourrait faire sienne. « Je suis partagé entre deux ambitions : celle de la construction européenne et celle de la justice sociale. Le SME est nécessaire pour réussir la première, et limite mon ambition pour la seconde. »[76] Deux courants politiques s'affrontent au sein du gouvernement, laissant planer le doute d'une éventuelle sortie du franc du SME. L'Élysée en coulisse, et le Président lui-même, semblent orchestrer ce clivage afin de mieux incarner une troisième voie, « le nouvel élan » aux contours suffisamment ambigus pour pouvoir s'inscrire dans la relance de la construction européenne, laquelle, sur le plan de la politique intérieure, apparaît comme un nouvel avatar de la continuité dans le changement.

À la lecture des notes des proches conseillers de l'Élysée, il apparaît clairement que la défense du franc est inconcevable en dehors du SME. Le déficit budgétaire et la dette augmentent de façon alarmante. La lutte contre le déficit extérieur et l'inflation, aggravées par des politiques monétaires et budgétaires mal maîtrisées et trop autarciques, doivent être les priorités pour le redressement de l'économie française. Il n'y a pas d'échappatoire, si ce n'est l'intervention humiliante du FMI. La sortie du franc semble très improbable. Elle sera néanmoins utilisée, comme argument de négociation avec la RFA pour établir les clauses de l'alignement.[77]

---

[76] Attali, *Verbatim I : 1981–1986*, *op. cit.*, p. 399.

[77] L'alignement de l'économie française sur les exigences du SME et le refus d'une autre politique sont vécus comme une capitulation par le ministre de l'Industrie, J.-P. Chevènement, plume du programme commun amendé après le congrès de Metz en 1979. Il donne sa démission à l'issue des élections municipales qui marquent une défaite des partis de gouvernement. Lorsque les journalistes lui demandent à la fin

> « Le franc est faible : parce que le commerce extérieur est gravement déséquilibré : parce que malgré les efforts déployés, l'inflation reste nettement plus élevée qu'à l'étranger. La pire solution est la sortie du SME. La libre dépréciation de la monnaie commencera par aggraver le déficit extérieur, comme on l'a vu après la dévaluation de juin : le pétrole coûte plus cher tout de suite ; l'industrie n'en tire bénéfice qu'au bout de six mois. Si le déficit se creuse, la spéculation redoublera et le franc glissera sur une pente savonneuse qui a déjà mené le gouvernement travailliste sous les fourches du FMI. »[78]

Alors que les opposants à la politique de rigueur cherchent à convaincre Mitterrand, M. Camdessus, avec l'approbation de l'Élysée, confirme au ministre du Budget, L. Fabius, la situation précaire des réserves de la Banque de France, rendant contre-productive et utopique sur le plan économique toute sortie du SME. « 30 milliards de francs de réserves en devises, à peine de quoi tenir quelques jours. Une sortie du SME aboutirait à un décrochage d'au moins 20 % du franc par rapport aux autres devises alors que la France a épuisé ses possibilités d'emprunts internationaux. Pour défendre le franc, il ne resterait qu'une seule solution, une hausse immédiate et considérable des taux d'intérêt sur les marchés monétaires et financiers. Ils pourraient passer de 14 à 20 %. »[79] Les conséquences d'une sortie du SME rendent impossible toute politique de relance économique : le coût de l'emprunt nécessaire à l'investissement est prohibitif. Il n'y a pas d'autre option que de s'aligner sur les exigences du SME, pour envisager une modernisation de l'économie française. Cette contrainte implicite[80] au mécanisme du SME, tel qu'établi en mars 1979, est reconnue sur le plan politique. Comme l'établissent les procès-verbaux du Conseil général de la Banque de France, « le réalignement des monnaies européennes était impératif. Ni la France ni l'Allemagne ne pouvaient s'y soustraire. En raison du calendrier politique, les deux pays avaient attendu trop longtemps pour procéder à l'opération. »[81]

---

du premier mandat de Mitterrand si le Programme socialiste est devenu réalité, il cite Hegel avec une pointe d'ironie : « Welt Geschichte, Welt Gericht ». Favier et Martin-Roland, *op. cit.*, p. 127.

78 CHAN – 5AG4/2140 – Archives de F.X. Stasse – Note de Christian Sauter, conseiller économique, au président de la République le 13 décembre 1982 : le franc et le commerce extérieur.

79 Pierre Favier, Michel Martin-Roland, *La décennie Mitterrand : les ruptures (1981–1984)*, *op. cit.*, p. 566.

80 À défaut d'être clairement explicite pour un profane.

81 ABF – Procès-verbaux des délibérations du Conseil général – recueil 174 –Séance du 31 mars 1983 – p. 125.

Le dimanche 20 mars après de longues négociations, les clauses de la troisième dévaluation du franc et de la réévaluation du deutsche mark sont établies à Bruxelles. Le ministre des Finances, Delors, fait face aux recommandations et aux critiques de la Commission et de la RFA. Il utilise les tensions au sein du gouvernement français pour infléchir l'issue des négociations : « Il s'agissait pour moi de dramatiser auprès de mes partenaires, car je n'arrivais pas à obtenir satisfaction. Je menaçais alors d'un clash. Le dimanche matin nous n'en étions qu'à la moitié du chemin ».[82] Un écart de 8 % entre le franc et le mark est obtenu : le franc est dévalué de 2,5 % et le mark réévalué de 5,5 %. La perspective d'une sortie du SME ne semble pas avoir été réellement envisagée par les services diplomatiques et économiques allemands : « À aucun moment nous n'avons sérieusement pensé que la France allait sortir du SME »[83]. L'Allemagne fait quelques concessions, mais impose ses conditions à la France qui doit mettre en place une politique économique d'austérité. « Dans la nuit, Kohl avait donné instruction à Stoltenberg [ministre des Finances] d'exiger de Paris un plan d'assainissement financier au moyen d'une rigueur accrue et d'un recours à l'épargne forcée, en échange d'une faible dévaluation du franc et d'une plus forte réévaluation du deutsche mark. »[84]

L'Allemagne impose sa politique économique au sein du SME. La France doit veiller à la convergence des politiques économiques afin de ne pas compromettre la construction communautaire et les efforts menés par les gouvernements précédents pour établir les fondements d'une UEM[85]. Face à la crise de l'économie mondiale, l'intégration monétaire apparaît comme une priorité au sein de la CEE. En maintenant le franc dans le SME, la France et son président font le choix de l'Europe. Une parenthèse dans la construction de la CEE et de l'UEM se ferme et est saluée par les marchés financiers.

---

82 Pierre Favier, Michel Martin-Roland, *La décennie Mitterrand : les ruptures (1981–1984)*, *op. cit.*, Entretien avec J. Delors le 5 juin 1989, p. 572.

83 Favier et Martin Roland, *La décennie Mitterrand : les ruptures (1981–1984)*, *op. cit.*, entretien avec Hans Dietrich Genscher, ministre des Affaires étrangères de la RFA, p. 570.

84 Favier et Martin Roland, *La décennie Mitterrand : les ruptures (1981–1984)*, *op. cit.*, p.572.

85 Vincent Duchaussoy, *La Banque de France et l'État*, Paris, l'Harmattan, 2011, p. 190.

« Le franc s'est immédiatement inscrit à son cours plafond vis-à-vis du deutsche mark, avant même que soient connues les mesures d'accompagnement. Dès que celles-ci ont été annoncées, les opérateurs ont, dans l'ensemble, favorablement réagi. (…) M. le Gouverneur voudrait dire tout d'abord qu'il estime que [les mesures d'accompagnement] vont dans la bonne direction qui conduit à une réduction progressive des déséquilibres internes [inflation et déficit budgétaire]. »[86]

Cette décision politique d'aligner la politique économique française sur celle imposée par le SME est la condition préalable à la modernisation industrielle et une contribution majeure à la relance de la construction européenne : la relance de l'UEM, mise entre parenthèses au cours de l'expérience de la « politique de rupture ». L'épisode est utilisé en politique intérieure comme un tremplin par Mitterrand qui va faire de la construction de l'Europe son nouveau cheval de bataille : « Quelle défaite économique, culturelle, et en définitive politique [c'eut été] pour un pays du rang de la France de déclarer forfait dans la course mondiale au progrès. »[87]

Le 25 mars, la politique d'austérité est annoncée : baisse du pouvoir d'achat, croissance nulle, épargne forcée à travers la mise en place d'un emprunt obligatoire, réduction du déficit budgétaire de 20 milliards de francs, augmentation du chômage et limitation des dépenses des ménages à l'étranger. Delors a pour objectif de rétablir l'équilibre de la balance des paiements en deux ans. Ces « mesures d'ordre économique et financier » constituent une ponction de 65 milliards de francs sur la consommation des ménages et les dépenses de l'État, marquant la fin de la politique de relance keynésienne. Alors que les politiques de relance portaient sur 1 % du PNB, la politique d'austérité qui ne dit pas son nom porte sur 2 %. Barre, un peu esseulé, approuve cet alignement : « La France échappe à un grand péril, la sortie du franc du SME… Un certain nombre de mesures me paraissent aller dans le bon sens alors que je ne suis pas sûr que ce soient les mesures les mieux adaptées au redressement de l'économie française. »[88]

---

[86] ABF – Procès-verbaux des délibérations du Conseil général – recueil 174 –Séance du 31 mars 1983 – p. 125.

[87] Jean-Charles Asselain, « L'expérience socialiste face à la contrainte extérieure », in Serge Berstein, Pierre Milza et Jean-Louis Bianco (dir.), *op. cit.*, p. 396

[88] Entretien de R. Barre sur Europe 1, vendredi 25 mars 1983. Repris dans Favier et Martin Roland, *op.cit*, p. 585.

La politique économique de la France de mai 1981 à mars 1983 apparaît davantage comme une parenthèse : le SME, par son mécanisme, impose un retour à la réalité économique mondiale. Le témoignage rétrospectif de Jospin est assez révélateur : « Pour Mitterrand ce fut un choix philosophique et psychologique. Il a eu l'impression de faire une concession extrêmement difficile à la réalité imposée par les autres, de devoir se plier à une sanction exigée par l'étranger. C'était pour lui la fin d'une certaine France… »[89] Cet épisode souligne que le destin économique de la France ne peut s'inscrire que dans une perspective européenne dictée par la voie vers l'UEM. Le SME en définit les règles. Mitterrand fait le choix de l'Europe, dont il va par son action chercher à définir les contours politiques. La politique de changement inaugurée par le gouvernement socialiste a montré que la France ne pouvait pas appliquer une politique économique indépendante des réalités d'une économie libérale ouverte.

Le 25 avril 1983, à Lille, Mitterrand justifie son choix politique : « Tout ce que je fais et qui vous paraît parfois si dur n'est pas fait seulement pour traverser au mieux la crise mondiale. C'est essentiellement pour sauvegarder et préparer l'avenir de la France. Notre objectif ce n'est pas la rigueur, mais le redressement. Il faut que la France reprenne son rang. »[90] En s'alignant sur les exigences du SME, la France bénéficie le 16 mai, d'un prêt communautaire de 27 milliards de francs (4 milliards d'ECU). Le commerce extérieur affiche une sensible amélioration qui annonce un redressement progressif de l'économie française qui rentre dans le rang.

Lors du Conseil des ministres du 23 juin 1983, Mitterrand rappelle la primauté de son action politique : « Si l'on s'aligne sur les États-Unis, le Royaume-Uni ou l'Allemagne, on pourra avoir certains résultats sur les indices, mais on fera disparaître la majorité qui ne résistera pas à une réaction populaire. »[91] L'Europe où la France retrouverait un levier de puissance apparaît comme une solution. Le gouvernement Fabius, en actualisant sa communication a pour mission de donner un nouvel

---

89 Favier et Martin Roland, *La décennie Mitterrand : les ruptures (1981–1984)*, *op. cit.*, entretien avec Lionel Jospin du 16 novembre 1988, p.586.

90 Favier et Martin Roland, *La décennie Mitterrand : les ruptures (1981–1984)*, *op. cit.*, p.596.

91 Favier et Martin Roland, *La décennie Mitterrand : les ruptures (1981–1984)*, *op. cit.*, p.598.

élan, de restaurer la confiance avec les partenaires économiques tout en conservant la base électorale qui a porté Mitterrand à l'Élysée.

Pour Mitterrand, habile politicien peu féru d'économie, il importe de capitaliser sur ses avantages comparatifs. Le politique l'emporte sur l'action économique. « Je suis sûr du temps donné à un chef de l'État en France. Une action ne prend son sens qu'à travers la durée. J'ai l'intime conviction que les Français s'en rendront compte. »[92] Il n'a sans doute pas voulu voir que le temps politique et le temps économique, marqué par une forte accélération, n'obéissaient pas à la même fréquence. Les réformes économiques fondamentales sur le plan structurel sont reportées ou ne sont pas traitées.

Comme le soulignent Favier et Roland, « l'aboutissement de mars 1983 est davantage la « revanche des technos » que celle des libéraux. S'ils abandonnent le « changer la vie » au profit du réalisme des chiffres et des contraintes du marché, les socialistes des années 84–86 ne vont pas pour autant se convertir au « laisser-faire » des néo-libéraux. »[93]. Ils inaugurent un technolibéralisme (oxymore), avatar improbable du gaullo-technocratisme où l'État, dans le respect des idéaux de la libération, demeure le grand planificateur.

Sur le plan intérieur, la fin non avouée de la « politique de rupture » est perçue par une grande partie de l'électorat de Mitterrand comme une trahison au programme commun. Sur le plan communautaire, l'alignement de la politique économique française sur celle exigée par le SME, et par conséquent l'Allemagne, annonce une relance du processus de l'UEM.

Conclusion

En effectuant une partie de ses 110 propositions, et en adoptant une voie médiane entre la conversion au libéralisme économique et l'aggravation des déséquilibres économiques conduisant à l'intervention du FMI, Mitterrand tient à apparaître comme « un homme de gauche incontestable ». Son attitude est l'illustration d'une note de son conseiller,

---

92 Favier et Martin Roland, *La décennie Mitterrand : les ruptures (1981–1984)*, *op. cit.*, entretien avec F. Mitterrand, à Poitiers, le 3 novembre 1983, p.604.

93 Favier et Martin Roland, *La décennie Mitterrand : les ruptures (1981–1984)*, *op. cit.*, p. 603.

Christian Sautter (« NI THATCHER NI WILSON »[94]) rédigée en décembre 1982.

Sur le plan économique qui passe au second plan de l'engagement politique de Mitterrand, il est rationnel de souscrire au constat lucide établi par Robert Salais : « La politique dans laquelle s'engage le gouvernement en juin 1981 souffre d'un défaut originel, celui d'avoir été conçue au début des années 1970, selon les cadres d'analyse et d'actions hérités des années 1960 et propres au modèle de croissance d'après-guerre. »[95] La politique de rupture menée par les gouvernements Mauroy de juin 1981 à mars 1983 apparaît comme une parenthèse dans les relations monétaires franco-allemandes sur la voie de l'UEM.

En faisant le choix de l'Europe et en brossant la place que doit y occuper la France, Mitterrand définit sa feuille de route et reste fidèle à cette proposition du candidat à la présidentielle de 1981 : « Une France forte dans une Europe indépendante ». Cette antienne politique, bien que marginale par rapport à « changer la vie », restera la sienne, notamment lors de la signature du Traité de Maastricht. Par le verbe et son action politique, Mitterrand cherche à minimiser les conséquences de cet alignement économique et politique sur les concepts du libéralisme dominant. Il inaugure la « République du centre », marquant ainsi la fin de l'exception française[96]. Cette conversion du gouvernement socialiste à la réalité économique, sous l'impulsion politique de Mitterrand fait écho à cette citation du général de Gaulle : « Pour pouvoir aboutir à des solutions valables, il faut tenir compte de la réalité. La politique n'est rien d'autre que l'art des réalités. »[97]

Les relations monétaires franco-allemandes, après cette parenthèse politique, s'inscrivent dans un retour à la stabilité pour faire face aux fortes fluctuations du dollar, et positionner la CEE sur l'échiquier

---

94 CHAN 5AG4 4338. Cette position correspond à un refus d'une conversion au libéralisme triomphant et à un refus de la mise en tutelle de l'économie française par le FMI.

95 Robert Salais, « De la relance à la rigueur », in Serge Berstein, Pierre Milza et Jean-Louis Bianco (dir.), *François Mitterrand, les années du changement, 1981–1984*, *op. cit.*, p. 482.

96 François Furet, Jacques Julliard et Pierre Rosenvallon, *La République du centre*, Paris, Calmann-Lévy, 1988.

97 Déclaration du Général Charles de Gaulle, 23 février 1953. Fondation Charles de Gaulle. Charles-de-Gaulle.org

mondial. En visite à Latché, le 3 juin 1983, l'ancien chancelier Schmidt dresse un tableau lucide de la situation économique mondiale augurant la voie de la globalisation financière et la nécessité d'une Europe maîtresse de son destin : « À cause des taux d'intérêt élevés aux États-Unis, ce sont 2 milliards de dollars qui partent chaque mois, dont 0,5 à 1 milliard de dollars du Japon et de RFA, pour aller se placer aux États-Unis. Des quantités considérables de capitaux sont ainsi stérilisées à New York, alors que le Tiers Monde et les autres pays industrialisés en auraient besoin pour procéder aux investissements productifs nécessaires pour sortir de la crise. Au lieu de cela, des capitaux servent à des fins spéculatives ou financent le déficit budgétaire américain et donc l'effort de réarmement de l'Administration Reagan. »[98]

---

98 Attali, *Verbatim I : 1981–1983*, *op. cit.*, p. 698.

Chapitre 6

De la politique de rigueur à la conversion libérale (mars-avril 1983–janvier 1986)

Sous l'impulsion de la RFA, la France, qui a fait le choix de l'Europe, contribue à la relance politique de la Communauté économique européenne. Dès l'automne 1981, l'Allemagne et l'Italie souhaitent une relance des institutions de la CEE (L'initiative Genscher-Colombo 6 novembre 1981[1]) La position du ministre des Affaires étrangères français, Claude Cheysson, durant la période 1981–1983 introduit une rupture dans les relations bilatérales franco-allemandes initiées par VGE et Schmidt : « il n'y aura pas d'axe Paris-Bonn, il y aura une relation privilégiée entre la France et l'Allemagne fédérale, non exclusive des relations plus que bilatérales avec d'autres sur les problèmes communautaires et non communautaires. »[2]

---

[1] Le projet de Traité européen pour relancer la construction de la CEE porté par Altiero Spinelli et le « Club du Crododile », (du nom du restaurant strasbourgeois où se réunissaient les euro-députés), s'inscrit dans le prolongement de cette initiative.

[2] Déclaration de Claude Cheysson, in Françoise de La Serre, « La politique européenne de la France : New Look ou New Deal? », *Politique étrangère* 1, 1982, p. 126–137, p. 126.

Après la nomination d'Helmut Kohl (CDU) à la chancellerie le 1er octobre 1982, la préoccupation de la RFA n'est pas le SME mais l'avènement d'une Europe politique par l'approfondissement de ses institutions. La France défend l'élargissement en soutenant les candidatures de l'Espagne et du Portugal. Le nouveau chancelier adopte un discours procommunautaire et pro-intégrationniste, prônant « l'Union politique de l'Europe »[3] pour marquer l'ancrage de la RFA à l'Ouest dans une période de guerre froide ravivée par la crise des euromissiles et faire taire les critiques sur la politique économique menée par Bonn et Francfort. Comme le mentionne Hans Stark, la lutte contre les problèmes financiers et budgétaires à l'échelle communautaire nécessite pour Kohl et Genscher « un approfondissement préalable de l'intégration politique. » Et Stark de souligner : « La volonté d'unification européenne exprimée par le nouveau gouvernement n'était donc pas un objectif en soi, mais aussi une tentative visant à dissimuler une politique financière de rigueur (qui était contraire aux intérêts des partenaires européens de la RFA) derrière un discours politique particulièrement procommunautaire et pro-intégrationniste. »[4]

Pour la RFA, comme pour la France, l'intégration européenne résulte d'impasses à l'intérieur. Là réside le moteur de la construction européenne. Il peut s'agir d'une fuite en avant : ni le rêve européen décrit dans la presse, ni la quête d'une paix relevant de Washington et Moscou. Si sur la forme il y a une tentative de rupture avec la position rigoriste de Schmidt, sur le fond, il faut voir dans la politique économique et financière de la RFA une grande continuité. Pour le nouveau secrétaire d'État aux Finances, Hans Tietmeyer, il n'est pas question de rompre avec les politiques de consolidation et d'assainissement financiers au profit d'une politique financière expansionniste au niveau européen.[5] Le tournant libéral économique et la relance du processus d'intégration politique de la CEE, au printemps 1983, sont des initiatives de la RFA auxquelles souscrit la France.

---

3 Helmut Kohl, « Regierungserklärung von Bundezkanzler Helmut Kohl vor dem Deutschen Bundestag », 13 octobre 1982, dans *Bulletin, Presse- und Informationsamt der Bundesregierung*, 93, 14 octobre 1982, p. 861.

4 Hans Strak, *Kohl, l'Allemagne et l'Europe*, Paris, l'Harmattan, 2004, p. 28.

5 Hans Tietmeyer, « Konzentration auf das Wesentliche tut not», *Wirtschaftsdienst*, 8, 1983, p. 375–378.

La France, qui s'est alignée sur la politique monétaire dictée par les contraintes du SME, n'a qu'une marge de manœuvre extrêmement réduite dans ses relations monétaires avec la RFA et ses autres partenaires européens, d'autant que la Bundesbank, institution indépendante garante de la stabilité du mark, n'exprime aucune volonté d'envisager des aménagements. Les milieux économiques allemands et la Bundesbank ne souhaitent pas modifier un système monétaire européen qui a fait montre de stabilité et a prouvé son efficacité dans la lutte contre l'inflation. En optant pour la politique de rigueur, la France adapte sa politique monétaire aux exigences d'une politique économique mondiale libérale qui prône l'intégration des marchés.

Avant le Conseil européen de Stuttgart, sous la présidence du chancelier Kohl, l'UEM et la CEE sont à l'arrêt. Les problèmes associés à la politique agricole commune (PAC) et à la contribution du Royaume-Uni au budget communautaire sont en suspens et constituent des freins majeurs au processus d'intégration européenne. Comme le rappelle le président de la Commission, Gaston Thorn, la construction européenne est bloquée : « le constat est alarmant, la situation est grave, l'Europe risque de se dissoudre dans l'étoffe des songes. Les manifestations de ce syndrome sont nombreuses : blocage institutionnel, inachèvement du Marché commun, montée des tentations protectionnistes, etc. ».[6]

Les relations monétaires franco-allemandes de mars 1983 à février 1986 s'articulent autour de quatre grandes étapes, dont l'issue est l'adoption de l'Acte unique européen. Après le tournant libéral du premier trimestre 1983, la relance de la coopération franco-allemande parvient à redynamiser le processus de construction européenne à l'issue du Conseil européen de Fontainebleau. Le Conseil européen de Milan pose les bases d'une Europe des infrastructures qui permettent la mise en place de l'Acte unique, annonciateur du Marché unique de 1993. Comme le rappelle Stark, le processus de relance franco-allemand apparaît comme « le produit d'une double mésentente sur le plan économique et monétaire, ainsi que sur le plan militaire et stratégique. »[7] La France fait montre d'un volontarisme politique et a pour objectifs de s'affranchir de la domination économique et monétaire de la RFA, en substituant

---

6 Gaston Thorn, « Peut-on et doit-on changer la Communauté? », *Politique Étrangère* 3, 1982, p. 726.

7 Stark, *Kohl, l'Allemagne et l'Europe*, *op. cit.*, p. 42.

une entité européenne à l'Allemagne, de moderniser son industrie et de restaurer son rôle de leadership.

6.1 Le tournant libéral ou l'appel de l'Europe (mars 1983–janvier 1984)

La nouvelle politique étrangère de la RFA est à l'origine du processus de relance de la CEE et de l'UEM. La France fait le choix de l'Europe en mars 1983. La chancellerie allemande comme la Bundesbank rappellent les exigences qu'impose le maintien du franc dans le SME. La réalité économique mondiale requiert une politique économique de désinflation et de contrôle des déficits budgétaires : « la politique de rupture » relève de la dialectique politicienne. La situation économique et financière de la France ne laisse pas d'autres alternatives raisonnables. Cette réalité est occultée par le discours politique de Mitterrand qui donne l'impression que la France est à l'origine de cette inflexion qu'il cherche à inscrire dans la continuité. Le discours qu'il tient au Bundestag en janvier 1983 en est une illustration : il annonce que la France prend l'initiative de l'alignement. Il réanime l'idée de « couple » ou de « tandem » franco-allemand. Mitterrand cherche à repositionner la France comme l'égale de la RFA sur l'échiquier international. « Les échanges commerciaux entre nous le montrent, qui sont, en valeur, les plus importants échanges bilatéraux en Europe, et les troisièmes dans le monde. Nous sommes l'un pour l'autre le premier partenaire commercial. »[8]

Grand orateur, le président français dessine dès le début de l'année 1983 les contours d'un nouveau rêve européen où la France, utilisant le levier que lui offre l'Europe prendra la place qui lui revient. La relance de la CEE devrait être un moyen pour l'économie française de résoudre ses problèmes structurels intérieurs[9].

---

[8] Source : service de presse de la Présidence de la République. Discours prononcé par F. Mitterrand, président de la République française, devant le Bundestag à l'occasion du 20e anniversaire du Traité franco-allemand de coopération, Bonn, jeudi 20 janvier 1983, cité dans Bossuat, *Faire la France sans défaire l'Europe*, Bruxelles, P.I.E. Peter Lang, 2005, pp. 261–272.

[9] Faut-il y voir le prolongement à l'échelle européenne d'une illusion politique commencée dès le 10 mai 1981 ou la représentation d'une volonté de changement d'orientation économique? N'est-ce pas également la consécration de l'abandon du programme du 10 mai?

> « Les Européens ont pris un grand retard parce qu'ils ont dispersé leurs efforts de recherche, parce qu'ils ont multiplié leurs investissements qui font double emploi. L'exemple même du Japon montre qu'il n'y a pas de retard irréversible, à condition d'accomplir tout l'effort nécessaire, effort d'autant plus important que le retard est plus grand. Il n'y a pas …de fatalité dans la décadence de l'Europe. L'Europe qui devrait alors se résigner à voir émerger de nouveaux soleils économiques à l'ouest et à l'est du Pacifique. L'Europe, abandonnant son histoire et sa terre, baissant les bras, absente, oubliée et perdant au fil des temps la démographie et la population nécessaires pour figurer sur la scène des nations. … je le répète, l'Europe peut s'engager dans une renaissance industrielle à condition qu'elle le veuille.»[10]

Dans ce discours, où Mitterrand mobilise le verbe, apparaissent en filigrane, les grandes ambitions de la France : utiliser le levier de la CEE sur le plan diplomatique, aménager le SME et moderniser une industrie vieillissante. Le discours a des accents programmatiques et annonce de grands projets compatibles avec la nouvelle politique européenne de l'Allemagne. Il établit les contours d'une Europe puissance, rempart contre les fluctuations de l'économie mondiale.

> « La préférence communautaire, qui a été un des fondements de l'Europe commerciale et de l'Europe agricole, contribuera, j'en suis sûr, à préparer la nouvelle Europe industrielle que j'appelle de mes vœux. »[11]

Il présente également son souhait d'aménager le SME et d'en faire un instrument au service de la Communauté, suggérant une voie vers l'Union politique…

> « Quant à la cohésion monétaire et financière, oui, il convient de la renforcer. Elle apportera plus de stabilité et de sécurité à ceux qui entreprendront de grands projets d'investissements, à un moment où des perspectives mondiales sont si peu encourageantes. Le système monétaire européen doit et peut être préservé et amplifié … l'Europe a désormais la faculté d'emprunter sur les marchés financiers internationaux, de consacrer les sommes obtenues au soutien des investissements productifs des entreprises grandes et petites, à l'édification des infrastructures modernes de transport et de communication. Renforçons le nouvel instrument communautaire et consacrons-le plus particulièrement aux projets propres aux pays de la communauté. »[12]

---

10 Discours prononcé par F. Mitterrand, *op. cit.*

11 *Ibid.*

12 *Ibid.*

Conscient des difficultés de l'économie française, il en appelle à la solidarité financière et à l'utilisation du budget européen pour relancer la coopération industrielle européenne et faire écho au projet ESPRIT, initié par le Commissaire européen belge, Étienne Davignon. « C'est à la lumière de ce nouvel état d'esprit que nous mènerons les actions budgétaires par le recours notablement accru aux actions financières : prêts, bonifications d'intérêts, agences de développement, actions communes en matière énergétique et industrielle. »[13] Il revient également sur la nécessité de doter la CEE d'une dimension sociale où la lutte contre le chômage doit être la priorité. « … l'Europe m'apparaît trop souvent comme exclusivement marchande et qu'elle devrait s'appliquer davantage à la dimension sociale que supposerait un large espace européen… La première priorité est donc dans un programme de lutte contre le chômage qui gangrène nos sociétés. L'Europe n'a pas d'avenir…, si la jeunesse n'a pas d'espoir. »[14]

Une alliance franco-allemande doit permettre d'établir les fondements d'une Europe forte, à l'initiative d'une nouvelle stabilité monétaire. Le retour à un système monétaire international organisé est préconisé : « … si l'Europe est forte, elle convaincra les États-Unis d'Amérique et le Japon comme elle l'a tenté au sommet de Versailles, de la nécessité de reconstruire un ordre monétaire international et de ne pas laisser la main invisible d'un marché qui a souvent cessé d'être libre sans le dire, l'entière responsabilité de déterminer notre avenir commun »[15]. Les ambitions décrites par Mitterrand affichent, non sans ambiguïtés, une certaine continuité avec celles défendues par ses prédécesseurs à l'Élysée – VGE surtout – et laissent à penser que le « choix européen » inaugure une rupture dans la politique économique menée depuis mai 1981.

La situation économique communautaire au printemps 1983 est synthétisée par une note du rapport du Comité des Gouverneurs des Banques centrales :

> « Cinq idées principales caractérisent l'évolution économique depuis l'automne 1982 :
>
> – Des progrès sensibles en matière d'inflation avec néanmoins quelques exceptions,

---

[13] *Ibid.*

[14] *Ibid.*

[15] *Ibid.*

- Une évolution divergente des paiements courants, certains pays comme la France et le Danemark enregistrant une détérioration alors que d'autres connaissent une amélioration,
- Un sentiment que le creux de l'affaiblissement général de l'activité a été atteint, le climat des affaires tendant à s'améliorer spécialement en Allemagne et au Royaume-Uni,
- Une vigilance générale des autorités, soit pour éviter une résurgence de l'inflation, soit pour réduire les déséquilibres existants,
- Une incertitude sur les prévisions pour la fin de 1983 en ce qui concerne la reprise aux États-Unis (sa force et sa durée), les taux d'intérêt sur le dollar et les prix du pétrole. »[16]

Le SME a démontré son utilité, comme le constatent de La Genière et Pöhl. La rigueur et la stabilité défendues par la Bundesbank ont été bénéfiques à la CEE. Il n'a pas été nécessaire d'augmenter les marges de fluctuations : « il est intéressant de voir que les cours de marché n'ont pas varié autant que les modifications des cours pivots et que même certains sont plus hauts qu'avant le réalignement ».[17]. Rejoint par le gouverneur de la banque centrale des Pays-Bas, Wim Duisenberg, Pöhl mentionne que cette tentation exprimée par les pays à monnaie faible est contraire à sa position et celle de la Bundesbank. Il suggère « des adaptations fréquentes des cours pivots, mais de très faible ampleur pour que les cours restent dans la bande… »[18]. Le SME, comme le souligne, Lamfalussy tend à devenir un système de parités glissantes (« crawling peg »). Le gouverneur allemand rappelle les limites et les dangers d'un tel système difficilement compatible avec les objectifs de stabilité et de lutte contre l'inflation du SME, tel que défini en 1979 : « Un tel système risquerait de renforcer les divergences entre le pays qui dévalueraient de façon répétée et accroîtraient ainsi leur taux d'inflation et ceux qui réévalueraient systématiquement et réduiraient leur inflation. »[19] Et Pöhl de préciser que les évènements passés, lors de la dévaluation du franc et du réalignement du mark en mars 1983 notamment, non pas été sans

---

[16] ABF, 1489200205 68–72, PV du 176ᵉ Comité des Gouverneurs des Banques centrales, 10 mai 1983.

[17] ABF, 1489200205 68–72, PV du 175ᵉ Comité des Gouverneurs des Banques centrales, 12 avril 1983.

[18] *Ibid.*, commentaire de K.O. Pöhl.

[19] *Ibid.*

coûts pour l'économie allemande. La Bundesbank insiste auprès des autres banques centrales, et plus particulièrement auprès de la Banque de France, pour signifier qu'un tel laxisme n'est pas à envisager dans le futur. Un retour à la rigueur et à la stabilité s'impose.

> « L'évolution des agrégats monétaires semble aussi contribuer à la fermeté des taux d'intérêt allemands. En effet, la croissance de la monnaie de banque centrale est sensiblement supérieure à l'objectif et la Bundesbank est accusée de mener une politique trop laxiste. Le dépassement est toutefois imputable dans une large mesure à des facteurs spéciaux (entrées massives de devises consécutives aux interventions dans le SME, transfert de bénéfices de la banque centrale à l'État) et l'expansion monétaire devrait se ralentir au fil des mois pour rentrer à l'intérieur de la fourchette au quatrième trimestre… »[20]

Le Comité des Gouverneurs des Banques centrales fait écho aux recommandations de la Bundesbank et prône la convergence des politiques économiques: « la fréquence et l'ampleur des réalignements ne pourront être sensiblement réduites que grâce à une meilleure convergence des résultats de politiques économiques poursuivies par les pays membres. »[21] Le gouverneur de la Banque de France partage cet avis. Contraignant, l'alignement monétaire entraîne de facto un alignement économique, encadrant le volontarisme politique des gouvernements : « Si le système ne constitue peut-être pas une incitation suffisante à la convergence des politiques économiques, il agit comme un véritable frein de la divergence et comme une contrainte très utile. La menace des ajustements monétaires et des psychodrames qu'ils représentent contribue ainsi à apporter un peu plus de sagesse dans les politiques économiques des États membres. »[22]

Le réalignement pose néanmoins un problème à l'économie française. La défense du franc a nécessité la hausse considérable des taux d'intérêt (12,5 % au second trimestre 1983) qui nuit à l'investissement. L'alignement monétaire implique également un alignement budgétaire. Gleske mentionne que la Bundesbank cherche à réduire la composante structurelle du déficit public, contracté en période de récession (1982, notamment) et que des mesures correctrices seront mises en place pour le budget de 1984 : « … Le projet de budget du gouvernement fédéral pour

[20] ABF, 1489200205 68–72, PV du 176e Comité des Gouverneurs des Banques Centrales, 10 mai 1983.

[21] *Ibid.*

[22] ABF, 1489200205 68–72, PV du 175e Comité des Gouverneurs des Banques Centrales, 12 avril 1983.

1984 prévoit une nouvelle réduction de deux milliards de deutsche marks du déficit public qui s'établirait à 39 milliards de deutsche marks. »[23]

De La Genière rejoint Gleske sur la nécessité de lutter contre les déficits publics qui obèrent la capacité d'investissement des entreprises : « l'évolution des dépenses publiques est directement ou indirectement à l'origine de nombre de difficultés rencontrées par les pays de la CEE, indépendamment du choc pétrolier ou des problèmes extérieurs. »[24] La stabilisation du franc au sein du SME passe par la mise en place d'une politique de désinflation compétitive reposant sur une politique salariale rigoureuse[25](désindexation des salaires) permettant une augmentation de l'EBE et de l'investissement.

Sur le plan politique, le Conseil européen de Stuttgart (17–19 juin 1983) a permis de poser les bases d'une relance dynamique du processus de construction européenne. Certes, le projet d'« Acte européen » proposé par Genscher et Colombo et défendu par Kohl n'a pas été adopté, les dix préférant une « Déclaration solennelle sur l'Union européenne », moins contraignante. Toutefois, une avancée majeure est à souligner. Pour la première fois depuis 1972, les chefs d'État et de gouvernement, à l'initiative de la RFA, soutenue par la France et l'Italie, adoptent un projet de réforme très ambitieux dont l'objectif est « de réaliser une Union européenne par l'approfondissement et l'extension des champs d'action des États membres. »[26] Sur le plan budgétaire, une discipline commune est rappelée. La nécessité de la mise en place d'une stratégie communautaire est établie pour lutter contre l'inflation et le chômage. Cela passe notamment par un accroissement de la coordination des politiques économiques, un renforcement du SME, l'achèvement

---

23 ABF, 1489200205 68–72, PV du 178e Comité des Gouverneurs des Banques Centrales, 12 juillet 1983.

24 ABF, 1489200205 68–72, PV du 178e Comité des Gouverneurs des Banques Centrales, 12 juillet 1983. Commentaire de R. de La Genière.

25 Christian Saint Étienne, « l'Union monétaire franco-allemande », dans Thierry de Montbrial, Karl Kaiser, René Lasserre et Robert Picht, *Agir pour L'Europe. Les relations franco-allemandes dans l'après-guerre froide,* Paris, Masson, IFRI, 1995, p. 223.233.

26 Session du Conseil européen de Stuttgart, 17–19 juin 1983, Conclusions des sessions du Conseil européen.

du marché commun, la poursuite de la PAC et l'intensification de la politique industrielle, régionale et sociale.[27]

Au niveau des institutions, la Commission est amenée à jouer un rôle de premier plan, elle doit être une « force d'impulsion dans le processus d'intégration européenne »[28]. Afin de crédibiliser sa volonté de relance de l'UEM, la RFA a fait deux concessions financières notables : -1- l'augmentation de 1 % à 1,4 % du plafond de recettes de TVA affectées au budget communautaire, -2- le démantèlement en trois étapes des montants compensatoires (MCM) positifs. La déclaration solennelle et le « paquet » du Conseil européen de Stuttgart permettent de débloquer partiellement les deux principales entraves au processus de relance de l'UEM (la position britannique sur le budget et la PAC) jetant ainsi les bases de l'Acte unique.

Le ministre français de l'Industrie, Fabius, reprend l'idée de coopération industrielle européenne. La France doit relancer son industrie en utilisant le levier communautaire. Il en fait part à Mitterrand pour redynamiser la politique européenne de la France qui cherche à s'appuyer sur une demande de réaménagement du SME et une coopération accrue dans les industries d'avenir, la recherche et les technologies de pointe. Toutefois, ces deux points ne sont pas les priorités de la RFA. Cette situation permet de mettre en exergue le décalage dans les attentes et ambitions françaises et allemandes.

> « Plus j'approfondis ma connaissance et ma réflexion sur notre industrie et notre technologie, plus je suis persuadé que si nous ne développons pas rapidement les coopérations européennes nous serons vassalisés d'ici peu par le Japon et les États-Unis… N'y a-t-il pas un magnifique dessein à proposer pour l'Europe … une sorte de seconde naissance autour de ces thèmes : industries d'avenir, recherche, technologie de pointe. Les obstacles sont considérables. Mais vous pouvez être, seul ou avec le Chancelier d'Allemagne, celui qui propose ce dessein … Pourquoi pas une grande initiative en ce sens à la rentrée, avant la présidence française de la CEE. »[29]

---

27 Immo, Statbreit, « Die « Feierliche Deklaration zur Europäischen Union » – eine Etappe auf dem Weg zu einem Vereinten Europa », Europa-Archiv, 15, 1983, p. 445–452.

28 Session du Conseil européen de Stuttgart, 17–19 juin 1983, Conclusions des sessions du Conseil européen.

29 CHAN 5AG4 -51 PM, Laurent Fabius.

Le ministère de l'Industrie et de la Recherche rédige un rapport prônant une « relance industrielle européenne »[30]. Il définit une coopération européenne accrue dans le domaine de la recherche : des agences européennes spécialisées pourraient être mises en place dans cette perspective. Un mémorandum intitulé « Une nouvelle étape pour l'Europe : un espace de l'industrie et de la recherche »[31] est adressé en septembre 1983 au Conseil des ministres à Bruxelles. Il part d'un constat inquiétant pour l'avenir économique de la Communauté : « Pour la première fois de son histoire, l'Europe n'est plus, depuis quelques années, la source principale des innovations scientifiques et technologiques. »[32] Face à cette menace qui est aussi un défi, l'Europe, telle qu'elle s'inscrit dans le processus de l'UEM, doit permettre de préserver l'indépendance technologique et économique des États membres : « Pour une large part, le déclin et les déficiences de l'industrie européenne n'ont d'autre origine que le fractionnement de l'Europe. Un tel constat dicte à l'évidence la voie de l'avenir : seul un renouveau dans la coopération permettra à la Communauté de rattraper son retard, d'affirmer sa place dans la compétition internationale, et par là même de résoudre le problème fondamental de l'emploi. »[33]

Comme le souligne Georges Saunier, la démarche et les attentes françaises relèvent de quatre préoccupations majeures[34] : -1- la nécessité de créer un vaste marché européen intérieur ; -2- la nécessité d'établir un système de protection industrielle communautaire ; -3- la mise en place d'agences spécialisées instaurant de facto une Europe à géométrie variable[35] ; -4- la nécessité de relancer le processus de construction

[30] CHAN 5AG4-50 PM, François Lagrange, conseiller économique auprès du ministère de l'Industrie et de la Recherche, *Projet de Mémorandum. Une nouvelle étape pour l'Europe : un espace de l'industrie et de la recherche*, ministère de l'Industrie et de la Recherche, 30 août 1983.

[31] *Ibid.*

[32] CHAN 5AG4-51PM, *Une nouvelle étape pour l'Europe : un espace de l'industrie et de la recherche*, CEE, Conseil des ministres, 12 septembre 1983.

[33] *Ibid.*

[34] Georges Saunier, « Le gouvernement français et les enjeux économiques européens », dans Éric Bussière, Michel Dumoulin et Sylvain Schirmann, *Milieux économiques et intégration européenne au XXe siècle : La relance des années quatre-vingt (1979–1982)*, Paris, CHEFF, 2007.

[35] CHAN 5AG4-50 PM, « *Développement des politiques et des actions nouvelles* » *(au sens du Conseil européen)*, ministère des Relations extérieurs, Centre d'analyse et de prévision, 11 juillet 1983.

européenne enlisée dans les « controverses budgétaires » et « d'organiser le juste retour des contributions nationales »[36].

La déréglementation qui s'inscrit dans un processus de libéralisation plus large des marchés est clairement évoquée et apparaît comme une nécessité, comme en témoignent les notes d'un groupe de réflexions au sein de l'Élysée : groupe « déréglementation »[37]. Toutefois, comme le rappelle Saunier l'interventionnisme étatique prévaut. « La perspective d'une plus grande ouverture des marchés nationaux et les mesures de renforcement du Marché commun sont autant de propositions qui séduisent les autres gouvernements même si, du côté français, on continue de les envisager comme appui à un interventionnisme public au niveau européen. »[38] La vision française de l'UEM, même si elle prend acte de la nécessaire libéralisation des marchés, reste très différente de la vision allemande[39].

La France cherche à établir un réaménagement du SME permettant une meilleure coordination des interventions sur le marché des changes et une plus grande solidarité communautaire. Elle continue à souffrir du caractère asymétrique du SME et réclame une utilisation accrue de l'ECU comme monnaie d'intervention. Cette position rencontre une certaine attention tant au niveau international qu'au niveau européen. Faisant suite à la résolution du Sommet de Williamsburg, où la France s'est trouvée très isolée face aux États-Unis, le Groupe des dix[40] s'est penché sur les thèmes suivants : « -1- le rôle futur du FMI, -2- la création et la distribution des liquidités internationales, -3- l'instabilité des taux de changes et ses effets sur l'activité économique internationale. »[41] Le

---

36 CHAN 5AG4-51PM, *Une nouvelle étape pour l'Europe : op. cit.*

37 CHAN 5AG4-50 PM, Yves Stourdze, *Groupe « déréglementation »*, 1er août 1983.

38 Saunier, « Le gouvernement français et les enjeux économiques européens », *op. cit.*, p.143.

39 En France, l'heure reste à la nationalisation de grands pans du secteur industriel ; la privatisation n'apparaîtra qu'en 1986 et durera bien après la signature de Traité de Maastricht, sous les gouvernements d'E. Balladur (1993–1995) et A. Juppé (1995–1997) notamment.

40 Groupement informel des gouverneurs des 10 banques centrales des pays souverains (dans les faits 11) incluant l'Allemagne, la Belgique, le Canada, les États-Unis, la France, l'Italie, le Japon, les Pays-Bas, le Royaume-Uni, la Suède et la Suisse (à partir de 1984). La réunion se tient tous les deux mois lors du Conseil d'administration de la BRI.

41 ABF, 1489200205 68–72, PV du 180e Comité des Gouverneurs des Banques Centrales, 8 novembre 1983.

Comité des Gouverneurs estime « important que soient examinés les actifs composites de réserve, à savoir le DTS et surtout l'ECU, dont il conviendrait d'approfondir le rôle et la place tant au niveau européen qu'au niveau international. »[42] Malgré des avancées, la RFA et surtout la Bundesbank sont très réticentes, voire opposées, à des aménagements tant sur le SME que sur le rôle de l'ECU.

En septembre 1983, Altiero Spinelli relance le processus fédéraliste européen en présentant au Parlement européen un projet de traité instituant l'Union européenne. Alors que le Conseil européen d'Athènes (4–6 décembre 1983) n'a pas permis de régler le problème du « chèque britannique » ni les dissensions intracommunautaires sur la PAC, la France prend la présidence de la CEE au 1er janvier 1984. Mitterrand va l'utiliser comme tremplin à sa politique européenne, redynamisant la relance de l'UEM lors du Conseil européen de Fontainebleau (25–26 juin 1984).

6.2 Vers Fontainebleau (janvier 1984-juillet 1984) : le déblocage

L'année 1984 constitue un tournant dans la politique économique de la France. Comme le souligne Eck, une continuité de la politique économique française s'établit de 1984 à 1997[43]. Hubert Védrine, conseiller de Mitterrand pour les affaires étrangères, considère que 1984 marque « le véritable début de la politique européenne de François Mitterrand »[44]. Après les avancées du Conseil européen de Stuttgart et l'échec du Conseil d'Athènes (décembre 1983) à résoudre le blocage britannique, le président français entame dès le début de l'année une visite des chancelleries européennes pour convaincre ses homologues de la nécessité de relancer l'UEM.

Mitterrand est conscient de l'échec retentissant de la politique économique de rupture. Il n'a plus le droit à l'erreur. Il doit donner des gages de sa conversion à ses partenaires du G7 et de la CEE pour

---

42 *Ibid.*

43 Nous pourrions prolonger jusqu'à aujourd'hui, sous quatre majorités successives; de gauche (1984–1986), de droite (1986–1988), puis de gauche (1988–1993), puis à nouveau de droite (1993–1997).

44 Hubert Védrine, *Les mondes de François Mitterrand*, Paris, Fayard, 1996, p. 292.

espérer regagner leur confiance, tout en affichant sur le plan intérieur l'indépendance et l'influence de la France dans le monde. Comme le souligne Védrine : « Il a mesuré, lors des Sommets des Sept, le poids hégémonique des États-Unis. La France peut leur résister, seule si elle n'a pas d'autre choix et que c'est vital, en choisissant bien son terrain; mais elle ne peut le faire tout le temps, car elle le paierait cher, d'une façon ou d'une autre. Avec d'autres pays, il lui faut donc constituer un ou des pôles, permanents ou par sujets. Le premier de ces pays est la RFA. »[45]

La France n'a pas d'autre choix. L'échec de la politique de rupture a démontré qu'elle fait partie d'une économie mondiale ouverte et « ne peut se permettre d'être trop longtemps débitrice, sous peine de sanctions monétaires et de mise sous tutelle. »[46] Elle doit briser son isolement et se rapprocher de la RFA afin d'établir un grand Marché unique répondant aux attentes des économies anglo-saxonnes, en terme de débouchés. Védrine décrit bien cette situation où la France fait le choix de l'Europe et prend le leadership de la relance de l'UEM «… pour exercer à nouveau une influence sur le reste du monde, et surtout éviter que nous ne soyons entièrement soumis à l'influence des autres… il faut s'unir; la construction européenne ne nous oblige pas à des abandons de souveraineté… l'exercice en commun de la souveraineté permet au contraire de recouvrer un peu de ce pouvoir perdu. »[47] La France cherche ainsi à utiliser le levier de l'Europe pour regagner une place de premier plan sur l'échiquier international, tout en préservant une grande part de son indépendance nationale. « La France et la Grande-Bretagne… veulent à la fois préserver leurs avantages nationaux acquis et leur liberté de mouvement, tout en profitant du supplément d'influence procuré par la Communauté européenne. »[48]

La politique économique française se rapproche de celle de ses partenaires économiques et devient progressivement libérale en adoptant notamment des réformes fiscales pour stimuler l'épargne et en augmentant les taux d'intérêt afin de contrôler l'évolution de la masse monétaire[49]. La concurrence imposée par une économie mondiale en

---

45 *Ibid.*

46 *Ibid.*, p.294.

47 *Ibid.*, p. 293.

48 *Ibid.*, p. 294.

49 Conversion lente aux vertus du monétarisme (redécouvert par Milton Friedman et l'École de Chicago) surtout après les accords du Plaza (1985) afin de stabiliser la

voie de libéralisation devient progressivement la règle. Le gouvernement se résout à cesser de subventionner quelques secteurs en déclin. Toutefois, (c'était d'ailleurs l'effet politique escompté par Mitterrand) il faut véritablement attendre le retour au pouvoir d'un gouvernement libéral-conservateur (gouvernement Chirac en 1986) pour percevoir de façon effective le virage libéral à travers notamment la privatisation de certaines entreprises nationalisées en 1981 (étape nécessaire et primordiale à tout processus de libéralisation économique efficace). En ce sens, la politique économique de la France souffre d'incohérence pour répondre à des considérations de politique politicienne.

La conversion aux politiques économiques libérales obéit aux exigences de la conversion de l'économie française à l'idée d'un grand Marché unique européen : vers l'Acte unique. Le tournant s'opère dès le printemps 1983 par un rapprochement avec la RFA : proposition d'une relance sociale européenne, d'un plan industriel européen et d'une réduction du temps général du travail à l'échelle de la CEE. Ces initiatives ne convainquent pas le partenaire allemand. Il n'empêche. La France quitte son isolement et se relance à travers l'Europe. Mitterrand est, avec Kohl, à l'origine du règlement du chèque britannique. Il peut s'appuyer sur de nombreux haut-fonctionnaires[50] maîtrisant les rouages de la CEE et « réinventer » un rêve étoilé à une économie qui sort déstabilisée de deux années de politique économique anachronique.

L'amorce de ce changement est perceptible dès 1982 avec la défense des dossiers d'adhésion communautaire de l'Espagne et du Portugal. Les motivations apparaissent, là encore politiques. Comme le constate Bossuat[51], amorcée lors du Conseil européen de Stuttgart, la renaissance européenne de la France intervient véritablement lors du Conseil européen de Fontainebleau en juin 1984 et se poursuit, un an plus tard, avec le Conseil européen de Milan en 1985. Le concept de couple franco-allemand, moteur de l'Europe, renaît avec une autre dimension que celle

volatilité des taux de change : problème endémique du début des années 1980 avec la surévaluation du dollar US.

50 Ses proches conseillers à l'Élysée notamment, Jean-Louis Bianco, Jacques Attali, Élisabeth Guigou et Hubert Védrine. Il faut également ajouter le nouveau ministre des Affaires européennes, son ami de longue date Roland Dumas, avec il va « désembourber l'Europe ». Védrine, *op. cit.*, p. 295.

51 Gérard Bossuat, *Faire l'Europe sans défaire la France*, Paris, PIE Lang, 2005, pp. 159–183.

qui prévalait dans le tandem VGE-Schmidt. L'idée d'un nouveau traité institutionnel, avatar de « [l'] Acte européen », défendu par l'Allemagne et la France, est à l'étude. Le rapprochement franco-allemand fait l'objet d'un marketing politique fort et sert également une communication politique intérieure.

Le SME a fait montre de stabilité depuis le dernier réalignement en mars 1983. L'ampleur des mouvements de capitaux a été modérée depuis 1983 et a eu peu d'impact sur les monnaies communautaires.[52] Toutefois de La Genière s'inquiète des perspectives à long terme du différentiel de taux d'intérêt qui tend à une appréciation du mark par rapport au dollar. Le franc est obligé de s'aligner sur les taux allemands élevés, pour limiter la dépréciation. La baisse du dollar entraîne des tensions au sein du SME, confortant les monnaies fortes et affaiblissant les autres monnaies du système.

À fleuret moucheté, Pöhl lui réaffirme que la Bundesbank ne modifiera pas sa politique de stabilité monétaire en baissant ses taux d'autant que « l'expérience des dernières semaines est encourageante pour l'avenir, car elle semble indiquer que le système n'est pas inéluctablement en péril dès que le deutsche mark se renforce. »[53] La France n'a pas à s'inquiéter des spéculateurs tant que les taux de change varient peu : i.e. tant que la Banque de France s'aligne sur la politique monétaire de la Bundesbank. Et de La Genière, en réponse à Pöhl, d'espérer « qu'on puisse effectivement s'orienter vers une situation dans laquelle les réalignements au sein du SME seraient moins fréquents et de plus faible ampleur que par le passé. »[54] Duisenberg rejoint ses homologues et souligne que l'amélioration récente de la convergence des politiques et des résultats économiques démontre que « les pays du SME sont assez bien armés pour faire face aux influences extérieures. »[55] Delors, futur président de la Commission (à compter du 1er janvier 1985) partage l'analyse des gouverneurs des Banques centrales et témoigne des vertus stabilisatrices, mais aussi politiques du SME, « sujet d'espoir et point d'ancrage pour les Européens que certains pays souhaiteraient élargir pour couvrir d'autres domaines tels que l'emploi

---

52 ABF, 1489200205 68–72, PV du 184e Comité des Gouverneurs des Banques Centrales, 13 mars 1984.

53 *Ibid.*

54 *Ibid.*

55 *Ibid.*

et la croissance économique. »[56] Le SME est un moyen économique et politique qui s'inscrit dans le programme de relance de l'UEM, devant « permettre à la Communauté de mieux s'affirmer à l'égard de l'extérieur et de parler d'une seule voix. »[57] Il établit une feuille de route pour un renforcement du SME.

Cette réflexion proposée aux gouverneurs des banques centrales inclut notamment les aspects agri-monétaires du SME (MCM), l'ampleur et la fréquence des réalignements, la coordination des politiques monétaires, l'indicateur de divergence, le plafond fixé pour les emprunts communautaires, mais aussi les déséquilibres structurels et les politiques économiques qui peuvent y répondre. Le président de la Commission prône une plus grande coopération sur les interventions intramarginales et « un usage plus développé de l'ECU »[58] ; points sur lesquels la Bundesbank s'est toujours montrée très réticente.

La présidence française de la Communauté s'inscrit résolument dans un volontarisme affiché de relance de l'UEM et d'une certaine idée de l'Europe, partagés par la Commission. Les discours prononcés par le président français à La Haye, le 7 février 1984, et devant le Parlement européen à Strasbourg, le 24 mai 1984, intitulés respectivement « Le réveil de l'espérance européenne » et « Une victoire de la communauté sur elle-même », illustrent les ambitions de la France. Mitterrand défend la coordination des actions politiques et économiques basée sur la préférence communautaire et annonce ses objectifs pour le Conseil européen de Fontainebleau. Il est primordial de « sortir l'Europe des Dix de ses querelles et la conduire résolument sur les chemins de l'avenir »[59] qui comprennent notamment la lutte contre le chômage, le développement des grands secteurs d'avenir (informatique, télécommunications ...), l'ouverture des marchés publics, l'accroissement du rôle de l'ECU et du SME, la lutte contre le protectionnisme, la collaboration culturelle et

---

56 ABF, 1489200205 68–72, PV du 184e Comité des Gouverneurs des Banques Centrales, 13 mars 1984.

57 *Ibid.*

58 *Ibid.*

59 François Mitterrand, *Réflexions sur la politique extérieure de la France*, Paris, Fayard, 1986, p. 280. Discours prononcé le 24 mai 1984 au Parlement européen de Strasbourg.

scientifique… Afin de ne pas entraver cet élan, des initiatives peuvent être prises « à trois, à quatre, à six… entre ceux que cela intéresse »[60].

Mitterrand prend à témoin le Parlement européen des véritables enjeux. L'Europe puissance qu'il appelle de ses vœux, doit être maître de son destin et assumer ses responsabilités : « L'alternative est ou bien de laisser à d'autres, sur notre continent, hors de notre continent, le soin de décider du sort de tous…, ou bien réunir la somme des talents et des capacités (…) qui ont fait de l'Europe une civilisation, pour (…) qu'elle devienne enfin ce qu'elle est. »[61]

Après l'échec des négociations au Conseil européen de Bruxelles (mars 1984), où la Grande-Bretagne refuse une offre de 1 milliard d'ECU, la France et l'Allemagne sont prêtes à continuer au risque de se passer de la Grande-Bretagne pour une Europe à neuf. Comme le confie Mitterrand : « Nous allons recommencer, ce qui veut dire continuer. L'Europe des Dix n'est pas morte, mais elle a reçu un coup supplémentaire. Mais pour ceux qui sont disponibles, la cause n'est pas désespérée. »[62]

Le Conseil européen de Fontainebleau (25 et 26 juin 1984), grâce à une entente franco-allemande déterminée, permet de résoudre le contentieux britannique à l'origine du blocage communautaire depuis 1979. La voie à une relance de l'UEM et de la construction européenne est ouverte. Les conclusions du Conseil relèvent les avancées importantes : -1- l'instauration d'une discipline budgétaire sur les dépenses agricoles ; -2- le relèvement de 1 à 1,4 % de la part des recettes de TVA versées par les États membres au budget communautaire (effectif au plus tard le 1er janvier 1986) ; -3- la fixation au 30 septembre pour la conclusion des négociations d'adhésion de l'Espagne et du Portugal ; -4- le démantèlement des montants compensatoires positifs en RFA ; -5- la mise en place de deux comités de travail permettant de relancer la construction européenne : le comité Dooge sur la préparation d'un nouveau traité d'Union européenne et le comité Adonnino sur l'Europe des citoyens.

---

[60] Mitterrand, *Réflexions sur la politique extérieure de la France*, *op. cit.*, p. 274. Discours prononcé à La Haye le 7 février 1984.

[61] Mitterrand, *Réflexions sur la politique extérieure de la France*, *op. cit.*, p. 282.

[62] Pierre Favier et Michel Martin, *La décennie Mitterrand : les épreuves (1984–1988)*, Paris, Seuil, 1991, p. 254.

S'appuyant sur la relance initiée lors du Conseil européen de Stuttgart, les bonnes relations franco-allemandes sur le plan économique et diplomatique ont permis de faire du Conseil européen de Fontainebleau un succès qui annonce l'élaboration d'un nouveau traité : l'Acte unique. La France aligne sa politique économique et monétaire sur celle de l'Allemagne. Comme le rappelle Delors le SME est bien plus qu'un système de change qui a permis de garantir une stabilité économique c'est aussi un « sujet d'espoir et point d'ancrage pour les Européens » à partir duquel va pouvoir se bâtir la construction d'une certaine idée de l'Europe que la France et l'Allemagne (nourrissant des ambitions différentes) appellent de leurs vœux.

6.3 Vers Milan (juillet 1984–juin 1985) : le rôle de la Commission dynamisé, le SME et l'ECU sources d'espoir pour l'Europe

La relance de la construction européenne, le renforcement du SME et du rôle de l'ECU sont porteurs d'espoir pour la France qui défend à présent l'Union politique européenne. Le SME et l'ECU doivent permettre d'apporter un cadre de stabilité indispensable à la croissance économique et à la restructuration industrielle. Les attentes de la France et de la RFA sur le processus laissent apparaître des différences, voire des divergences. Si l'Allemagne prône une dynamisation et un rôle accru des institutions européennes, elle n'est pas favorable à l'Union monétaire. Cette position est partagée par la chancellerie comme par la Bundesbank : les convergences des politiques économiques demeurent insuffisantes.

Les 17 et 19 juillet 1984, le gouvernement français fait l'objet d'un remaniement ministériel. Paradoxe, deux anciens défenseurs de la sortie du franc du SME à l'hiver 1983 vont être en charge de l'alignement économique de la France sur les exigences de la CEE, telles que précisées par le SME. Fabius succède à Mauroy et devient Premier ministre. Bérégovoy est nommé ministre de l'Économie et des Finances. Contrairement à deux de ses prédécesseurs les plus récents à ce poste (Barre et Delors) et à l'instar de René Monory, il n'a aucune formation académique en économie. Ce changement ministériel est censé représenter un nouvel élan politique et économique soulignant les ambitions européennes de la France.

Dans leurs relations monétaires, la France et l'Allemagne adoptent deux visions distinctes : la première prône l'interventionnisme quand la seconde s'adapte aux exigences du libéralisme. La France défend une vision institutionnaliste de l'ECU et du SME, où la Commission occupe une place croissante. A contrario, la RFA a pris acte de l'importance de la déréglementation et de la libéralisation des marchés où le mark joue un rôle de premier plan avec le dollar et le yen. Au cours de cette période, la France, à travers la Banque de France notamment, essaie d'infléchir la rigueur de la Bundesbank, mais finit toujours par s'aligner. Elle n'effectue pas les réformes structurelles nécessaires à la libéralisation économique, préférant souvent entretenir l'espoir d'un nouveau SMI dont le renforcement du SME serait une étape et dans lequel l'ECU serait un moyen de pallier la faiblesse du franc.

La position des gouverneurs des banques centrales illustre cette situation : « Tous les gouverneurs adhèrent sincèrement à la perspective d'un progrès du SME et notamment de l'utilisation de l'ECU, mais ils ne sont pas d'accord sur un paquet harmonieux… »[63]. De La Genière souligne la pertinence de l'utilisation de l'ECU dans la perspective d'une amélioration du fonctionnement communautaire du SME. « L'amélioration de l'ECU doit se faire en donnant à celui-ci les caractéristiques essentielles d'un avoir de réserve valable, à savoir la stabilité et la pleine et entière liberté d'utilisation »[64].

Pöhl, soutenu par Duisenberg, gouverneur de la Banque centrale néerlandaise, témoigne de ses réserves, voire de sa désapprobation : « … il n'y a aucune urgence à modifier le SME ; celui-ci fonctionne remarquablement bien dans ces temps d'agitation sur le dollar et il est probable que les règles qui n'ont pas démérité depuis 1979 pourraient continuer à être appliquées pendant encore plusieurs années. »[65] Il insiste sur des réformes structurelles dans la perspective d'une libéralisation et d'une intégration des marchés financiers internationaux : « … il faudrait plutôt songer à une participation de tous les pays de la CEE au mécanisme de change, ainsi qu'à l'élimination tant des régimes particuliers que des restrictions aux mouvements de capitaux… il manque actuellement à l'ECU deux

63 ABF, 1489200205 74–79, PV du 189e Comité des Gouverneurs des Banques Centrales, 11 septembre 1984.

64 *Ibid.*

65 ABF, 1489200205 74–79, PV du 189e Comité des Gouverneurs des Banques centrales, 11 septembre 1984. Commentaire de K.O. Pöhl.

propriétés importantes pour être un instrument de réserve véritable, à savoir la pleine convertibilité et une rémunération conforme au taux du marché. »[66] Il est soutenu par Duisenberg, gouverneur de la Banque centrale néerlandaise.

La Commission, par l'intermédiaire d'Ortoli, soutenu par de La Genière, estime qu'il serait dans l'intérêt des pays membres de trouver un accord (paquet) pour améliorer le SME en dynamisant le rôle joué par l'ECU, appelé à devenir une monnaie commune : « Le paquet pourrait porter sur la rémunération de l'ECU, les possibilités de mobilisation, le relèvement de la limite d'acceptation de 50 % et la détention d'ECUs par des banques centrales tierces. Il serait regrettable et même dangereux que les Gouverneurs déclarent aux ministres que le SME fonctionne parfaitement et qu'aucune modification ou amélioration n'est possible. »[67]

L'ECU doit pouvoir être utilisé comme monnaie d'intervention pour défendre la stabilité du SME. Ce point important est défendu par de La Genière : « … les possibilités de mobilisation envisagées pourraient être utilisées pour des interventions intramarginales. »[68] La Bundesbank, maintient ses positions sur la nécessaire libéralisation des marchés et exprime ses réserves et ses conditions à cette option comme le mentionne explicitement Pöhl : « Une certaine institutionnalisation de cette pratique serait acceptable à condition que la mobilisation des ECUs sous la forme de swaps ECU/dollar ou ECU/autres devises soit temporaire et que la rémunération des ECUs soit alignée sur les conditions du marché. »[69]

La consultation des archives permet de souligner l'incapacité de la France à adopter une autre attitude que celle de l'alignement. Représentant de la Bundesbank auprès du Comité des Gouverneurs des Banques centrales, Gleske précise ainsi que les interventions de la Bundesbank en septembre et en octobre 1984 sur le marché des changes se sont inscrites dans un repli du dollar et que le deutsche mark a pu être soutenu par les banques centrales partenaires. Il constate que ce résultat illustre la convergence croissante des politiques économiques au sein du SME dans leur lutte contre l'inflation, même si cette convergence n'est pas encore suffisante. Dans un souci d'alignement des politiques

66 *Ibid.*
67 *Ibid.*. Commentaire de F.X. Ortoli.
68 *Ibid.*. Commentaire de K.O. Pöhl.
69 *Ibid.*

monétaires, de La Genière annonce, en réponse, que la France libéralise son économie et « va abandonner l'encadrement du crédit en vigueur depuis 1972 et passer à un système reposant principalement sur le jeu des taux d'intérêt et le réglage de la liquidité bancaire. »[70] Il souligne ainsi les problèmes structurels dont souffre l'économie française et sa difficulté à s'adapter aux nouvelles réalités.

Grâce à son indépendance et au poids du deutsche mark, la Bundesbank peut plus facilement imposer ses vues qui sont le reflet des intérêts de l'économie allemande. À l'automne 1984, avec le soutien de la Banque centrale des Pays-Bas, elle améliore le SME en deçà des espérances françaises mais conforme à ses intérêts : -1- un relèvement de la limite d'acceptation des ECUs dans les règlements ; -2- la possibilité d'utiliser l'ECU pour le règlement d'interventions intramarginales en monnaies communautaires ; -3- l'accès au financement à très court terme pour ces mêmes interventions.

Le Conseil européen de Dublin (3 et 4 décembre 1984) donne la priorité au problème du chômage et souhaite notamment l'application de directives devant conférer à l'ECU un plus grand rôle. Le rôle institutionnel de la Commission, souhaitée par l'Allemagne dès l'initiative Genscher-Colombo s'accroît. Les conclusions du Conseil rapportent qu'il est important « de mettre au point et renforcer le système monétaire européen sur la base des communications pertinentes de la Commission. »[71] À Delors, nouveau président de la Commission de la CEE, incombe le rôle de promouvoir l'ECU et le nécessaire renforcement du SME.

Avec la libéralisation des marchés financiers, le Comité des Gouverneurs préconise de recourir davantage à l'instrument des taux d'intérêt pour intervenir sur le marché des changes, affichant ainsi une adoption des enseignements du libéralisme économique: les interventions intramarginales en monnaies du SME apparaissent comme étant plus coûteuses pour les Banques centrales. Comme le souligne Helmut Schlesinger[72] « … dans un système de marché libéral, le taux d'intérêt réel, c'est-à-dire le revenu réel des détenteurs de créances financières,

---

70 ABF, 1489200205 68–72, PV du 190e Comité des Gouverneurs des Banques centrales, 13 novembre 1984. Commentaire de R de La Genière.

71 Conclusions des sessions du Conseil européen, Dublin, 3 et 4 décembre 1984.

72 Vice-président de la Bundesbank, dont il deviendra le président en 1991.

est la résultante des forces du marché; on ne peut donc le réguler ou le prédéterminer. »[73] Le commentaire de Michel Camdessus, nouveau gouverneur de la Banque de France, est riche d'enseignements sur la situation économique et politique de la France au sein du SME : « … instrument de la politique monétaire, les taux d'intérêt réels peuvent être ignorés complètement par les pays dont l'inflation est très faible et qui ne sont pas soumis à de grandes turbulences politiques. En revanche, dans les autres pays, comme la France, les taux d'intérêt réels sont un instrument quotidien dans le débat interne de politique économique et pour la conduite de la politique monétaire. »[74]

La position de Lamfalussy sur l'intégration économique et financière annonce les enjeux auxquels seront confrontés le SME et la CEE : « La forte intégration du système financier international, notamment par l'intermédiaire des banques, ne permet plus en effet de raisonner sur le niveau des taux d'intérêt dans le cadre des économies nationales. »[75]

La Bundesbank se méfie de l'ingérence de la Commission et du Comité Dooge dont le mandat est de rendre plus opérationnelles les institutions grâce à la réalisation de trois objectifs : -1- La création d'un marché intérieur intégré; -2- Le renforcement des pouvoirs de la Commission; -3- La mise en place d'une politique extérieure commune. Le Comité monétaire comme le Comité des Gouverneurs ne sont pas subordonnés, au contraire ils doivent exprimer leurs opinions et proposer des orientations économiques : « Le Président du Comité monétaire, M. Tietmeyer, estime que [la] rencontre avec le Comité Dooge est une excellente occasion pour redresser l'optique et pour éviter que des idées erronées, en matière monétaire, ne viennent se glisser dans les esprits du Conseil européen et ne viennent susciter des espoirs et des anticipations dans un secteur qui, par comparaison à d'autres, fonctionne bien. »[76] La Bundesbank émet de grandes réserves à l'élargissement du « paquet » à des facilités de financement qui constitueraient une modification importante du SME dont elle ne veut pas.

---

73 ABF, 1489200205 74–79, PV du 192e Comité des Gouverneurs des Banques Centrales, 8 janvier 1985. Commentaire de H. Schlesinger.

74 ABF, 1489200205 74–79, PV du 192e Comité des Gouverneurs des Banques Centrales, 8 janvier 1985. Commentaire de M. Camdessus.

75 ABF, 1489200205 74–79, PV du 192e Comité des Gouverneurs des Banques Centrales, 8 janvier 1985.

76 *Ibid.*

Le SME repose sur des règles précises auxquelles, il ne faut pas déroger. Comme le rappelle clairement Pöhl : « … toute intervention intramarginale n'est pas justifiée et des crédits trop généreux risqueraient de retarder les ajustements et de créer un potentiel de tensions qui pourrait être préjudiciable pour le système lui-même… On ne peut pas partir de l'hypothèse que le SME continuera à fonctionner pendant des années sans réalignement. » La rigueur budgétaire s'impose. Par ailleurs, s'agissant du « paquet », Pöhl ne peut donner son accord définitif avant d'avoir obtenu l'approbation du Conseil de la Bundesbank. Il va même plus loin suggérant fortement de clore pour l'immédiat le dossier du SME et du développement de l'ECU : « En ce qui concerne la suite à donner au dossier SME, il faudrait peut-être refermer celui-ci pour l'instant… »[77] La France, elle, s'inquiète de la forte volatilité des marchés des changes et de l'appréciation du dollar face aux devises européennes. Camdessus se fait l'écho de ces inquiétudes qui préoccupent moins la RFA, grâce à la bonne tenue du mark : « Il n'y a pas d'illusions à se faire sur la possibilité de proposer actuellement un nouveau système monétaire international, mais on pourrait peut-être moins laudatif sur le flottement incontrôlé et élaborer un peu plus sur le rôle des euromarchés dans ce qu'ils ont de positif et aussi de négatif ou perturbateur. »[78]

Le Conseil européen de Bruxelles (29 et 30 mars 1985), marqué par l'accord définitif au principe d'adhésion de l'Espagne et du Portugal, souligne le rôle primordial de la lutte contre le chômage dont le taux reste « inacceptable », mais relève également une amélioration significative de la convergence des politiques économiques : diminution des taux d'inflation, amélioration des balances des paiements, réduction des déficits budgétaires et restructuration industrielle.[79] L'amélioration de ces facteurs économiques crée un climat propice à une convergence accrue sur le plan monétaire et une relance du rôle de l'ECU et du SME qui s'inscrivent dans la perspective d'un grand marché unique d'ici 1992. C'est le premier des quatre grands champs d'action que le Conseil veut développer sous l'égide de la Commission.

---

[77] ABF, 1489200205 74–79, PV du 194e Comité des Gouverneurs des Banques Centrales, 12 mars 1985. Commentaire de K.O. Pöhl.

[78] ABF, 1489200205 74–79, PV du 193e Comité des Gouverneurs des Banques Centrales, 12 février 1985. Commentaire de M. Camdessus.

[79] Conclusions des sessions du Conseil européen, Bruxelles, 29 et 30 mars 1985.

Lors du Comité des Gouverneurs d'avril 1985, Camdessus presse ses homologues d'apporter des réponses aux grandes questions que se posent les ministres : quel est l'avenir de l'ECU pour une Communauté qui progresse vers son unité ? Pöhl montre son désaccord et insiste sur les enjeux de la libéralisation des capitaux :

> « … il n'est pas judicieux de trop se concentrer sur l'ECU, unité de compte avec laquelle on compense des soldes. D'autres éléments, comme la libéralisation des mouvements de capitaux, sont beaucoup plus importants pour le fonctionnement du SME. Le développement de l'ECU officiel est de toute manière problématique, car il se heurte très vite à des obstacles institutionnels… Il est préférable de savoir si les actifs libellés en ECUS sont recherchés, si un marché, notamment interbancaire, se développe positivement et quel est son ordre de grandeur (8 à 9 milliards d'actifs à long terme en ECUS auraient été émis). »[80]

Le président de la Bundesbank soutient les positions défendues par Delors sur la question des réalignements et insiste sur la nécessaire convergence des politiques économiques, sur la stabilité et la lutte contre l'inflation : « … le SME contient tout de même des potentiels de tensions qui risquent d'autant plus de s'accroître qu'on laissera se creuser les différentiels et qu'on retardera les corrections. »[81] Il prône un resserrement des marges et des ajustements correctifs faibles (2 à 3 %) effectués de façon discrète par les gouverneurs des banques centrales (ce qui suppose leur indépendance de décision). Les alignements seraient plus efficaces sur le plan économique et monétaire. Cette position souligne l'importance d'une prise de décision autonome, indépendante des pressions et considérations politiques qui entraînent des interventions tardives, plus coûteuses et dont l'efficacité est moindre. Peut-être faut-il y voir une critique du laxisme affiché par le passé par la France et l'Italie notamment ?

Les véritables enjeux sont clairement établis par le gouverneur de la Banque d'Angleterre, Leigh-Pemberton: « … le rôle que pourra jouer [l'ECU] comme actif est beaucoup plus intéressant pour les banques commerciales que pour les banques centrales. … si les banques commerciales et les agents économiques jugent l'ECU suffisamment

---

80 ABF, 1489200205 74–79, PV du 195e Comité des Gouverneurs des Banques Centrales, 15 avril 1985. Commentaire de K.O. Pöhl.

81 *Ibid.*

attrayant ; celui-ci deviendra alors une « monnaie ». » Il suggère les prochaines étapes et mentionne l'émergence d'une monnaie centrale et d'une banque centrale européenne : « Il est peu probable que l'ECU devienne, dans un proche avenir, une vraie monnaie de réserve ; de gros obstacles se dressent, notamment dans le cloisonnement entre les marchés privé et officiel de l'ECU. D'autre part, si l'ECU devait devenir une sorte de monnaie centrale, il faudrait songer à une banque centrale européenne et c'est presque alors du futurisme… »[82]

Pour la Bundesbank, l'idée d'une banque centrale européenne est difficilement envisageable. Comme le martèle Pöhl « la réalisation d'une convergence maximale des politiques et des résultats économiques est la base d'une union monétaire et, en tout cas, d'une politique commune. »[83] Les conclusions du rapport de Brême qui animent les motivations françaises ne sont pas réalisables sans une modification du Traité de Rome : il paraît plus raisonnable de revenir à la convergence des politiques économiques établie par le Plan Werner.[84] La poursuite de la libéralisation des capitaux reste une priorité pour l'économie allemande. La France, institutionnaliste, cherche un retour à une stabilité des changes à travers l'achèvement du SME, l'utilisation effective d'une monnaie commune, l'ECU, et la mise en place d'un Fonds monétaire européen, premières étapes vers une Union économique et monétaire.

> « L'union économique et monétaire reste un objectif infiniment respectable, mais beaucoup moins proche et pressant que l'achèvement du SME pour lequel les engagements sont directs et clairs. Il est difficile d'ailleurs d'imaginer comment l'union monétaire pourrait précéder le plein achèvement de l'union économique. »[85]

Camdessus insiste sur le rôle que doit jouer l'ECU : « L'ECU peut certainement jouer un rôle stabilisateur dans les relations monétaires internationales, mais certaines conditions préalables sont à remplir, comme des apports définitifs de réserves et la création du Fonds

---

82 ABF, 1489200205 74–79, PV du 195e Comité des Gouverneurs des Banques Centrales, 15 avril 1985. Commentaire de Leigh-Pemberton.

83 ABF, 1489200205 74–79, PV du 196e Comité des Gouverneurs des Banques Centrales, 14 mai 1985. Commentaire de K.O. Pöhl.

84 *Ibid.*

85 ABF, 1489200205 74–79, PV du 196e Comité des Gouverneurs des Banques Centrales, 14 mai 1985. Commentaire de M. Camdessus.

monétaire européen, à propos desquels il serait imprudent de laisser naître des attentes. »[86] Lucide, le gouverneur de la Banque d'Angleterre, Leigh-Pemberton, souligne le risque d'une dérive institutionnaliste que semble préparer les directions données par le Conseil européen de Rome, sur recommandation du Livre blanc établi par la Commission.

> « Certains visionnaires de l'Europe veulent l'obtenir, par des dispositions institutionnelles dans le domaine de la banque centrale, une intégration qui se réaliserait plus rapidement que ce que l'on pourrait espérer dans le domaine politique. Si une telle institution monétaire commune voyait le jour, les banques centrales n'auraient pas nécessairement, la voix dominante, et elle risquerait de devenir à la fois un monstre sans grande responsabilité et une sorte de cheval de Troie s'attaquant au bastion de la souveraineté politique. Or l'intégration doit être menée parallèlement dans les domaines politique, économique et monétaire. »[87]

Leigh-Pemberton défend les vertus du libéralisme et dénonce à mots couverts l'interventionnisme que pourrait adopter la Commission : « L'extension de l'acceptation de l'ECU ne sera pas dictée, mais dépendra très largement de l'attitude des marchés privés. »[88] Face à cette inquiétude, Delors définit les orientations pour un achèvement du SME, avec une portée symbolique évidente : -1- la convergence des économies; -2- le grand marché; -3- le saut institutionnel; -4- le pourquoi de l'action ou du combat entrepris; -5- l'évolution de l'ECU privé; -6- Le système monétaire à multiples monnaies de réserves. « … la contribution que le SME et l'ECU peuvent apporter à la réalisation d'un grand marché, incluant les biens, les services et les capitaux, contribution qui pourrait avoir des aspects techniques et également politiques et psychologiques. »[89] Le président de la Commission explique sa position qui transparait également dans le Livre blanc : « Il convient en effet d'éviter que la question monétaire soit maltraitée et que certains s'imaginent que, par la monnaie, on peut contourner des obstacles qui sont de nature politique ou qui tiennent à des différences fondamentales

---

86 ABF, 1489200205 74–79, PV du 196e Comité des Gouverneurs des Banques Centrales, 14 mai 1985. Commentaire de M. Camdessus.

87 ABF, 1489200205 74–79, PV du 196e Comité des Gouverneurs des Banques centrales, 14 mai 1985. Commentaire de Leigh-Pemberton.

88 *Ibid.*

89 ABF, 1489200205 74–79, PV du 196e Comité des Gouverneurs des Banques centrales, 14 mai 1985. Commentaire de J. Delors.

entre les abandons de souveraineté que les pays sont prêts à concéder à une Union européenne. »[90]

L'ECU est un moyen d'atteindre l'Union politique européenne et de mobiliser la convergence des économies européenne vers un grand marché unique. « L'ECU fait partie maintenant du rêve européen. On peut détruire les rêves et on pourrait le faire s'ils sont vraiment dangereux. Mais aujourd'hui, avec le peu de volonté politique qui se manifeste pour accroître la coopération entre les pays européens, il faut mettre à profit tout ce qui peut renforcer cette coopération ; or l'ECU peut jouer un rôle dans cette direction. »[91]

L'objet principal du Livre blanc déposé en préparation du Conseil européen de Rome par le président de la Commission, Delors, est d'établir un calendrier en vue de l'unité du grand marché – Marché unique de 320 millions de consommateurs – à l'horizon 1992. Dès le premier paragraphe, l'orientation est clairement définie et repose sur une libéralisation et une intégration des marchés basées sur une coordination et une coopération accrue des pays membres de la Communauté. Le renforcement de la convergence des politiques économiques et du système monétaire européen est souligné à plusieurs reprises. Il s'agit explicitement de s'accorder sur « l'abolition des barrières de toute nature, l'harmonisation des règles, le rapprochement des législations et des structures fiscales, le renforcement de leur coopération monétaire, ainsi que sur les mesures d'accompagnement nécessaires pour amener les entreprises européennes à coopérer. »[92] Ainsi apparaît clairement un programme de libéralisation devant conduire à l'intégration économique et financière : « élimination des frontières physiques », « élimination des frontières techniques », « élimination des frontières fiscales ». Les conclusions du rapport ont une très forte connotation politique sur les enjeux qui va animer le processus de l'UEM jusqu'à la signature du Traité de Maastricht : « L'Europe est arrivée à la croisée des chemins. Soit elle va de l'avant, avec fermeté et détermination soit elle retourne

---

90 *Ibid.*

91 *Ibid.*

92 Commission des Communautés européennes. L'achèvement du marché intérieur, Livre blanc de la Commission à l'intention du Conseil européen. Bruxelles : Juin 1985. 54 p.
URL : http://www.cvce.eu/obj/livre_blanc_sur_l_achevement_du_marche_interieur_14_juin_1985-fr-0d72b347-b235-4c9d-bb71-ba38824f5d49.html

à la médiocrité. Ou bien nous nous résolvons à parfaire l'intégration économique de l'Europe, ou bien nous abdiquons par manque de volonté politique devant l'immensité de la tâche, et nous laissons l'Europe devenir une simple zone de libre-échange. »[93] Elles laissent également entendre qu'il n'y a pas d'autres choix.

> « Renoncer équivaudrait à manquer au projet des fondateurs de la Communauté, tel qu'il s'exprime dans les Traités, à trahir la confiance placée en nous et, pis encore, à condamner les peuples de l'Europe à un avenir plus médiocre, moins gratifiant, moins sûr, moins prospère que celui qu'ils auraient pu connaître. Tel est le défi qui nous est lancé. Puissent les générations futures ne jamais nous reprocher de nous être dérobés »[94].

Il est loisible de s'interroger sur les prémices de l'argument. Il est effectivement paradoxal de constater que l'idée d'Europe souveraine repose sur les fondements d'un traité commercial établi sciemment afin que celui-ci ne devienne pas ce qu'il est : un simple traité de libre-échange. À la veille du Conseil européen de Milan, la haute administration française est à l'initiative d'un mémorandum prônant le renforcement du SME afin de répondre à des attentes économiques de stabilité et d'intégration et établir les bases d'une Union politique européenne.

> « La France estime que le renforcement du SME, base de l'interprétation économique et financière de l'Europe et zone de stabilité dans le système monétaire international est indispensable à la réalisation du marché intérieur unifié, ainsi que le souligne la Commission dans le Livre blanc transmis au Conseil. Nous connaissons les objections de droit ou d'opportunité opposée par les uns ou les autres à cette démarche. Mais la France n'en rappelle pas moins le lien évident qui existe entre l'union économique et l'union monétaire. »[95]

Ce mémorandum cherche à orienter les discussions du Conseil européen sur la voie d'un nouveau traité, le futur Acte unique. Ces deux recommandations illustrent la volonté de la France d'utiliser le SME et l'ECU comme moyen d'instaurer les fondements d'une Union politique européenne capable d'afficher sa force et son indépendance face aux États-Unis et au Japon.

---

93 *Ibid.*

94 *Ibid.*

95 CHAN 5AG4, Mémorandum français du 12 juin 1985, service de presse, présidence de la République.

> « Chacun reconnaît que la constitution d'ici à 1992 d'un marché unifié et de dimension continentale est un objectif prioritaire de la Communauté. L'achèvement du marché intérieur affirmera l'identité de l'Europe dans les relations commerciales internationales et donnera aux entreprises européennes les moyens d'affronter à armes égales la concurrence mondiale. »[96]

Et le mémorandum d'orienter les directives du Conseil :

> « Il serait sage que le Conseil demandât aux ministres de l'Économie et des Finances et aux Gouverneurs des Banques Centrales de lui présenter des mesures propres à développer le rôle de l'ECU comme avoir de réserve externe. Le rôle du Fonds européen de Coopération monétaire, dont la vocation demeure d'être transformé à terme en un Fonds Monétaire européen, en serait rehaussé. L'Europe, qui attend des États-Unis d'Amérique et du Japon qu'ils aillent vers un système monétaire ordonné, montrerait par là qu'elle est elle-même capable de défendre chez elle ses propres intérêts. »[97]

Le Conseil européen de Milan est marqué par le refus catégorique de la Grande-Bretagne, des Pays-Bas et de la Grèce qui ne veulent pas de nouveau traité. Un accord important est obtenu pour avancer vers un Acte unique moins ambitieux que celui initialement escompté. Il établit les contours d'un grand marché européen à l'horizon 1992. Une avancée significative est à relever. Elle concerne l'extension du domaine dans lequel les Douze peuvent décider à la majorité et non plus à l'unanimité.

La France, à travers notamment la Commission, cherche à exporter à l'échelle communautaire, un système institutionnaliste qui a montré ses limites quand la RFA défend un système fédéral : deux visions distinctes. Dans le modèle allemand, la constitution garantit à la Bundesbank son indépendance et son autonomie de décision et d'action à mener la politique monétaire pour l'intérêt de l'économie allemande. L'ingérence progressive de la Commission et le risque de dérive institutionnaliste qui se dessine sous la présidence de Delors inquiètent la Banque d'Angleterre et la Bundesbank. En se convertissant en apparence aux grands enjeux du libéralisme économique, la Commission, encouragée par la France, tend à mettre en place une technostructure dirigiste responsable de la libéralisation des marchés : une forme hybride de technocratie et de libéralisme, alliance improbable que l'on pourrait

[96] *Ibid.*
[97] *Ibid.*

décrire de technolibéralisme, véritable oxymore, avatar d'un libéralisme statocratique dont la France fait l'expérience avec la politique de rigueur.

6.4 La relance de la construction européenne : la fuite en avant vers le grand Marché (l'Acte unique), juillet 1985-février 1986

Lors du Conseil européen de Milan, Mitterrand a dessiné les contours d'une nouvelle Union européenne reposant sur les thèmes suivants : « la technologie, le marché intérieur, la monnaie ». Elle englobe « l'Europe de citoyens » et « l'Europe économique et sociale ». Une Europe à plusieurs vitesses est en marche. Il incombe à Jacques Delors, président de la Commission, soutenu par Mitterrand, de devenir le maître d'œuvre de ce grand dessein européen qui vise à l'émergence d'une Europe puissance. Le Livre blanc, étape de cette voie vers l'UEM (14 juin 1985) expose les 300 mesures devant conduire au grand marché intérieur au 1er janvier 1993.

Cette Europe répond à la fois aux attentes de la RFA qui souhaite redynamiser les institutions européennes et au vœu de Mitterrand de les renforcer: « À douze, la Communauté intègre des intérêts hétérogènes, des traditions contraires, des ambitions rivales (…). D'un grain plus mou, la Communauté actuelle est plus friable que celle d'hier. Mais elle possède plus d'atouts. Il n'est qu'une médecine à ses maux : à Communauté plus large, institutions plus fortes »[98]

Les divergences entre la France et l'Allemagne demeurent sur le plan monétaire. La France voit dans l'ECU le moyen d'atteindre l'Union politique, rêve européen. L'Allemagne, plus pragmatique et réaliste, perçoit la monnaie pour ce qu'elle est, le reflet de la situation économique d'un pays ou d'une communauté. Bien qu'il s'en défende, Camdessus, gouverneur de la Banque de France, et à la différence de son prédécesseur, de La Genière, tend à adopter une attitude institutionnaliste en phase avec les ambitions politiques de la France et de la Commission. Force est de constater avec ce penchant institutionnaliste une certaine dérive technocratique. Afin de stabiliser son économie, la politique économique française poursuit sa convergence avec les politiques communautaires. Comme en témoigne Camdessus, « … il ne serait pas indiqué de donner

---

[98] Mitterrand, *Réflexions sur la politique extérieure de la France*, *op. cit.* p. 85, cité par Bossuat, *Faire l'Europe dans défaire la France*, *op. cit.*, p. 166.

l'impression que les réflexions sur l'ECU public sont renvoyées à plus tard. … tout ce qui se fait actuellement pour améliorer la convergence des économies des pays membres et par exemple en France pour assurer la stabilité du franc va dans le bon sens en ce qui concerne l'ECU. »[99]

La Bundesbank, rejointe par la Banque d'Angleterre et la Banque des Pays-Bas, met en exergue les vrais enjeux auxquels sont confrontés le SME et la CEE, en insistant sur la nécessaire libéralisation des marchés financiers et économiques après la déréglementation mise en place aux États-Unis dès le début des années 1980 par l'administration Reagan. Pöhl insiste sur le caractère satisfaisant du SME qui a déjà fait l'objet d'améliorations substantielles et sur les limites des orientations politiques de certains pays membres qui tardent à libéraliser leur économie : « Les véritables problèmes actuels du SME tiennent davantage à l'absence du Royaume-Uni et à la libéralisation incomplète des mouvements de capitaux. En effet, la participation de la livre sterling donnerait une tout autre dimension au système, tandis que le maintien de restrictions de change n'est pas compatible avec un cheminement vers une union monétaire. »[100]

À Pöhl revient également l'initiative de poser la véritable question garantissant la stabilité et la pérennité du SME. Il rappelle les conditions économiques nécessaires à la mise en place d'une monnaie européenne forte capable de concurrencer le dollar, avec une pointe d'ironie, que le projet est très ambitieux en l'état. « Les travaux des Banques centrales et notamment des Suppléants devraient se concentrer sur la question d'une monnaie européenne future, d'une monnaie de réserve qui pourrait concurrencer d'autres monnaies, en particulier le dollar… il s'agit d'un programme extrêmement ambitieux. »[101] Il ne s'agit pas pour autant d'une conversion aux vertus de l'ECU, tant s'en faut. Et Pöhl de préciser sa position, conforme à la Bundesbank qui privilégie la place et le rôle du deutsche mark dans les relations monétaires internationales : « Pendant longtemps encore il n'y aura probablement pas de formule de remplacement au dollar, au deutsche mark, et au yen, mais il faut faire confiance au marché. »[102] Il appartient au Comité des gouverneurs de rendre « les

[99] ABF, 1489200205 74–79, PV du 199e Comité des Gouverneurs des Banques centrales, 10 septembre 1985. Commentaire de M. Camdessus.

[100] *Ibid.*. Commentaire de K.O. Pöhl.

[101] *Ibid.*

[102] ABF, 1489200205 74–79, PV du 199e Comité des Gouverneurs des Banques centrales, 10 septembre 1985. Commentaire de K.O. Pöhl.

pouvoirs politiques sensibles à tout ce qu'il faudrait faire encore afin d'arriver au but digne d'être poursuivi, c'est-à-dire la création d'une monnaie européenne. »[103] Face à cette nécessité pressante de libéraliser les marchés financiers, la France s'adapte progressivement à ces nouveaux mécanismes de régulation.

Camdessus annonce que la politique monétaire de la France ne sera plus gouvernée par l'encadrement du crédit, mais l'utilisation des taux d'intérêt et des réserves obligatoires. Ce changement a été rendu possible grâce à une politique de désinflation : l'objectif pour 1986 est d'atteindre un taux d'inflation de 3 %. Sur le plan monétaire, la France suit. Son économie, la faiblesse du franc et l'absence d'indépendance de la Banque de France ne lui permettent pas d'infléchir les orientations extérieures au SME ni de déroger aux choix de la Bundesbank. Celle-ci, conformément à son mandat constitutionnel, défend la libéralisation de l'économie favorable à l'industrie allemande. Rejointe par la Banque d'Angleterre, elle s'inquiète de l'ingérence progressive de la Commission sur les questions d'ordre monétaire qui ne relèvent expressément pas de ses compétences. Pour Leigh-Pemberton, tout comme pour Pöhl, le SME ne doit pas faire partie du traité d'Acte unique. Il s'interroge sur les motivations de Delors et de la Commission qui n'a pas de compétence en matière monétaire. Le Comité des gouverneurs a entrepris ses travaux sur le SME et sur l'ECU sur demande du Conseil européen. « Est-ce une proposition de M. Delors à titre personnel ou de la Commission tout entière qui, d'après le Traité, parfaitement limpide, n'a pas de compétence en matière monétaire? »[104] Le Gouverneur de la Banque du Danemark, Hoffmeyer, partage les inquiétudes de ses homologues allemand et britannique, craignant une dérive institutionnaliste. « La réalité est plus dans la coopération et sa substance que dans les textes. »[105] Il n'incombe pas à la Commission d'orienter les politiques monétaires des pays membres de la CEE et du SME. L'intervention de Pöhl se veut explicite et souligne les enjeux qu'une telle attitude, contraire aux traités en vigueur, implique : « … les propositions de la Commission auraient des incidences profondes et notamment des conséquences juridiques importantes; si elles étaient adoptées sous leur forme présente, elles

103 *Ibid.*

104 ABF, 1489200205 74–79, PV du 200e Comité des Gouverneurs des Banques Centrales, 12 novembre 1985. Commentaire de K.O. Pöhl.

105 *Ibid.*

entameraient de façon très sensible les compétences actuelles des banques centrales et changeraient radicalement toute la procédure du SME qui a été globalement positive. »[106]

Alors que le franc subit les pressions des marchés des changes, le gouverneur de la Banque de France, Camdessus, rappelle devant ses homologues, lors du 201e Comité des Gouverneurs, les efforts réalisés par l'économie française depuis mars 1983 et les réformes entreprises pour améliorer l'EBE des entreprises et diminuer le coût de la masse salariale, source de chômage et frein à la croissance économique. Le licenciement dans les secteurs en perte de productivité et la désindexation des salaires ont contribué à améliorer la compétitivité de l'économie française qui souffre néanmoins d'un déficit à l'égard de l'Allemagne et d'un différentiel d'inflation trop important[107], laissant présager à brève échéance une nouvelle dévaluation du franc au sein du SME. Dans cette éventualité, il défend le rôle du SME, de l'ECU comme monnaie d'intervention et du FECOM dont l'importance devrait être plus grande dans la lutte pour la stabilité des changes au sein de la Communauté[108].

Cette position défensive de la Banque de France, plus prégnante depuis la nomination de Camdessus, est aussi le reflet des divergences économiques, voire des oppositions, qui existent entre la France et l'Allemagne, rejointe notamment par la Grande-Bretagne. Bonn et Londres partagent des conceptions libérales qui vont à l'encontre des visées sociales de Mitterrand et peuvent nuire à la stabilité de l'entente franco-allemande sur le processus de construction européenne. À la veille du Conseil européen de Luxembourg (3 et 4 décembre 1985), deux notes d'Élisabeth Guigou adressées à Mitterrand font état de ses dissensions : « un front anglo-allemand s'est créé contre les positions françaises sur trois sujets essentiels : le marché intérieur, la monnaie, la politique sociale. À Luxembourg, vous n'êtes pas sûr de pouvoir compter,

---

106 *Ibid.*

107 L'inflation sur un an est de 4,59 % en France et de 1,56 % en Allemagne sur la période du 01/12/1984 au 01/12/1985. Source FRED St Louis. https://fred.stlouisfed.org/series/FRACPIALLMINMEI. Le différentiel de 3 % entraîne mécaniquement une dépréciation du franc vis-à-vis du mark, d'où la forte probabilité d'une dévaluation du franc au sein du SME.

108 ABF, 1489200205 74–79, PV du 201e Comité des Gouverneurs des Banques centrales, 10 décembre 1985. Commentaire de M. Camdessus.

comme cela a été le cas jusqu'à présent sur le soutien allemand. »[109] Les différences d'orientations politiques et économiques sont clairement mentionnées dans la deuxième note, permettant de souligner que le « couple franco-allemand » affiché en France devant les médias est en réalité davantage « le produit d'une double mésentente » tel qu'évoqué par Stark[110]. Les deux pays défendent des intérêts propres qui peuvent permettre d'atteindre des objectifs communs. Le ton de la note révèle également le caractère institutionnaliste de la France : « En ce qui concerne la création du grand marché intérieur, nos thèses favorables à un rapprochement des politiques dans tous les domaines – fiscal, monétaire, social – se heurtent toujours à l'approche libre-échangiste de nos partenaires anglais et allemand »[111].

À l'issue du Conseil européen de Luxembourg, les chefs d'État des Dix parviennent après de longues négociations à un accord conduisant à ajouter au Traité de Rome un « Acte unique ». Celui-ci définit les étapes nécessaires à la réalisation d'un marché intérieur assurant « la libre circulation des marchandises, des personnes, des services et des capitaux… » au sein de l'Europe des Douze. Initiative de l'Allemagne, de la France et de la Commission, l'Acte unique européen marque une nouvelle relance communautaire où le poids de la Commission s'affirme davantage. Toutefois, il ne répond pas complètement aux attentes de l'initiative Genscher-Colombo et inquiète la Bundesbank sur les plans monétaire, fiscal et social. Pour la France, il s'inscrit dans le programme européen de Mitterrand, mais là aussi de façon beaucoup moins ambitieuse qu'escomptée. Grâce aux avancées sociales, et aux volets technologiques, scientifiques, régionaux…, il lui permet d'entretenir auprès de son électorat « le rêve européen », échappatoire à la déconvenue de la politique de rupture. Au début de l'année 1986, il témoigne de cette espérance dans ses réflexions sur la politique extérieure de la France : « Je vois donc arriver le grand marché sans crainte. Plus que cela, je l'espère. Là comme ailleurs, en servant l'Europe, on sert la France. »[112] Il regrette toutefois que l'ECU et le SME choisis comme moyens pour l'atteindre

---

109 CHAN 5AG4, cité par Favier, Martin-Roland, *La décennie Mitterrand : les épreuves (1984–1988), op. cit.*, p. 267.

110 Stark, *Kohl, l'Allemagne et l'Europe, op.cit.*, p. 42.

111 CHAN 5AG4 cité par Favier, Martin-Roland, *La décennie Mitterrand : les épreuves (1984–1988), op. cit.*, p. 267.

112 Mitterrand, Réflexions sur la politique extérieure de la France, *op. cit.*, p. 86.

l'objectif d'une Union politique européenne ne « s'y glissent que par une discrète – trop discrète – référence… »[113] conformément aux positions allemandes, danoises, néerlandaises et britanniques.

Conclusion

Après avoir abandonné la politique de rupture au profit d'une politique de rigueur pour le redressement de son économie, la France voit dans la relance de la construction européenne une planche de salut. Répondant aux attentes de l'Allemagne, elle parvient à établir une alliance franco-allemande qui à travers les trois étapes que sont les Conseils européens de Stuttgart (juin 1983), Fontainebleau (juin 1984) et Luxembourg (décembre 1985) est à l'initiative de l'Acte unique, amendement au Traité de Rome, établissant les contours d'un grand marché communautaire à l'horizon 1992. Toutefois cette alliance en vue d'atteindre une Union politique européenne révèle des visions différentes et parfois opposées de part et d'autre du Rhin. Sur le plan économique et monétaire, la France escompte utiliser le levier de la CEE pour moderniser son industrie en perte de compétitivité et se repositionner sur l'échiquier mondial.

L'Allemagne nourrit des ambitions stratégiques et géopolitiques autres. En dépit d'un discours intégrationniste, elle n'est pas prête à modifier sa politique économique de rigueur. En raison de la faiblesse de son économie, la France n'a pas d'autres choix que de s'aligner sur les politiques monétaires de la RFA. Malgré des efforts substantiels, l'économie française marque le pas sur l'économie allemande. Si au 1er janvier 1986, les PIB par habitant sont comparables (28 814,17 dollars en France et 28 818,91 dollars en Allemagne[114]), l'analyse des taux de croissance depuis la mise en place du SME au premier trimestre 1979 laisse apparaître un différentiel de 2,83 % (croissance de 8,07 % en France et 10,9 % en RFA sur la période 1979–1986). Le franc, malgré les politiques de lutte contre l'inflation et d'alignement au sein du SME, est fragilisé vis-à-vis du deutsche mark. Dans ces conditions précaires, la France cherche des aménagements au SME, jugé trop contraignant, et défend un rôle accru de l'ECU, perçu comme un moyen d'atteindre l'Union politique. L'Allemagne, à travers la Bundesbank,

113 *Ibid.*

114 https://fred.stlouisfed.org

refuse ces modifications et prône la stabilité. La nomination de Delors à la présidence de la Commission permet à celle-ci de développer une politique volontariste nouvelle, censée infléchir les positions monétaires allemandes. Toutefois cette attitude, non établie dans les traités, attise les craintes dans les pays anglo-saxons d'une dérive institutionnaliste.

Quelques jours avant la signature de l'Acte unique, Delors intervient devant le Comité des gouverneurs des Banques centrales à la fois pour louer la stabilité du SME et pour donner des gages de la volonté de la Commission d'œuvrer à la libéralisation des marchés de capitaux, attendue par l'Allemagne, la Grande-Bretagne et les Pays-Bas. Il dresse un état de la situation du marché des changes et des avancées de la coopération des banques centrales depuis les accords du Plaza (22 septembre 1985) qui ont permis d'endiguer la flambée du dollar dont le cours est passé de 10,0933 francs le 1er février 1985 à 7,1575 francs le 1er février 1986[115]. Il s'inquiète toutefois des conséquences de la dépréciation du dollar vis-à-vis des autres monnaies et notamment du yen, soulignant ainsi les enjeux auxquels sera confrontée la CEE. De façon explicite, il craint « que les entreprises japonaises réagissent à l'appréciation du yen vis-à-vis du dollar en reportant leurs efforts sur l'Europe, ce qui aggraverait un déficit commercial déjà très élevé (11 milliards de dollars entre le Japon et la CEE). »[116] Il insiste sur la nécessaire convergence des politiques économiques et souhaite que les résultats obtenus permettent de « réaliser un peu plus de croissance et d'emplois »,[117] inscrivant son action dans le prolongement des attentes formulées par Mitterrand.

Témoignant de sa conversion aux politiques monétaristes, où les taux d'intérêt sont utilisés pour réguler les fluctuations de la masse monétaire et par là même du cycle réel de l'économie, il sensibilise les gouverneurs à la vocation politique du SME. « Il serait important de démontrer de la sorte que les politiques de rigueur ont des effets positifs sur l'emploi. »[118] Son intervention, cherche surtout à confirmer l'engagement pris par la Commission devant le Conseil quant à la « priorité essentielle » accordée à la libéralisation des mouvements de capitaux dans la perspective du grand marché : « Elle compte procéder en deux étapes : la première, qui

---

115 *Idem.*

116 ABF, 1489200205 74–79, PV du 203e Comité des Gouverneurs des Banques centrales, 11 février 1986. Intervention de J. Delors.

117 *Ibid.*

118 *Ibid.*

devrait être franchie en 1986, consistera à renforcer considérablement les directives sur les clauses de sauvegarde ; la seconde étape viserait à intégrer la libération totale des mouvements de capitaux dans la création d'un grand marché sans frontières, d'ici 1992, et cette libération devrait intervenir au début de la période et non pas à la fin. »[119]

Derrière les apparences des discours politiques qui entretiennent le rêve européen, la réalité économique est différente. L'observation de l'évolution des taux de change croisés entre le franc, le deutsche mark et le dollar illustre sur la période d'avril 1979 à février 1986 le décrochage de l'économie française. Le 1er avril 1979, après la mise en place du SME, le dollar[120] vaut 4,351 francs ou 1,8959 deutsche marks, soit une valeur du mark à 2,2950 francs. Sept ans et trois dévaluations du franc plus tard, le 1er février 1986 (avant la signature de l'Acte unique), le cours du dollar s'établit à 7,1575 francs ou 2,3317 marks, soit une valeur du mark à 3,0696 francs, une appréciation de 33,75 %. Cette situation économique permet d'expliquer l'insistance de la France à aménager le SME et à faire de l'ECU, panier de monnaies, une monnaie commune. Dans la perspective du Marché unique, l'ECU et le SME constituent de véritables enjeux politiques pour l'avenir de la construction européenne.

---

119 *Ibid.*

120 https://fred.stlouisfed.org

Partie III

Du Marché unique au Traité de Maastricht *(1986–1992)* : de la libéralisation des marchés financiers

Chapitre 7

L'approfondissement monétaire et l'avènement du libéralisme : de l'Acte Unique au sommet de Hanovre (février 1986–juin 1988)

En établissant les fondements du grand marché intérieur à travers la suppression des barrières à la libre circulation des marchandises, des capitaux et des services, l'Acte unique répond à la déclaration solennelle du Conseil européen de Stuttgart et à l'initiative diplomatique allemande, puis franco-allemande. Toutefois, en raison d'une réticence intérieure grandissante à une politique de transfert de pouvoirs à la Communauté manifestée tant dans certains ministères (Économie, Finance, Environnement, Agriculture et Technologie) que dans les Länder[1], la RFA s'oppose lors du Conseil européen de Luxembourg à l'extension des compétences communautaires à la politique monétaire et à la politique fiscale et refuse une plus grande intégration dans ces domaines. La Grande-Bretagne et l'Allemagne refusent l'insertion d'un volet monétaire dans l'Acte unique. L'article 102/A alinéa 2 constitue une

---

1 Voir notamment, Edmund Stoiber, « Auswirkungen der Entwicklung Europas zur Rechtsgemeinschaft auf die Länder der Bundesrepublik Deutschland», *Europa-Archiv* 19, 1987, p.543–552.

assurance pour le gouvernement Kohl, dans la mesure où il garantit le recours du vote à l'unanimité pour tout approfondissement de la politique monétaire exigeant des modifications institutionnelles.[2]

La coopération économique et monétaire, pourtant étroitement liée la mise en place du Grand marché à l'horizon 1993, n'est pas au centre du Traité. Si celui-ci entraîne une extension du champ de compétences communautaires (la recherche, le développement économique et l'environnement notamment), ses avancées sur la réforme institutionnelle restent modestes et en deçà des recommandations du rapport Dooge. Il s'inscrit davantage dans la stratégie des « petits pas » préconisée par Delors et ne constitue pas, comme le souligne Stark, « le grand bond en avant nécessaire pour donner naissance à l'Union européenne. »[3]

La coopération économique et monétaire, incluant le SME et l'ECU, s'inscrit dans la continuité :

> « En vue d'assurer la convergence des politiques économiques et monétaires nécessaires pour le développement de la Communauté, les États membres coopèrent conformément aux objectifs de l'article 104. Ils tiennent compte, ce faisant, des expériences acquises grâce à la coopération dans le cadre du système monétaire européen (SME) et grâce au développement de l'Écu dans le respect des compétences existantes. »[4]

La politique européenne de l'Allemagne devient plus défensive, en raison notamment du fardeau financier que représente la contribution prépondérante allemande au budget de la CEE et du problème récurrent des MCM[5]. La Commission cherche à adopter des politiques de rigueur

---

2 Acte unique européen, Chapitre 1 : la coopération en matière de politique économique et monétaire (Union économique et monétaire), Article 102 A, alinéa 2, N L169/9, Journal officiel des Communautés européennes, 29 juin 1987.

3 Stark, *Kohl, l'Allemagne et l'Europe*, *op. cit.*, p. 52.

4 Acte unique européen, Chapitre 1 : la coopération en matière de politique économique et monétaire (Union économique et monétaire), Article 102 A, alinéa 1, N L169/8, *Journal officiel des Communautés européennes*, 29 juin 1987.

5 Gerhard, Stahl, « Die Vorschläge der EG-Kommission zur Haushalts – und Finanzreform », *Wirtschaftsdienst* 4, 1987, pp. 186–191. Le problème de la PAC sera résolu lors du Conseil européen de Bruxelles en février 1988, grâce aux efforts de Delors et Kohl. Voir notamment, Claus-Dieter Ehlermann, « Die Beschlüsse des Brüsseler Sondergipfels : Erfolg einer Gesamtstrategie der Delors-Kommission », *Integration* 2, 1988, pp. 56–63.

auxquelles l'Allemagne s'oppose. Celle-ci refuse d'adopter des politiques conduisant à des sacrifices pour les agriculteurs allemands[6].

En France un gouvernement de droite est nommé après les élections législatives de mars 1986 sur un programme d'inspiration libérale, accélérant le tournant de 1983.

Le gouvernement de Jacques Chirac, nommé premier ministre, confirme sous l'impulsion du ministre de l'Économie, des Finances et de la Privatisation, Edouard Balladur, les orientations européennes établies par Mitterrand en 1983. Il inscrit résolument son action dans la continuité des ambitions pompidoliennes et giscardiennes. Dans la perspective du « grand marché » de 1993, l'unification monétaire apparaît comme l'élément essentiel à l'atteinte d'une stabilité indispensable. Comme le souligne Bussière, pour le gouvernement de cohabitation, « l'Europe monétaire [est] conçue comme le parachèvement du grand marché. »[7] Cette conception, partagée par Mitterrand et Delors, appelle à une utilisation de l'ECU, monnaie commune, et à un renforcement des règles de fonctionnement du SME.

Fragilisé par la faiblesse de l'économie française et l'importance des déficits budgétaires, le franc est menacé à la fin du mois de février 1986. Mitterrand veut néanmoins maintenir la parité du franc au sein du SME et justifier ses choix politiques[8] depuis 1983.

Cette position n'est pas défendable par le gouvernement Chirac qui, après les élections, doit prendre acte de la situation monétaire et demande un réajustement des parités des monnaies du SME lors du Conseil des ministres de l'Économie et des Finances à Ootmarsum (Pays-Bas) le 5 avril. Le franc est dévalué de 3 %, le mark et le florin sont réévalués de 3 %, alors que la couronne danoise et les francs belge et luxembourgeois enregistrent une hausse de 1 %. Cette dévaluation à froid est accompagnée d'un « correctif budgétaire » : le déficit prévu fin 1985 de 145,2 milliards de francs est établi à 144 milliards avec des

---

6 Rudolf Hrbek, « Der mühsame Einstieg in die EG-Reform », Wirtschaftsdienst 10, 1987, p. 497–505.

7 Éric Bussière, « Le ministère des Finances et les enjeux économiques européens de la cohabitation 1986–1988 », dans Éric Bussière, Michel Dumoulin et Sylvain Schirmann, *Milieux économiques et intégration européenne au XXe siècle : La relance des années quatre-vingt (1979–1982)*, Paris, CHEFF, 2007, p. 147.

8 47e Sommet franco-allemand à Paris (27–28 février 1986).

réaménagements conséquents, inscrits dans le cadre d'une politique économique libérale[9].

Delors, président de la Commission, définit les contours d'une union monétaire dans la perspective du grand marché : l'ECU est « un espoir pour l'Europe ». Il précise le fonctionnement du système : « celui-ci repose sur un carré magique : le commerce libre entre les États membres, la liberté des mouvements de capitaux, des taux de change relativement fixes et une coopération nécessaire entre les politiques monétaires. »[10] Ce carré magique, décrit par Tommaso Padoa-Schioppa[11], fait écho au triangle d'incompatibilité de Mundell (1961)[12] et illustre l'ambition politique de l'Acte unique ou comment un triangle peut devenir un carré pour répondre à la politique « des petits pas »[13]. Et Delors de conclure son intervention devant le Comité des gouverneurs de Banques centrales : « En définitive, la portée de l'acte unique, c'est la réaffirmation de l'union économique et monétaire et de la réalisation d'un grand marché sans frontières. »[14]

Marquée par la libéralisation des marchés de capitaux, le « Big bang »[15], l'avènement du libéralisme et la cohabitation politique en France, la période qui court de la signature de l'Acte unique (17 et 28

---

9 « 21,1 milliards de francs de dépenses supplémentaires (aides à l'industrie : 6 milliards pour la sidérurgie, 2 milliards pour la régie Renault; 4 milliards d'exonérations de charges sociales pour les entreprises embauchant des jeunes), financées par 10 milliards d'économies (blocage des salaires du secteur public, suppression de 2 000 emplois publics, ralentissement des grands chantiers du président, etc.), et plus de 10 milliards de ressources nouvelles (cession d'actifs d'entreprises publiques, taxation des sommes gagnées au Loto, etc.). » « 5–24 avril 1986 – France. Dévaluation du franc et adoption d'un correctif budgétaire », *Encyclopædia Universalis* [en ligne], consulté le 17 mai 2020. URL : http://www.universalis.fr/evenement/5-24-avril-1986-devaluation-du-franc-et-adoption-d-un-collectif-budgetaire/

10 ABF, 1489200205 80–81, PV du 204e Comité des Gouverneurs des Banques Centrales, 11 mars 1986. Commentaire de Delors.

11 Tommaso, Padoa-Schioppa. (1992) *European capital markets between liberalisation and restrictions. Speech by Tommaso Padoa-Schioppa [Director-General, economic and financial affairs], to the National Economist's Club. Washington DC, 6 July 1982.* [EU Speech]

12 Robert Mundell, « A Theory of Optimum Currency Area », *American Economic Review*, 1961, 51 (4), pp. 657–665.

13 Politique prônée par Jacques Delors dans le processus de l'UEM.

14 ABF, 1489200205 80–81, PV du 204e Comité des Gouverneurs des Banques Centrales, 11 mars 1986. Commentaire de Delors.

15 Le « Big bang » est associé à la libéralisation des marchés financiers britanniques en 1986 et notamment le 27 octobre : privatisation du London Stock Exchange (LSE),

février 1986) au Conseil européen de Hanovre (27, 28 juin 1988) est celle de l'approfondissement monétaire défendu par la France. Trois avancées majeures sont à porter au crédit des initiatives françaises malgré les réticences de la Bundesbank : l'autorisation de l'usage de l'ECU privé, le réaménagement du SME nécessaire à la mise en place de l'Acte unique et la création du comité économique et financier franco-allemand pour une redynamisation du SME et une coordination accrue des politiques économiques. Cette démarche volontariste de la France contribue au ralliement de l'Allemagne qui, lors du Conseil européen de Hanovre (28 juin 1988), avec les autres États de la Communauté, donne son aval pour définir la procédure et les étapes de l'intégration monétaire.[16]

7.1 L'autorisation de l'usage de l'ECU privé et la continuité Balladur-Pompidou

La politique économique du nouveau gouvernement français s'inscrit dans la continuité des choix établis en 1983, défendus par la France et la Commission. Elle inaugure une inflexion résolument libérale tout en faisant écho aux grandes orientations stratégiques défendues par le président Pompidou afin de garantir la stabilité du système monétaire à l'échelle internationale. L'approfondissement monétaire (augmentation de la coordination des politiques monétaires), indispensable à l'avènement du grand marché, constitue la pierre angulaire de la politique économique européenne menée par Balladur. Trois objectifs sont à relever : (1) la mise en place du marché intérieur et (2) la coopération industrielle à l'échelle européenne qui doivent permettre (3) à la Communauté d'affirmer sa place sur la scène mondiale entre les États-Unis et le Japon. Comme le suggère une note[17] du chef de service au ministère des Affaires étrangères, Pierre de Boissieu, le volontarisme européen de la France apparaît comme un levier au service de la modernisation et de l'amélioration de la compétitivité de son économie.

---

principale place financière en Europe (capitalisation boursière supérieure à celle de Paris, Francfort et Milan réunies).

16 Conclusions des sessions du Conseil européen, Hanovre, 27 et 28 juin 1988.

17 AMF, PH 74/88, carton 8, DAEF, SCE, la Communauté européenne en 1986, 22 mai 1986.

L'ECU, considéré comme une future monnaie unique[18], est le moyen d'atteindre ces objectifs. Conçu comme un élément de stabilité et d'équilibre, il apparaît comme le prolongement à l'Acte unique et doit permettre le développement de l'industrie à l'échelle européenne. La mise en place rapide du marché intérieur nécessite la consolidation des relations avec la RFA qui s'inscrit dans « une volonté commune vis-à-vis des pays tiers »[19]. Est requise la convergence des politiques économiques et monétaires qui doit être renforcée grâce à des progrès du SME.[20]

Ces orientations sont confirmées par Balladur, lors du conseil restreint sur la politique européenne du 3 juin 1986. Le renforcement du SME, indispensable à la politique française, est conditionnel à la mise en place d'un grand marché des capitaux, composante essentielle du grand marché européen et réclamée par l'Allemagne, les Pays-Bas et la Grande-Bretagne[21]. La Commission défend la libéralisation des marchés de capitaux nécessaire au financement des entreprises au sein de la Communauté. Le Conseil européen de La Haye adhère à cette démarche dans ses conclusions en juin 1986 : « La création d'un marché des capitaux réellement libre améliorera également les perspectives de croissance continue. Le Conseil européen a accueilli favorablement les propositions récemment soumises par la Commission visant à libérer les marchés de capitaux et a invité le Conseil de ministres à traiter ces propositions de manière prioritaire. »[22]

Toutefois, la libéralisation des échanges que prône l'Acte unique, la libéralisation des marchés financiers et les déréglementations qu'elles impliquent sont également perçues comme des sources de risques pour des économies où la place de l'État reste importante. La France, consciente de ses faiblesses, recherche une stabilité du SME qui doit contribuer à accroître la stabilité du système monétaire international, très perturbé par les fortes variations du dollar et du yen. L'économie française souhaite encadrer l'incertitude et stabiliser sa croissance qui

---

10 *Ibid.*

19 AMF, PH 74/88 carton 82, Note de synthèse, sommet franco-allemand de Paris, 21–22 mai 1987.

20 AMF 74/88 carton 8, Note du Ministère des Affaires étrangères, schéma d'exposé en vue du comité interministériel, 27 mai 1986.

21 AMF 74/88 carton 80, Note transmise par C. Noyer en vue d'une réponse du ministre d'État à *Business Week*, 5 juin 1986.

22 Conclusions des sessions du Conseil européen, La Haye, 26 et 27 juin 1986.

passe également par une réduction du taux de chômage. La politique menée par la Banque de France répond à ces attentes, comme en témoigne Camdessus : « Dans un grand marché il ne doit pas y avoir d'incertitude monétaire. »[23] Une réduction de l'incertitude monétaire est un moyen essentiel « pour poursuivre des politiques macro et microéconomiques visant à une amélioration structurelle »[24] tant à l'échelon national qu'à l'échelon communautaire.

L'utilisation de l'ECU et le renforcement du SME défendus par la France répondent également à des visées politiques. L'ECU et le SME sont des moyens d'éviter la constitution d'une zone mark et le carcan inacceptable d'une gouvernance monétaire mondiale établie par le dollar, le yen et le mark. Les attributs monétaires communautaires sont ainsi des leviers pour la diplomatie et l'économie françaises répondant à des objectifs politiques et économiques. L'Europe est un tremplin pour la France devant lui permettre d'occuper un rôle de premier plan. Comme le souligne Bussière, « cette analyse est centrale dans la politique conduite par Édouard Balladur dès son arrivée au ministère des Finances au printemps 1986 : elle est au cœur de l'engagement de la France au sein du SME que l'on souhaite tout à la fois renforcer et rééquilibrer et d'une stratégie de stabilisation que l'on souhaite promouvoir à l'échelle internationale. »[25]

La position du gouverneur de la Banque de France est sans équivoque lorsqu'il décrit le SME, et son corollaire l'ECU, comme « l'identité monétaire de l'Europe face États-Unis et au Japon. »[26] La politique européenne du gouvernement Chirac, menée par Balladur et approuvée par Mitterrand, s'inscrit dans la continuité des ambitions de Pompidou et de Giscard : stabiliser le désordre monétaire international et affirmer à travers le levier européen la puissance de la France. À travers ses actions sur le SME et sur l'ECU, monnaie commune, mais déjà envisagée comme monnaie unique, « La France doit voir confirmer son statut spécial de membre des grandes puissances mondiales. »[27]

---

[23] AMF PH 74/88 carton 80, le gouverneur de la Banque de France, 4 novembre 1986.

[24] Conclusions des sessions du Conseil européen, La Haye, 26 et 27 juin 1986.

[25] Éric Bussière, « Le ministère des Finances et les enjeux économiques européens de la cohabitation 1986–1988 », *op. cit.*, p.150.

[26] AMF PH 74/88 carton 8, Note pour le ministre d'État, 30e anniversaire du Traité de Rome, 6 mars 1987.

[27] AMF PH 74/88 carton 82, Note du conseiller technique en date du 6 avril 1987.

L'autorisation de l'ECU privé représente donc un enjeu d'importance pour la diplomatie et l'économie françaises. La France et la Commission, à travers les actions répétées de Delors, font montre de volontarisme face aux réticences et aux oppositions des pays anglo-saxons et de l'Allemagne en particulier, souvent soutenues par les Pays-Bas, le Danemark et le Royaume-Uni. En mars 1986, le président Delors participe pour la deuxième fois consécutive aux travaux du Comité afin de préciser les orientations de la Commission et de défendre les vertus de l'ECU. Le rapport des Suppléants du comité des gouverneurs des banques centrales présente un rapport éloquent sur cette perspective : « Les Suppléants sont convenus que l'ECU officiel, tel qu'il est défini, ne réunit pas les caractéristiques nécessaires pour constituer un actif de réserve international. »[28]

Par ailleurs, il souligne également les implications politiques qu'il entraîne au sein de la Communauté et les écueils politiques auxquels il doit faire face, remettant en cause la souveraineté nationale : « Les États membres n'étaient pas prêts à prendre les mesures politiques, impliquant un abandon de souveraineté monétaire internationale, qui seraient nécessaires pour donner à l'ECU officiel les caractéristiques requises, et, par là même, permettre la réalisation de l'union économique et monétaire et la création d'une monnaie commune. »[29] Il présente également un inconvénient majeur dans un contexte de libéralisation des marchés, le rendant difficilement acceptable en l'état : « L'ECU privé devrait être déterminé par les forces du marché et qu'un encouragement ou découragement officiel était inapproprié. »[30]

En incitant à utiliser l'ECU, comme le fait la Commission et le demande la France, le risque d'introduire de nouvelles rigidités dans le SME apparaît de façon marquée. Duisenberg rappelle que de nombreux gouverneurs des banques centrales considèrent que l'approche des petits pas suggérée par la Commission pour l'UEM et la monnaie commune pourrait compromettre leur indépendance dans le cadre institutionnel national. Il insiste, comme l'avait fait un an plus tôt Pöhl, sur la nécessité « de sensibiliser les hommes politiques à l'importance des étapes à parcourir. »[31] Face à ces inquiétudes justifiées, Delors tient

---

[28] ABF, 1489200205 80–81, PV du 204e Comité des Gouverneurs des Banques Centrales, 11 mars 1986.

[29] *Ibid.*

[30] *Ibid.*

[31] *Ibid.*, Commentaire de Duisenberg.

à rappeler la finalité de l'Acte unique dans le processus de construction européenne : « … la portée de l'acte unique, c'est la réaffirmation de l'union économique et monétaire et de la réalisation d'un grand marché sans frontières. »[32] Défenseur de la position française, Camdessus, sur un ton péremptoire, rejoint la Commission et considère « que les gouvernements qui se disent européens devraient s'endetter en ECUS privés permettant ainsi de créer un large marché de l'ECU privé, plutôt par exemple qu'en dollars. »[33] Toutefois, cette mise en place semble difficile sur le plan économique et monétaire, même si elle est importante sur le plan politique. Duisenberg en a conscience lorsqu'il souligne que « les progrès vers l'union économique et monétaire seraient possibles sans l'ECU, mais politiquement celui-ci est essentiel »[34] et s'inquiète d'une potentielle Europe à deux vitesses.

Pour l'Allemagne, représentée Pöhl, l'utilisation de l'ECU privé n'est pas d'actualité et ne s'inscrit pas dans les politiques défendues par la Bundesbank. « Le développement du rôle de l'ECU comme monnaie de réserve doit tenir compte que, dans les circonstances actuelles, il semble peu opportun de vouloir réduire le fardeau qui pèse sur le dollar ou de vouloir pousser vers le haut les monnaies européennes et vers le bas le dollar. »[35] Pour Pöhl, comme pour le ministère des Finances allemand et la chancellerie, la priorité est à la libéralisation de capitaux, favorable au pouvoir du mark sur le marché des changes : « La libéralisation des mouvements de capitaux est un des préalables au développement ultérieur du SME. »[36] Il est très important de définir « la manière dont le marché des capitaux communautaire intégré va s'insérer dans le reste du monde, notamment à l'égard du dollar et du yen. »[37] Conscient des conséquences économiques et géopolitiques, et vraisemblablement des ambitions françaises, il use d'un argument souvent utilisé par l'Allemagne dans ces circonstances et insiste sur « l'importance de la coopération

32 *Ibid.*, Commentaire de Delors.

33 ABF, 1489200205 80–81, PV du 204e Comité des Gouverneurs des Banques Centrales, 11 mars 1986.

34 *Ibid.*, Commentaire de Duisenberg.

35 ABF, 1489200205 80–81, PV du 207e Comité des Gouverneurs des Banques Centrales, 9 juillet 1986. Commentaire de Pöhl.

36 ABF, 1489200205 80–81, PV du 205e Comité des Gouverneurs des Banques Centrales, 13 mai 1986. Commentaire de Pöhl.

37 *Ibid.*

entre les banques centrales [qui] deviendra cruciale en liaison avec les mouvements de capitaux qui tendront à s'accroître davantage… » Cette position, conforme aux directives de la Commission et aux attentes du Conseil européen, reçoit l'approbation de Camdessus.

Alors que la chancellerie allemande fait montre d'une implication distante à l'UEM, la Bundesbank campe sur ses positions de lutte contre l'inflation et de maintien de la stabilité, refusant les interventions intramarginales et soulignant les problèmes soulevés par des interventions unilatérales non concertées, sources de fluctuations accrues des changes. Pöhl tient à rappeler à ses homologues les règles implicites et explicites du fonctionnement du SME, refusant l'utilisation de l'ECU comme monnaie d'intervention pour la Bundesbank : « Le risque existe que les modifications de cours de change dans le SME deviennent des opérations unilatérales conclues rapidement sans que les partenaires puissent vraiment réagir. C'est contraire à la fois à la lettre et à l'esprit des règles du SME qui soumettent tout changement à un accord mutuel. »[38] Il insiste sur la libéralisation des marchés des capitaux, et la participation de tous les pays à la question de la politique de change de la CEE.[39]

La position défendue par la France est différente et met en évidence le lien entre l'utilisation de l'ECU et la stabilisation du marché des changes, nécessaire à l'intégration monétaire et financière. Pour Camdessus « il existe une relation circulaire entre l'utilisation de l'ECU privé et les progrès de l'intégration monétaire. »[40] La démarche française fait écho aux initiatives et à la politique de la Commission : « l'évolution doit être continue et doit être entretenue par des petits pas réguliers. »[41]

La rigueur de la politique monétaire allemande avec des taux d'intérêt élevés nuit à la croissance de l'économie française qui doit s'aligner pour soutenir le franc alors que le mark s'apprécie face au dollar et au yen. Dans les faits, c'est le mark qui par sa force tend à diverger des autres monnaies du SME, entraînant une résurgence prégnante des asymétries d'intervention. Malgré les efforts consentis par les économies européennes membres du SME pour coordonner leurs politiques économiques, elles subissent les

---

[38] ABF, 1489200205 80–81, PV du 208e Comité des Gouverneurs des Banques centrales, 9 septembre 1986. Commentaire de Pöhl.

[39] *Ibid.*

[40] *Ibid.*, Commentaire de Camdessus.

[41] *Ibid.*

conséquences de la forte fluctuation des changes. Camdessus, fait état de la situation lors du Comité des gouverneurs en décembre 1986 : « Il apparaît clairement qu'il ne suffit pas d'avoir une bonne convergence des politiques économiques et même que des politiques monétaires pour avoir la tranquillité des mouvements de capitaux et pour consolider à long terme une croissance stable. »[42] Le problème récurrent du SME réside dans le manque de coordination des politiques monétaires au sein de la Communauté et dans l'absence de consensus sur des taux d'intérêt optimaux pour garantir la croissance économique de l'ensemble des pays. Faisant écho aux conclusions du Conseil européen qui rappellent qu' « un abaissement des taux d'intérêt est souhaitable »[43], Camdessus défend ce point important pour l'économie française qui souffre d'un taux de chômage élevé : « La coordination des politiques monétaires, qui serait nécessaire pour que la convergence s'améliore encore, exigerait un minimum de consensus sur l'objectif commun, c'est-à-dire en particulier sur le niveau moyen optimal des taux d'intérêt des pays de la CEE. »[44]

Malgré une convergence croissante des politiques économiques dans l'ensemble de la Communauté depuis la fin 1982, et un taux d'inflation prévu à 3 % pour 1987, l'UEM souffre de l'absence d'utilisation de l'ECU pour les interventions officielles et de l'asymétrie patente du SME. Face à constat, le Conseil européen de Londres invite « le Conseil économie-finances à reprendre l'examen du SME en vue de renforcer la convergence des politiques économiques et la stabilité monétaire en Europe »[45] afin notamment de « contribuer à la création de conditions propres à assurer une croissance non inflationniste et une croissance substantielle de l'emploi. »[46]

Dans cette perspective et face à la forte volatilité du dollar qui poursuit sa baisse alors que le mark s'apprécie, la France, par l'intermédiaire du ministère de l'Économie et des Finances, redouble d'initiatives pour défendre l'utilisation de l'ECU privé et le réaménagement du SME. Sur le premier volet, elle reçoit en décembre 1986 le soutien du Comité pour l'union monétaire de l'Europe (CUME), soutenu par VGE d'Estaing

42 *Ibid.*

43 Conclusions des sessions du Conseil européen, Londres, 5 et 6 décembre 1986.

44 ABF, 1489200205 82–83, PV du 210e Comité des Gouverneurs des Banques centrales, 12 décembre 1986. Commentaires de Camdessus.

45 Conclusions des sessions du Conseil européen, Londres, 5 et 6 décembre 1986.

46 *Ibid.*

et Schmidt, et de l'Association pour l'union monétaire de l'Europe (AUME) qui, de 1986 à 2001, joue un rôle de lobby auprès des grands groupes industriels européens pour l'adoption de l'ECU comme monnaie unique. Lors de la première réunion du CUME auquel assistent Pöhl et Stoltenberg, Schmidt rappelle la portée politique de l'ECU, indissociable du SME, qui doit garantir la stabilité monétaire communautaire et « contribuer à un meilleur équilibre monétaire mondial. »[47] : « Il n'est pas inutile de rappeler les motivations que nous avions, VGE et moi-même… en lançant le SME : stabilité accrue aux relations de change à l'intérieur de la CEE, imposer des disciplines aux politiques budgétaires et monétaires nationales…, contribuer à un meilleur équilibre monétaire mondial. »[48] Il précise la vocation de cette action politique qui répond aux aspirations de la Communauté : « une des grandes tâches du Comité (…) convaincre les autorités politiques et monétaires nationales d'accepter les sacrifices de souveraineté qu'implique la marche vers l'Europe monétaire. »[49]

L'objectif est décliné en quatre rubriques conformément aux attentes implicites de la Commission[50] : « -1- Renforcer le SME ; -2- Promouvoir l'usage de l'ECU dans les transactions privées et les paiements aux gouvernements ; -3- Promouvoir la complète libération des capitaux ; -4- Créer une banque centrale européenne. » Plus pragmatique, usant d'une forte action de lobbying, mais tout autant efficace, l'AUME cherche à faciliter la gestion de trésorerie des entreprises européennes grâce à une meilleure gestion du risque de change : « Le marché européen unique ne concrétisera pas son plein potentiel aussi longtemps que subsisteront plusieurs monnaies […] l'enquête montre qu'une forte majorité anticipe de plus fortes économies de coûts et des bénéfices plus importants avec une monnaie unique plutôt qu'une monnaie commune. »[51].

---

47 Compte-rendu de la réunion du CUME tenue à Bruxelles le 18 décembre 1986, repris dans Luc Moulin, » L'Association pour l'Union Monétaire de l'Europe : Un groupe d'entrepreneurs contribue à la création de l'Euro. », dans Éric Bussière, Michel Dumoulin et Sylvain Schirmann, *Milieux économiques et intégration européenne au XXe siècle : La relance des années quatre-vingt (1979–1982)*, Paris, CHEFF, 2007, p. 244.

48 *Ibid.*

49 *Ibid.*

50 Archives nationales, 109 AS 1 : compte-rendu de la réunion constitutive, 6 octobre 1987, Turin.

51 A Strategy for the ECU, ouvrage collectif AUME/Ernst&Young /NIESR, Londres, Éd Kogan Page, mai 1990, 246 p.

Après l'accord sur la libéralisation des marchés de capitaux au premier semestre 1987 et la fin du contrôle des changes en France (juin 1987), et à la veille de la mise en place de l'Acte unique européen (1er juillet 1987), la France obtient de la RFA le 16 juin 1987 l'autorisation de l'usage de l'ECU privé à l'échelle communautaire. Cette initiative de la France est contemporaine et indissociable de celle qu'elle mène pour le réaménagement du SME, jugé trop asymétrique en raison de la force du mark.

7.2 De la nécessité de réaménager le SME pour la mise en place de l'Acte unique

Le réaménagement du SME est un processus long qui court de la signature du Traité de l'Acte unique (février 1986) à sa mise en place (juillet 1987) et se prolonge jusqu'au sommet de Hanovre (juin 1988) qui marque une inflexion décisive dans la position de la RFA à l'égard de l'UEM. Dans les relations monétaires franco-allemandes, les négociations conduisant à une véritable avancée dans le processus de renforcement du SME ont surtout lieu de la nomination du gouvernement Chirac (mars 1986) au Conseil de Copenhague (décembre 1987). Il s'agit d'un infléchissement dans la politique européenne de la RFA, sous l'impulsion de la chancellerie et du ministère des Affaires étrangères. La décision de Kohl de relancer l'UEM au premier semestre 1988, répondant ainsi aux demandes de la France et aux intérêts de l'économie allemande, permet de neutraliser les réticences de la Bundesbank et du ministère des Finances.

Dès le Conseil Ecofin des 5 et 6 avril 1986 à Oostmarsum, le réaménagement du SME apparaît au centre des discussions monétaires franco-allemandes. Le franc ayant été fragilisé malgré la politique de rigueur menée par la Banque de France, l'ajustement des cours pivots pour consolider une politique de désinflation par les coûts et faciliter la libéralisation des prix et l'allègement du contrôle des changes doit être effectué : le franc est dévalué de 3 % et le mark réévalué du même montant. Deux points essentiels font l'objet des débats. En premier lieu, est rappelée la nécessaire convergence des politiques économiques à travers l'assainissement budgétaire, la poursuite de la désinflation et la baisse des taux pour relancer la croissance. En second lieu, la libération des mouvements de capitaux, nécessaire à la mise en place de l'Acte unique est souhaitée et défendue par la Commission et par la RFA. Comme le soulignent Dyson et Featherstone[52], la France, où une part importante de l'économie reste sous la tutelle de l'État, craint la libéralisation financière. Dans cette perspective, elle souhaite un rééquilibrage du SME avec une participation plus marquée des pays affichant des excédents, notamment de l'Allemagne. Resurgit ainsi le problème de l'asymétrie du Système monétaire européen, déjà problématique dans le « serpent monétaire ».

L'administration française insiste sur la nécessité de baisser les taux d'intérêt qui, s'ils permettent d'encadrer l'inflation, entravent également la croissance de l'économie nationale caractérisée par un taux de chômage élevé, en raison notamment d'un manque de flexibilité. Des taux d'intérêt élevés ne permettent pas une relance économique souhaitée par le gouvernement Chirac. Afin de stabiliser les fluctuations des taux de change et renforcer le franc fragilisé par la force du mark qui s'apprécie quand le dollar baisse, la France défend l'élargissement des interventions des banques centrales, conformément aux conclusions des accords du Plazza. Comme le mentionne Bussière, elle insiste sur le recours aux interventions intramarginales, le financement à très court terme et la levée des limites d'acceptabilité de l'ECU pour régler les interventions de soutien[53]. Position partagée par les banques centrales françaises et allemandes, la nécessité d'un élargissement du SME avec la participation et de la lire et la livre est soulignée. Alors que la France met fin au contrôle des changes en juin, elle demande des contreparties à la libre circulation des capitaux réclamée par l'Allemagne.

Face à la plus forte volatilité des marchés des changes qui résultera de la libéralisation des marchés financiers, la France réclame un réaménagement du SME, passant par son renforcement et une utilisation accrue de l'ECU, et une augmentation de la symétrie dans la coordination des politiques économiques et des interventions monétaires. L'Allemagne intervient peu ou pas malgré la mise en place de l'indicateur de divergence qui a montré ses limites. La baisse des taux d'intérêt appliqués par la Bundesbank constitue également un enjeu pour la diplomatie française. Des taux trop élevés pour défendre la parité du franc obèrent les perspectives de relance de la croissance économique.

---

[52] Kenneth Dyson et Kevin Fearterstone, *The Road to Maastricht*, Oxford, Oxford University Press, 1999, p. 160.

[53] Éric Bussière, « Le ministère des Finances et les enjeux économiques européens de la cohabitation 1986–1988 », *op. cit.*, p.152.

Ces points font l'objet de discussions[54] entre les ministres des Finances, Balladur et Stoltenberg lors d'une rencontre le 23 mai 1986. Le ministère allemand se montre peu conciliant aux demandes françaises en raison notamment de l'intransigeance de la Bundesbank : seule l'utilisation de l'ECU privé dans la perspective d'une libération des marchés de capitaux est envisageable[55].

La politique économique et monétaire de la France a deux volets, comme le précise Balladur dans un entretien à Business Week. Elle vise à établir une meilleure organisation du système monétaire international, dont les États-Unis ont pu mesurer les dérives lors des accords du Plazza et le renforcement de la stabilité monétaire au sein de la CEE[56]. Dans ces négociations avec les autorités monétaires et économiques allemandes, la France à l'initiative de la relance de l'UEM, maintient ses positions et réclame l'approfondissement du SME en contrepartie de la libération des capitaux et de l'intégration financière dans la perspective du grand marché de 1993.

Face à la baisse du dollar et à la hausse du mark qui entraînent une crise sur le marché des changes en janvier 1987, l'administration française démontre à l'Allemagne le caractère asymétrique du SME et obtient des résultats. Dès le mois de décembre 1986, Stoltenberg et Balladur font la constatation que les fondamentaux de l'économie française sont bons[57]. La situation économique est bonne : la masse monétaire est contenue ; les salaires sont modérés ; les coûts de production sont maîtrisés. Pourtant, la stabilité du SME semble menacée par les fortes fluctuations des changes. La France subit les pressions de la baisse du dollar et de la hausse du mark, entraînant une forte volatilité et des tensions extrêmes sur les devises. La Bundesbank refuse une réévaluation du mark, une baisse des taux d'intérêt et des interventions pour défendre les devises menacées. Comme le souligne Balladur, c'est à la France qu'incombe le coût de cette asymétrie du SME[58]. Il considère que l'Allemagne doit intervenir et assumer ses responsabilités.

---

54 Édouard Balladur, *Une France plus forte, liberté économique et réforme financière, 1986–1988*, Paris, 1988, pp. 45–47.

55 AMF, PH 74/88 carton 80, Direction du Trésor au ministre, 18 septembre 1986.

56 AMF, PH 74/88 carton 80, Réponse du ministre d'État à Business Week, 5 juin 1986.

57 AMF PH 74/88 carton 82, Compte-rendu de l'entretien téléphonique avec M. Stoltenberg, 8 décembre 1986.

58 AMF PH 74/88 carton 82, Réunion Balladur-Stoltenberg, 12 décembre 1986.

Comme le constate une note du Trésor, le SME souffre de plusieurs problèmes : l'absence de politique commune des banques centrales à l'égard du dollar[59] ; l'asymétrie du système; les déficiences du mécanisme d'intervention sur le marché des changes; la convergence limitée de politiques économiques qui se concentrent sur l'encadrement du taux d'inflation plutôt que sur la croissance économique. Le mark est finalement réévalué de 3 % le 12 janvier 1987. Suite à ce réalignement des parités, résultat positif pour la France, Balladur demande au comité monétaire et au comité des gouverneurs des banques centrales les moyens de renforcer le SME à travers notamment le recours aux interventions marginales, la coordination des taux d'intérêt, le rôle accru du FECOM.[60] La France est également à l'initiative des accords monétaires du Louvre (février 1987) qui font suite à ceux du Plazza (septembre 1985). Lors du Conseil Ecofin du 9 février 1987, elle insiste sur le nécessaire renforcement du SME face au dollar et au yen et la mise en place d'un accord mondial, définissant des zones de références et le système d'interventions des banques centrales. Sur le plan communautaire, il s'agit de « fortifier la coopération monétaire européenne dans sa phase actuelle et jeter les bases du passage ultérieur à une étape plus avancée. »[61] Une note de l'ancien gouverneur de la Banque de France, de La Genière, dans laquelle il suggère de réformer la Banque de France pour garantir son indépendance et de transformer le SME en une union monétaire, exprime le caractère volontariste de l'administration financière française[62].

Les accords du Louvre sont un succès pour la France sur le plan diplomatique où son intervention permet d'éviter une gouvernance dollar, yen et mark : la possibilité de l'ECU se substituant à terme au mark est envisageable. Prolongeant les ambitions pompidoliennes, Balladur réaffirme à Stoltenberg sa volonté de stabiliser le SME face

---

59 AMF PH 74/78 carton 82, Direction du Trésor, Note pour le ministre, 9 janvier 1987. Projet de communication pour le Conseil des ministres du 11 janvier 1987.

60 AMF 74/78 carton 80, Note pour le ministre en vue d'un entretien avec J. Delors, 23 janvier 1987. Voir également Bussière, « Le ministère des Finances et les enjeux économiques européens de la cohabitation 1986–1988 », *op. cit.*, p.155.

61 AMF PH 74/88 carton 8, Projet des membres français du Comité monétaire, présenté par É. Balladur au *Monde*, 9 février 1987.

62 AMF PH 74/88 carton 80, Compagnie financière de Suez, Le président au ministre d'État, 20 février 1987.

au yen et au dollar[63] et reçoit quelques jours plus tard le soutien de la Commission lors du Conseil Ecofin de Knokke[64], le 3 avril 1987. Devant l'Assemblée nationale, il témoigne de cette nécessité de renforcer le SME pour poursuivre la construction monétaire européenne : « La France doit continuer de mettre au service de la reconstruction de l'ordre monétaire mondial la même ténacité et la même détermination que celle qu'elle déploie en Europe pour la poursuite de la construction monétaire européenne. »[65]

Sur le plan monétaire, la France se heurte au premier semestre 1987 à la Bundesbank qui prend conscience du risque d'ingérence des ministres européens à travers les Conseils Ecofin. Pöhl critique à demi-mot les positions françaises sur les taux d'intérêt : « Les différentiels de taux d'intérêt jouent un rôle important, mais si toute la politique monétaire devait être subordonnée à un objectif de stabilité du cours de change, on risque de ne pas réaliser les autres objectifs tout aussi importants »[66]. Il se veut également explicite lorsqu'il suggère le laxisme des politiciens : « ils ne changeraient plus jamais les cours de change et se déchargeraient de la tâche de stabilisation du système sur les banques centrales qui seraient invitées à baisser les taux beaucoup plus souvent qu'à les relever. »[67]

Le principal problème pour la Bundesbank réside néanmoins dans la tentative d'ingérence des pouvoirs politiques européens dans la politique monétaire allemande et leur pression inappropriée et irréaliste : « La Deutsche Bundesbank est une institution indépendante qui ne pourrait pas accepter d'institutions ministérielles, même à l'occasion d'un Conseil ECOFIN. D'autre part, les questions évoquées ne sont ni nouvelles, ni tellement urgentes, les gouverneurs en discutent depuis des années et il n'est pas réaliste d'espérer qu'ils puissent faire des progrès réels en l'espace de deux mois. »[68] Il tient à préciser les champs de compétence

---

[63] AMF PH 74/88 carton 82. Note manuscrite réunion Balladur-Stoltenberg, 1er avril 1987.

[64] AMF PH 74/88 carton 8, Note du Trésor en vue du conseil Ecofin de Knokke, renforcement du SME, 4 avril 1987.

[65] AMF PH 74/88 carton 83, Projet d'intervention du ministre sur le sommet de Venise devant la commission des finances de l'Assemblée nationale, juin 1987.

[66] ABF, 1489200205 82–83, PV du 211e Comité des Gouverneurs des Banques centrales, 13 janvier 1987. Commentaire de Pöhl.

[67] *Ibid.*

[68] ABF, 1489200205 82–83, PV du 212e Comité des Gouverneurs des Banques centrales, 10 février 1987. Commentaire de Pöhl.

de chacune des parties et éviter la dérive institutionnaliste que semble dessiner la France et la Commission : « Parmi les moyens de renforcer les mécanismes de fonctionnement du SME, il y a l'idée de renforcer les interventions intramarginales et de diversifier la composition des réserves en devises de certaines banques centrales pour comprendre, en plus des dollars et des DTS, quelques ECUS et des monnaies communautaires. »[69]

Indépendant, le gouverneur de la Bundesbank rappelle à ses homologues l'indépendance statutaire de la Bundesbank et que ces questions économiques et monétaires sont « de la compétence de la banque centrale. De toute manière, le SME n'est qu'un accord entre banques centrales et celles-ci n'ont pas à faire rapport et à soumettre des changements aux ministres en leur demandant de bien vouloir les entériner. »[70] Le gouverneur de la Banque centrale des Pays-Bas Duisenberg se joint à Pöhl pour éviter les pressions politiques de Balladur. C'est au gouverneur de la Banque du Danemark, Hoffmeyer, souvent proche de Pöhl et Duisenberg, que l'on doit attribuer le rappel des véritables enjeux économiques pour la CEE : « -1- la baisse du dollar vis-à-vis des monnaies communautaires et les tensions qui en résultent pour le SME ; -2- la recherche d'une libération accrue des mouvements de capitaux ; -3- l'analyse des types de mouvements de capitaux qui ont joué un rôle important dans les tensions observées au cours des derniers mois dans le SME. »[71]

Le volontarisme affiché par Balladur et l'administration financière française dissimule en fait un interventionnisme perceptible qui refuse les mécanismes du marché et laisse craindre une dérive institutionnaliste. Cette attitude est paradoxale pour un gouvernement qui se réclame du libéralisme économique. Les interventions du gouverneur de la Banque de France, de Larosière, pour défendre l'idée de renforcement du SME s'inscrivent dans ce contexte : « Il est évident que le mécanisme de change opère dans un milieu externe beaucoup plus perturbé que celui que l'on pouvait concevoir en 1979 et qui si on ne veut pas le voir s'affaiblir il faut réfléchir à la question de son renforcement ou de son adaptation pour faire face à des évolutions de change avec les monnaies tierces aussi désordonnées et parfois destructives. »[72]

---

69 *Ibid.*

70 *Ibid.*

71 *Ibid.*, Commentaire de Hoffmeyer.

72 *Ibid.*, Commentaire de de Larosière.

La France craint les fortes fluctuations des changes et la libéralisation des marchés financiers qui contribuent à une plus grande instabilité économique malgré la convergence des politiques. Elle prône une meilleure coordination des politiques monétaires : « ... quel est le contenu concret que l'on peut donner à cette coopération monétaire ? Comment peut-on la mettre en pratique ? Elle exigera sans doute un consensus sur des objectifs communs, notamment en matière de taux d'intérêt. »[73] Pour de Larosière, il y a une réflexion à mener : « plus les politiques convergent, plus les mouvements de capitaux sont désordonnés et peuvent se saisir des moindres éléments, comme une grève, pour pousser à des changements de parité. »[74] L'administration française a une certaine conception du libéralisme économique. Elle veut réguler tout en libéralisant les marchés de capitaux : « Le système à gérer devient alors très différent et ce n'est pas le marché qui doit répondre à ce problème. »[75] Cette position peut heurter les banques centrales anglo-saxonnes, comme semble le signaler cette explication donnée par Pöhl aux inquiétudes de son homologue français : « Il y a lieu de rappeler que de début décembre au réalignement les interventions intramarginales se sont élevées à environ 20 milliards de dollars et les interventions aux limites à 16 milliards de dollars. On peut se demander si une utilisation plus flexible de la bande de fluctuation n'aurait pas mieux servi les objectifs du SME et n'aurait pas permis d'épargner des interventions. »[76]

La France n'est pas la seule à chercher à infléchir la position de la Bundesbank. Elle reçoit le soutien de la Commission et plus particulièrement de son président, Delors, qui milite pour un réaménagement du SME et une utilisation de l'ECU : « La phase qu'a connue le SME en décembre et janvier est la plus mauvaise depuis sa création. La manière dont a fonctionné le système a fortement nui à sa crédibilité et à l'Europe en général. »[77] Delors insiste sur les taux d'intérêt qui auraient dû baisser. Face au risque d'ingérence politique et cette

---

73 ABF, 1489200205 84–85, PV du 213e Comité des Gouverneurs des Banques centrales, 10 mars 1987. Commentaire de Waitzenegger.

74 ABF, 1489200205 82–83, PV du 212e Comité des Gouverneurs des Banques centrales, 10 février 1987. Commentaire de de Larosière.

75 *Ibid.*, Commentaire de de Larosière.

76 *Ibid.*, Commentaire de Pöhl.

77 ABF, 1489200205 84–85, PV du 213e Comité des Gouverneurs des Banques centrales, 10 mars 1987. Commentaire de Delors.

critique, Pöhl gratifie le président de la Commission d'une remarque pertinente en estimant que « le dernier réalignement n'a pas été le plus mauvais de la longue histoire des opérations de ce genre, il y a eu pire, par exemple en mars 1983 quand les marchés des changes ont dû être fermés le lundi, les ministres n'étant pas encore d'accord. »[78]

La politique monétaire du gouvernement Chirac est soutenue par le président Mitterrand en qui elle trouve un nouvel allié : « La réalisation du marché intérieur dans lequel la libre circulation des marchandises, des personnes, des services et des capitaux est assurée en sera le fondement [espace économique commun]. La convergence des politiques économiques et monétaires des États membres et notamment le renforcement du SME en sont les éléments essentiels. »[79] Paradoxalement, le président français inscrit les avancées de cette politique libérale dans le prolongement de ses propres actions : « Pour le système monétaire déjà des accords ont été passés qui ne sont pas négligeables. Washington, Paris, etc., qui sont allés dans le sens déjà souhaité par moi-même, notamment en 1982 à Versailles, d'un retour à un certain ordre monétaire et même allant jusqu'à la définition des zones de référence entre les grandes monnaies. »[80] Ignorant les réalités économiques où perdurent des divergences importantes entre la Bundesbank, le ministère des Finances allemand d'un côté et la France de l'autre, Mitterrand tient à souligner devant la presse la bonne entente franco-allemande : « … l'Allemagne et la France sont tout à fait d'accord pour que ces progrès se confirment plutôt que le contraire, notamment par rapport aux évolutions du dollar. »[81] Défenseur de la construction européenne, il en arrive à adopter des positions libérales :

> « Quant aux moyens de restaurer l'activité économique sans retomber dans les déséquilibres fâcheux, les vices d'un système inflationniste ou l'exagération des taux d'intérêt, notre analyse est souvent identique. Nos positions sur les taux d'intérêt sont les mêmes, nous ne demandons qu'à les voir baisser. Réduction des déficits : nous pensons surtout au déficit américain. Nous souhaitons très vivement que ce déficit diminue. »[82]

---

78 *Ibid.*. Commentaire de Pöhl.

79 Conclusions des sessions du Conseil européen, Bruxelles, 29 et 30 juin 1987.

80 Sommet franco-allemand, Conférence de presse de M. le Président de la République, 22 mai 1987.

81 *Ibid.*

82 *Ibid.*

Et Mitterrand de poursuivre en précisant qu'il défend une « juste croissance » : « Quant au retour ou à l'accélération de la croissance, alors, je m'exprime là pour la France, je souhaite que les pays qui sont en mesure de la faire agissent de telle sorte qu'ils prennent une part éminente à la juste croissance, c'est-à-dire à l'activité des échanges. »[83]

Lors du premier semestre 1987, la France enregistre des avancées notables sur le réaménagement du SME. Les concessions effectuées par la RFA et sa validation des objectifs après les accords du Louvre, le conseil Ecofin de Knokke et le sommet franco-allemand de juin 1987 ont toutefois une ampleur et une incidence limitées. Comme le souligne Bussière, la Bundesbank et le ministère des Finances allemand accordent peu de moyens sur les points essentiels : les indicateurs monétaires conduisant à une intervention automatique, l'acceptabilité de l'ECU, « la mobilisation élargie des réserves en vue d'interventions intramarginales ».[84] Une note du Trésor insiste sur la nécessité de coordonner les politiques monétaires entre la France et la RFA. Il est urgent et important de progresser sur ce plan au risque sinon d'entraver la mise en place du grand marché[85]. Balladur, volontariste, poursuit son action et définit dans un article au *Financial Times* les priorités de la politique monétaire. Il propose d'instaurer des indicateurs économiques et financiers pour suivre et anticiper l'évolution du cycle économique et établir une meilleure cohérence des politiques économiques. Il précise qu'il faut accroître la coopération contre la forte volatilité des mouvements de capitaux qui nuit à la stabilité et à la croissance économiques. Des mesures concrètes sont clairement avancées : -1- le renforcement des mécanismes de crédit ; -2- l'évolution du statut de l'ECU, comme monnaie d'intervention ; -3- la détention par les banques centrales de devises du SME pour faciliter la stabilité du système lors des interventions sur le marché des changes.[86]

Les accords de Bâle-Nyborg, le 12 septembre 1987, constituent une étape importante dans le processus de renforcement du SME

---

83 *Ibid.*

84 Bussière, « Le ministère des Finances et les enjeux économiques européens de la cohabitation 1986–1988 », *op. cit.*, p.155. Voir également AMF PH 74/88 carton 8, Projet des membres français du Comité monétaire, présenté par Balladur au *Monde*, 9 février 1987.

85 AMF PH 74/88 carton 83, Note du Trésor pour le ministre d'État, 15 juin 1987.

86 AMF PH 74/88 carton 8, Traduction de l'article publié dans le *Financial Times* le 17 juin 1987.

et un aboutissement de la politique menée par Balladur depuis le printemps 1986. Ils modifient les accords du 13 mars 1979 en instituant une procédure concertée de surveillance du marché des changes. Les banques centrales bénéficient de facilités de crédit pour effectuer des interventions intramarginales. La Bundesbank accepte de détenir dans ses réserves des devises du SME pour garantir une plus grande stabilité au système même si la question de la diversification des devises reste en suspens. Les banques centrales du SME reconnaissent l'ECU public comme monnaie avec les attributs qui lui sont associés et défendent une politique de coordination sur les taux d'intérêt pour éviter le retour des fluctuations de décembre 1986 provoquées par la baisse du dollar et le niveau élevé des taux allemands[87]. Cet accord monétaire significatif et les conséquences du krach de Wall Street du 19 octobre 1987 facilitent le rapprochement de la coopération franco-allemande, d'autant que la chancellerie et le ministère des Affaires étrangères allemands cherchent à donner une nouvelle impulsion à la construction européenne après avoir marqué un certain retrait depuis 1986.

7.3 Le Conseil économique et financier franco-allemand et la redynamisation du SME : l'Allemagne fait le choix politique de l'Europe

Avec la libéralisation des marchés financiers aux États-Unis et en Europe, le krach boursier de Wall Street le 19 octobre 1987 a des répercussions accrues sur le marché des changes. L'onde de choc se diffuse plus rapidement aux places financières en voie d'intégration et menace l'instabilité économique. Malgré les progrès accomplis sur la coordination des politiques monétaires depuis les accords de Bâle-Nyborg, le fonctionnement du SME souffre de façon récurrente d'une asymétrie des interventions. Dans un entretien avec le secrétaire du Trésor américain, James Baker, Balladur réclame une approche symétrique basée sur la réduction des déficits (notamment américains) et des excédents (allemands et japonais)[88]. Dans sa politique de lutte contre les déséquilibres du système monétaire mondial, il précise que les

---

[87] AMF PH 74/88 carton 84, Projet d'intervention au Conseil des ministres, conseil Ecofin du 13 septembre 1987.

[88] AMF PH 74/88 carton 81, Balladur à Baker, 22 octobre 1987.

excédents allemands et japonais sont aussi préjudiciables à la stabilité des changes que le déficit commercial américain. Il préconise le recours à une action concertée sur la fiscalité et les taux d'intérêt : une coordination des politiques budgétaires et monétaires au sein des pays du G7[89]. Il cherche également à infléchir la position du ministère des Finances allemand en demandant une stabilisation de la parité dollar-mark en utilisant une politique adaptée des taux d'intérêt. Il apparaît important que les parités au sein du SME soient maintenues et que la Bundesbank agisse en ce sens en appliquant les accords de Nyborg[90].

L'accroissement nécessaire de la coordination franco-allemande des politiques économiques donne lieu à la création du Conseil économique franco-allemand (12 novembre 1987) qui doit associer les ministres et les banques centrales. Lors d'une allocution à la Rencontre Euro 92[91], fidèle à sa volonté de doter l'Europe d'une « identité monétaire »[92], Balladur évoque explicitement une « institution monétaire européenne qui bénéficierait d'un transfert de compétences nationales. »[93] Pour la France, cette stratégie s'inscrit dans la volonté de positionner l'ECU entre le dollar et le yen, annonçant l'émergence du pôle européen. Dans un mémorandum[94] adressé à son homologue allemand, Stoltenberg, il décrit les avancées institutionnelles communautaires à mettre en place, confirmant ses suggestions antérieures : -1- la diversification des moyens d'intervention ; -2- une répartition plus symétrique des charges des interventions officielles sur le marché des changes ; -3- une meilleure cohésion du système pour faire face aux fluctuations du système monétaire mondial ; -4- l'établissement d'une zone monétaire à monnaie unique réclamant de fait une banque centrale commune. La démarche du ministre français de l'Économie et des Finances s'inscrit dans le prolongement des conclusions du Conseil de Copenhague réclamant

---

89 AMF PH 74/88 carton 83, Lettre aux membres du G7.

90 AMF PH 74/88 carton 81, Communiqué du conseil Écofin, 16 novembre 1987.

91 AMF PH 74/88 carton 80, Rencontre Euro 82, Allocution d'É. Balladur le 6 décembre 1987.

92 AMF PH 74/88 carton 8, Traduction de l'article publié dans le *Financial Times* le 17 juin 1987.

93 *Ibid.*

94 AMF PH 74/88 carton 80, Lettre à M. Stoltenberg, 29 décembre 1987.

l'utilisation de l'ECU comme « instrument de l'expression des droits et des obligations financières de la Communauté. »[95]

La réponse au mémorandum Balladur, adressée par Stoltenberg est en fait une fin de non- recevoir diplomatique. Conforme à la position du ministère des Finances allemand, soutenu par la Bundesbank, Stoltenberg perçoit l'union monétaire souhaitée par la France comme le « couronnement » futur de la coordination des politiques et de la convergence des économies. Le problème de l'asymétrie du SME est éludé et la nécessaire indépendance de la future banque centrale européenne soulignée. En Allemagne la ligne incarnée par Stoltenberg et Pöhl s'oppose à celle défendue par Genscher qui a su rallier le soutien du chancelier Kohl. Le premier semestre 1988 associée à la présidence allemande de la CEE, marque une implication décisive de la RFA dans le processus de construction européenne.

Le mémorandum Genscher publié le 26 février 1988 propose de confier la préparation de la future UEM à un comité d'experts européens sous la supervision de la Commission et défend la garantie d'indépendance de la Bundesbank et de la future Banque centrale européenne.

Sur proposition de Jacques Chirac, le chancelier Kohl a accepté, à l'issue du sommet franco-allemand de Karlsruhe les 12 et 13 novembre 1987, la création d'un comité économique et financier devant réunir quatre fois par an les ministres des Finances et les gouverneurs des deux banques centrales. Le comité a vocation à traiter des relations franco-allemandes dans le domaine monétaire : -1- la politique monétaire nationale ; -2- la politique monétaire internationale ; -3- la politique budgétaire ; -4- la stratégie économique à moyen terme. Le vingt-cinquième anniversaire du Traité de l'Élysée, le 22 janvier 1988, est retenu pour compléter le traité et parapher les protocoles portant création du Conseil économique et financier.[96]

À travers cette avancée, la France cherche à mieux associer la Bundesbank aux mécanismes du SME afin de réduire l'asymétrie des interventions et ainsi mieux contrôler la politique monétaire de la RFA,

---

95 Conclusions, The European Council, 4–5 December, Copenhagen, Implementing the Single Act, Financial Regulation, Bull. EC 7/8–1987, p. 12.

96 Cette date est également retenue pour amender le Traité de l'Élysée en ajoutant un protocole sur la création d'un Conseil de défense et de sécurité, autre volet des relations diplomatiques franco-allemandes.

souvent perçue comme contraire aux intérêts économiques directs des autres pays membres du système. La France est à l'initiative de ce renforcement de la cohésion monétaire franco-allemande qui répond à ses ambitions géopolitiques. La décision repose sur un volontarisme politique fort partagé par Mitterrand et Kohl qui fait craindre à la Bundesbank, mise devant le fait accompli, une perte relative de son indépendance. La Bundesbank tout comme le ministère des Finances n'étaient prêts qu'à accepter un « comité ». Finalement, la veille de l'anniversaire du Traité, le statut de conseil est établi. Cette dénomination juridique laisse présager une importance politique accrue pour les futures prises de décisions perçues comme des entraves à l'indépendance de la Bundesbank. Le 51e sommet franco-allemand de Paris fixe la mission du Conseil économique et financier en ces termes :

> « Article 4 : La mission du Conseil économique et financier franco-allemand est fixée comme suit :
>
> – Examiner, chaque année avant leur adoption par les Gouvernements et le vote par les Parlements, les grandes lignes des budgets nationaux.
> – Examiner périodiquement la situation économique et les politiques économiques de chacun des deux pays, en vue d'une coordination aussi étroite que possible.
> – Examiner périodiquement les politiques monétaires menées dans chacun des deux pays dans le domaine interne, en matière européenne, et en matière internationale, en vue d'une coordination aussi étroite que possible.
> – Coordonner aussi étroitement que possible les positions des deux pays relatives aux négociations économiques internationales. »[97]

Bien que la France soit à l'initiative de la création du Conseil, c'est en fait à l'Allemagne, comme en 1978 pour le SME, et en 1983 pour la relance de la construction européenne que revient le véritable pouvoir de décision. Sur les questions économiques et monétaires, la France propose, l'Allemagne dispose : respect de la hiérarchie économique. La première réunion du conseil le 21 mars 1988 qui se tient à Bonn est l'illustration de cet état. Les principales préoccupations allemandes

---

[97] 51e Sommet franco-allemand à Paris, Création du Conseil franco-allemand économique et financier (22 janvier 1988).

sont mises de l'avant : les coordinations des politiques économiques et la libéralisation accrue des mouvements de capitaux sont clairement mentionnées et débattues par le président de la Bundesbank et par le ministère des Finances. Pöhl estime que « si nous voulons un Marché Commun en 1992, des biens, des personnes et des services, mais aussi un Marché Commun financier, alors il faudra resserrer la coopération entre la France et la RFA dans le domaine de la politique financière. À cet égard, un pas important a été fait aujourd'hui ».[98] Soutenu par Stoltenberg, il revient sur un point qu'il a défendu depuis la signature du Traité d'Acte unique : « La question importante de la libéralisation des mouvements de capitaux au sein de la Communauté européenne devait être résolue prioritairement, ajoutant qu'il espérait que les propositions de la Commission de la CEE à ce sujet pourraient être adoptées avant le 30 juin prochain. »[99]

De fait, à travers les interventions de Stoltenberg, qui annoncent une accélération du processus d'UEM, lors du Conseil européen de Hanovre qui clôturera la présidence européenne allemande, la RFA est à l'initiative : « Le développement de la coopération monétaire en Europe et l'avenir du SME seront débattus plus à fond lors de la prochaine réunion du Conseil économique et financier qui devrait avoir lieu avant le sommet de la CEE les 27 et 28 juin à Hanovre (RFA). »[100] Comme le souligne Stoltenberg, le conseil a vocation à contribuer à la croissance économique des deux pays : « La France et la RFA sont également convenues de l'objectif commun de renforcer encore les potentiels de croissance économique dans les deux pays. »[101] Toutefois concernant les aspects de la politique monétaire, des différences demeurent entre les deux pays notamment sur la définition de la future banque centrale européenne dont l'indépendance est primordiale pour la RFA. Le ministre allemand des Finances, dans le prolongement de sa réponse au mémorandum Balladur, tient à préciser le chemin à parcourir : « Sur la

---

98 ABF DGSE 1489200201-B6, Conseil économique et financier franco-allemand, La France et la RFA, le 21 mars 1988, Bonn. Commentaire de Pöhl.

99 *Ibid.*

100 ABF DGSE 1489200201-B6, Conseil économique et financier franco-allemand, La France et la RFA, le 21 mars 1988, Bonn. Déclaration de Stoltenberg, ministre des Finances de la RFA.

101 ABF DGSE 1489200201-B6, Conseil économique et financier franco-allemand, La France et la RFA, le 21 mars 1988, Bonn. Déclaration de Stoltenberg.

politique monétaire : nous en sommes au début de la discussion, nous ne sommes pas tant avancés que nous ayons pu aborder dès aujourd'hui le sujet de la Banque centrale européenne. »[102] Et Stoltenberg de poursuivre en mentionnant les aménagements qui devront être envisagés pour le SME : « Il y a des réflexions qui doivent être approfondies quant au développement du Système monétaire européen (SME). »[103]

Balladur qualifie cette première réunion du Conseil de « bonne, efficace et utile. » Rejoignant son homologue allemand, il considère que les deux économies ont reçu « de nouvelles impulsions de croissance depuis le krach boursier d'octobre 1987… elles se sont mieux tirées de cette épreuve qu'on ne l'avait prédit, grâce notamment à la coopération entre nos deux pays, et plus généralement entre les grands pays industrialisés. »[104] Il précise que « les prévisions budgétaires pour 1988 et les perspectives des politiques fiscales »[105] ont fait l'objet de discussion.

Le renforcement du système monétaire européen, l'utilisation de l'ECU et la création du Comité économique et financier franco-allemand, initiatives françaises validées et approuvées par la RFA ouvrent la voie à une réforme et un approfondissement de l'Union économique et monétaire, même si des différends demeurent.

7.4 Le Sommet de Hanovre : une décision politique allemande

Une volonté politique forte partagée par la France et l'Allemagne est à l'origine de la redynamisation et de l'accélération du processus d'UEM. Le mémorandum Balladur qui dénonce le caractère persistant de l'asymétrie des interventions entre les monnaies fortes et les monnaies faibles reçoit le soutien de la Commission et de son président, Jacques Delors, ainsi que du ministre des Finances italien Giulano Amato qui réclame, comme son homologue français, une répartition plus équitable du coût des interventions des banques centrales sur le marché des

102 *Ibid.*

103 *Ibid.*

104 ABF DGSE 1489200201-B6, Conseil économique et financier franco-allemand, La France et la RFA, le 21 mars 1988, Bonn. Commentaire de Balladur.

105 ABF DGSE 1489200201-B6, Conseil économique et financier franco-allemand, La France et la RFA, le 21 mars 1988, Bonn.

changes. En Allemagne, le ministre des Affaires étrangères, Genscher cherchant à ancrer davantage la RFA à l'Ouest, perçoit l'intégration monétaire comme un moyen d'affirmer la position allemande dans la perspective d'une nouvelle redéfinition de la coopération économique et diplomatique entre l'Est et l'Ouest. Dès le 21 septembre 1987, ce choix stratégique est exprimé publiquement dans les colonnes du *Financial Times*[106].

La rédaction d'un mémorandum[107], pouvant être perçue comme une réponse à celui de Balladur, le 26 février 1988 lui permet de conserver la problématique de l'intégration monétaire au sein des prérogatives diplomatiques, alors que celle-ci semblait relever exclusivement de l'autorité des instances économiques et monétaires (ministères des Finances et banques centrales)[108]. Il cherche ainsi à définir sur le plan diplomatique les principes structurants d'une future UEM. Dans la perspective du marché unique européen, il insiste sur la nécessité de créer une zone monétaire européenne unique dotée d'une banque centrale européenne. Celle-ci doit garantir la stabilité des changes et réduire la dépendance des monnaies européennes à l'égard du dollar. La création d'une monnaie doit répondre à des conditions strictes. La mise en place d'une banque centrale autonome et indépendante est requise. La création monétaire qui relève des attributions de la banque centrale et le financement des dépenses publiques qui incombe à la Communauté ou aux états membres doivent être séparés. La mission de la banque centrale s'inscrit dans le prolongement direct de celui de la Bundesbank, conformément à ses statuts. La politique monétaire doit être menée pour garantir la stabilité monétaire et faciliter la croissance économique. Il rappelle expressément que la Bundesbank, qui sert de modèle à la future banque centrale européenne, n'est pas tenue de couvrir les emprunts au secteur public et les déficits budgétaires. Ces conditions impliquent une coordination des politiques monétaires et également budgétaires à l'échelle de la Communauté.

---

106 « Genscher urges European Union », *Financial Times*, 21 septembre 1987.

107 Henry Krägenau, Wolfgang Wetter, *Europaïsche Wirtschafts-und Währungsunion. Vom Werner Plan zum Vertrag von Maastricht. Analysen und Dokumentation*, Baden-Baden, Nomos, 1993, 451 p. Document 50 : « Dietrich Genscher, Memorandum für die Schaffung eines Europäischen Wirtschaftsraumes und einer Europäischen Zentralbank», 1993, p.309.

108 *Ibid.*, Mémorandum de H. D. Genscher, Bonn, 26 février 1988.

La création d'une monnaie unique européenne est un processus de plusieurs années qui exige les mêmes contraintes et règles pour tous les participants aux SME actuels et futurs (le Royaume-Uni, la Grèce, le Portugal et l'Espagne). L'Allemagne exerçant la présidence du Conseil de la Communauté européenne au premier semestre 1988, il demande que le Conseil européen de Hanovre prévu à la fin du mois de juin se saisisse du dossier en nommant un comité d'experts qui doit agir dans le respect des statuts constitutionnels de la Bundesbank et de la loi allemande promouvant la stabilité et la croissance de l'économie.

La position volontariste du ministre des Affaires étrangères que le chancelier Kohl soutient n'est pas celle adoptée par le ministère des Finances ni par la Bundesbank. Alors que lors du premier Conseil Ecofin, Stoltenberg, au nom du gouvernement allemand, met à nouveau l'accent sur la nécessité d'une convergence économique préalable avant d'envisager toute modification du SME, la Bundesbank lui fait écho en insistant, elle aussi, sur la coordination préalable des politiques économiques, sur l'intégration financière et l'accélération des mouvements de capitaux : « L'amélioration de la coordination des politiques monétaires est nécessaire ne serait-ce que parce qu'il y aura à terme la liberté totale des mouvements de capitaux. »[109]

En réponse à cette prise de position du président de la Bundesbank, Pöhl, le gouverneur de la Banque de France, de Larosière acquiesce et estime « que la libération des mouvements de capitaux au sein de la Communauté est un objectif essentiel, certainement la pièce fondamentale des progrès vers le marché unique. »[110] La défense de la Banque de France est conforme aux deux éléments essentiels figurant dans le mémorandum de Balladur : -1- libéralisation des mouvements de capitaux et coordination des politiques monétaires; -2- création d'une monnaie unique et d'une Banque centrale européenne.[111] Lors de cette réunion du comité des gouverneurs, fidèle à sa « stratégie des petits pas », Delors soutient la position française et abonde dans la nécessité de libéraliser les marchés de capitaux pour contribuer à la construction européenne : « Pour les pays qui appliqueront totalement la libération des mouvements de capitaux, il existe un triangle magique constitué de

---

109 ABF, 1489200205 86–87, PV du 223e Comité des Gouverneurs des Banques centrales, 8 mars 1988. Commentaire de Pöhl.

110 *Ibid.*, Commentaire de de Larosière.

111 *Ibid.*, Commentaire de Janson notamment.

la liberté de ces mouvements, de la coopération des politiques monétaires et de la discipline de change commune. »[112]

La Bundesbank, soutenue par le ministère des Finances, perçoit clairement les risques de dérive institutionnaliste qui émanent et de la France et de la Commission et exprime ses inquiétudes et son opposition : « La coordination des politiques monétaires n'a pas besoin de nouveaux mécanismes ou procédures. … S'engager dans plus d'institutionnalisation n'apporterait pas de réels progrès ; il vaut mieux exploiter et développer ce qui existe. »[113] Face à l'insistance de la Commission et de son président, dont les pouvoirs augmentent, Pöhl précise clairement que la Commission n'est pas compétente sur les questions monétaires : « L'obligation de notification à la Commission à l'article 2 de la proposition de Directive pose en Allemagne certains problèmes d'ordre juridique. On estime en effet que les décisions monétaires doivent rester la prérogative des institutions nationales, la Deutsche Bundesbank notamment. Cela a été confirmé expressément lors de la révision du Traité et la Commission n'a donc pas de compétence monétaire particulière. »[114] Il défend la position de la Bundesbank et rappelle à son auditoire les concessions effectuées par l'économie allemande depuis l'accord de Bâle/Nyborg alors qu'elles peuvent fragiliser la stabilité du SME : « Tout le monde sait que cet accord est un compromis dans lequel la Deutsche Bundesbank est allée aussi loin qu'elle le pouvait ; elle a même été âprement critiquée par des milieux très sérieux en Allemagne qui considèrent que cet accord est de nature à affaiblir la discipline du SME, notamment en augmentant des facilités de crédit déjà généreuses. »[115]

Les propositions de Balladur et d'Amato sur la symétrie et l'asymétrie ont déjà été traitées depuis le début du SME et ont toujours fait l'objet de différences de vues : « En renouvelant sans cesse ces propositions, on ne contribue pas à la stabilité du système ». Pöhl critique cette insistance à renforcer le SME et considère qu'il faut cesser de dire « que le SME doit être amélioré, le résultat étant que le système n'apparaît pas très solide et performant. »[116] Il est prêt à considérer les mémorandums de Balladur et Amato et invite le Comité des gouverneurs de banques centrales à le faire,

---

112 *Ibid.*, Commentaire de Delors.

113 *Ibid.*, Commentaire de Pöhl.

114 *Ibid.*

115 ABF, 1489200205 86–87, PV du 223e Comité des Gouverneurs des Banques centrales, 8 mars 1988. Commentaire de Pöhl.

116 *Ibid.*

mais pas la note de Genscher qui est pour lui, comme pour Stoltenberg, un avis personnel et non un document du gouvernement allemand. Il en revient aux statuts légaux et juridiques du SME : « Le SME a le statut d'un accord entre banques centrales et pas entre gouvernements. »[117] La Bundesbank ne participera pas à des discussions portant sur « la diversification des réserves officielles ou l'allongement de la durée des swaps de création des ECUS. »[118]

Malgré cette opposition et de la Bundesbank et du ministère des Finances, qui tend à s'atténuer au cours du second trimestre 1988, l'Allemagne suit les recommandations du mémorandum Genscher et donne une impulsion décisive à l'accélération de l'UEM, comme en témoignent les conclusions du Conseil européen de Hanovre.

> « Le Conseil européen rappelle que, en adoptant l'Acte unique, les pays membres ont confirmé l'objectif de réalisation progressive de l'union économique et monétaire.
>
> Ils ont décidé d'examiner, lors du Conseil européen de Madrid, en juin 1989, les moyens de parvenir à cette union. À cette fin, ils ont décidé de confier à un comité la mission d'étudier et de proposer les étapes concrètes devant mener à cette union. Ce comité sera présidé par Jacques Delors, président de la Commission européenne. Les chefs d'État ou de gouvernement sont convenus d'inviter le président ou le gouverneur de leur Banque centrale à participer aux travaux du comité à titre individuel. Celui-ci comprendra également un autre membre de la Commission européenne et trois personnalités désignées d'un commun accord par les chefs d'État ou de gouvernement. Ils sont convenus d'inviter :
>
> M. Niels Thygesen, professeur d'économie à Copenhague; M. Lamfalussy, directeur général de la Banque des règlements internationaux à Bâle, professeur d'économie à l'université catholique de Louvain-La-Neuve; M. Miguel Boyer, président de la "Banco exterior de Espana".
>
> Le Comité devra avoir terminé ses travaux en temps utile pour permettre aux ministres de l'Économie et des Finances d'en examiner les résultats avant les délibérations du Conseil européen de Madrid. »[119]

---

117 *Ibid.*

118 *Ibid.*

119 Conclusions des sessions du Conseil européen, Hanovre, 27 et 28 juin 1988.

Bien que les conditions requises par la Bundesbank et le ministère des Finances ne soient pas atteintes, la RFA accède aux demandes de ses partenaires, et plus particulièrement à celles de la France. Le chancelier Kohl a conscience que la libéralisation des mouvements de capitaux entraîne des conséquences importantes pour les pays membres du SME. Ils risquaient soit de perdre leur autonomie monétaire soit de devoir renoncer au SME et à la stabilité des taux de changes. Une refonte du SME et une accélération de l'UEM sous la responsabilité de l'Allemagne et suivant le mode d'organisation de la Bundesbank s'imposent. Sur le plan géopolitique, l'occasion est donnée à l'Allemagne d'affirmer son attachement européen et son leadership dans le processus de la construction européenne. Les fondements d'une monnaie unique gérée par une Banque centrale indépendante doivent être établis par un comité d'experts associant la Commission et les gouverneurs centraux. Après le renforcement du SME, l'acceptation de l'ECU privé et la mise en place du Comité économique et financier franco-allemand, initiatives françaises menées par le gouvernement Chirac et son ministre de l'Économie et des Finances, Édouard Balladur, il revient à l'Allemagne d'organiser avec ses partenaires ce saut qualitatif conduisant du SME à l'UEM[120]. Il faut toutefois noter que pour ne pas froisser la Grande-Bretagne et dans la volonté d'intégrer la livre au SME, il n'est pas fait référence expressément à la future banque centrale européenne ni à la monnaie commune, souhaitée unique.

Conclusion

L'acceptation de l'ECU public et privé par l'Allemagne, le renforcement du SME et la création du Conseil économique et financier franco-allemand sont trois objectifs atteints par la France qui assurent la mise en place du marché intérieur établi par l'Acte unique et ouvrent la voie à l'accélération de l'UEM sous l'impulsion politique allemande lors du Conseil européen de Hanovre. La perspective d'une monnaie et d'une banque centrale européennes permet à la diplomatie française d'éviter l'émergence et la cristallisation d'une zone mark appelant à une gouvernance monétaire mondiale placée sous l'égide du dollar, du yen et du mark. La communauté européenne peut se positionner

---

[120] Stark, *Kohl, l'Allemagne et l'Europe*, *op. cit.*, p. 86.

sur la scène économique mondiale, la France espérant utiliser le levier européen pour affirmer son influence diplomatique. Sa double quête d'une stabilité monétaire internationale et européenne, déjà présente chez Georges Pompidou, semble en voie d'accomplissement à la fin du premier semestre 1988.

Paradoxalement le fonctionnement asymétrique du SME, la pression et le renforcement du mark sont à l'origine de la convergence des économies communautaires, de la réduction des différentiels d'inflation et de la diminution des écarts entre les monnaies faibles et les monnaies fortes de la zone deutsche mark. En ouvrant son économie à la concurrence qu'implique la création du grand marché et en adhérant parfois sous la contrainte aux grands principes économiques et monétaires de la Bundesbank et de la RFA, la France s'est d'abord alignée avant de se convertir aux politiques de rigueur de désinflation par les coûts garantes de stabilité et d'une croissance maîtrisée. L'approfondissement monétaire voulu et défendu par la France constitue-t-il une victoire en trompe-l'œil ?

La décision de dynamiser l'Union économique et monétaire et de créer ainsi une zone de solidarité et de stabilité monétaires est politique et prise par le chancelier Kohl qui devant le parlement européen, le 11 mars 1988, déclare que l'harmonisation des politiques économiques, financières et monétaires est nécessaire à la mise en place du marché unique[121]. Pour le chancelier, contrairement à une idée longtemps défendue en Allemagne, notamment par lui jusqu'en 1988, l'UEM est une étape vers l'unification politique de l'Europe. Kohl a été convaincu par son ministre des Affaires étrangères, Genscher, l'un des premiers dirigeants allemands à prendre position pour l'UEM dès 1987 et de façon très explicite et détaillée dans un mémorandum, le 26 février 1988. Pour Genscher la politique monétaire ne peut être dissociée de la construction européenne. Contrairement à un fort courant en RFA qui, comme le ministre des Finances, Stoltenberg[122], considère que plusieurs conditions préalables doivent être remplies avant d'envisager une intégration monétaire européenne (l'intégration des marchés européens de capitaux, une convergence économique accrue, la participation de

---

[121] Helmut Kohl, « Bericht des Bundeskanzlers vor dem Europaïschen Parlament », *Bulletin des Presse- und Informationsamts der Bundesregierung*, 37, 11 mars 1988, pp. 309–312.

[122] Gerhard Stoltenberg, « Gerhard Stoltenberg : Zur weiteren Entwicklung der währungspolitischen Zusammenarbeit in Europa, Bonn, 15 mars 1988.

tous les pays de la CEE au SME et la création d'une Union politique européenne : l'UEM apparaissant comme le couronnement de ce processus.), il voit dans l'UEM un moyen d'atteindre l'union politique. Cette position est également celle de l'ancien chancelier Schmidt[123] pour qui l'UEM doit permettre aux pays européens d'acquérir une « culture de stabilité monétaire ».

La libéralisation des mouvements de capitaux, la totale indépendance de la future banque centrale européenne sur le modèle de la Bundesbank et la défense de la stabilité monétaire pour garantir la croissance économique sont des prérequis défendus par Genscher et Kohl. En prenant la décision politique d'ancrer la RFA à l'Ouest dans la perspective d'une redéfinition des relations Est-Ouest à travers la relance de l'UEM sous l'impulsion allemande, Kohl propose en fait à ses homologues européens le modèle économique et monétaire allemand auquel ils se sont progressivement convertis depuis la mise en place du SME. Le poids des initiatives françaises apparaît plus relatif d'autant que l'économie française marquée par une forte présence étatique que ne dément pas la politique du « ni nationalisation ni privatisation » défendue par Mitterrand, réélu à la présidence de la République, semble craindre la libéralisation des marchés à laquelle elle est moins bien préparée que l'économie allemande. Dans ce contexte où les motivations de la France et de l'Allemagne sont différentes, le rôle de la Commission dans le processus de création de l'UEM se fait plus sensible.

Quelques jours avant le Conseil de Hanovre, le 24 juin 1988, le Conseil européen émet une directive permettant la mise en place de l'article 67 du Traité de Rome portant sur la libération des mouvements de capitaux. Il autorise également le regroupement du concours financier à moyen terme (CFMT) et des emprunts communautaires en un seul dispositif, le soutien financier à moyen terme (SFMT)[124]. Le 28 juin, à l'issue du Conseil européen de Hanovre, mandat est donné à un comité d'experts présidé par le président de la Commission, Jacques Delors, de proposer les étapes menant à une Union économique et monétaire.

123 Helmut Schmidt, « Blockiert von Kleinmütigen. Wer einen europäischen Binnenmarkt will, muss auch eine gemeinsame Währung schaffen », *Die Zeit*, 22 avril 1988, pp. 38–39.

124 Banque de France, *Rapport du Conseil national du crédit*, 1990.

Chapitre 8

L'Allemagne, le choix de l'Europe : la convergence des fondamentaux et la fin de la guerre froide (juin 1988–avril 1990)

Malgré les avancées obtenues par le gouvernement libéral conservateur de Jacques Chirac, la relance de l'UEM est due à l'initiative du ministre fédéral des Affaires étrangères Hans Dietrich Genscher et à son mémorandum. Lors du Conseil de Hanovre, Kohl est à la manœuvre : si le chancelier Schmidt a réussi à prôner avec succès une Allemagne européenne plutôt qu'une Europe allemande, Kohl dessine à Hanovre les contours d'une Bundesbank européenne.

Pöhl, réticent au renforcement du SME, est mis devant le fait accompli : mandat est donné à Delors, de définir les conditions de mise en place de l'UEM à travers un comité d'experts regroupant les douze présidents et gouverneurs des Banques centrales européennes auxquels sont associés trois personnalités extérieures. Or seules la Bundesbank et la Banque centrale des Pays-Bas bénéficient d'une indépendance à l'égard du pouvoir politique. Le message diplomatique de Kohl est clair, la RFA est à l'initiative de la relance de l'UEM et de la construction européenne. La Bundesbank ne peut se défausser de ses responsabilités et doit marquer le pas sur la direction donnée par la chancellerie. Kohl inscrit ses pas dans ceux d'Adenauer et offre à l'Allemagne les perspectives d'un avenir européen.

La France où débute le second mandat présidentiel de Mitterrand cherche elle aussi à revendiquer cet espoir d'un avenir européen. Comme l'écrit Mitterrand « l'Union économique et monétaire est le passage obligé vers l'Europe politique »[1]. Les efforts de Balladur et du ministère des Finances ont permis d'espérer faire à terme de l'Europe une puissance capable de rivaliser sur le plan économique et monétaire avec les États-Unis et le Japon. Trois objectifs importants: l'acceptation de l'ECU public et privé par l'Allemagne, le renforcement du SME et la création du Conseil économique et financier franco-allemand. Toutefois ces avancées ne sont transformables que dans la perspective du grand marché de 1993 et d'une accélération de la libéralisation de l'économie.

Or la politique voulue par Mitterrand se traduit par le statu quo: ni privatisation ni nationalisation. Il y a donc une rupture par rapport aux politiques économiques libérales mises en place par Balladur. Comme en 1978, puis en 1983, la France suit les initiatives allemandes, en tentant de dissimuler cette préséance germanique. L'administration française, poursuit sa politique « monétariste » en instrumentalisant la monnaie à des fins politiques. La France bénéficie d'une économie fragile et peu compétitive. Elle affiche ainsi un déficit récurrent de sa balance des comptes courants s'élevant à 927 376 600 USD au second trimestre 1988, alors que l'Allemagne, cumulant les excédents, affiche un excédent de 8 973 259 739 USD[2].

L'économie française redoute la libéralisation des capitaux qui augmente de façon plus imprévisible la volatilité des changes. L'administration craint le « dumping fiscal ». Dès le 2 juin 1988, lors d'une rencontre avec Kohl à Évian, Mitterrand défend une fiscalité minimale commune. Cette démarche parallèle à la libéralisation des mouvements de capitaux est perçue comme un engagement envers l'UEM. Une harmonisation fiscale sur l'épargne a pour objectif d'éviter la fuite des capitaux vers les places financières les plus attractives : « l'harmonisation fiscale [est] l'idée européenne, alors que la libéralisation des capitaux est un processus d'intégration financière mondiale, et non européenne »[3]

---

1 François Mitterrand, Interview accordé au *Nouvel Observateur* le 27 juillet 1989, repris dans Hubert Védrine, *Les mondes de François Mitterrand*, *op. cit.*, p. 421.

2 https://fred.stlouisfed.org/

3 Déclaration d'Hervé Hannoun, conseiller économique de F. Mitterrand, in Hubert Védrine, *Les mondes de François Mitterrand*, *op. cit.*, p. 417.

à laquelle la France semble mal préparée par rapport à ses partenaires (États-Unis, Grande-Bretagne, Japon, Allemagne...).

En février 1989, la Commission propose 15 % de retenue à la source des revenus de l'épargne, mais se heurte au refus du Luxembourg, du Royaume-Uni, du Danemark et de l'Allemagne. Pour répondre aux intérêts de l'économie allemande, le 27 avril 1989, Kohl annonce au Bundestag la suppression de la retenue à la source de 10 % instituée en janvier sur les revenus de l'épargne. Cette décision peut être perçue comme un lâchage de la RFA sur le dossier fiscal. Le nouveau ministre fédéral des Finances Theo Waigel prône la libéralisation des capitaux et s'oppose à ce type d'entraves à la libre circulation des flux financiers. Comme le souligne Védrine : « Helmut Kohl nous a laissés tomber. La libéralisation des mouvements de capitaux va entrer dans les faits sans contrepartie fiscale, avec pour seule promesse celle concernant l'Union économique et monétaire. »[4] La situation économique de la France est fragilisée et son avenir hypothéqué.

Le primat de l'économie sur la politique avec cette accélération de l'intégration économique semble mal appréhendé en France. Illustration du rapport de force, l'Allemagne (et la Bundesbank) décide des grandes orientations économiques, la Commission organise et la France entérine. Sur le plan diplomatique, la France peut entretenir l'illusion d'un relatif équilibre lors de la présidence du Conseil européen au second semestre 1989, marqué par la fin de la guerre froide, symbolisée par la chute du mur de Berlin. Comme en témoigne l'initiative de Kohl, sans concertation avec la France, devant le Bundestag où il annonce ses dix propositions en vue d'une réunification allemande entre la RFA et la RDA, l'Allemagne dispose du véritable pouvoir de décision.

Mitterrand qui a fait de l'Europe un pré carré commet plusieurs erreurs sur le plan politique dans ses relations monétaires avec l'Allemagne. En premier lieu, il isole son vieux rival au sein du parti socialiste, Michel Rocard, en l'évinçant de toutes les décisions importantes sur l'UEM et la construction européenne en général. Bien que premier ministre de mai 1988 à mai 1991, Rocard n'a pas de pouvoir sur les orientations européennes de la France ni sur le plan politique ni sur le plan économique. En second lieu, en validant la nomination de Bérégovoy comme ministre de l'Économie et des Finances, il s'allie un fidèle, mais celui-ci ne dispose

---

4 Védrine, *Les mondes de François Mitterrand*, *op. cit.*, p. 419.

ni des compétences ni de la formation économique de ses homologues européens et surtout allemands, alors que les méandres de l'économie internationale deviennent de plus en plus techniques et complexes. Certes celui-ci peut s'appuyer sur les compétences administratives du Trésor, mais ce dernier ne dispose d'aucune indépendance politique ni ne jouit d'aucun pouvoir ou écoute auprès du Conseil des gouverneurs des banques centrales, véritable centre d'orientation des avancées économiques et monétaires européennes, souvent pilotées par la Bundesbank. Politicien florentin, Mitterrand s'entoure de conseillers élyséens, parmi lesquels Attali, Bianco, Guigou et Védrine et se réserve une collaboration directe et exclusive avec le gouverneur de la Banque de France, Jacques de Larosière, dans le domaine de l'économie où son expertise et son intérêt sont à tout le moins limités (comme il le reconnaît ouvertement lui-même).

Le processus de relance de l'UEM est une initiative franco-allemande que la presse française (contrairement à la presse allemande, moins lyrique) aime à placer sous les auspices du « couple franco-allemand ». Le processus décisionnel n'est pas bicéphale (présidence/chancellerie), mais bien davantage tricéphale, comme nous l'avions déjà évoqué pour la création du SME. Si la décision finale relève effectivement des chancelleries, la constitution allemande accorde une autonomie décisionnelle à la Bundesbank sur les questions monétaires. Son rôle est donc majeur pour toutes les décisions qui ont trait à la monnaie et au mark en particulier. La dynamique de l'UEM, tel qu'elle a été amorcée lors du Conseil européen de Hanovre, est initiée par le chancelier Kohl, la Bundesbank devant se plier aux orientations régaliennes. Ce pouvoir est à nouveau prégnant et lors du Conseil européen de Strasbourg, en décembre 1989, où le chancelier donne son accord au lancement d'une Conférence intergouvernementale (CIG) sur l'UEM et plus tard au cours de l'hiver 1990 où il décide, contre l'avis de la Bundesbank, de la parité entre le mark et le mark est-allemand. Kohl lie Pöhl à l'UEM contre sa volonté initiale.

Pour ce dernier le chancelier n'est pas fiable sur le plan économique. En vertu des pouvoirs qui lui sont attribués par la Constitution allemande, la Bundesbank ne peut pas être une simple observatrice elle doit être la gardienne des intérêts de l'économie allemande. C'est d'ailleurs ce rôle que va jouer son président Karl-Otto Pöhl, jusqu'à sa démission retentissante en mai 1991. Son action volontariste au service de l'économie allemande va très fortement imprégner la mise en place de l'UEM, à commencer par la rédaction du Rapport Delors. Si celui-ci est une commande de la Commission, sa structure en trois parties est davantage l'œuvre de Pöhl qui va veiller scrupuleusement à sa rédaction et à son application dans les intérêts de la RFA.

Avant la CIG qui débute en décembre 1990, à l'issue du Conseil européen de Rome, l'UEM est établie dans ses grandes lignes directrices par l'Allemagne. Concession effectuée à la France, ce n'est plus la théorie du couronnement (convergence préalable des politiques économiques) chère aux tenants de l'ordo-libéralisme qui prévaut. Il n'empêche, fin politicien, aux talents parfois sous-évalués, le chancelier Kohl, en contenant les demandes de Mitterrand tout en s'assurant de son soutien, en liant Pöhl et la Bundesbank à l'UEM, et en manœuvrant habilement entre les attentes très européistes de son ministre des Affaires étrangères, Genscher (FDP), et plus conservatrices de son ministre des Finances, Waigel (CSU), établit la place de l'Allemagne au sein de la future Union européenne : « Deutschland über alles » ? Son action tend à démontrer que la politique peut conserver le primat sur l'économie à condition de disposer du pouvoir économique le plus fort. En dépit des apparences trompeuses, la France s'éclipse dans ses relations monétaires avec l'Allemagne. Cette transition progressive s'échelonne de la rédaction du rapport Delors (septembre 1988) à l'engagement du Dublin (avril 1990) qui annonce le Traité de Maastricht.

8.1 La constitution du rapport Delors (juillet 1988 – mai 1989) : période décisive

Le Conseil européen de Hanovre (juin 1988), sur initiative de la RFA, a donné mandat à Jacques Delors, président de la Commission européenne, de présider un comité constitué des présidents et gouverneurs des banques centrales de la Communauté et de trois experts extérieurs afin de rédiger un rapport étudiant et proposant les étapes concrètes vers l'Union économique et monétaire. Cette démarche répond aux attentes de l'Acte unique et de son objectif principal : la mise en place d'un grand marché au 1er janvier 1993. Comme le stipulent expressément les conclusions du Conseil, « le comité devra avoir terminé ses travaux en temps utile pour permettre aux ministres de l'Économie et des Finances d'en examiner les résultats avant les délibérations du Conseil européen de Madrid »[5] prévu à la fin du mois de juin 1989. Durant cette période les relations monétaires européennes, et plus particulièrement franco-allemandes, vont avoir essentiellement pour théâtre les réunions du Comité Delors, les rencontres du Comité des gouverneurs des banques centrales et dans une moindre mesure les conseils Écofin. La politique marque le pas sur l'économie.

Au cours de l'été 1988, la force du mark qui est une des trois monnaies mondiales avec le dollar et le yen met clairement en évidence l'avantage structurel de l'économie allemande au sein de la CEE, soulignant de façon symétrique les faiblesses des autres économies et notamment de l'économie française qui peut néanmoins bénéficier d'un franc fort et perçu comme tel par les marchés financiers. Alors que la France voit dans la mise en place de l'UEM un moyen d'utiliser le levier européen sur la scène diplomatique et d'éviter l'hégémonie du mark et l'émergence d'une Europe économique qui en résulterait, l'Allemagne a des vues différentes et cherche à préserver ses intérêts économiques et la stabilité de sa monnaie. Pierre angulaire de l'ordo-libéralisme, la stabilité monétaire peut bénéficier du rôle crucial de son principal gardien, le président de la Bundesbank, Karl Otto Pöhl. Celui-ci fait montre d'un volontarisme manifeste dans le processus de rédaction du rapport Delors dont il est en fait le principal rédacteur et s'affiche comme le défenseur intransigeant de la Bundesbank au service de l'économie allemande.

Les réunions du récent Conseil économique et financier franco-allemand sont le théâtre des disparités économiques. Elles donnent lieu à peu d'initiatives économiques sur le plan monétaire. Les ministres des Finances et les présidents et gouverneurs des Banques centrales choisissent d'attendre les recommandations du rapport Delors avant de définir les principales orientations économiques et monétaires dans les relations bilatérales. Toutefois, les réunions permettent de mettre en évidence les disparités et déséquilibres économiques, soulignant la prépondérance de l'économie allemande et les problèmes récurrents des déficits des balances commerciales des autres pays de la Communauté européenne et de la France en particulier.

Ainsi le Conseil Ecofin franco-allemand décide le 16 septembre 1988 « d'examiner les moyens d'utiliser les excédents de paiements courants

---

5 Conclusions des sessions du Conseil européen, Session du Conseil européen de Hanovre 27 et 28 juin 1988.

des États membres de la Communauté pour financer les opérations de développement dans d'autres pays européens »[6]. Un fonds spécial est créé auprès de la Banque européenne d'investissements (BEI) afin de financer les projets d'infrastructures et d'équipements productifs.[7]

Concernant le SME, il n'est pas à l'ordre du jour d'effectuer un réalignement malgré les tensions perceptibles sur le marché des changes. Comme le souligne le Comité des gouverneurs des banques centrales quelques jours plus tôt, les fluctuations du mark sont dues aux mouvements de capitaux animés par « les déséquilibres de balance commerciale en Europe [qui] reflètent en grande partie l'avantage structurel de l'économie allemande, dans une phase conjoncturelle ascendante, à l'exportation de biens d'investissement. »[8]

Le Conseil constate également que les déséquilibres des comptes extérieurs au sein des pays européens s'aggravent. Cet élément va à l'encontre de la convergence observée sur d'autres points. Jusqu'à présent, ce fait n'a pas trop retenu l'attention des opérateurs sur les marchés. Toutefois la nécessité d'un réaménagement des parités au sein du SME, à deux chiffres de 10 à 15 % pour remédier ce déséquilibre est à craindre.[9] Il souligne surtout la disparité des économies européennes et leur relative fragilité face à l'économie allemande.

Face à ce risque, le Conseil Ecofin franco-allemand fait montre d'une détermination anti-inflationniste. Bérégovoy se veut rassurant face à son homologue allemand, Stoltenberg, et souligne la « convergence de nos politiques économiques d'une commune détermination anti-inflationniste. »[10] Après le changement de politique économique, et l'abandon des réformes économiques libérales établies par son prédécesseur, Balladur, il cherche à apporter des gages de continuité et témoigne de sa volonté de maintenir une politique de rigueur garante de stabilité et de lissage de la croissance[11]. Concernant les déséquilibres

---

6 ABF DGSE 1489200201B6, Note, Utilisation des excédents de paiements courants pour le financement d'investissements dans la Communauté.

7 *Ibid.*

8 ECB DR CGM, Procès-verbal de la 228e séance du Comité des Gouverneurs des Banques centrales, 13 septembre 1988.

9 *Ibid.*

10 ABF DGSE 1489200201B6, Note de l'AFP à l'issue du Conseil Ecofin franco-allemand du 22 février 1989.

11 *Ibid.*

commerciaux entre la France et l'Allemagne, Bérégovoy indique que le conseil considère que la BEI « pourrait jouer un rôle accru dans les efforts en vue de favoriser une plus grande convergence des économies et une meilleure allocation des capitaux de la communauté européenne. »[12]

Cette constatation confirme la fragilité relative de l'économie française et le coût qu'elle doit supporter pour maintenir une politique de désinflation, limitant son potentiel de croissance. Malgré cette volonté de convergence, il existe une différence de perception entre la RFA et la France. La France est dans l'expectative, seule l'Allemagne dispose du pouvoir nécessaire pour imposer les véritables orientations. L'attitude volontariste du président de la Bundesbank lors des séances du comité Delors en est une illustration manifeste.

Le comité Delors répond à une demande politique et convoque à cet effet les présidents et gouverneurs des Banques centrales des douze pays de la CEE. Son président Jacques Delors souhaite que les désaccords entre les participants n'apparaissent pas[13], offrant sans doute une plus grande cohésion au public.

La première rencontre (il y en aura huit au total) est l'occasion d'établir les principaux objectifs et de prendre connaissance des orientations et des positions de chacune des parties. Importante, car elle définit clairement le cadre des négociations monétaires, établit les rapports de force en présence et précise la dynamique de groupe. L'autorité et le volontarisme du président de la Bundesbank apparaissent de façon assez éloquente. Grâce à son indépendance politique et à la puissance économique de la RFA dont il est le mandataire, Pöhl dispose du véritable pouvoir décisionnel. Dès l'introduction Delors et Lamfalussy précisent que le rapport Werner est un point de départ pour éviter les écueils du passé et invitent les gouverneurs et présidents des Banques centrales à coopérer en vue de la rédaction du rapport qui permettra d'établir les étapes de

---

12 *Ibid.*

13 ECB DR Delors880916, Committee for the Study of Economic and Monetary Union, Meeting on 13 September 1988, 16 September 1988. Déclaration introductive de Jacques Delors : « Never are we going to give the impression that there is disagreement amongst us. We are a team, we do teamwork to serve our Masters and that is all. Were we a group of academics, doubtlessly there might be differences of opinion, but we are not going to dramatise them and we are not going to turn the meeting of this group into a series, like Dynasty or Dallas—and one that would be less attractive too. »

la mise en place de l'UEM[14]. Cette première séance et son déroulement sont très révélateurs des enjeux et des principales parties en présence.

Même si le premier à prendre la parole est le président de la Bundesbank, Pöhl, le premier qui a véritablement exprimé sa position est le gouverneur de la Banque d'Angleterre, Leigh-Pemberton. Pour lui, les politiciens donnent trop d'importance à la coopération monétaire et aux taux de change qu'ils ne comprennent pas pour une grande partie d'entre eux. En conséquence, il faut des progrès parallèles et sur le plan monétaire et sur le plan économique. Une intégration monétaire, telle que suggérée par l'UEM, est prématurée. Les politiciens pensent qu'une fois l'Union lancée, les ajustements nécessaires suivront. Sur le plan économique, c'est faux. Un parallélisme est donc nécessaire[15]. La Grande-Bretagne souligne donc dès le début des débats sa distance à l'égard des autres pays européens sur la perspective d'une union monétaire.

Les Pays-Bas, par leur gouverneur, Wim Duisenberg, expriment une position différente plus intégrationniste en précisant les conditions nécessaires à une réussite. Pour Duisenberg, une union économique implique une union monétaire, mais aussi une union budgétaire et fiscale avec une centralisation des politiques économiques. L'UEM est la phase finale d'un processus et non le début, comme pourraient le croire certains politiciens. Il y a une nécessité de transférer la souveraineté à une institution centrale. Afin d'éviter les écueils du plan Werner, il faut se rappeler que l'échec du FECOM provient de sa dépendance au Conseil des ministres et du manque de coordination monétaire qui souffre de l'insuffisance des convergences budgétaires. La coordination monétaire ne peut résoudre les disparités économiques qui ont des origines structurelles. Seule, elle va faire apparaître d'importants différentiels de taux d'intérêt provoquant de fortes tensions politiques et une aggravation des déséquilibres économiques. Il faut par conséquent adopter une centralisation et un transfert de souveraineté[16]. À l'issue de ces deux interventions, Miguel Boyer synthétise clairement les objectifs[17] : une

---

14 ECB DR Delors880916, Committee for the study of economic and monetary union, Meeting on 13 September 1988.

15 *Ibid.*, Retranscription des propos du Gouverneur de la Banque d'Angleterre, Leigh-Pemberton, p. 5.

16 *Ibid.*, Retranscription des propos du Gouverneur de la Banque des Pays-Bas, Duisenberg, p. 6.

17 *Ibid.*, Retranscription des propos de Miguel Boyer p. 7.

monnaie unique, une banque centrale européenne et des parités fixes. La libéralisation des marchés financiers expose le SME à des chocs beaucoup plus violents que ceux rencontrés depuis 1979.

Après la présentation du gouverneur de la Banque d'Italie, Ciampi, qui cherche une consolidation du SME, Pöhl adhère au parallélisme exprimé par Leigh-Pemberton et insiste sur le fait que la coordination monétaire n'est pas suffisante[18]. Il faut une convergence sur les politiques fiscales, sur les politiques managériales et sur les politiques macroéconomiques. Or en l'état, la CEE connaît de grandes différences : « le véritable problème est l'économie réelle et non le manque de facilités de crédit »[19] comme le présentent parfois des pays comme la France, l'Italie et l'Espagne. Il précise qu'« il faut des progrès à tous les niveaux de coordinations »[20], impliquant des politiques régionales et donc des transferts de ressources financières. Les politiciens doivent en avoir clairement conscience. Il faut savoir « clairement quel est le but final »[21] avant d'aller plus loin dans le processus d'UEM. Et Pöhl de rappeler que la définition d'une union monétaire reste toujours valide : « libre circulation du capital, complète et totale convertibilité des monnaies et parités des changes irréversibles »[22].

Comme souvent dans les Comités des gouverneurs des banques centrales, de Larosière prend la parole à la suite de son homologue allemand et souligne que le parallélisme est une bonne idée[23]. Toutefois contrairement à ses prédécesseurs qui se sont exprimés librement, il tend à faire de la politique et relaie la demande de la France lorsqu'il rappelle que de nombreux progrès ont été accomplis depuis le rapport Werner. L'Europe aujourd'hui compte des firmes multinationales et des banques intégrées qui sont prêtes à prendre leur place dans un marché intégré. L'UEM a pour objectif de répondre à ces attentes et il incombe aux gouverneurs d'en définir les étapes. Il précise qu'il faut être très méticuleux sur ce point tout en défendant l'idée d'une moindre dépendance dans le futur des gouverneurs à l'égard des politiques. Face aux positions politico-technocratiques de de Larosière, le gouverneur

---

[18] *Ibid.*, Retranscription des propos du Président de la Bundesbank, Pöhl, p. 8.

[19] *Ibid.*

[20] *Ibid.*

[21] *Ibid.*

[22] *Ibid.*

[23] *Ibid.*, Retranscription des propos du Gouverneur de la Banque de France, de Larosière, p. 10–11.

de la Banque du Danemark, Hoffmeyer, plus concis, pragmatique et en accord avec la position de Pöhl, insiste sur l'importance primordiale de la définition économique d'une union économique et monétaire[24].

Comme souvent dans ce genre de situations, assez récurrentes lors des Comités des gouverneurs des banques centrales comme l'attestent les archives, Pöhl, partageant la position d'Hoffmeyer, prend la parole et défend d'autorité la position de la Bundesbank[25]. Cette dynamique de groupe, qui relève davantage de la psychologie comportementale, n'est pas anodine, car elle a à terme un impact certain sur le processus décisionnel. Pöhl précise qu'une union monétaire est un point de non-retour. La coopération monétaire ne suffit pas, il faut une politique fiscale commune même dans une fédération. Il faut également mettre en place une politique salariale flexible pour tenir compte des disparités économiques importantes entre les pays de la Communauté et faire montre de pragmatisme sur le plan économique. Quant à la définition d'une union monétaire, il faut prendre celle établie par le rapport Werner qui sert de fondement à la démarche. Une UEM implique une monnaie unique et donc l'abolition des taux de change, adaptateurs des déséquilibres économiques.

Cette constatation implique qu'un retour à une situation d'équilibre par le mécanisme ajusteur des taux de change ne sera plus possible : en clair, il faut bien comprendre que les déséquilibres, s'ils ne sont pas résorbés avant le passage irréversible à une fixité des parités, vont s'accroître. Pöhl n'utilise pas ces termes, mais son explication du mécanisme et les conclusions qui en découlent sont évidentes pour un économiste. Il précise qu'il est possible d'envisager « une union soft qui est une union monétaire avec la possibilité de flexibilité des taux de change »[26]. Selon lui, il serait plus réaliste de considérer qu'en l'état une « union hard »[27] au sens du rapport Werner n'est pas réaliste. Il faudrait en informer les chefs d'État et de gouvernement. Et Pöhl de conclure son exposé : « si nous sommes tous d'accord sur ce point, il s'agirait d'une position forte, à laquelle je souscrirais immédiatement. »[28] À ce stade des négociations, le décor

---

24 *Ibid.*, Retranscription des propos du Gouverneur de la Banque du Danemark, Hoffmeyer, p. 12.

25 *Ibid.*, Retranscription des propos du Président de la Bundesbank, Pöhl p. 14 et p.16.

26 *Ibid.*, p.16.

27 *Ibid.*

28 *Ibid.*

est planté et les enjeux économiques clairement définis. En choisissant une UEM irréversible pour contraindre l'Allemagne à respecter ses engagements communautaires, et la Commission, sous l'impulsion de Delors, et la France, sous la présidence de Mitterrand, vont faire le choix délibéré d'une « union hard ». Delors conclut cette première rencontre en précisant qu'il faut redéfinir le concept d'UEM en tenant compte de la diversité dans la Communauté. Onze États envisagent une monnaie commune et un, la Grande-Bretagne, une monnaie parallèle. Ces deux points devraient être étudiés en vue de la prochaine rencontre.

Le déroulement et l'issue des sept autres rencontres vont permettre d'illustrer et de mettre en exergue ces différences et ces divergences entre les parties. Il apparaît clairement dans les débats que Pöhl est le véritable architecte du rapport Delors. Il peut s'appuyer sur le soutien de Duisenberg et d'Hoffmeyer et jouer de l'opposition éclairée à l'ensemble du projet exprimée par Leigh-Pemberton, alors que de Larosière, en fin technicien, se cantonne davantage aux aspects juridiques et procéduraux. Conformément aux statuts de la Banque de France, son gouverneur détient ses pouvoirs de sa hiérarchie politique, contrairement au président de la Bundesbank qui jouit d'une indépendance au service des intérêts de l'économie allemande.

Dès la seconde rencontre, Pöhl définit la structure en trois parties du rapport[29]. La première partie définit les objectifs à atteindre, la seconde établit un état actuel du processus d'intégration économique et monétaire au sein de la Communauté en soulignant à la demande de Pöhl la contribution importante du mécanisme instauré par le SME. Enfin la troisième partie a pour vocation de décrire les étapes devant conduire à l'UEM. Pöhl considère qu'il faut renforcer le pouvoir des gouverneurs des banques centrales en garantissant notamment leur indépendance[30] et propose d'amender la décision du Conseil de 1964 définissant le mandat du comité des gouverneurs des banques centrales. Il insiste sur l'importance primordiale d'une politique monétaire stable qui nécessite la mise en place de politiques complémentaires afin d'atténuer les problèmes inhérents aux déséquilibres structurels. Lamfalussy et de Larosière le rejoignent, mais précisent que dans le cadre d'une UEM ces déséquilibres

---

29 ECB DR Delors881020, Committee for the study of economic and monetary union, Second meeting on 10 October 1988.

30 À l'automne 1988, seules la Bundesbank et la Banque des Pays-Bas garantissent ce statut d'indépendance à l'égard des instances politiques.

seront moins perceptibles. Faut-il y voir un aveu d'impuissance ou une reconnaissance des difficultés à surmonter ces problèmes économiques structurels pour certaines économies candidates ?

Face à ce constat, Duisenberg pose déjà la question « d'une Europe à deux vitesses »[31] d'autant que Pöhl et Hoffmeyer confirment que les transferts de fonds souhaités par Delors ne devront pas être établis à l'encontre du mécanisme régulateur du marché[32]. Comme le souligne judicieusement Leigh-Pemberton, le problème des paiements de transfert peut s'avérer crucial au bon fonctionnement d'une union monétaire. Tant que les déséquilibres économiques persisteront, les transferts seront d'une ampleur inacceptable pour les contributeurs[33]. Le refus britannique d'une union économique et monétaire repose sur l'un de ces arguments économiques établis. Miguel Boyer reconnaît cette difficulté et prône la nécessité d'une harmonisation des politiques macroéconomiques à l'échelle communautaire[34]. Il ressort des discussions que les gouverneurs, dans leur ensemble, émettent des doutes sur les compétences des politiciens à appréhender les véritables enjeux d'une UEM.

Au gouverneur de la Banque de France incombe la tâche de définir les trois étapes ou phases de la troisième partie du rapport. Il apparaît à la lecture des archives l'importance que revêtent pour la France les engagements progressifs associés à chacune des étapes[35]. Cette insistance révèle en fait un déséquilibre économique structurel; la France, bien qu'étant la première à demander pour des raisons politiques une UEM n'est pas prête sur le plan économique. De Larosière demande à cet effet la création d'un FME mieux doté (European Reserve Bank) auquel Duisenberg et Pöhl s'opposent, anticipant une contribution financière plus élevée des Pays-Bas et de l'Allemagne. Il est intéressant d'observer que la structure du rapport met l'accent sur la monnaie en négligeant les aspects fiscaux qui ont un impact établi sur les flux de capitaux[36].

---

[31] ECB DR Delors881020, Committee for the study of economic and monetary union, Second meeting on 10 October 1988.

[32] *Ibid.*

[33] *Ibid.*

[34] *Ibid.*

[35] ECB DR Delors881129, Committee for the study of economic and monetary union, Third meeting on 8 November 1988.

[36] ECB DR Delors890103, Committee for the study of economic and monetary union, Fourth meeting on 13 December 1988.

Certes la fiscalité ne relève pas du champ d'attribution des gouverneurs des banques centrales, mais des ministères des Finances. La perspective d'une monnaie unique plus qu'une monnaie commune s'affirme. Pour des considérations politiques, Lamfalussy, soutenu par Delors, insiste sur le caractère irrévocable du processus d'UEM. Face à cet enjeu politique, Pöhl met en garde contre la fixation prématurée des parités[37].

Ainsi dans la troisième partie du rapport l'abandon des taux de change, comme instruments d'ajustement des déséquilibres, est acté. Ce constat nécessite la mise en place des politiques structurelles et régionales. L'importance fondamentale de la discipline budgétaire à l'échelle communautaire s'inscrit dans cette perspective. Pöhl mentionne que le rapport doit clairement établir qu'une union monétaire requiert une augmentation substantielle des ressources allouées aux transferts de fonds[38]. Comme l'avaient laissé ressortir les propos tenus lors de la troisième rencontre, de Larosière souligne la nécessité d'un nouveau traité européen pour valider ces avancées monétaires et revient sur sa proposition de créer un fonds de réserve européen (European Reserve Fund) qui pourra être présenté dans la troisième partie du rapport sous forme de deux scénarios lors d'une prochaine séance du comité[39]. Pöhl s'oppose à ce scénario et rappelle qu'il faut se concentrer sur la phase 1, les phases 2 et 3 pourront être traitées plus tard en fonction de l'évolution des convergences économiques au sein de la Communauté, alors que de Larosière est très impliqué dans la rédaction détaillée et progressive de ces étapes importantes et pour l'économie française et pour assurer le caractère irréversible du processus[40].

Afin de garantir la stabilité de politique monétaire européenne et de fait l'indépendance de la future Banque centrale européenne, Pöhl donne les orientations des étapes 2 et 3 conformément au modèle de la Bundesbank[41]. La nécessité d'une monnaie unique est reconfirmée par Ciampi, Lamfalussy, Duisenberg et Pöhl, ces deux derniers rejetant la

---

37 *Ibid.*

38 *Ibid.*

39 *Ibid.*

40 ECB DR Delors900112, Committee for the study of economic and monetary union, Fifth meeting on 10 January 1989.

41 ECB DR Delors900216, Committee for the study of economic and monetary union, Sixth meeting on 14 February 1989.

proposition britannique de monnaie parallèle[42]. Ils rejettent également la proposition d'établir à ce stade un lien entre l'ECU public et l'ECU privé, comme le voudrait la France. De fait, celui-ci est impossible à contrôler tant qu'il n'y a pas de Banque centrale européenne responsable de la création monétaire. Contrairement à la demande française, Pöhl refuse d'encourager l'ECU privé[43] et fait montre de fermeté sur la teneur du rapport qui doit être rédigé dans le respect de la stabilité monétaire et des intérêts de l'économie allemande, tel que le stipule le mandat de Président de la Bundesbank qui lui a été donné par la constitution allemande. Conforme aux enseignements de l'ordo-libéralisme et s'opposant tacitement à l'interventionnisme français, il considère qu'il faut laisser faire le marché. Point de consensus, l'ECU peut être considéré comme numéraire, afin de promouvoir l'intégration, et instrument de la politique monétaire dans les phases 2 et 3 du processus d'UEM[44].

Pöhl s'accorde avec Lamfalussy et de Larosière pour que le lancement de l'UEM fasse l'objet d'un signal politique fort. Pour le Président de la Bundesbank, il incombe aux politiciens d'effectuer ce signal en s'engageant par des décisions concrètes répondant aux exigences économiques. Il refuse que cette initiative vienne du comité dont ce n'est pas le mandat[45]. Celui-ci doit s'en tenir aux aspects économiques, soulignant ainsi une fois de plus la séparation du champ de compétences entre l'économie et la politique, parfois floue pour la France et la Commission. Les divergences d'appréciation et de motivations françaises et allemandes resurgissent face au volontarisme et au rigorisme affichés par le président de la Bundesbank. Elles sont également apparentes lors des réunions du Comité des gouverneurs des banques qui soulignent l'indépendance politique de la Bundesbank et son pouvoir décisionnel sur les orientations monétaires de la CEE.

Ainsi de Larosière reproche à la Bundesbank sa politique monétaire trop restrictive et l'augmentation de la fiscalité en Allemagne qui

---

42 ECB DR Delors900112, Committee for the study of economic and monetary union, Fifth meeting on 10 January 1989.

43 ECB DR Delors900316, Committee for the study of economic and monetary union, Seventh meeting on 14 March 1989.

44 ECB DR Delors900112, Committee for the study of economic and monetary union, Fifth meeting on 10 January 1989.

45 ECB DR Delors900425, Committee for the study of economic and monetary union, Eighth meeting on 12 April 1989.

mécaniquement réduit la demande et la capacité d'exportation des autres pays de la Communauté : « les pays à fort excédent et à faible inflation ne devraient pas envisager un resserrement de leur politique monétaire; ils devraient plutôt songer à un léger desserrement surtout si le dollar devait s'affaiblir. »[46] Il est également critique sur la politique fiscale en RFA en 1989 contraire aux intérêts de l'industrie française[47].

La France, mais aussi l'Italie, le Portugal et l'Espagne doivent mener des politiques monétaires rigoureuses avec des taux d'intérêt élevés qui nuisent à l'investissement et à la croissance intérieure, créant des tensions sur le marché des changes et un risque de réalignement au sein du SME. La position du gouverneur de la Banque d'Espagne, Rubio, qui rejoint celle de son homologue français est explicite : « Dès lors que les excédents courants de certains pays sont structurels [c'est le cas de l'Allemagne], les partenaires en déficit devraient maintenir une politique restrictive et donc des taux d'intérêt élevés pendant un temps tellement long que les marchés… estimeront que la seule solution réside dans une modification importante des parités et exerceront des pressions en ce sens. »[48] Face aux récriminations des pays méditerranéens, Duisenberg défend la position de la Bundesbank pour clarifier le problème des déséquilibres des balances des paiements courants et expliquer sur un ton professoral les solutions.

> « La politique monétaire peut contribuer à corriger ces déséquilibres, mais elle ne peut pas tout faire et les mouvements de capitaux ne peuvent assurer indéfiniment la compensation. La politique budgétaire doit aussi jouer un rôle important. En outre, un autre élément contribue au maintien de ces déséquilibres, à savoir les différentes subventions ou aides qui existent dans les pays de la CEE pour promouvoir les exportations nationales. Il n'y a pas d'uniformité dans ce domaine et la Commission devrait se pencher sur cet aspect. »[49]

La Bundesbank critique à plusieurs reprises l'ingérence de la Commission dans les questions monétaires. Delors souligne l'importance

---

[46] *Ibid.*, Commentaire de de Larosière.

[47] *Ibid.*

[48] ECB DR CGM, Procès-verbal de la 229e séance du Comité des Gouverneurs des Banques Centrales, 8 novembre 1988. Commentaire de Rubio, Gouverneur de la Banque d'Espagne.

[49] ECB DR CGM, Procès-verbal de la 229e séance du Comité des Gouverneurs des Banques Centrales, 8 novembre 1988. Commentaire de Duisenberg.

du SME dans la construction européenne dans un document intitulé « le SME dix ans d'existence » devant le CGBC. Pöhl réagit à cette intervention en dénonçant à nouveau son ingérence dans les travaux des gouverneurs des banques centrales : « Le SME repose sur un accord entre les banques centrales, et la Commission n'a pas de compétence dans sa gestion ; il est donc surprenant qu'elle présente aux ministres un compte-rendu marquant des dix premières années d'existence du système sans consulter au préalable les gouverneurs et leur demander leur avis »[50]. Avec une pointe d'ironie, il critique la présentation unilatérale de l'ECU et des institutions alors que « le rôle de la convergence n'est pas suffisamment mis en relief. »[51]

Face aux attentes de ses homologues, Pöhl justifie la défense du mark et encourage les pays européens à effectuer les investissements nécessaires pour lutter contre les déséquilibres structurels. Il précise ce que devrait être la vocation d'une UEM efficiente : « l'idéal serait d'avoir des mouvements de capitaux en termes réels des régions riches vers les plus pauvres afin d'égaliser les degrés de développement. Il ne faut pas arriver en Europe à la situation absurde des États-Unis, pays le plus riche du monde, qui est devenu depuis des années importateur net de capitaux en provenance même de pays en développement. »[52] À ceux qui reprochent à l'Allemagne de ne pas utiliser son épargne, il répond sans ambiguïté : « … si l'Allemagne utilisait son épargne importante pour accroître l'investissement, la consommation et la croissance économique, l'écart entre les pays ou régions dans la CEE se creuserait. »[53]

Souvent sur la défensive, le gouverneur de Larosière défend une coordination des politiques macroéconomiques : « Il ne faut pas être trop mécaniste et exiger que toutes les balances commerciales ou courantes soient parfaitement équilibrées, mais il faut essayer de coordonner les facteurs fondamentaux dans le cadre de l'économie internationale en vue de soutenir la croissance sans céder aux pressions inflationnistes. »[54] Faisant suite à la hausse des taux d'intérêt de la Bundesbank en avril 1989,

---

50 ECB DR CGM, Procès-verbal de la 233e séance du Comité des Gouverneurs des Banques centrales, 14 mars 1989. Commentaire de Pöhl.

51 *Ibid.*

52 ECB DR CGM, Procès-verbal de la 234e séance du Comité des Gouverneurs des Banques centrales, 11 avril 1989. Commentaire de Pöhl.

53 *Ibid.*

54 *Ibid.*, Commentaire de de Larosière.

il précise que le « vrai problème » du SME « est celui d'une meilleure gestion concertée de la macro-économie européenne et internationale. »[55] Il fait sienne une idée développée quelques mois auparavant par Miguel Boyer.

Le rapport Delors souligne les divergences de vues dans les relations monétaires franco-allemandes. Soumis aux chefs d'État et de gouvernement le 13 avril 1989, il prône la mise en place d'une monnaie unique, conforme aux enseignements de la théorie économique, et suscite certaines réticences en raison des implications politiques associées au transfert de souveraineté (sur les deux volets : monétaire et dans une moindre mesure budgétaire).

La France considère que la contrainte monétaire doit entraîner et encourager le processus de convergence économique, mais elle refuse l'idée d'une indépendance politique de la future Banque centrale européenne sur le modèle de la Bundesbank. Ces vues font écho aux débats plus anciens entre les « monétaristes » et les « économistes ». Comme l'atteste son attitude qui cherche à ralentir la dynamique du processus, l'Allemagne reste attachée à la « théorie du couronnement ». L'Union monétaire et les transferts de souveraineté qu'elle implique doivent être l'aboutissement d'un long processus d'harmonisation des politiques économiques (monétaires, budgétaires, fiscales).

Inspiré du Plan Werner (1970), le rapport Delors décrit trois étapes, appréciées différemment par la France et par l'Allemagne. La première étape dont le début est prévu au 1er juillet 1990 doit renforcer les mécanismes existants, la seconde inaugure la mise en place d'un Système européen de banques centrales (SEBC) chargé de la politique monétaire avec à terme la création d'une Banque centrale européenne indépendante, la troisième fixe les parités irrévocables, créant ainsi la monnaie unique.

L'Union monétaire nécessite la libéralisation des marchés financiers, l'intégration des marchés financiers et bancaires et la fixation irrévocable des taux de changes. Elle est, selon le rapport Delors, indissociable de l'Union économique dont l'atteinte repose sur la réalisation de l'Acte unique et des conditions économiques préalables : l'harmonisation de la politique de la concurrence au sein de la Communauté, la coordination des politiques budgétaires impliquant les politiques fiscales et la convergence de l'ensemble des politiques macroéconomiques afin de tenir compte des

---

55 ECB DR CGM, Procès-verbal de la 235e séance du Comité des Gouverneurs des Banques centrales, 9 mai 1989. Commentaire de de Larosière.

déséquilibres structurels et régionaux inhérents au système existant. Il incombe aux autorités politiques de prendre les décisions idoines.

8.2 La mise en place du rapport Delors : de Madrid à Strasbourg (juin 1989 – décembre 1989)

La publication du rapport Delors en avril 1989 met en lumière les différends franco-allemands sur les questions monétaires. L'Allemagne est consciente de l'enjeu politique pour l'avenir de la construction européenne, mais ne veut pas sacrifier ses avantages économiques et cherche à « donner du temps au temps. »[56] Conformément aux exigences allemandes et néerlandaises, le rapport Delors est composé de trois chapitres : les motivations de la mise en place de l'UEM (chapitre 1), les caractéristiques économiques et institutionnelles d'une UEM (chapitre 2) et les étapes pour y parvenir (chapitre 3)[57]. Les positions allemandes sont défendues et le deutsche mark apparaît comme une monnaie d'ancrage (Ankerwährung) du SME. La future monnaie unique va être construite en accord avec les règles de fonctionnement de la Bundesbank : respect de la stabilité monétaire garantie par l'indépendance de la Banque centrale.

La première étape qui constitue la phase de lancement est prévue débuter le 1er juillet 1990. La date est validée par le CE de Madrid. La date de la seconde étape n'est pas précisée, elle sera fixée par décision du chancelier Kohl au 1er janvier 1994. Elle a pour finalité de créer un système européen de banques centrales (SEBC) basé sur une révision du FECOM et sur la mise en place d'un Comité des gouverneurs et des sous-comités afférents. Le SEBC a pour vocation de fixer les grandes orientations de la politique monétaire. Les deux points importants qui le caractérisent ne font pas consensus : -1- La mise en commun d'une partie des réserves de change pour effectuer des interventions sur le marché des changes; -2- Le rétrécissement des marges de fluctuations dans le mécanisme de change.

---

56 Pour reprendre hors contexte une expression chère à François Mitterrand.

57 Europe Documents. Agence internationale d'information pour la presse, dir. de publ. Riccardi, Lodovico; RRédé Chef Gazzo, Emanuele. 20.04.1989, n. 1550/1551. Bruxelles. « Rapport sur l'Union économique et monétaire dans la Communauté européenne », p. 1–21. URL http://www.cvce.eu/obj/rapport_sur_l_union_economique_et_monétaire_dans_la_communauté_européenne_12_avril_1989_fr

La troisième étape, plus lointaine, remplace d'une certaine façon, même si le terme n'apparaît pas (et on peut comprendre aisément pourquoi) la phase de « couronnement », longtemps réclamée officiellement par l'Allemagne. Elle intègre : -1- l'adoption d'indicateurs macroéconomiques et budgétaires contraignants ; -2- la mise en place d'une politique monétaire commune ; -3- la mise en commun de l'ensemble des réserves de changes ; et enfin -4- l'adoption d'une monnaie unique européenne et la disposition des monnaies nationales.

Au vu de l'intégration financière et économique des économies européennes, les milieux économiques allemands sont favorables à l'UEM[58]. Pöhl ayant été l'un des architectes, si ce n'est le principal, du rapport Delors est favorable à ses conclusions et à ses recommandations même s'il s'oppose au fonds de réserve européen demandé par la France. Il fait preuve d'une grande vigilance et insiste sur la nécessité d'amender le Traité de Rome. Il souligne le risque d'une précipitation pour la stabilité économique et monétaire introduit par le transfert de pouvoir monétaire à une institution indépendante du pouvoir politique si les conditions économiques et financières ne sont pas respectées. Son apparente réticence et son inquiétude fondée doivent être davantage comprises comme une clairvoyance aiguisée des véritables enjeux économiques et pour l'Allemagne et pour la Communauté et un respect indéniable de son mandat de président de la Bundesbank.

Comme le rappelle Angelika Volle, la création trop précipitée de l'UEM suscite son inquiétude quant au maintien de la stabilité monétaire[59]. Cette position reçoit le soutien du ministre des Finances, CSU, Waigel, qui défend la « théorie du couronnement »[60] et l'intégration économique préalable à l'intégration monétaire. Le ministre de l'Économie, FDP, Haussmann, soutient le rapport Delors, mais demande le respect de conditions économiques préalables afin d'éviter la mise en place de politiques économiques interventionnistes au sein de la Communauté pour lutter contre les déséquilibres économiques structurels régionaux. Se faisant l'écho d'une grande partie de la classe économique allemande,

---

58 Wilhelm, Schönfelder et Elke Thiel, *Ein Markt –Eine Währung*, Baden Baden, Nomos, 1994, p. 49.

59 Anglika, Volle, « Die EG in einer Phase des Umbruchs », dans Marion Gräfin Dönhoff, Karl Kaiser, Hans W. Maull et Wolfgang Wagner (eds), *Die Internationale Politik 1989/1990*, Munich, Oldenbourg Verlag, 1992, p. 123.

60 Interview de Theo Waigel dans le Figaro du 18 avril 1989.

il s'inquiète de l'impact de l'UEM sur l'indépendance économique, budgétaire et fiscale des États membres et sur les Länder[61].

À la réception du rapport Delors, la France considère que la contrainte monétaire doit faciliter le processus de convergence économique, mais refuse l'indépendance de la future banque centrale européenne sur le modèle de la Bundesbank. Concernant le SME, il n'est pas à l'ordre du jour d'effectuer un réalignement malgré les tensions perceptibles sur le marché des changes.

Mitterrand cherche à donner une dimension très politique au rapport et ne s'intéresse pas aux considérations d'ordre technique et aux mécanismes économiques. Pour lui prime la politique sur l'économie. L'UEM est un levier pour la politique étrangère française qui permet de neutraliser la puissance économique du mark. Il est important que l'échec du Plan Werner ne se répète pas et que l'UEM soit complétée d'un plan social répondant aux aspirations politiques du président et aux attentes de son électorat. À la lecture des débats et des archives associés à la rédaction du rapport, cette volonté peut paraître décalée par rapport aux réalités économiques qui réclament la flexibilité de l'emploi et une plus grande libéralisation du marché du travail.

Le chancelier allemand et plus encore le président de la Bundesbank ont conscience que la France cherche par son action politique à récupérer « l'or du Rhin » : elle « veut mettre la main sur le mark » pour diminuer la puissance de l'Allemagne. Et Nolling, membre du directoire de la Bundesbank, plus tard de renchérir dans cette perspective : « Il ne faut pas nous faire d'illusions : l'actuel débat sur le nouveau système monétaire porte en réalité sur le pouvoir, l'influence et la poursuite d'intérêts nationaux »[62]. La position du chancelier est sans équivoque : « Nous pouvons très bien vivre dans le statu quo »[63]. Il exprime également une partie de l'opinion allemande : « Si l'idée fait son chemin, et si les Allemands comprennent ce qu'est l'union monétaire, c'est-à-dire qu'il s'agit de leur argent, et que ce ne sera plus la Bundesbank qui s'en occupera, je pense qu'ils vont alors s'y opposer de toutes leurs forces. »[64]

---

[61] Stark, *Kohl, l'Allemagne et l'Europe*, op. cit., p. 92.

[62] *Ibid.*

[63] Déclaration de K.O. Pöhl, 26 juin 1989, à David Marsh. David Marsh, *La Bundesbank aux commandes de l'Europe*, *op. cit.*, p. 274.

[64] *Ibid.*

Le Conseil européen de Madrid (26 et 27 juin 1989), qui illustre le différend franco-allemand, a deux objectifs quant à l'UEM : -1- valider le rapport Delors ; -2- définir la date de la conférence intergouvernementale (CIG) nécessaire à la révision du Traité de Rome. Le contenu de l'UEM englobe, comme « quatre éléments fondamentaux »[65] : -1- la réalisation du marché unique ; -2- la nécessité d'une politique de la concurrence à l'échelle de la Communauté ; -3- la promotion de politiques communautaires afin de limiter les inégalités de développement structurelles et régionales ; -4- une politique macroéconomique à l'échelle de la CEE.

Alors que Mitterrand veut accélérer le processus d'UEM et souhaite une mise en place de la CIG dès juin 1989, il ne reçoit pas le soutien attendu et annonce son intention d'utiliser la présidence française pendant le second semestre 1989 pour atteindre cet objectif. Kohl est en minorité en Allemagne et doit composer avec sa majorité et notamment l'aile la plus conservatrice (CDU-CSU) ; seul Genscher adhère à la position française. Les ministres des Finances, de l'Économie, le président de la Bundesbank, le secrétaire général de la CDU, Heiner Geissler et le ministre-président du Bade-Wurtemberg, Lothar Späth sont opposés à une accélération. Pour des raisons de politique intérieure, le chancelier évite le débat et reporte sine die la convocation de la CIG après avoir approuvé néanmoins les conclusions du « Comité Delors » et validé à terme la disparition du mark. Les conclusions du Conseil européen permettent d'établir un compromis entre l'hostilité britannique et le volontarisme français.

Toutefois, les hésitations allemandes font craindre pour la diplomatie française une implication moins soutenue de la RFA dans le processus d'UEM. Cette crainte, ravivée après la chute du mur de Berlin, déteint sur les relations franco-allemandes jusqu'au Conseil de Strasbourg. La France depuis 1983 a adopté une politique de rigueur budgétaire et a donné son accord sur la libéralisation des capitaux et au projet d'une banque centrale européenne indépendante. Ces importantes concessions peuvent faire resurgir la crainte de l'hégémonie du mark si l'Allemagne venait à s'éloigner du projet d'UEM.

Le Conseil européen de Madrid, après avoir réitéré « sa détermination de réaliser progressivement l'Union économique et monétaire… dans la perspective de l'achèvement du marché intérieur », valide le rapport

---

[65] Jean-Pierre Patat, *L'Europe monétaire*, Paris, La Découverte, 1990, pp. 60–66.

Delors en insistant sur le « parallélisme entre les aspects économiques et monétaires » et « le respect du principe de subsidiarité » et retient la date du 1er juillet 1990 comme le début de la première phase.[66] Toutefois, en repoussant la date d'une convocation d'une CIG, suite au refus allemand, il ne répond pas aux attentes pressantes de la France.

Pour Mitterrand, la présidence française du Conseil européen qui débute au second trimestre 1989 a trois priorités : -1- l'ouverture de la conférence intergouvernementale sur l'UEM ; -2- l'adoption d'une charte sociale et -3- la création d'un « Eurêka audiovisuel ». La France va s'employer à obtenir de l'Allemagne une date d'ouverture pour la CIG sur la monnaie. Cette volonté politique apparaît notamment lors des Conseils Ecofin franco-allemands, des réunions du CGBC et du Comité monétaire. L'administration française cherche par les négociations à corriger un déséquilibre économique structurel avec l'Allemagne. La création du groupe Guigou qui réunit les directeurs du Trésor et des ministères des Affaires étrangères de la CEE est une initiative politique française qui vise à accélérer le processus d'UEM et à tenter de souligner l'importance de la croissance économique et de l'emploi, en plus de la stabilité des prix et de la monnaie.

À l'initiative de Mitterrand, Dumas, ministre des Affaires étrangères, et Bérégovoy, ministre de l'Économie et des Finances, ce groupe, en germe dès le mois de juillet 1989 et présidé par la conseillère du Président aux Affaires européennes, Élisabeth Guigou, publiera à l'automne 1989 un rapport sur les objectifs de l'UEM présenté au Conseil, à la Commission et au Comité des gouverneurs des Banques centrales. Il cherche à défendre les intérêts français, mais aussi italiens, portugais, espagnols... en défendant l'idée d'une politique macroéconomique communautaire, à travers une structure qui peut s'apparenter à un gouvernement économique, contrepoids à la future banque centrale européenne dont l'indépendance et le pouvoir sont contraires à l'interventionnisme étatique français. Comme le confie Guigou, la contribution de rapport est minime eu égard à celle du rapport Delors[67]. Il s'agit davantage d'une

[66] Conclusions des sessions du Conseil européen de Madrid, 26 et 27 juin 1989.

[67] Interview d'Élisabeth Guigou/Élisabeth Guigou, Frédéric Clavert, prise de vue : Alexandre Germain. – Paris : CVCE [Prod.], 29.09.2008. CVCE, Sanem. —VIDEO (01:23:26, Couleur, son original). http://www.cvce.eu/obj/transcription_de_l_interview_d_elisabeth_guigou_paris_29_septembre_2008-fr-2ce69748-3edc-47e7-8842-d2cb14b1f0eb.html

action diplomatique française à forte teneur politique qui aura peu d'impact sur le pouvoir économique décisionnel dont dispose notamment l'Allemagne et plus particulièrement la Bundesbank.

Lors du CGBC du mois de juillet 1989 auquel assiste le président de la Commission, un point de divergence important entre la France et l'Allemagne émerge. Il est mis en exergue par Bérégovoy qui adresse une lettre au CGBC afin de l'associer aux sessions du Conseil Ecofin, celui-ci pouvant par la suite participer aux travaux monétaires. La démarche maladroite est perçue par la Banque d'Angleterre, la Banque des Pays-Bas et la Bundesbank comme une potentielle ingérence. Faisant preuve d'une plus grande diplomatie, de Larosière présente la motivation essentielle où il précise qu' « il faut que le parallélisme entre l'économie et le monétaire soit bien assuré… »[68] et par conséquent « qu'il faut un Conseil des ministres responsable de la macro-économie de la Communauté, et un Comité des Gouverneurs s'occupant de la politique monétaire »[69]. Il insiste sur la pertinence de cette coopération qui doit permettre d'instaurer « la cohérence macroéconomique de la CEE », tout en préservant l'indépendance de la politique monétaire. Toutefois, il ne semble pas bien évaluer les conséquences économiques d'une séparation des politiques budgétaire et monétaire à l'échelle communautaire.

La France cherche à mettre en place un gouvernement européen et contourner le problème de l'indépendance de la future Banque centrale. Cette manœuvre constitue un *casus belli* aux yeux des Banques centrales indépendantes. Comme souvent, la première salve est à attribuer à Duisenberg qui, en réponse à la lettre de Bérégovoy, « rappelle que le principe de base dans le rapport de l'UEM est qu'un futur système européen de banques centrales doit être autonome et indépendant »[70].

Pöhl rejoint son homologue néerlandais et explique dans un premier temps que « la lettre de M. Bérégovoy n'est pas une approche appropriée et [qu'elle] est en opposition avec les propositions du rapport pour un Comité des Gouverneurs plus indépendant dans le processus vers l'union économique et monétaire »[71]. Il considère inacceptable et inconcevable

---

68 ECB DR CGM, Procès-verbal de la 237e séance du Comité des Gouverneurs des Banques Centrales, 11 juillet 1989. Commentaire de de Larosière.

69 *Ibid.*

70 ECB DR CGM, Procès-verbal de la 237e séance du Comité des Gouverneurs des Banques Centrales, 11 juillet 1989. Commentaire de Duisenberg.

71 ECB DR CGM, Procès-verbal de la 237e séance du Comité des Gouverneurs des Banques Centrales, 11 juillet 1989. Commentaire de Pöhl.

que les ministres des Finances et la Commission exercent une surveillance multilatérale sur les politiques monétaires. L'indépendance de la Banque centrale est un fondement non négociable eu égard notamment au droit constitutionnel allemand et, conformément à son rôle et à sa mission, il le rappelle : « Le Président de la Deutsche Bundesbank ne peut pas accepter que la politique monétaire menée en Allemagne soit soumise à une surveillance soit de la Commission, soit des ministres des Finances; une telle procédure n'est conforme ni avec la loi en République fédérale ni avec l'indépendance de la Bundesbank. »[72]

Si la France et l'Allemagne s'accordent sur les problèmes causés par le dollar, les méthodes pour les résorber diffèrent. Lors d'une réunion du Conseil Ecofin franco-allemand des suppléants, le 27 juillet 1989 à Bonn, le directeur du Trésor, Jean-Claude Trichet et le vice-président de la Bundesbank, Helmut Schlesinger, constatent la nécessité de sous-évaluer le dollar dont la valeur trop élevée obère les capacités de croissance des économies européennes[73]. Le Trésor reproche à la Bundesbank son manque d'intervention sur le marché des changes et les lacunes de la coordination des interventions des banques centrales : « Les interventions sont essentielles pour donner de bons signaux… L'absence d'intervention de la Bundesbank au printemps était mal venue »[74].

À cette remarque de Trichet, Schlesinger répond sur un ton professoral en défendant la position allemande : « On ne peut pas porter le marché par les seules interventions. Les parités doivent reposer d'abord sur les marchés (les interventions en début d'année, tant par la Bundesbank que par les autres, ont été très importantes, trop) »[75]. Tietmeyer abonde dans ce sens et insiste sur le caractère comportemental de la réaction du marché : « Le problème essentiel est tactique. Contre le marché les interventions sont inefficaces; avec le marché, elles agissent. C'est une question d'appréciation et de jugement; il n'y a pas de recette ni de mécaniques. La concertation est très utile; elle ne peut cependant être l'engagement de n'agir qu'avec l'autorisation des partenaires. »[76]

---

72 *Ibid.*

73 ABF DGSE 1489200201B7, Conseil économique et financier franco-allemand, Compte-rendu de la réunion des suppléants du 27 juillet 1989, note adressée à Christian Noyer, ministère de l'Économie et des Finances, le 2 août 1989.

74 *Ibid.*

75 *Ibid.*

76 *Ibid.*

À l'issue du Conseil Ecofin franco-allemand du 24 août, consacré aux politiques économiques, à la Communauté européenne et à l'assemblée annuelle du FMI et de la Banque mondiale, et Waigel et Haussmann évoquent les problèmes du déséquilibre extérieur dont souffre la France, point économique essentiel dans la perspective de l'UEM, tout en soulignant l'importance des politiques fiscales et des politiques de la concurrence dans les deux pays. De façon surprenante, Bérégovoy se cantonne à des généralités sur la convergence des politiques économique et monétaire et élude complètement la question[77] devant la presse internationale. Cette attitude souligne une asymétrie de la perception des enjeux économiques dont les mécanismes semblent souvent mis sous le boisseau, voire mal appréhendés, par l'administration française à la différence de l'administration allemande.

Après avoir précisé que la première étape de l'UEM faisait l'unanimité, Waigel insiste sur la nécessité de prendre des mesures importantes sur le marché intérieur, « la libéralisation de la circulation de capitaux », l'harmonisation économique et fiscale, le contrôle des banques... en vue de la seconde puis de la troisième étape. Il mentionne également que la politique fiscale relève de la politique intérieure, mais doit bénéficier de concertation au niveau européen pour éviter une concurrence des systèmes fiscaux. Les dangers d'une absence d'harmonisation fiscale sont définis. Toutefois, il semble temporiser[78].

Bérégovoy, lui, souligne la nécessité de mettre en place une CIG pour définir avec la Commission les délais des différentes étapes. Il faut selon lui « une coopération étroite entre ministres des Finances et ministres des Affaires étrangères. »[79] Il confirme que la France tiendra ses engagements sur les mouvements de capitaux au 1er juillet 1990, mais sa déclaration révèle qu'il y a une divergence sur la fiscalité avec l'Allemagne, en raison d'un refus allemand catégorique (rappelé par Waigel) d'une retenue à la source. Le revirement de la position allemande, initialement favorable à une retenue à la source fait écho au refus exprimé par la Grande-Bretagne, les Pays-Bas et le Luxembourg[80]. La législation fiscale et sa mise en application requièrent une coopération communautaire en vue

[77] ABF DGSE 1489200201B7, Conférence de Presse à l'issue du Conseil économique et financier franco-allemand, 24 août 1989.

[78] *Ibid.*, déclaration du ministre des Finances, Theo Waigel.

[79] *Ibid.*, déclaration du ministre des Finances, Pierre Bérégovoy.

[80] ABF DGSE 1489200201B7, Note préparatoire du Service de la législation fiscale, ministère de l'Économie des Finances et du Budget, Réunion de travail avec le

d'une harmonisation de la fiscalité directe et indirecte (à défaut d'établir une fiscalité communautaire sur l'épargne)[81].

La chute du mur de Berlin met en exergue les tergiversations françaises. Lors du Conseil Ecofin du 13 novembre 1989, Waigel résume les conditions du succès de la première étape. Celles-ci sont rapportées par Jacques Delors devant le Comité des gouverneurs des banques centrales le 14 novembre : « une économie de marché ouverte à l'intérieur comme à l'extérieur, la stabilité monétaire, la rigueur budgétaire, l'application du principe de subsidiarité ».[82]

L'UEM constitue une avancée considérable qui marque une véritable rupture avec le passé : la disparition des monnaies nationales au profit d'une monnaie unique. Afin de ne pas nuire à la stabilité monétaire, le gouvernement allemand et la Bundesbank sont contre un partage des responsabilités monétaires. Le comité Delors inaugure le primat de l'économie sur la politique. Sur le plan de la théorie économique, ses choix sont les plus convaincants, mais se heurtent à des difficultés politiques dans la mesure où ils impliquent des transferts de souveraineté : la création d'un système de banques centrales européennes et une monnaie unique[83].

Avec la chute du mur de Berlin qui symbolise la fin de la guerre froide, Mitterrand craint la réunification allemande et ses conséquences sur la construction européenne et sur l'UEM en particulier. L'Allemagne qui a montré à Madrid son peu d'empressement à mettre en place les trois phases du rapport Delors peut se détourner de cet objectif pour se consacrer au rapprochement puis à l'unification de la RFA et de la RDA. L'attitude de Mitterrand à l'égard de la chancellerie allemande est ambigüe et laisse apparaître une grande incertitude et une certaine forme de suspicion qui fragilisent les relations monétaires franco-allemandes. Ce comportement va à l'encontre des objectifs définis à l'issue du Conseil européen de Madrid et peut nuire à la mise en place d'une CIG sur

---

ministre des Finances d'Allemagne fédérale, le 24 août 1989, Abolition des frontières fiscales et harmonisation de la TVA, Paris le 18 août 1989.

81 *Ibid.*, Fiscalité de l'épargne, 279/89, Paris le 18 août 1989.

82 ECB DR CGM, Procès-verbal de la 238e séance du Comité des Gouverneurs des Banques centrales, 14 novembre1989. Propos rapportés par le Président de la Commission, Jacques Delors.

83 Wilhelm, Schönfelder, Elke Thiel, *Ein Markt –Eine Währung*, Baden-Baden, Nomos, 1994, p. 41.

l'UEM. Si Margaret Thatcher a clairement exprimé sa crainte d'une réunification de la RFA et de la RDA, François Mitterrand a beaucoup minimisé ses réticences au processus de la réunification.

Il n'empêche que les archives et de nombreux témoignages laissent apparaître qu'à ce moment crucial dans les relations franco-allemandes, « les Allemands savent très bien qu'ils ne doivent pas grand-chose dans cette affaire à Paris ou Londres… »[84] Comme le mentionne Jacques Attali[85] et le souligne très explicitement Soutou : « il suffit de se reporter au récit par Jacques Attali de la rencontre de François Mitterrand à Kiev avec Gorbatchev le 6 décembre 1989 pour voir combien, dans son esprit, le processus de réunification devait être lent et contrôlé par les quatre puissances occupantes de 1945 et par les voisins de l'Allemagne »[86]. Il pensait qu'avec la formulation de négociations « 2 +4 », la réunification allemande pourrait prendre des années[87]. Il a cherché à inscrire le processus dans la construction d'une grande Europe[88] incluant l'URSS et répondant au souhait de Gorbatchev de « Maison commune ». Il le mentionne notamment en mai 1990 à Moscou après l'avoir exprimé à Kiev le 6 décembre 1989 : « Il doit y avoir réunification, mais dans le cadre d'une grande Europe. »[89]

8.3 Le compromis de Strasbourg : la chute du mur et l'UEM

La chute du mur de Berlin crée une très forte inquiétude au sein de la CEE. La réunification allemande qui se dessine laisse craindre un désengagement de l'Allemagne dans la construction européenne. L'union monétaire peut apparaître sérieusement menacée d'autant qu'avant la précipitation des évènements à l'automne 1989, les positions économiques de la Bundesbank, soutenues par la Banque des Pays-Bas et la Banque d'Angleterre, conduisent à temporiser dans la mise en place

84 Georges-Henri Soutou, *L'alliance incertaine : les rapports politico-stratégiques franco-allemands, 1954–1996*, Paris, Fayard, 1996, p. 399.

85 Jacques Attali, Verbatim III, *op. cit.*, p. 358.

86 Georges-Henri Soutou, *L'alliance incertaine, op. cit.*, p. 398.

87 Jacques Attali, Verbatim III, *op. cit.*, p. 412.

88 Georges-Henri Soutou, « La Maison commune européenne : tactique et stratégie », *Géopolitique* 36, hiver 1991–1992.

89 Georges-Henri Soutou, *L'alliance incertaine,* op. cit., p. 400

des étapes établies par le rapport Delors. La France ne veut pas d'une Europe à deux vitesses[90].

La diplomatie française et le président Mitterrand s'inquiètent et l'Allemagne peut elle aussi douter du soutien de la France. À l'issue du 54e sommet franco-allemand, Mitterrand doit se justifier: « Je n'ai pas peur de la réunification. Je ne me pose pas ce genre de question. L'histoire est là. Je la prends comme elle est. Je pense que le souci de réunification est légitime pour les Allemands. S'ils le veulent et s'ils le peuvent, la France adaptera sa politique de telle sorte qu'elle agira aux mieux des intérêts de l'Europe et des siens. »[91] Il insiste sur la nécessité d'accélérer le processus de construction européenne en appelant aux renforts des structures et à la définition de politiques idoines[92]. La mise en place d'une CIG sur la monnaie devient plus que jamais urgente et il est fermement décidé à utiliser le prochain Conseil européen de Strasbourg pour annoncer la date du début des travaux : « L'Union économique et monétaire doit prendre un nouveau tour, ainsi que la Charte sociale… Je demanderai au Conseil européen de Strasbourg de se prononcer sur la tenue de Conférence intergouvernementale qui débattra d'un nouveau traité et qui devrait s'ouvrir dans le courant de 1990 sous la présidence italienne. »[93]

Sa priorité est l'arrimage de l'Allemagne à l'Europe. Il redoute la constitution d'une puissance économique et politique de plus de 80 millions d'habitants, reléguant les ambitions de la France. Comme le rappelle Soutou, vue de France, la réunification doit être lente[94], même si le discours à Bonn de Mitterrand affiche une ambiguïté politique certaine afin de gommer les craintes et les divergences dans les relations franco-allemandes : « Que nous ayons des vues, des intérêts, des réactions instinctives différentes, c'est naturel. C'est l'histoire qui fait cela, mais nous faisons un effort non seulement de rapprochement, mais d'unification de l'Europe… La démarche n'est pas qu'économique

---

90 Déclaration de François Mitterrand, 54e Consultation franco-allemande, Conférence de presse conjointe, Bonn, le 3 novembre 1989

91 *Ibid.*

92 *Ibid.*

93 *Ibid.*

94 Georges-Henri Soutou, *L'alliance incertaine, op. cit.*, p. 398.

et monétaire, elle n'est pas que sociale, elle est politique. Nous travaillons déjà comme si nous étions en mesure d'aller plus vite. »[95]

Cet épisode permet de souligner à nouveau les attentes différentes de la France et de l'Allemagne. La première donne la priorité à l'UEM alors que la seconde privilégie, de façon prévisible, la réunification. Le chancelier hâte le processus en exposant au Bundestag, le 28 novembre 1989, sans en avoir informé son homologue français, les dix points que devra remplir l'unification allemande. Kohl acquiert une nouvelle dimension politique en RFA en faisant de cet enjeu la priorité de l'Allemagne dans le nouveau monde post-guerre froide. Il précise clairement le double ancrage de l'Allemagne en maintenant son « cap sans équivoque au sein de l'Alliance atlantique et de la Communauté européenne. »[96] Il rappelle son attachement européen en mentionnant que « l'architecture future de l'Allemagne doit d'intégrer dans l'architecture de toute l'Europe »[97] incluant la Communauté, mais aussi l'URSS sous l'égide d'une « maison commune européenne ».

Comme le démontrent Zelikow et Rice, les positions des États-Unis et de l'URSS sont claires[98]. Le Président Bush soutient le processus de réunification alors que le Président du Soviet suprême, Gorbatchev, s'y oppose. L'attitude des pays de la CEE est par contre très hétérogène et empreinte de nombreuses hésitations, allant de l'hostilité britannique au soutien espagnol, en passant par la crainte et les inquiétudes ambigües de la France.

Les conclusions du Conseil européen de Madrid n'ont pu établir la date d'une CIG sur la monnaie, en raison notamment de l'hostilité britannique au projet d'UEM et des inquiétudes allemandes quant au respect de la stabilité monétaire. Mitterrand s'est engagé à demander une convocation de la CIG à la fin 1990 ou au plus tard en 1991. La

95 Déclaration de François Mitterrand, 54e Consultation franco-allemande, Conférence de presse conjointe, Bonn, le 3 novembre 1989.

96 Helmut Kohl, « Plan en dix points pour surmonter la division de l'Allemagne et de l'Europe (28 novembre 1989) », Documents d'actualité internationale. dir. de publ. Ministère des Affaires étrangères. 15.03.1990, n° 6. Paris : La Documentation française.

97 *Ibid.*

98 Philip Zelikow et Condolezza Rice, Germany Unified and Europe Transformed, Boston, Harvard University Press, 1997, 493 p. Voir notamment Chapitre 3: « The Fall of Ostpolitik and the Berlin Wall ».

présidence européenne que la France assume au second semestre 1989 doit lui donner les moyens d'atteindre cet objectif politique important. Toutefois, le président français ne peut bénéficier du soutien sans condition du chancelier Kohl. Celui-ci est davantage préoccupé par les enjeux de la réunification et doit faire face à une opposition grandissante à la disparition du mark au sein de son parti CDU-CSU et parmi les dirigeants économiques allemands qui s'inquiètent des conséquences de l'abandon de la monnaie symbole de la réussite et de la stabilité de l'économie allemande.

La fébrilité de l'Allemagne à l'égard du processus de construction européenne est perceptible au mois de novembre 1989. Elle campe sur sa position visant à garantir la stabilité économique et monétaire et peut donner l'impression à ses partenaires européens d'être animée par la tentation d'un « *Drang nach Osten* » que suscite la perspective de la réunification[99]. Contrairement à la France[100], l'Allemagne ne tient pas à prendre de décision définitive sur l'UEM. Comme le souligne Védrine, le chancelier Kohl ne souhaite pas prendre d'engagement irrévocable sur la monnaie unique donc sur la disparition du mark, avant la fin du processus de réunification et avant les élections générales dans une Allemagne réunifiée (automne 1990)[101]. Mitterrand veut lui utiliser la présidence française pour hâter le processus d'UEM. Lors du Conseil européen de Strasbourg, il demande qu'une date précise soit établie pour le début des travaux de la CIG.

Dans une lettre au président Mitterrand, en date du 27 novembre 1989, vingt-quatre heures avant la présentation des dix points au Bundestag, le chancelier Kohl propose une double conférence intergouvernementale portant sur l'Union politique et l'Union économique et monétaire indissociables en vue d'une future fédération[102]. La convocation de la CIG sur la monnaie sera reportée d'un an afin de protéger les intérêts

[99] Hans-Jürgen Küsters, « La controverse entre le chancelier Helmut Kohl et le président François Mitterrand à propos de la réforme institutionnelle de la Communauté européenne (1989/1990) », p. 487–516, dans Marie Thérèse Bitsch (éd.), *Le couple franco-allemand et les institutions européennes*, Bruxelles, Bruylant, 2001, 609 p.

[100] Interview d'Élisabeth Guigou/Élisabeth Guigou, Frédéric Clavert, *op. cit.*, et Védrine, *Les mondes de François Mitterrand*, *op. cit.*

[101] Védrine, *Les mondes de François Mitterrand*, *op. cit.*, p. 430.

[102] Hans-Jürgen Küsters et Daniel Hofmann, *Deutsche Einheit. Sonderedition aus den Akten des Bundeskanzleramtes 1989/1990*, Munich, R. Oldenbourg Verlag, 1998, 1667 p.

électoraux du chancelier jusqu'aux échéances de l'automne 1990 qui s'annoncent difficiles et incertaines pour la coalition en place.

L'Allemagne associe l'UEM à l'Union politique et notamment à une réforme du Parlement européen et du rôle de la Commission, alors que la France tend à se focaliser sur la monnaie unique[103]. Ce désaccord franco-allemand sur le processus de construction européenne est exacerbé par les frontières orientales de l'Allemagne réunifiée. Mitterrand veut une reconnaissance de la ligne Oder-Neisse et l'abandon des provinces perdues après 1945. La France va utiliser cet argument de poids pour obtenir l'accord de l'Allemagne et un engagement ferme sur l'UEM. Comme l'écrit plus tard Mitterrand dans ses mémoires : « Roland Dumas et moi nous en étions à notre volonté de lier la perspective d'unification à la reconnaissance formelle des frontières extérieures de l'Allemagne ».[104]

Le conseil européen de Strasbourg va permettre de réconcilier les positions et les aspirations divergentes de la France et de l'Allemagne. Cet accord franco-allemand portant sur l'union monétaire et l'autodétermination allemande peut être qualifié, comme le fait Stark, de « troc »[105]. Pour Kohl, l'urgence est l'Union politique et il a besoin d'un accord avec la France pour un approfondissement institutionnel de la CEE et une transformation en une Union européenne. Mitterrand veut lui utiliser l'UEM pour ancrer l'Allemagne au sein de la Communauté. Il a besoin de l'appui de la RFA pour établir une CIG sur la monnaie et contrer l'opposition de la Grande-Bretagne, alors que son homologue allemand recherche son soutien pour mettre en place le processus de réunification et neutraliser l'hostilité britannique.

Le Conseil européen de Strasbourg apparaît comme un succès pour la diplomatie française. Un accord sur l'UEM intervient le 8 décembre 1989 alors qu'un accord sur l'unité allemande est validé le lendemain. L'union allemande doit aller de pair avec l'engagement ferme de la RFA sur la Construction européenne et permettre au projet monétaire défini par le rapport Delors d'éviter de connaître le même sort que celui du Plan Werner. La France obtient des avancées considérables : la validation de la

---

103 Hanns Jürgen Küsters, « La controverse entre le chancelier Helmut Kohl et le président François Mitterrand à propos de la réforme institutionnelle de la Communauté européenne (1989–1990) », in Marie Thérèse Bitsch (dir.), *Le couple France-Allemagne et les institutions européennes*, Bruxelles, Bruylant, 2001, p. 495.

104 François Mitterrand, *De l'Allemagne, de la France*, Paris, Odile Jacob, 1996, p. 99.

105 Stark, *Kohl, l'Allemagne et l'Europe*, op. cit., p. 150.

première phase de l'UEM au 1er juillet 1990 ; la CIG portant sur l'UEM et le calendrier des secondes et troisièmes étapes devra être convoqué au plus tard en décembre 1990. L'UEM est lancée et un volet politique social voulu par Mitterrand est accepté par onze des pays communautaires ; la « Charte communautaire des droits sociaux fondamentaux des travailleurs ». Un accord également à onze est obtenu pour la création de la Banque européenne pour la reconstruction et le développement (BERD). Le Royaume- Uni fait défaut.

Toutefois subsistent des ambiguïtés dans les relations monétaires franco-allemandes. Si le principe de l'indépendance de la future Banque centrale européenne et la primauté de la stabilité monétaire semblent validés sur le plan économique, sur le plan politique ces deux points ne correspondent pas aux attentes de la France. Les conclusions du Conseil de Strasbourg soulignent l'importance d'une convergence (à défaut d'harmonisation) de la fiscalité de l'épargne pour accompagner la libération des mouvements de capitaux. Cette tâche incombe au Conseil Écofin. Les avancées sur le renforcement de la coordination des politiques économiques et de la collaboration entre les Banques centrales sont mentionnées et font l'objet d'un satisfecit. Le Conseil a également « pris connaissance du rapport du Groupe à haut niveau, qui a identifié les principales questions, techniques, institutionnelles et politiques, à débattre dans la perspective d'un traité sur l'Union économique et monétaire. »[106]

L'objectif politique fixé par Mitterrand à l'issue du Conseil de Madrid est atteint : l'UEM s'accélère. Kohl a également su défendre le principe de l'unification allemande et fait passer les intérêts européens à long terme sur les intérêts électoraux. Il écrira plus tard dans ses mémoires qu'il a fait une concession importante à l'Europe allant à l'encontre des intérêts allemands : « Que puis-je faire de plus que de donner mon accord à l'UEM ? Cette décision a été prise contre les intérêts allemands. Par exemple, le président de la Bundesbank y est hostile. Mais d'un point de vue politique, cette décision était importante, car l'Allemagne a besoin d'amis »[107]. Sa position est à relativiser : il a surtout su gérer l'intransigeance, parfois dogmatique, de la Bundesbank afin d'atteindre

---

106 Conclusions des sessions du Conseil européen de Strasbourg, 8 et 9 décembre 1989.

107 Hans-Jürgen Küsters et Daniel Hofmann, *Deutsche Einheit. Sonderedition aus den Akten des Bundeskanzleramtes 1989/1990, op. cit.*, « Gespräch des Bundeskanzlers Kohl mit Aussenminister Baker. Berlin (West), 12. Dezember 1989 », p. 638

un objectif plus grand. Pour Stark, ce compromis politique est un « troc » entre l'UEM et la réunification allemande.

Conscient de la dimension politique des conclusions du Conseil de Strasbourg, Pöhl fait des concessions (minimes) et propose de proroger pour une période de deux ans l'accord informel selon lequel l'ECU officiel est accepté à 100 % dans les règlements intracommunautaires, « pour autant qu'il n'en résulte pas une composition déséquilibrée des réserves ni de positions débitrices et créditrices excessives en ECUs ».[108]

Toutefois, les pays membres de la CEE peuvent s'inquiéter de la situation d'instabilité créée par la perspective d'une réunification allemande. Le Conseil exceptionnel de Dublin établi à la fin du mois d'avril aura pour objectif d'affirmer l'engagement européen de l'Allemagne et de dissiper les potentielles inquiétudes quant à l'avenir de la construction européenne.

8.4 De l'Union politique, de l'UEM et de la réunification allemande : l'engagement de Dublin (avril 1990)

Le 6 février est lancée l'idée d'une union économique et monétaire entre les deux États allemands et la conférence « 4 +2 » (ou « 2 +4 »). La RFA propose le 7 février 1990 l'union monétaire, et le remplacement de l'Ost-Mark par le Deutschemark. De là naît une crainte, partagée par l'ensemble des pays communautaires, d'un retrait de la RFA de ses engagements européens. Comme le soulignent Küsters et Hoffmann, Mitterrand, dès le 15 février demande à Kohl d'accélérer le processus de la CIG et de le faire débuter à l'été 1990. Le chancelier refuse de modifier le calendrier adopté le lors du Conseil européen de Strasbourg,[109] mais il a besoin du soutien français.

Dans cette perspective est organisé à l'initiative de la présidence irlandaise, et avec le soutien de la Commission, un Conseil européen

---

[108] ECB DR CGM, Procès-verbal de la 240e séance du Comité des Gouverneurs des Banques Centrales, 12 décembre 1989. Commentaire de Pöhl.

[109] Hans-Jürgen, Küsters et Daniel Hoffmann, *Deutsche Einheit. Sonderedition aus den Akten des Bundeskanzleramtes 1989/1990* dans « Gespräch des Bundeskanzlers Kohl mit Staatspräsident François Mitterrand. Paris, 15. Februar 1990. », p. 851.

exceptionnel consacré à l'unification allemande et à son accélération.[110] Afin de dissiper les craintes de la France, de la Grande-Bretagne, de l'Italie, des Pays-Bas et de la Pologne, Delors propose de compléter l'ordre du jour par un volet sur l'Union politique devant faciliter le processus de relance communautaire.[111] Le projet d'Union politique est une initiative allemande évoquée expressément dès le mois de novembre 1989 par la chancellerie. L'Union politique, qui doit notamment reposer sur une augmentation des pouvoirs et des compétences de la Commission et du Parlement, est indispensable au succès à long terme de l'UEM.

La France n'est pas opposée à l'Union politique, mais elle n'est pas prête à faire des concessions sur son autonomie en matière de politique étrangère[112], bien qu'elle adhère à la Politique européenne de sécurité commune (PESC). À l'Élysée l'Union politique est davantage vue comme un moyen d'ancrer l'Allemagne au sein de la Communauté et d'utiliser le levier politique pour positionner l'Europe sur l'échiquier international. Cette situation ambigüe explique l'opposition initiale de François Mitterrand à la mise en place d'une seconde CIG sur l'Union politique qui limiterait la souveraineté nationale au profit de la Commission, menacerait sur le plan intérieur le consensus français sur la construction européenne[113], et aviverait l'hostilité britannique. La France refuse l'approfondissement des institutions européennes, mais les conseillers de la présidence et de la chancellerie examinent les voies de convergence possibles (Attali et Guigou pour la France, Bitterlich et Teltschick pour l'Allemagne). Face à ces divergences, l'Union politique va faire l'objet d'une définition politique assez vague permettant l'émergence d'un consensus.

Cette ambiguïté inhérente aux relations diplomatiques franco-allemandes est soulignée par Stark : « La France en tant que grande

---

110 Hans-Jürgen, Küsters et Daniel Hoffmann, *Deutsche Einheit. Sonderedition aus den Akten des Bundeskanzleramtes 1989/1990* dans « Schreiben des Ministerpräsidenten Haugley an Bundeskanzler Kohl. 13. Februar 1990. », p. 828–829.

111 Hans-Jürgen, Küsters et Daniel Hoffmann, *Deutsche Einheit. Sonderedition aus den Akten des Bundeskanzleramtes 1989/1990* dans « Gespräch des Ministerialdirigenten Hartmann und des Ministeral rats Luedwig mit Präsident Delors. Paris, 16. Februar 1990. », p. 852–853

112 Françoise de La Serre, « La politique européenne de François Mitterrand : innovante ou réactive » dans Samy Cohen, *Mitterrand et la sortie de la guerre froide*, Paris, PUF, 1998, p. 110–125.

113 Stark, *Kohl, l'Allemagne et l'Europe*, op. cit., p. 160.

puissance politique, accordait avant tout de l'importance à l'intégration monétaire, mais hésitait à s'intégrer politiquement, tandis que l'Allemagne, en tant que grande puissance économique, s'engageait à reculons sur le plan monétaire alors qu'elle militait en faveur de l'Union politique. »[114] Or une union monétaire ne peut être efficace et efficiente (sur le plan allocatif) pour la France que sous condition d'union politique qui pourrait permettre des transferts de fonds pour pallier les déséquilibres économiques structurels. L'importance de ce point est mal évaluée du côté français par l'administration en place, et tend à être minimisée. Le 19 avril, la France et l'Allemagne s'accordent sur la convocation d'une seconde CIG qui portera sur l'Union politique.

Après avoir salué le processus de réunification allemande et sa capacité à contribuer au développement et au rayonnement économique de la Communauté, le Conseil européen de Dublin rappelle et souligne les avantages et les coûts d'une UEM. Elle concerne cinq grands domaines englobant la stabilité des prix, l'efficience économique, les finances publiques, les déséquilibres régionaux, et l'impact sur le système monétaire international. Dans cette perspective les chefs d'États et de gouvernements de la CEE s'engagent pour que « les préparatifs de la conférence intergouvernementale sur l'Union économique et monétaire, qui sont déjà bien avancés, soient encore intensifiés en vue de permettre à cette conférence, qui s'ouvrira en décembre 1990, de conclure ses travaux rapidement pour que la ratification par les États membres puisse intervenir avant la fin de 1992. »[115]

À la demande de l'Allemagne et plus particulièrement du chancelier, le Conseil européen de Dublin confirme son engagement à l'égard de l'union politique[116]. Celle-ci nécessite la mise en place d'un Comité intergouvernemental associant les ministres des Affaires étrangères de la Communauté.

Pour Kohl et Genscher, rejoints par Mitterrand, l'Union politique est un corollaire à l'UEM censé affermir le rôle des institutions et permettre la mise en place d'une politique étrangère et de sécurité commune (PESC). « L'Espace économique européen » que concrétise

---

114 Strark, Stark, *Kohl, l'Allemagne et l'Europe*, op. cit., p. 161.

115 Conclusions du Conseil européen, Réunion spéciale du Conseil européen de Dublin, 28 avril 1990.

116 *Ibid.*

l'UEM doit s'inscrire dans la perspective d'une Union politique. Malgré cette apparente convergence des ambitions européennes, il existe une différence considérable entre la vision allemande qui défend l'idée d'une fédération et celle, prônée par Mitterrand, qui propose « que tous les pays d'Europe se retrouvent sur un pied d'égalité, et avec une même dignité, dans une organisation — une confédération — à caractère politique et juridique – où ils traiteraient d'affaires d'intérêt commun. »[117] L'Allemagne rêve d'une Europe fédérale alors que la France cherche à contenir la puissance économique allemande tout en conservant son autonomie politique sur la scène internationale.

L'UEM et la monnaie unique apparaissent comme un levier pour les ambitions de puissance de la diplomatie française. Mitterrand entretient une attitude ambigüe qui cherche à dissimuler une crainte réelle de l'évolution de l'Allemagne : « Nous n'avons été aucunement choqués, contrairement à ce qu'on a voulu nous faire dire, par les décisions prises quant à l'unité monétaire entre les deux États et la parité établie, nous n'en attendons rien de nuisible pour notre pays. Au contraire, comme l'a dit le Chancelier tout à l'heure, il doit y avoir une aspiration d'investissements, de travail, de production ouverte bien au-delà de l'Allemagne fédérale aux pays européens qui comprendront leur juste intérêt. »[118] Il donne l'impression d'adhérer au projet d'Union politique: « Nous attendons en effet de la prochaine conférence la décision d'organiser une nouvelle conférence intergouvernementale, nous laisserons le soin à cette conférence de fixer elle-même ses objectifs, de toute manière chacun a bien compris qu'il s'agissait d'un objectif tendant à créer une entité communautaire, pas simplement une communauté marchande. »[119]

Conclusion

La décision d'accélérer le processus d'UEM, voulue par la France, est le résultat d'une décision politique allemande prise par le chancelier Kohl, sur le conseil du ministre des Affaires étrangères, Genscher, et contre l'avis du ministère fédéral des Finances et du président de la Bundesbank,

---

117 Védrine, *Les mondes de François Mitterrand*, *op. cit.*, p. 448.

118 Déclaration de François Mitterrand, 55e Consultation franco-allemande, Conférence de presse conjointe, Paris, le 26 avril 1990.

119 *Ibid.*

Pöhl. Mandat a été donné, à l'issue du Conseil européen de Hanovre, à la Commission et à son président, Delors, de présider un comité constitué des gouverneurs des banques centrales responsables de la rédaction d'un rapport précisant les étapes à suivre pour atteindre l'UEM.

Le primat de l'économie sur la politique est une orientation mondiale instaurée par la dérégulation libérale américaine et anglo-saxonne : les marchés définissent les politiques économiques. L'UEM est une décision européenne en réponse à cette mutation de l'économie mondiale. La France et ses principaux dirigeants continuent à privilégier la politique. L'Allemagne, en raison de sa constitution et de l'ordo-libéralisme qui sert de fondement à son développement économique, accorde, elle, une place croissante à l'économie et délègue le pouvoir décisionnel à la Bundesbank.

L'UEM est aussi le contrecoup de la chute du mur de Berlin qui intervient en novembre 1989 : le résultat d'une négociation entre l'obsession de la France à maîtriser l'Allemagne et à améliorer sa situation économique grâce à un transfert financier germanique et la volonté de l'Allemagne de hâter et finaliser le processus de réunification.

Jouissant d'une indépendance politique, contrairement aux autres banques centrales hormis la Banque des Pays-Bas, et bénéficiant d'un comité d'experts économistes au service de l'économie allemande, la Bundesbank définit, grâce à la vigilance, voire à l'intransigeance de son président, Pöhl, les grandes lignes du rapport Delors et par conséquent de l'UEM. Les intérêts économiques de l'Allemagne sont sauvegardés, voire privilégiés à terme, en raison des mécanismes économiques en économie ouverte. Ceux de la France sont mal analysés et passent au second plan des préoccupations politiques.

Kohl et Pöhl, plus que Mitterrand, sont les véritables architectes de cette accélération de la construction européenne. L'Union politique est l'initiative de Kohl. Pöhl, par son intelligence et sa vigilance, est parvenu à dessiner le cadre de l'UEM. À des fins politiques, Mitterrand veut cette union économique et monétaire, sans la comprendre, pour endiguer la puissance du mark. Dans les faits, il fragilise l'économie française en raison des déséquilibres structurels. Mitterrand peut entretenir l'illusion d'avoir réalisé un compromis entre la relance de l'UEM et l'acceptation de la réunification allemande. Certes, il parvient à ancrer l'Allemagne dans l'Europe, mais à travers le mécanisme de l'UEM les déséquilibres, s'ils ne sont pas suivis de réformes économiques importantes, vont se creuser entre l'Allemagne et la France.

Ceux-ci pourraient être plus facilement résorbés dans le cadre d'une union politique fédérale dont Paris ne veut pas. Mitterrand la refuse pour des considérations liées à l'indépendance politique et militaire de la France. Toutefois, il a mis la main dans l'engrenage. Il voulait un partage de la puissance du mark à l'échelle communautaire et un levier européen pour la France. Il aura un système monétaire et une monnaie dont les fondements sont calqués sur ceux du mark, et une Allemagne au centre du processus européen. La France s'éclipse sur le plan économique et sur le plan politique. Les travaux sur les CIG monétaire et politique annoncent le Traité de Maastricht qui scelle le processus de construction monétaire et économique européen.

La politique de la France dans cette phase de l'UEM relève du paradoxe. Une union monétaire ne peut être efficace et efficiente pour la France que sous condition d'une union politique qui pourrait permettre des transferts de fonds pour pallier les déséquilibres économiques structurels. Comme le souligne à plusieurs reprises Pöhl, rejoint par Duisenberg, une union monétaire va cristalliser les déséquilibres économiques en fixant les parités. La solution à ce problème qui d'endémique va devenir permanent — les taux de change ne jouant plus leur rôle d'ajustement — ne peut être atteinte que par des transferts de fonds des régions les mieux loties sur le plan économique vers celles qui le sont moins. Or, pour être acceptables (et Kohl et Thatcher l'expriment déjà), ces transferts de fonds doivent être effectués dans une structure fédérale. En proposant l'Union politique, Kohl offre une solution. Mais la France, qui cherche à contenir ou à encadrer la puissance de l'Allemagne réunifiée, refuse cette solution qui sur le plan économique est l'une des plus raisonnables.

L'attitude de la France peut paraître, même à l'époque, et dans les milieux souverainistes et dans les milieux libéraux, comme un contresens économique et politique aux lourdes conséquences. En imposant l'UEM et en refusant l'Union politique, la France risque de fragiliser son économie en aggravant les déséquilibres qu'elle ne pourra pas résoudre seule. Finalement, elle perd et sur le volet économique et sur le volet politique. Mécaniquement, son économie est reléguée au second rang, dominée systématiquement par l'économie allemande. Sur le plan politique, en refusant l'union politique et le fédéralisme auquel elle conduit, elle se place sous le pouvoir de l'Allemagne. Depuis les initiatives européennes du chancelier Adenauer, poursuivies par ces successeurs, plus particulièrement Brandt, Schmidt et Kohl, l'action diplomatique allemande vise à établir une Allemagne européenne. L'Allemagne fait le choix de l'Europe. Par ses errements, ses tergiversations et ses erreurs d'analyse, la France, sans en prendre conscience, dessine à l'aube des années 1990, contre ses ambitions et contre ses intérêts politiques et économiques, les contours d'une Europe allemande. Faut-il y voir les prémices d'une servitude involontaire due aux erreurs d'analyse de l'administration française ?

La période qui court de la réunification de l'Allemagne au Traité de Maastricht marque le double ancrage de l'Allemagne (au sein de l'OTAN et au sein de la CEE appelée à devenir l'Union européenne) et apporte des éléments de réponse à cette question et à celles qu'elle suscite, redéfinissant les relations monétaires franco-allemandes.

Chapitre 9

De la réunification de l'Allemagne au Traité de Maastricht (mai 1990–février 1992) : le double ancrage de l'Allemagne

La première étape de l'Union économique et monétaire est entrée en vigueur le 1er juillet 1990. Un engrenage est déjà bien établi. Le Conseil européen de Dublin a fixé la date de l'ouverture de la Conférence intergouvernementale sur l'UEM au 14 décembre 1990, une ratification des résultats est prévue pour la fin de 1992. Il « s'agit de fixer les étapes finales de l'Union économique et monétaire dans la perspective de l'achèvement du Marché intérieur et dans le contexte de la cohésion économique et sociale. »[1] Une CIG sur l'Union politique doit également s'ouvrir à la même date et donner lieu à une ratification de ses résultats dans le cadre d'un nouveau traité pour la fin de 1992.

Malgré des avancées importantes de l'UEM après la soumission du rapport Delors[2] et le compromis de Strasbourg[3], des divergences importantes entre les pays de la Communauté demeurent. La

1 Conclusions des sessions du Conseil européen, Session du Conseil européen, Dublin, 25 et 26 juin 1990.

2 Conclusions des sessions du Conseil européen, Conseil européen de Madrid, 26 et 27 juin 1989.

3 Conclusions des sessions du Conseil européen, Conseil de Strasbourg, 8 et 9 décembre 1989.

France accepte mal la perspective d'une Banque centrale européenne indépendante du pouvoir politique, lui reprochant son manque de fondements démocratiques, alors que l'Allemagne, prête à sacrifier le mark, craint le laxisme budgétaire de ses partenaires et se refuse à toutes concessions sur l'indépendance de la politique monétaire. L'UEM se doit d'être établie dans les intérêts de l'économie allemande qui ne peuvent être assurés qu'à travers la mise en place d'une banque centrale européenne définie sur le modèle de la Bundesbank, garante de la stabilité économique et de la maîtrise de l'inflation : les positions de Pöhl sur ce point sont celles de la chancellerie et sont non négociables. L'accès à la stabilité est à ce prix. « L'or du Rhin » a une valeur que les pays de la communauté ont encore des difficultés à apprécier…

Pour l'Allemagne l'UEM et l'Union politique sont liées et doivent conduire, grâce, entre autres, à un renforcement du parlement européen et des institutions communautaires, à une structure fédérale décrite par Joseph Rovan lors d'un entretien avec le chancelier Kohl comme les États-Unis d'Europe.[4] La Grande-Bretagne refuse l'abandon de la Livre sterling, symbole régalien de son identité nationale, et est prête sous l'impulsion de Margareth Thatcher à négocier un nouveau traité, seule s'il le faut, pour préserver les intérêts britanniques[5]. Le départ de la « dame de fer » du 10 Downing Street en novembre 1990 et sa succession par John Major laissera entrevoir, sous conditions, une plus grande participation britannique à l'Union européenne. Les pays du sud de l'Europe, l'Italie et l'Espagne notamment, en raison de leurs déficits budgétaires et de leurs difficultés à s'adapter aux contraintes monétaristes de la rigueur, craignent d'être exclus du projet, laissant présager une « Europe à deux vitesses » que la Bundesbank envisage très sérieusement.

Ce constat présente une Communauté européenne en quête d'identité ne parvenant pas à s'affranchir de la tutelle américaine dans un monde en pleine mutation. L'exemple de la Banque européenne pour

---

4 Joseph Rovan, « Faire les États-Unis d'Europe », entretien avec Helmut Kohl, *Politique internationale* 2, 1991, pp. 21–32.

5 Margaret Thatcher écrira plus tard dans ses mémoires : « We had arguments which might persuade both the Germans—who would be worried about the weakening of anti-inflation policies—and the poorest countries—who must be told that they would not be bailed out of the consequences of a single currency, which would therefore devastate their inefficient economies » dans Margareth Thatcher, The Downing Street Years, London, Harper and Collins, 1993, 914 pages.

la reconstruction et le développement (BERD) en est une illustration éloquente. Créée à Paris le 29 mai 1990 pour répondre notamment aux enjeux de la transition économique des anciens pays du bloc soviétique, la BERD, de par sa structure, son siège (Londres) et son management, apparaît dès ses débuts comme une institution financière « plus anglo-saxonne qu'européenne » pour reprendre les termes de Jacques Attali qui en devient le président sur recommandation de François Mitterrand. Plus tard, après sa démission, il résume l'échec politique de l'institution « … nous avions souhaité créer des conditions permettant aux Européens de s'occuper seuls de leurs affaires, sans les États-Unis… Nous avons tenté de construire une Europe continentale rassemblée et indépendante. L'entreprise a échoué…. ce sont les Européens eux-mêmes, à l'Est comme à l'Ouest qui, pour des raisons multiples et contradictoires, n'ont pas voulu se donner les moyens de leur indépendance. »[6]

Ce constat d'échec peut sembler annonciateur des difficultés rencontrées par le processus de l'UEM où les divergences rivalisent avec les ambiguïtés et les faux-semblants. L'Allemagne et la France, que l'on présente si proches, dissimulent des ambitions et des aspirations contradictoires qui minent les fondements même d'une union économique et monétaire équilibrée. Alors que l'Allemagne s'adapte aux nouvelles exigences d'une économie occidentale en voie d'intégration, la France se drape dans les illusions du pouvoir déchu de la politique, défiant les réalités économiques et le retard de son économie. En adoptant les politiques de dérégulation, les États-Unis et dans une moindre mesure la Grande-Bretagne annoncent et prônent le recul de l'État et de son pouvoir régalien, fondement constitutif de l'unité de la France. Les relations franco-allemandes affichent effectivement des paradoxes, tant sur l'UEM que sur la PESC. Comme le démontre Stark : « Paris voulait faire de l'Union une "puissance mondiale" (ce que Bonn ne voulait pas), tandis que l'Allemagne voulait renforcer la composante politique de l'Union (ce qui n'était pas dans l'intérêt de la France) »[7]. Mitterrand refuse la « communautarisation » du pouvoir politique de la France alors que Kohl tient à préserver la cohésion transatlantique et le rôle de

---

6 Déclaration de Jacques Attali, dans Védrine, *Les mondes de François Mitterrand*, *op. cit.*, p. 451.

7 Stark, Kohl, *l'Allemagne et l'Europe*, *op. cit.*, p. 184.

l'OTAN qui doit combler le vide après le démantèlement du Pacte de Varsovie (1er juillet 1991)[8].

L'Allemagne témoigne d'un double ancrage : à l'Union européenne et à l'OTAN. Elle accepte l'UEM, mais ne peut accepter l'UEO face à l'OTAN et ses intérêts économiques et militaires avec les États-Unis. La France, elle, refuse de communautariser son pouvoir nucléaire. En refusant l'UEO, l'Allemagne contraint la France à refuser l'UPE pour préserver son indépendance nucléaire. Elle se condamne ainsi nolens volens à subir l'hégémonie économique allemande. Sur le plan économique, le succès de l'UEM n'est envisageable que dans la perspective d'une Europe fédérale voulue par l'Allemagne, mais à laquelle la France n'est pas prête. Cette constatation qui résonne comme une évidence avait déjà été établie au début de la CEE (1963) par le Président de la Bundesbank, Karl Blessing :

> « L'objectif final de la Commission est l'union monétaire européenne… Une monnaie et une banque centrale fédérale exigeront, pour être faisables, non seulement une politique commerciale commune, mais aussi une politique financière et budgétaire commune, une politique économique commune, une politique sociale et salariale commune, bref une politique complètement commune. Ce qui veut dire qu'il faudrait une Europe fédérale avec un parlement européen exerçant son pouvoir sur tous les États membres. »[9]

Les relations monétaires franco-allemandes sur cette période qui court de la réunification allemande à la signature du « traité sur l'Union européenne » le 7 février 1992, illustrent ces différences qui aboutissent néanmoins à une convergence lors du Conseil européen de Maastricht. Elles oscillent de la divergence à la convergence sous l'impulsion politique allemande, avant comme après le début de la CIG sur l'UEM. La France comme l'Allemagne recherche l'irréversibilité du processus d'union monétaire. Si la démarche allemande répond à une logique économique établie, la position française est plus ambigüe et dissimule un volontarisme politique qui défie les réalités économiques. La CIG sur l'UEM qui précède le Conseil européen de Maastricht illustre cette dissonance entre le réalisme économique allemand et le déni français des

---

8 Helga Haftendorn, « Le triangle stratégique Bonn-Paris-Washington », Politique Étrangère 3, 1996, pp. 553–567.

9 Blessing, Président de la Bundesbank, commentaire sur la radio NDR (Nord Deutsche Rundfunkt), le 27 janvier 1963. Repris dans David Marsh, *La Bundesbank aux commandes de l'Europe*, *op. cit.*, p. 282.

réalités avant que ne s'établisse d'un commun accord une convergence politique sur l'Union européenne.

Les relations monétaires franco-allemandes à l'issue du sommet de Dublin et jusqu'au sommet de Maastricht portent le sceau d'un engrenage irréversible ardemment voulu où les différences se font plus fortes. Par incompétence économique de ses négociateurs et par volonté politique délibérée, la France atteint son objectif sur le plan politique alors que son économie n'est pas prête à affronter dans ce système en mutation les enjeux d'une économie mondiale en voie de libéralisation.

Reposant sur les fondements d'une économie sociale de marché mise en place par Wilhelm Röpke et Ludwig Erhard, l'Allemagne s'est, quant à elle, préparée et sur le plan économique et sur le plan politique à supporter le choc exogène de la libéralisation économique initiée par les États-Unis. Établie sur une structure économique d'inspiration soviétique voulue par le général de Gaulle, Michel Debré et Maurice Thorez au sortir de la Seconde Guerre mondiale, la France sous la présidence de François Mitterrand n'a pas pu ni surtout voulu, pour des considérations politiques, se réformer pour répondre aux exigences de la réalité économique. Dans leurs relations monétaires avec l'Allemagne, les négociateurs français se drapent dans le primat de la politique, synonyme dans une économie libérale d'un passé révolu. Régulateur d'un ordre spontané, le marché décide.

9.1 La phase 1 de l'UEM et la réunification (été, automne 1990) : le compromis

Les deux Conseils européens de Dublin ont permis d'établir un compromis répondant aux attentes des pays de la Communauté et atténuant les divergences françaises et allemandes. La déclaration du Conseil européen de Dublin inscrit le processus de l'UEM dans la perspective du grand marché prévu pour le 1er janvier 1993 :

> « L'Union économique et monétaire et l'Union politique doivent être fondées sur un espace sans frontières intérieures où la libre circulation des personnes, des marchandises, des services et des capitaux sera garantie conformément aux dispositions du traité, où la cohésion économique et sociale sera assurée et où les politiques d'accompagnement nécessaires au Marché intérieur seront développées. »[10]

[10] Conclusions des sessions du Conseil européen, Session du Conseil européen, Dublin, 25 et 26 juin 1990.

Avec l'acceptation du rapport Delors au printemps 1989, l'UEM est un processus engagé de façon irréversible. Toutefois, en raison de situations économiques différentes, des divergences importantes entre la France et l'Allemagne demeurent, lorsque commence la phase 1 de l'UEM, le 1er juillet 1990. Quatre sujets font l'objet de discussion : -1- le degré d'indépendance de la future Banque centrale européenne ; -2- la politique des changes ; -3- la coordination économique ; -4- la politique budgétaire. Il existe également un désaccord entre l'Allemagne d'une part, et la France et la Commission d'autre part, sur la deuxième étape portant sur son commencement, son contenu et la transition vers la troisième étape.

L'Allemagne exige une indépendance de la politique monétaire à l'égard du pouvoir politique, sur le modèle de la Bundesbank, alors que la France cherche à inscrire la politique, sous couvert démocratique, dans les décisions monétaires. Pour la chancellerie, comme pour le ministère fédéral des Finances, la politique budgétaire et la politique des changes doivent répondre à des règles strictes d'application conformes à la stabilité économique et à la maîtrise de l'inflation. Dans cette perspective, le « gouvernement économique » voulu par la France pour faire contre-pouvoir au futur Système européen des banques centrales (SEBC) n'est pas envisageable et fait l'objet d'un refus.

L'issue du Conseil Ecofin du printemps 1990 (31 mars, 1er avril) a permis d'obtenir un acquis important en vue de la CIG sur l'UEM. Les douze, à l'exception de la Grande-Bretagne, se sont accordés sur le principe de la double indépendance de la Banque centrale européenne et des banques centrales nationales. Les recommandations du Comité monétaire sur l'encadrement des déficits budgétaires pour les États membres font également consensus, même si le caractère « excessif » n'a pas été quantitativement défini. Au cours de l'été 1990 qui inaugure la phase 1 de l'UEM, hormis les points soulevés précédemment, le calendrier du processus d'union économique et monétaire demeure la principale préoccupation.

De fait se posent les questions de date de début des étapes 2 et 3, de degré de convergence des économies, de durée des phases et surtout de contenu. Ainsi pour le passage à la deuxième phase, la France, la Grande-Bretagne et la Commission réclament la date du 1er janvier 1993 pour s'inscrire de façon logique dans la perspective du grand marché. L'Allemagne et les pays du Sud (notamment l'Italie et l'Espagne) veulent un report au 1er janvier 1994 à la fois pour augmenter la convergence (à laquelle les pays du Sud ne sont pas prêts) et dissiper la crainte d'une récession avec une relance de l'inflation en RDA. Fidèle aux enseignements du professeur Schiller, l'Allemagne réclame une convergence économique (égalité du niveau d'inflation et des déficits publics, stabilité des changes) dès la fin de la première étape. Cette position est difficilement acceptable pour la France comme pour la Commission pour qui la seconde étape doit être justement le moment de la convergence. L'Allemagne refuse également la mise en place du SEBC lors de la deuxième étape, car se pose le problème de transfert de l'autorité monétaire à la naissance de l'institution, incompatible avec les exigences jointes de convergence économique et d'indépendance politique.

Après le compromis de Dublin, les relations monétaires franco-allemandes affichent des points de divergence prégnants. Le conseil Ecofin franco-allemand qui a lieu le 31 août 1990, date historique pour l'Allemagne (signature du Traité d'Union), illustre de façon synthétique les différences conceptuelles des deux côtés du Rhin. Craignant le laxisme de la France sur la politique budgétaire, Waigel, ministre des Finances, rappelle à la délégation française, conduite par Bérégovoy, le consensus issu du Conseil Ecofin du 23 juillet 1990 : « -1- La discipline budgétaire est nécessaire ; -2- La politique monétaire est indivisible ; elle devra être menée par un organisme unique indépendant du pouvoir politique et ayant pour seul objectif la stabilité des prix. »[11]

Le ministre des Finances insiste sur les exigences allemandes quant au respect d'une discipline budgétaire : « Interdiction de déficit supérieur aux dépenses d'investissement (comme dans la loi fondamentale allemande) ; interdiction de financement monétaire des déficits ; pas de garantie mutuelle entre états membres ; pouvoir d'assigner des objectifs contraignants en matière budgétaire aux États avec, si nécessaire, un pouvoir de sanction. »[12] Il tient également à rappeler à son homologue français les conséquences de l'UEM sur la difficulté de résorber dans ce contexte les éventuels déséquilibres économiques inhérents au système : « Il faut être conscient qu'une politique monétaire unique supprime toute possibilité d'orientation régionale spécifique. »[13] Ces signaux sont pourtant clairement ignorés par l'administration française

---

[11] ABF DGSE 148922000201B8, Conseil économique et financier franco-allemand, vendredi 31 août 1990, 3 septembre 1990, p. 6.

[12] *Ibid.*

[13] *Ibid.*

trop préoccupée par le résultat politique qu'elle escompte : l'Union européenne par la monnaie. Les positions allemandes résonnent comme autant d'avertissements qui semblent glisser sur la perception du ministre français des Finances dont la compréhension économique des enjeux réels semble pour le moins énigmatique.

Pour Bérégovoy, « il serait souhaitable que puisse se faire au 1er janvier 1993 le passage à la deuxième étape. »[14] S'il reconnaît l'indépendance du SEBC et son rôle dans la politique des taux d'intérêt, il ne comprend pas la politique monétaire. En témoigne sa position quand il cherche à discuter « du partage en matière de politique externe (taux de change et interventions) »[15]. La réponse de Waigel est claire et logique : « les interventions doivent revenir au SEBC ».[16] Et le ministre allemand de préciser le cadre d'application sans équivoque : « Il faut raisonner avec une structure fédérale, mais la politique monétaire doit être centrale ». Fidèle à sa clairvoyance des enjeux économiques, Pöhl, président de la Bundesbank, se veut encore plus explicite sur les réticences allemandes aux volontés exprimées par la France : « il faut se méfier des contraintes de calendrier qu'on ne pourrait respecter. Annoncer la fin de la première étape pour le 1er janvier 1993 paraît difficile. »[17] Le rapport de la Commission est jugé trop « vague ». De fait, le président de la Bundesbank considère que « les contours de la deuxième phase ne sont pour l'instant pas clairs et on ne peut envisager d'entrer dans la deuxième phase sans que l'on ait une idée précise de ce que sera la troisième. »[18]

Pour Bérégovoy, « il faudrait laisser ouverte la date du passage à la phase trois. La deuxième phase pourrait, elle, être engagée quand toutes les monnaies participeront au mécanisme de change et c'est au terme de l'expérience de la deuxième étape qu'on pourrait décider du passage à la troisième. »[19] Il appelle à une mise en place d'une politique monétaire commune dans un avenir proche. À cette proposition vague, Pöhl répond avec une pointe d'ironie : « … avec des décisions se prenant à la majorité ? »[20] Il précise sa position et les enjeux imminents : « la Conférence

---

[14] *Ibid.*, p. 7.
[15] *Ibid.*
[16] *Ibid.*
[17] *Ibid.*
[18] *Ibid.*
[19] *Ibid.*
[20] *Ibid.*, p. 8.

intergouvernementale devra fixer des transferts de compétences en matière de politique ; et le traité sur lequel elle doit déboucher est nécessaire avant que l'on puisse parler d'entrer dans la deuxième étape (faute de quoi les statuts de la Banque Fédérale ne le permettraient pas) »[21] et de poursuivre sa démonstration : « La vraie difficulté est que pour entrer dans la phase deux, il faut que la phase trois soit clairement définie… et la Grande-Bretagne ne paraît pas prête pour l'instant de l'accepter. »[22]

Ces divergences d'opinions soulignent les différences d'appréhension de la France et de l'Allemagne. Si l'Allemagne a pleinement conscience de la dimension essentiellement économique du processus d'UEM, en France les pouvoirs politiques tendent à la minimiser accordant toujours la primauté à la politique sur l'économie. Les problèmes de déséquilibres économiques qui peuvent intervenir et nécessiter des ajustements, notamment pour les pays habitués à une dévaluation compétitive, ne sont pas évalués à leur juste valeur par la France, même si dans le contexte elle peut se ranger parmi les pays à monnaie forte ou du moins qui ont suivi la politique de rigueur et de stabilité imposée par la Bundesbank.

Lors de la session du Comité monétaire en juillet 1990, Tietmeyer, représentant de la Bundesbank, tient à rappeler aux pays méditerranéens notamment (l'Espagne, l'Italie et le Portugal…) que l'UEM implique des enjeux de cohésion économique et sociale suscitant des problèmes de transferts publics. Les aspects politiques sont importants, voire fondamentaux, pour garantir la réussite de l'UEM. Il indique sans ambiguïté qu' « une véritable Union économique et monétaire implique la constitution d'un État fédéral européen »[23] avant de souligner la relative incohérence de certaines revendications politiques nationales qui semblent s'éloigner de cette exigence constitutionnelle préalable.

Il doute que « beaucoup de pays représentés autour de la table y soient prêts. »[24] Proche de Kohl, Tietmeyer précise également que la future monnaie européenne ne pourrait s'appeler ECU comme l'ont baptisée les Français notamment, car « l'ECU est synonyme de monnaie faible en Allemagne »[25]. Au premier sous-gouverneur de la Banque de France et

---

21 *Ibid.*

22 *Ibid.*

23 ABF DGSE 148922000201B8, Extrait du Compte-rendu de la 370e session du Comité monétaire, 16 juillet 1990, p.2.

24 *Ibid.*

25 *Ibid.*

ancien directeur de cabinet de Jacques Delors (jusqu'en 1984), Philippe Lagayette, qui ne souhaite pas une phase 2 longue, Tietmeyer, vice-président de la Bundesbank répond sur un ton péremptoire et quelque peu professoral que « le passage à la deuxième étape ne se ferait qu'au moment où les taux d'intérêt à court terme et à long terme seraient identiques dans tous les pays de la Communauté. »[26]

Pragmatiques, le ministère des Finances allemand et la Bundesbank donnent une leçon d'économie à la France et à ses représentants qui paraissent de façon très surprenante pour le moins hermétiques à ces réalités économiques, plus préoccupés sans doute par les conséquences politiques et la finalité de l'UEM.

L'Allemagne et la France affichent des divergences importantes sur les enjeux économiques de l'UEM. Il n'empêche, c'est sur le plan politique qu'elles trouvent une solution sous l'impulsion du chancelier Kohl. Soucieux d'inscrire son action européenne dans le prolongement de celle du chancelier Adenauer, Kohl annonce lors d'une allocution télévisée à la presse française[27] la mise en œuvre de la deuxième étape de l'UEM au 1er janvier 1994. Cette décision très favorablement accueillie en France, prise indépendamment des critères de stabilité exigés par la Bundesbank et le ministère fédéral des Finances, répond au souhait politique de la France et de la Commission de dissocier la deuxième étape de la convergence. Cette avancée stratégique est une initiative allemande qui répond néanmoins au calendrier initialement établi par Théo Waigel et Karl Otto Pöhl. Avec les conclusions du Conseil de Rome, la convergence politique de vues succède à la méfiance et redynamise l'UEM, annonçant la CIG sous de meilleurs auspices, même si les craintes françaises persistent.

9.2 Le Conseil européen de Rome (décembre 1990) : CIG relancée

Alors que le conseil des ministres des Finances, tenu à Rome, les 8 et 9 septembre, avait fait naître des dissensions entre les ardents partisans de l'UEM. Le chancelier Kohl, en concertation avec son homologue français, reprend l'initiative du processus initié par le rapport Delors.

---

26 *Ibid.*, p.3.

27 Luc Rosenzweig, « Le chancelier Kohl se prononce pour la mise en œuvre e la deuxième étape de l'UEM au 1er janvier 1994 », *Le Monde*, 19 octobre 1990, p. 33.

Par son action politique, il apparaît sur la scène internationale comme l'initiateur et le véritable régulateur du processus de relance de l'UEM à l'automne 1990. De fait, craignant de ne pas être en mesure de répondre aux exigences de la première phase, le ministre espagnol des Finances, Carlos Solchaga, avait proposé en septembre d'intégrer le plan britannique défendu par John Major dans la seconde phase de l'UEM qui serait appelée à s'étendre sur un horizon de cinq à six ans à compter du 1er janvier 1994. Le gouvernement espagnol prône la cohésion économique et sociale et reçoit le soutien du Portugal, de la Grèce et de l'Irlande.

La crainte espagnole fait écho aux positions de Pöhl, rejoint par Duisenberg, d'envisager très sérieusement la mise en place d'une Europe à deux vitesses, malgré l'avis défavorable de la Commission. Le président de la Bundesbank a clairement exprimé son souhait d'établir dans un premier temps un noyau dur regroupant les pays proches de la zone mark : c.-à-d. les pays du Benelux, la France et le Danemark. Si l'Allemagne et les Pays-Bas défendent une progression au ralenti de l'UEM, pour des motivations différentes des pays méditerranéens, ils tendent à subordonner le passage à la deuxième étape à des conditions économiques rigoureuses devant garantir l'atteinte d'un certain degré de convergence préalable.

Fondée sur des motivations économiques établies et rationnelles, cette position va à l'encontre et la position française et de la position défendue par Delors qui privilégient l'aspect politique, surestimant l'impact de la première phase sur l'accélération du processus de convergence. La France, la Belgique et la Commission, bien que conscientes des difficultés économiques que peut connaître l'Allemagne avec la réunification, souhaitent conserver la dynamique de l'UEM née à Hanovre (juin 1988) et confirmée à Madrid (juin 1989).

Le mois d'octobre est également la scène d'une avancée considérable du SME. Les pressions de la City ont convaincu Margaret Thatcher d'accepter l'entrée de la livre dans le mécanisme du SME. Sans consultation préalable, elle impose ses conditions aux autres membres qui, trop heureux de saluer ce geste positif de la Grande-Bretagne à l'édification de l'Europe monétaire, les acceptent. Delors peut sembler jouer les Cassandres à l'annonce de ce revirement : « Seul l'avenir dira si cette décision marque un ralliement de Londres aux objectifs de l'UEM ou si c'est une mesure qui tiendra lieu de prétexte pour retarder l'évolution. »[28]

Sous cette impulsion de la chancellerie allemande, appuyée par l'Élysée, le sommet européen de Rome 1 les 27 et 28 octobre 1990 permet de dégager l'accord de onze pays membres sur l'accélération de l'UEM, la Grande –Bretagne restant à l'écart. Seule Margaret Thatcher affiche son indépendance et refuse d'engager la Grande-Bretagne. Le Conseil européen de Rome (14 et 15 décembre) rappelle l'objectif de ratification des modifications au Traité de Rome avant la fin 1992 et inaugure les deux CIG. La mise en place de la seconde phase de l'UEM à compter du 1er janvier 1994 est confirmée au Conseil dans le respect de cinq conditions : -1- l'achèvement du programme du marché intérieur ; -2- la ratification du traité d'union ; -3- l'absence de financement monétaire des déficits publics ; -4- l'indépendance des « membres de la nouvelle institution » monétaire garantie par les législations nationales ; -5- l'adhésion du « plus grand nombre possible de pays aux mécanismes de change du SME ».

Le ralliement et le soutien de la France à cette dynamique initiée par l'Allemagne ont, en dehors des motivations politiques déjà évoquées, des fondements économiques conjoncturels. Grâce à son alignement sur la politique de stabilité allemande en 1983 et aux conséquences financières de la réunification à l'automne 1990, la France bénéficie d'une situation particulièrement favorable dans ses relations économiques avec l'Allemagne. Tant sur le plan économique que sur le plan monétaire, la situation paraît plus équilibrée entre les deux pays, laissant présager des perspectives meilleures et de nouvelles opportunités. La conversion monétaire à parité voulue par le chancelier Kohl entre les deux devises allemandes a eu des conséquences d'une « extrême brutalité » sur les entreprises est-allemandes. Comme le souligne sans la moindre ambiguïté, le rapport Boublil, communiqué au Ministère des Finances peu avant le second Conseil européen de Rome, le 20 novembre 1990 : « les dommages causés à l'appareil de production sont dans bien des cas irréversibles. »[29] Ce risque économique avait été souligné par la Bundesbank et par son président qui avait critiqué cette parité monétaire à visée essentiellement

[28] Citation de Jacques Delors, *in Le Monde*, « Europe : l'engrenage du marché unique », Dossiers et Documents, avril 1991, p. 86.

[29] AMF, B0064696, Les conséquences économiques de l'unification allemande : rapport final, Alain Boublil, 20 novembre 1990.

politique au premier trimestre 1990. Si les entreprises est-allemandes sont menacées, les grands équilibres allemands sont maintenus et l'unification monétaire est un succès technique. La poussée inflationniste engendrée par un accroissement de la consommation alimenté par une baisse de l'épargne n'a pas eu lieu et semble avoir été bien contenue par la vigilance et la rigueur de la Bundesbank.

Toutefois, cette situation nouvelle et très favorable depuis le tournant de la rigueur offre à l'économie française de nouvelles perspectives qui s'inscrivent dans les vues et de l'Élysée et de la Commission. Ceux-ci souhaitent l'émergence d'une monnaie européenne affranchie de la domination hégémonique de l'économie allemande et veulent permettre ainsi une gestion plus équilibrée et plus multipolaire. Le rapport Boublil abonde en ce sens : « Au fil de la prise de conscience par les marchés financiers internationaux de la dégradation de la situation économique, la position du deutsche mark serait affectée. Il devrait partager, avec d'autres, la fonction d'ancrage au sein du système monétaire européen, qui deviendra alors multipolaire »[30].

Forte de ce contexte, l'administration française donne l'impression de spéculer sur l'affaiblissement économique de l'Allemagne à la suite du processus de réunification. Toutefois, cette situation temporairement favorable à la France révèle des paradoxes auxquels doit être accordée une attention particulière et vigilante. Alors que depuis la chute du mur de Berlin, et l'annonce du processus « 2 +4 », la France craignait un renforcement de l'économie allemande au sein de la Communauté, force est de constater l'inverse dans l'immédiat (premier paradoxe de l'unification)[31]. Par ailleurs, les prévisions économiques permettent d'espérer un rééquilibrage entre la France et l'Allemagne à une échéance de dix ans, si la France adopte les politiques économiques idoines (deuxième paradoxe).

Néanmoins la situation présente également un risque majeur lié à l'attitude et à la compétitivité des entreprises françaises. La taille du marché français étant très supérieure à celle du marché de l'Allemagne de l'Est, un déficit bilatéral « bien plus élevé » est à redouter (troisième paradoxe). Le rapport établit des projections alarmistes (si la rigueur économique n'est pas observée) à dix ans, correspondant globalement au calendrier

---

[30] *Ibid.*

[31] *Ibid.*

de la mise en circulation d'une monnaie unique : « À l'horizon 2000, la simple dilatation des parts de marché allemandes en France consécutive à l'accroissement de taille de notre principal fournisseur pourrait générer un déficit bilatéral de 100 milliards de francs environ »[32]. Au niveau macroéconomique, les politiques économiques de stabilisation doivent être maintenues et développées. Au niveau microéconomique, les entreprises françaises doivent prendre des parts importantes dans les états (Länder) de l'ancienne RDA et consolider de façon durable leurs positions.

Cet état des lieux est clairement défini dans le rapport Boublil et permet à l'administration française et à ses plus hautes instances d'envisager avec confiance l'UEM à condition de respecter certaines règles économiques élémentaires en économie ouverte. De fait de nombreuses mises en garde sont soulignées et un risque majeur existe. La France ne doit pas relâcher la discipline budgétaire et encadrer l'évolution de l'inflation afin de préserver et d'améliorer la situation commerciale avec l'Allemagne. Il faut privilégier l'épargne sur la consommation, l'investissement et l'exportation sur l'importation, sinon « le nouveau rapport de force qui s'établira à la fin du siècle, entre une Allemagne qui aurait digéré l'unification et une France qui se serait démobilisée, sera très déséquilibré. »[33]

En veillant au maintien des équilibres économiques et monétaires, il incombe à la France d'éviter « que ne s'installe ou ne s'accentue là où il existe un sentiment d'infériorité pour les uns et de domination pour les autres, préjudiciable au projet européen. »[34] Une détérioration des relations économiques et monétaires aurait des conséquences néfastes sur la coopération politique et pourrait menacer l'UEM. Sans équivoque, il est mentionné expressément que le rééquilibrage dont bénéficie la France n'est qu'éphémère et « qu'un déficit commercial bilatéral substantiel, traduction logique de ce nouveau rapport de force, gênerait la poursuite de la construction européenne. »[35]

Et le rapport de conclure ses recommandations adressées au ministère des Finances sur cette note, soulignant l'ampleur de

---

[32] *Ibid.*, p. 50.
[33] *Ibid.*, p. 11.
[34] *Ibid.*, p. 60.
[35] *Ibid.*, p. 51.

l'enjeu : « L'unification de l'Allemagne est au moins autant un défi pour l'économie française dans son ensemble que pour chaque entreprise individuellement. »[36] Paradoxalement, les orientations économiques suggérant un rôle et une autonomie accrus des entreprises ne semblent pas au cœur des préoccupations ni de l'Élysée ni du ministère des Finances, qui pour des raisons de politique intérieure campent sur la politique du président Mitterrand, « ni nationalisation ni privatisation ». Ce constat est une illustration supplémentaire de l'asymétrie qui existe entre la France et l'Allemagne où la Bundesbank, comme les ministères de l'Économie et des Finances, veille scrupuleusement aux implications des décisions politiques sur l'économie allemande dans une économie mondiale en mutation.

Sous la présidence de Pöhl, le comité des gouverneurs des banques centrales dépose un rapport auprès du Conseil européen. Comme nous l'avons évoqué à plusieurs reprises, le président de la Bundesbank s'est très souvent (si ce n'est toujours) posé en premier défenseur de la stabilité du mark et ne peut envisager qu'une monnaie européenne dotée des mêmes qualités garanties par l'indépendance de la banque centrale. Il est rejoint par un des plus influents membres de la Bundesbank, Hans Tietmeyer. Lors du quarantième anniversaire du deutsche mark, en 1989, celui-ci a affirmé que les Allemands, dans une ferveur presque idolâtre, considèrent leur monnaie comme un véritable fétiche auquel ils ne seront pas prêts à renoncer[37]. La nouvelle monnaie européenne devra afficher a minima une stabilité égale à celle du mark. Conformément à la position défendue par la Bundesbank et en accord avec ses partenaires des banques centrales européennes, Pöhl présente le 27 novembre 1990 dans une déclaration donnée à Bâle les statuts de la future banque centrale européenne qui, comme son modèle actuel de Francfort, doit être indépendante et être la garante de la stabilité monétaire face au laxisme budgétaire auquel peuvent être enclins les gouvernements européens[38].

---

36 AMF, B0064696, Les conséquences économiques de l'unification allemande : rapport final, Alain Boublil, 20 novembre 1990, p. 60.

37 Le Monde, « L'Allemagne et l'UEM : un concert parfois discordant », Dossiers et Documents, avril 1991, p. 87–88.

38 ABF, DGSE 14892000201 B8, Introductory report on the draft statute of the European System of Central Banks and of the European Central Banks, 27 novembre 1990, Bâle.

Ce rapport ne met pas en exergue de façon explicite les discordances pourtant bien prégnantes entre Paris et Bonn sur les modalités de construction de l'UEM. Le calendrier, ou plutôt l'absence de calendrier est ainsi une source de divergences. Le projet d'UEM n'établit pas la durée de la deuxième étape, seule une date fixée au plus tard en 1997 annonce le passage à la troisième étape. Pour Théo Waigel et son secrétaire d'État aux Finances, Hörst Köhler, la réunion de critères objectifs est la condition nécessaire préalable à une UEM à l'échelle communautaire : -1- une forte stabilité des prix; -2- un déficit budgétaire réduit; -3- une forte convergence des politiques économiques (notamment sur les taux d'intérêt)[39]. Le choix d'une date est donc prématuré, alors que Paris et Bruxelles souhaitent un calendrier répondant à des objectifs plus politiques. L'Allemagne ne peut envisager un transfert de souveraineté à une future banque centrale européenne qu'à la troisième étape du plan Delors. Dans cette perspective une institution indépendante, sur le modèle de la Bundesbank, doit être mise en place et être la garante de la stabilité monétaire.

La gestion de la politique économique est également une source de différences (pour reprendre un terme privilégié par Bérégovoy qui refuse de parler de divergences, pourtant bien réelles). La supervision de la politique économique pose effectivement problème au niveau communautaire. Pour la France, qui défend l'idée d'un « gouvernement européen », pour encadrer la politique monétaire d'une banque centrale européenne qui jouirait de la même indépendance que celle de la Bundesbank, la politique économique est du ressort du Conseil européen. Pour l'Allemagne, la compétence technique associée aux questions économiques relève des attributions des ministres de l'Économie et des Finances. Ces points sont autant de pierres d'achoppement qui alimenteront les débats entre la France et l'Allemagne au sein de la CIG sur l'UEM. Force est de constater que sur le plan économique, comme sur le plan politique, la France dispose d'une marge de manœuvre somme toute limitée; elle doit souvent se rallier aux orientations de l'Allemagne qui dispose du véritable pouvoir d'impulsion. La notion de couple ou même de tandem franco-allemand est à ce stade du processus, véritable engrenage, un trompe-l'œil à finalité politique.

---

39 Une convergence des taux d'intérêt devant conduire à une stabilité monétaire accrue.

À la veille des CIG sur l'Union politique et sur l'UEM, le Conseil européen de Rome (14 et 15 décembre 1990) « prend acte du rapport présenté par le Comité des gouverneurs des Banques centrales, du projet de statut et du projet de traité sur l'Union économique et monétaire présenté par la Commission »[40]. Il constate que les éléments du grand marché intérieur sont en place, devant ainsi permettre une accélération du mouvement d'intégration économique et monétaire européen[41] et poursuivre le renforcement de la cohésion économique et sociale dans la perspective d'une transformation de la Communauté en une Union politique.

Pour l'Allemagne et pour le chancelier Kohl, la CIG sur l'Union politique a pour vocation à poser les fondements d'une « Europe sans frontières, respectueuse de la diversité de ses régions et du caractère démocratique de ses institutions, dotée d'une politique étrangère et de sécurité commune, d'une Union économique et monétaire, d'une charte sociale et enfin et surtout, garantissant un équilibre véritable entre les aspects politiques et économiques de l'intégration. »[42]

Suite à cette prise de position qui recueille le soutien de Mitterrand, le chancelier Kohl subit la critique de la presse allemande du Bild Zeitung au Spiegel qui redoute la perte du mark et ses conséquences sur l'économie allemande. Il ne parvient pas, en raison du refus de la France, à faire adopter l'Union politique qui faisait partie de ses conditions exprimées à plusieurs reprises : « Union politique et monétaire sont inséparablement liées. L'une est le complément obligé de l'autre. Nous ne pouvons ni ne voulons abandonner notre souveraineté en matière monétaire si l'union politique reste un château en Espagne. »[43]

Sur le plan économique, cette position est défendue par la Bundesbank. Une union monétaire n'est durable que si elle est associée à une union politique, d'autant que la mise en place trop rapide de taux de changes fixes risque de menacer la stabilité monétaire, fondement de l'économie allemande depuis 1945. La viabilité d'une union économique et monétaire

---

[40] Conclusions des sessions du Conseil européen, Session du Conseil européen, Rome, 25 et 26 juin 1990.

[41] *Ibid.*

[42] Déclaration d'Helmut Kohl devant le Bundestag, « Regierungserklärung von Bundeskanzler Helmut Kohl vor dem Deutschen Bundestag am 30. Januar 1991 », *Europa Archiv* 5, 1991, p. D126–140.

[43] *Ibid.*

doit reposer sur une péréquation fiscale et une solidarité économique imposant une politique budgétaire et fiscale commune : condition hors d'atteinte selon la Bundesbank et à maintes reprises mentionnée depuis la signature du Traité de Rome. Pöhl, puis Schlesinger et Tietmeyer ont souligné la nécessité d'une harmonisation des économies et des fiscalités, impliquant à terme une Europe fédérale. Ils craignent que l'économie allemande n'ait à supporter les déséquilibres économiques qu'auront à subir les économies des pays les plus pauvres de la Communauté.

La mise en place de taux de changes fixes supprime la flexibilité d'ajustement des taux de changes flottants, provoquant ainsi des chocs structurels importants aux lourdes conséquences sur l'augmentation des coûts et la baisse de production inhérente. Ils s'inscrivent dans la continuité des recommandations de Blessing qui énonce les conséquences évidentes d'une telle décision économique au début des années 1960 : la création d'une Europe fédérale. Si Bérégovoy persiste à évoquer des différences entre la France et l'Allemagne dans leurs relations monétaires, il s'agit bien de divergences profondes. Si l'Allemagne affiche un pragmatisme et un réalisme économiques, la France parvient difficilement à dissimuler ses incohérences qui deviennent de plus en plus apparentes à l'aune de l'analyse.

9.3 Le Conseil européen de Luxembourg : de l'UEM et de l'Union politique

Les positions françaises et allemandes affichent une cohérence certaine. La démarche de l'administration française s'inscrit dans le prolongement politique des Conseils européens de Rome I et II et semble chercher à combler un déséquilibre économique par des positions politiques difficilement recevables en économie libérale. Lors de la CIG du 28 janvier 1991 qui aborde la politique économique, la politique monétaire dans ses dimensions communautaires et extérieures, et les dispositions institutionnelles et transitoires, Bérégovoy défend les conclusions de Rome : l'UEM pleine et entière avec une monnaie unique, une politique monétaire unique et une banque centrale européenne. Toutefois, il affiche la volonté politique de la France d'encadrer les actions de la future banque centrale européenne notamment sur la politique de change à l'égard du dollar et du yen. Instance politique, le Conseil Ecofin est censé jouer un rôle de régulateur. Et Bérégovoy de préciser ses vues « …

l'Union doit avoir les moyens de mener une politique de change active vis-à-vis de l'extérieur. Le Conseil Ecofin en fixe les orientations après consultation de la Banque centrale, et celle-ci est chargée de l'exécution des interventions. »[44]

Cet interventionnisme politique français se fait l'écho des positions de François Mitterrand qui cherche à instaurer un gouvernement économique pour contrebalancer l'indépendance de la future banque centrale : « Le Président de la République française a parlé le premier de la nécessité d'un "gouvernement économique" dans l'UEM »[45]. Cette démarche souligne les faiblesses de l'économie française qui ne semble pas prête et la relative incohérence de la diplomatie qui va à l'encontre des demandes affirmées à maintes reprises par l'Allemagne. L'argument politique avancé par Bérégovoy parvient difficilement à dissimuler ces lacunes d'autant que la France ne veut pas de l'Union politique avancée par l'Allemagne : « L'Union économique et monétaire doit aussi être démocratique »[46].

Le ministre français des Finances précise clairement le rôle de chaque institution en accordant une place primordiale au Conseil européen :

> « Le Conseil européen se voit dans le projet français confier la définition des grandes orientations de l'UEM, dont il garantit le bon fonctionnement : c'est le lieu de synthèse naturel entre la volonté démocratique et l'ambition communautaire. Le Conseil ECOFIN renforcé est le centre du gouvernement économique ; la Commission joue un rôle éminent d'impulsion, fondé sur un pouvoir de proposition et de recommandation ; le Parlement européen et le Congrès dont la France souhaite la création dans le cadre de l'Union politique, assurent le contrôle parlementaire du Conseil et du SEBC. »[47]

Il cherche à compléter l'indépendance de la SEBC. Il veut un parallélisme entre la politique économique et la politique monétaire en ne comprenant pas que la politique économique a essentiellement deux composantes la politique budgétaire et la politique monétaire. Dans une économie libérale le marché est le régulateur et non l'État le planificateur.

---

44 ABF DGSE 14892000201 B8, Intervention de M. Pierre Bérégovoy, ministre d'État, ministre de l'Économie, des Finances et du Budget pour la présentation du projet français sur l'Union Économique et monétaire (conférence intergouvernementale du 28 janvier 1991).

45 *Ibid.*

46 *Ibid.*

47 *Ibid.*

Cette distinction fondamentale échappe au ministre de l'Économie et visiblement à son cabinet.

Plus éloquent quant à son incompréhension : « Le projet français propose l'inscription immédiate dans le Traité de l'accord de change qui nous lie au sein du système monétaire européen : c'est un très puissant instrument de convergence, le passé nous l'a prouvé. Avec sa nature juridique, c'est aussi sa nature économique qui changera : les possibilités de sortie du mécanisme disparaîtront. »[48] Il souhaite mettre un carcan juridique à une union économique et monétaire qui vise à s'adapter aux réalités d'un monde économique qui se convertit aux exigences et aux réalités du libéralisme économique : à contre-courant de la dérégulation, il conduit l'économie française à affronter de grandes difficultés structurelles.

La situation économique se dégrade au premier semestre et est moins bonne qu'en Allemagne malgré la réunification. Bérégovoy s'inquiète de la croissance mondiale et de la croissance allemande toutes deux au ralenti, alors que l'économie américaine est entrée en récession et que le dollar est à la baisse[49]. Il reproche à la Bundesbank sa politique de contrôle de l'évolution de la masse monétaire afin de soutenir le mark et d'endiguer les éventuels dérapages inflationnistes en Allemagne de l'Est. Avec une pointe d'ironie, il précise sa pensée : « Nous avons parfaitement compris la décision des autorités monétaires (dire que nous avons aimé c'est autre chose) et encore mieux les mesures courageuses en matière d'impôts. »[50] Le ministre des Finances a dû procéder à une réduction de 12 milliards de francs et l'annoncer à la presse au premier trimestre 1991 sans en référer au préalable au gouvernement afin d'éviter une hausse des taux d'intérêt.

Karl Otto Pöhl ne tient pas à revenir sur ces décisions sur lesquelles il s'est déjà expliqué. Elles ont permis d'éviter une déstabilisation des marchés. L'opération est un succès avec un retour à des taux d'intérêt bas et un maintien de la confiance sur les marchés des changes[51]. La Bundesbank a vocation à mener des politiques à moyen terme pour

---

[48] *Ibid.*

[49] ABF DGSE 14892000201B9, Conseil économique et financier franco-allemand, 5 mars 1991, 8 mars 1991.

[50] *Ibid.* déclaration de Pierre Bérégovoy.

[51] *Ibid.*, Commentaire de Karl Otto Pöhl.

stabiliser l'économie et non des politiques conjoncturelles qui pourraient satisfaire des attentes politiciennes : « nous ne faisons pas de politique conjoncturelle, mais nous avons une politique de quantité de monnaie à moyen terme. »[52] Et Pöhl de reprocher à la presse française et à la presse italienne leur incompréhension inamicale à l'égard de la politique d'une banque centrale indépendante avant d'asséner à la délégation française : « nous ne réagissons pas aux mouvements à court terme, mais nous essayons de les prévenir ». Ainsi s'inscrit la politique d'encadrement de la croissance de la masse monétaire menée par la Bundesbank pour contrôler l'évolution du mark en Allemagne de l'Est. Les taux d'intérêt allemands sont d'ailleurs les plus faibles de la CEE. Et Pöhl de conclure : « Ce n'est ni du cynisme ni du chauvinisme que d'affirmer qu'avec moins de stabilité des prix en RFA, le SME serait plus difficile à gérer et les tensions seraient plus fortes ; c'est la conclusion indiscutable d'une réflexion économique. »[53]

Bérégovoy constate, en le déplorant à mots couverts, que l'indépendance de la Bundesbank implique en raison de la suprématie du mark la dépendance de l'économie française : « nous sommes liés au DM : si la Bundesbank est indépendante, nous, nous sommes dépendants. »[54] Sans doute, faut-il attribuer à Waigel, la conclusion de cette joute oratoire que la délégation française semble néanmoins esquiver : « En RFA, la politique monétaire s'impose à la politique budgétaire et l'expérience nous a montré que c'est sain. »[55]

Le ministre français des Finances ne dissimule pourtant pas ses craintes : « Nos succès contre l'inflation se traduisent par des taux d'intérêt réels un peu pénalisants : il faudra en traiter aux sommets du G7 »[56]. Il s'inquiète des exigences allemandes notamment celles formulées par le ministère des Finances et la Bundesbank quant aux conditions de passage à la phase 2 de l'UEM (prévu au 1er janvier 1994 comme l'a annoncé le chancelier Kohl) puis à la phase 3. Il veut une décision politique émanant directement de la chancellerie, semblant faire fi et des institutions allemandes et des réalités économiques d'un système libéral régi par les

---

52 *Ibid.*

53 *Ibid.*

54 *Ibid.*

55 *Ibid.*

56 ABF DGSE 14892000201B9, Conseil économique et financier franco-allemand, 5 mars 1991, 8 mars Commentaire de Pierre Bérégovoy.

marchés financiers… Il réclame un gouvernement européen, contrepoids à la future banque centrale européenne indépendante responsable de la politique monétaire : « la responsabilité des taux de change est pour nous un attribut de la souveraineté. C'est pourquoi nous suggérons une gestion en concertation banque centrale/autorité économique ; le taux de change ne peut résulter que d'un accord entre les deux. Les interventions appartiennent à la Banque centrale. »[57]

À travers cette revendication, le ministre français peut donner l'impression de ne pas percevoir l'incompatibilité structurelle inhérente, si la future banque centrale européenne adopte quasiment à l'identique l'indépendance de la Bundesbank dans la mise en place de la politique monétaire. Dans un système de changes flexibles, la parité monétaire (le taux de change) est le reflet de la politique monétaire… Il est possible également de relever une certaine incohérence dans l'importance de la souveraineté accordée à la parité des changes quand elle est déniée à la monnaie nationale. Sans doute faut-il l'interpréter comme une souveraineté européenne dans une structure étatique qui pourtant ne devrait pas être fédérale pour le gouvernement français, donc non souveraine ? La France semble en quête d'une souveraineté dans la dépendance… Force est de constater que les relations monétaires franco-allemandes révèlent une certaine asymétrie et des divergences structurelles de plus en plus marquées.

Des divergences de conception économique et de gouvernance du pouvoir politique entre la France et l'Allemagne apparaissent de façon évidente. À la lecture des archives, il est intéressant et assez révélateur de noter que les membres de la délégation française, représentant la Banque de France (de Larosière, Lagayette), le Trésor (Trichet) et le ministère des Finances (Villeroy de Galhau, Walrafen), contrairement à leurs homologues allemands (Mölleman, Köhler, Pöhl, Schlecht, Tietmeyer, Meissner), sont très en retrait de leur ministre de tutelle et font montre de peu d'initiatives. Ce point est sans doute l'illustration de la différence de la notion d'indépendance des pouvoirs en France et en Allemagne. Celle-ci a un impact conséquent sur le réel pouvoir de négociation.

La démarche de Bérégovoy répond davantage (si ce n'est essentiellement) à des considérations d'ordre politique, l'économie et ses mécanismes en économie ouverte passant au second plan de ses

---

57 *Ibid.*

principales préoccupations. Il défend ainsi le processus irréversible de l'UEM qui n'est pas la préoccupation principale allemande : « La France est prête à modifier le statut de la Banque de France, si le processus débouchant sur une monnaie unique est irréversible. »[58]

Sur un ton qui peut paraître un peu décalé au vu de l'ampleur des enjeux, Bérégovoy raconte les étapes de la Conférence monétaire où il siège : « Le 11 mai, à Luxembourg, les gouverneurs des banques centrales, les directeurs du Trésor se retrouvent pour un week-end entre les vignes mosellanes et les châteaux forts des Ardennes. En langage communautaire, c'est un Ecofin informel. Celui-ci sera fructueux. On y évoque pour la première fois la solution au problème britannique : ni obligation d'entrée en troisième phase ni droit de veto sur l'entrée des autres. »[59] Cette attitude est assez révélatrice du véritable pouvoir de négociation de la délégation française et de son implication réelle dans la maîtrise des enjeux économiques. La France et l'Allemagne affichent des divergences tant sur le plan des perceptions des réalités économiques que sur la gouvernance. Le manque de clairvoyance économique et l'absence de délégation du pouvoir décisionnel nuisent au pouvoir de négociation des délégations françaises.

Lors de la CIG du 19 février 1991, des divergences apparaissent au sein des pays communautaires quant à l'évolution de l'UEM. Le compte-rendu dresse un état de la situation : « Seuls les représentants de la France, de l'Italie, de l'Espagne et de la Belgique, prennent le contre-pied de la position majoritaire, en faisant valoir la contradiction qu'il y a à vouloir une Union économique et monétaire, avec une monnaie unique, sans vouloir "encadrer" davantage les politiques économiques suivies. »[60]

Le projet de nouveau Traité poserait seulement le principe que « les déficits budgétaires publics excessifs doivent être évités », compromis entre la position de la règle d'or défendue par l'Allemagne et les Pays-Bas, la position libérale et indépendante de la Grande-Bretagne, et la position des autres pays réticents à se plier à des règles rigides qui risquent d'entraver le fonctionnement de leur économie. La position de Trichet peut sembler paradoxale et zélée. Elle illustre son incompréhension des

---

58 *Ibid.*, Commentaire de Pierre Bérégovoy.

59 Védrine, *Les mondes de François Mitterrand*, *op. cit.*, p. 462.

60 ABF DGSE 14892000201 B8, Conférence intergouvernementale sur l'UEM au niveau des représentants personnels, réunion du 19 février 1991.

mécanismes économiques lorsqu'il critique la « règle d'or » qu'il juge trop laxiste, considérant que « du point de vue français, le bon déficit est un déficit zéro. » Il ne comprend pas le véritable rôle de la politique budgétaire où l'État peut de façon temporaire suppléer le marché en dynamisant la production à travers un déficit public qui ne doit pas excéder les dépenses d'équipement.[61]

Bénéficiant d'un plus grand pouvoir de négociation, l'Allemagne parvient à établir que le statut du Système européen de banques centrales (SEBC) soit intégré en tant que protocole dans le Traité de la CEE et à insérer ses propositions.[62] L'attitude du gouvernement français surprend en Allemagne par son excès de zèle qui dissimule une certaine incohérence, alors que semblent se dessiner les contours d'une Europe à plusieurs vitesses. « Cela aussi, c'est une conséquence du projet d'Union monétaire : les socialistes au pouvoir en France sont plus orthodoxes dans leur politique financière que les conservateurs allemands ».[63]

Une Europe à plusieurs vitesses semble se dessiner. Lors de la CIG du 10 juin 1991 à Luxembourg, la France souhaite que la future BCE entre en activité dès la phase 2. L'Allemagne et les Pays-Bas refusent. La France défend également la proposition que tous les pays rejoignent le SME en accordant plus de marges de fluctuation à la livre sterling. Ce à quoi la Grande-Bretagne répond qu'il s'agit d'une décision politique. Pour l'Allemagne, le Danemark et les Pays-Bas, l'étape 3 doit répondre à des conditions quantitatives.

Sur la politique monétaire extérieure, la France souhaite pour des raisons démocratiques accorder la décision aux autorités responsables de la politique économique (en prenant comme exemple le Japon et les États-Unis). L'Allemagne fait la synthèse dans le respect de la stabilité des prix. La France affiche une certaine incohérence en brandissant la démocratie tout en refusant de réformer son économie.

Sur la cohésion économique et sociale, la Grèce, l'Espagne, le Portugal et l'Italie posent les vraies questions sur les conséquences négatives sur

---

61 Définition de la « règle d'or » ou « golden rule ».

62 ABF DGSE 14892000201 B8, Conférence des représentants des gouvernements des États membres, UEM, Bruxelles le 26 février 1991.

63 ABF DGSE 14892000201 B8, Conseil économique et financier franco-allemand (5 mars 1991), presse allemande, citation extraite et traduite du Zeit du 8 mars 1991, le 11 mars 1991.

l'emploi que peuvent représenter des contractions budgétaires imposées par des conditions strictes. Le Commissaire Christophersen reconnaît que l'UEM puisse créer des difficultés temporaires. La France et l'Allemagne reconnaissent l'importance de ce point, mais ne l'associent pas à l'UEM. Pour l'Allemagne, ce point relève de la CIG sur l'Union politique. La position française peut paraître risquée, car elle pourrait se retrouver dans le camp de l'Italie. L'Allemagne insiste sur l'indépendance du SEBC, conformément à celle dont dispose la Bundesbank.

Le rapport sur les statuts du SEBC et de la BCE, rédigé par le Comité des gouverneurs des banques centrales sous la présidence de Pöhl, résume le formatage de la future Banque centrale européenne sur le modèle et les pratiques de la Bundesbank. Les articles 2, 4.3 et 7 permettent de mieux apprécier les enjeux de stabilité des prix et d'indépendance de la politique monétaire.

> « Article 2 : Objectives
>
> 2.1 The primary objective if the System shall be to maintain price stability.
> 2.2 Without prejudice to the objective of price stability, the System shall support the general economic policy of the Community.
> 2.3 The System shall act consistently with the principles of free and competitive markets. »[64]

> « 4.3 The ECB shall be consulted with a view to reaching consensus, consistent with the objective of price stability, prior to any decision relating to exchange rate regime of the Community, including in particular, the adoption, abandonment or change in central rates (or exchange rate policies) vis-à-vis third currencies. »[65]

L'article 7 qui garantit l'indépendance de la BCE implique de facto l'indépendance des Banques centrales. La BCE apparaît très indépendante des États et de la Commission.

---

[64] ABF DGSE 14892000201 B9, Committee of Governors of the Central Banks of the Member States of the European Economic Community, Draft Statute of the European System of Central Banks and of the European Central Bank, 26 avril 1991, p. 1

[65] ABF DGSE 14892000201 B9, Committee of Governors of the Central Banks of the Member States of the European Economic Community, *op. cit.*, p. 2.

« Article 7: Independence

In exercising the powers and performing the tasks and duties conferred upon them by the Treaty and this Statue, neither the ECB nor a national central bank nor any member of their decision-making bodies may seek or take any instructions from Community institutions, governments of Member States or any other body. The Community and each Member State undertake to respect this principle and not to seek to influence the ECB, the national central banks and the members of their decision-making bodies in the performance of their tasks. »[66]

Par sa rigueur et les contraintes qu'il préconise, le rapport souligne les différences structurelles des économies au sein de la Communauté européenne, laissant suggérer la nécessité d'une construction à plusieurs vitesses de l'UEM où le pouvoir économique de l'Allemagne s'affirme, alors que celui de la France risque de s'éclipser.

Le pouvoir économique allemand s'affirme alors que la France s'éclipse. Lors de la réunion bilatérale du 5 juin 1991 tenue à Bonn[67], la délégation allemande affiche une composition équilibrée du Ministère des Finances, du Ministère de l'Économie et de la Bundesbank avec un véritable pouvoir de négociation. La délégation française tend à surpondérer la présence du Trésor qui ne dispose que d'un pouvoir sous tutelle du ministre de Finances, par ailleurs absent. La délégation française donne davantage l'impression de faire de la figuration dans la négociation des articles 105 à 109 et dans la révision du « non-papier » de la Présidence luxembourgeoise, établi par Jean-Claude Junker. En dépit du discours (à défaut d'autres choses…) tenu par l'administration française, l'Allemagne accorde plus de poids à la démocratie et au rôle du parlement européen. Conformément à l'article 109, que la délégation allemande défend pour être conforme au rôle qu'occupe en Allemagne la Bundesbank, le Conseil européen peut mener la politique de change à l'égard des monnaies tiers sur consultation de la BCE et dans le strict respect de la stabilité des prix. La future monnaie étant destinée à afficher la même stabilité que le mark grâce à la pugnacité de la Bundesbank, la véritable marge de manœuvre de la politique de change à l'égard du dollar et du yen notamment est,

66 *Ibid.*, p. 3.

67 ABF DGSE 14892000201 B9, Réunion bilatérale, UEME, 5 juin 1991, Bonn, Compte-rendu.

en raison des mécanismes économiques mis en place, très limitée et sous contrôle réel de la future Banque centrale européenne.

Köhler et Tietmeyer insistent de façon véhémente et répétée sur la nécessité (non négociable) de l'indépendance de la future Banque centrale européenne et du SEBC, situation transitoire. Toute tentative d'immixtion des pouvoirs politiques extérieurs (Commission, Conseil européen) est de facto écartée scrupuleusement. La délégation allemande fait preuve d'une extrême vigilance dans ces négociations sur ce point. Alors que l'Allemagne maîtrise parfaitement les enjeux économiques du dossier, la délégation française, aux compétences techniques plus limitées et au pouvoir décisionnel très restreint, semble se complaire dans la sémantique. Trichet évoque « une situation psychologique »[68] pour décrire les relations avec la Présidence luxembourgeoise et « une zone grise » dans le passage à la phase 3 pour lequel la délégation allemande exige l'atteinte de critères quantitatifs de convergence stricts.

Or ces termes avancés par la délégation française ne correspondent à rien sur le plan purement économique, principal objet des négociations. Cette attitude de la diplomatie française illustre, à tout le moins, une certaine incompétence sur le caractère technique du dossier, que la sémantique ne parvient pas à compenser… peut-être faut-il voir dans le verbe un moyen d'entretenir une certaine illusion ?… Dans les faits, cette démarche témoigne d'une absence de courage où la nécessité d'une réforme drastique de l'économie française sur un modèle libéral est esquivée : par exemple, le rapport Boublil précise clairement les conséquences économiques de la réunification allemande et les risques à un horizon de dix ans pour l'économie française si des mesures adaptatives ne sont pas mises en place rapidement[69].

L'affirmation du modèle allemand s'oppose aux contradictions françaises. Lors de la réunion bilatérale franco-allemande portant sur l'UEM, le 25 juin 1991, les deux délégations cherchent à établir un compromis sur les conditions de passage à la phase 2 établie, comme l'a voulu le chancelier Kohl, au 1er janvier 1994. L'Allemagne exige des conditions formelles qui impliquent la réalisation du marché intérieur et la ratification du nouveau Traité européen. Une décision formelle est

---

68 *Ibid.*

69 AMF, B0064696, Les conséquences économiques de l'unification allemande : rapport final, Alain Boublil, 20 novembre 1990.

nécessaire pour le passage à la phase 2. Ces conditions dépendent de la convergence de chacun des pays membres. Tietmeyer, représentant la Bundesbank, souligne à plusieurs reprises la nécessité incontournable de garantir l'indépendance des banques centrales pour assurer la stabilité économique. La Bundesbank est ainsi prête à envisager « la possibilité d'une politique monétaire commune (non unique) en phase 2 résultant de recommandations adoptées à la majorité des gouverneurs à condition que ceux-ci aient été au préalable, rendus pleinement indépendants. »[70]

Tietmeyer souligne les difficultés que représente le cas de l'Italie, pour des raisons culturelles, politiques et constitutionnelles qui rendent impossible l'assainissement budgétaire requis pour une convergence et une participation stabilisée au SME. Alors que la France demande l'introduction du SME dans le Traité, l'Allemagne s'y oppose et reprend la logique défendue auparavant par Pöhl. Par ses demandes, qui révèlent sur le plan économique une certaine incohérence, la délégation française fait montre d'une certaine confusion dans l'appréciation des enjeux réels, elle privilégie une « construction technocratique » déconnectée de la réalité économique, notamment française; alors que Tietmeyer prône l'élimination des indexations pour éviter les dérapages inflationnistes et crédibiliser la nouvelle monnaie. Cette position ne peut être acceptée par la France qui, pour des raisons de politique intérieure associée au SMIC, refuse.

Tietmeyer souligne le problème que pose la position de la France à l'égard de ses revendications quant au fonctionnement du SEBC. La dépendance de la Banque de France à l'égard des instances politiques ne permet pas au SEBC de disposer d'un fonctionnement basé sur un vote majoritaire qui serait biaisé par des immixtions politiques. Une solution réside implicitement dans la décision de la France d'octroyer à sa banque centrale la même indépendance que celle dont jouit la Bundesbank. Cette indépendance des banques centrales est nécessaire à la garantie d'indépendance de la future banque centrale européenne.

Lagayette fait la promotion de l'utilisation de l'ECU et réclame que la future BCE en assure la promotion et la surveillance. Or, sur le plan économique, cette revendication politique n'est tout simplement pas cohérente et Tietmeyer le lui fait remarquer de façon diplomatique.

---

[70] ABF DGSE 14892000201 B9, Réunion bilatérale, UEME, 25 juin 1991, Paris, Compte-rendu.

De fait, l'Allemagne, si elle accepte une monnaie unique ne veut pas de l'ECU. L'ECU est une monnaie panier scripturale. Comme le souligne pertinemment Tietmeyer : « Il est difficile à une banque centrale de promouvoir autre chose que la monnaie qu'elle émet; elle n'est pas chargée de la promotion des monnaies étrangères. »[71]

Afin de préparer l'entrée en phase 3, et établir à terme une politique monétaire unique, Lagayette évoque les instruments de préparation de la politique monétaire et la définition d'une politique monétaire commune[72].

En réponse, Tietmeyer prône l'observation de la règle du consensus et rappelle qu'en « période de transition, les statuts de membres du SME et participants à la phase de transition ne seront plus identiques. »[73] Et Haller, représentant le ministère fédéral des Finances, de souligner la nécessité de pouvoir concevoir une Europe monétaire fonctionnant à plusieurs vitesses, conformément aux souhaits maintes fois exprimés par l'Allemagne : « C'est un grave problème. Il faut dans tout le texte du Traité vérifier que tout est bien rédigé de façon à pouvoir fonctionner avec plusieurs vitesses. »[74] Pour des raisons politiques évidentes, la France préfère temporiser sur ce sujet sensible, comme l'atteste la réponse laconique de Lagayette : « Ce sera à voir plus tard. »[75] Alors que le pouvoir de négociation allemand s'affirme davantage, la France subit, esquive et tend finalement à s'aligner contre ses intérêts : son économie n'est pas prête sur le plan structurel à la rigueur imposée par la Bundesbank à l'économie allemande.

9.4 Le Conseil européen de Maastricht : un nouveau Traité

Dans les conclusions du sommet de Hanovre en juin 1988, mais sans doute déjà depuis le Conseil européen de Brême en juillet 1978, l'UEM est sur le plan économique un engrenage irréversible. La consultation des

[71] ABF DGSE 14892000201 B9, Réunion bilatérale, UEME, 25 juin 1991, Paris, Compte rendu, intervention de Hans Tietmeyer.
[72] *Ibid.*, Compte-rendu.
[73] *Ibid.*, Intervention de Hans Tietmeyer.
[74] *Ibid.*, Intervention de G. Haller.
[75] *Ibid.*, Intervention de P. Lagayette.

archives en révèle la persistance entre la France et l'Allemagne dans leurs relations monétaires.

L'action de l'Allemagne dans les dernières négociations qui conduisent au Conseil européen de Maastricht s'inscrit dans la ligne de la vision historique du chancelier Kohl et des exigences constitutionnelles de la Bundesbank. Sans doute, faut-il percevoir dans les propos de la conférence de presse de Kohl le 1er juillet 1991, les forces profondes qui définissent cette action : « Depuis le 1er juillet 1990, il y a pour la Bundesbank 16 millions de raisons supplémentaires de veiller à la stabilité. »[76] De façon plus éloquente, il précise : « Personne n'est prêt à abandonner la stabilité du deutsche mark pour une autre monnaie qui serait instable. C'est l'évidence même. »[77]

Obnubilée par le caractère irrévocable de l'UEM, la France joue d'artifices politiques et oratoires pour finalement s'aligner le plus souvent sur les orientations et les décisions allemandes dans la rédaction des textes du futur traité européen. Les travaux et négociations préparatoires au Conseil Ecofin d'Apeldoorn qui établit les grandes lignes du Traité de Maastricht sur les aspects économiques et monétaires mettent en lumière les grandes questions qui restent en suspens : -1- « l'Europe monétaire à plusieurs vitesses »; -2- la politique de change; -3- la définition des critères de convergence; -4- la structure, les étapes et la mission de la future banque centrale européenne et plus encore de l'Institut monétaire européen.

L'Europe monétaire à deux vitesses apparaît comme une évidence. Lors de la réunion bilatérale franco-allemande sur l'UEM, les grandes lignes de l'Institut monétaire européen (IME), embryon de la future Banque centrale européenne, sont établies. La délégation allemande, sur l'impulsion de Köhler, insiste sur la nécessité de constituer un noyau dur de pays qui constituerait le cœur de cet institut auquel l'Italie pourrait ne pas faire partie en raison de ses problèmes économiques structurels[78]. Tietmeyer refuse la proposition française portant sur les responsabilités du SEBC vis-à-vis du système bancaire et des marchés financiers. Il se fait l'écho de la position plus tranchée de la Bundesbank qui est très

---

76 Helmut Kohl, Conférence de presse à Bonn, le 1er juillet 1991

77 *Ibid.*

78 ABF DGSE 14892000201 B9, Réunion bilatérale, UEME, 13/14 septembre 1991, Berlin, Compte-rendu.

réticente à confier un rôle de surveillance et de contrôle à une Banque centrale surtout sur les marchés financiers[79].

Alors que Lagayette défend le caractère irréversible de l'UEM (la phase 3 pouvant débuter en janvier 1997 avec les pays satisfaisant aux critères de convergence), Köhler rappelle que l'UEM doit aller de pair avec l'Union politique, défendue par le chancelier, en vue d'assurer une meilleure cohésion sociale qui pourrait être garantie par un rôle accru du Parlement européen. Dans cette perspective, l'Allemagne demande que des critères de convergence soient fixés pour les pays candidats à l'UME. Par contre, Köhler « redoute les tentations de compromis face aux appétits des pays du Sud. »[80] Il suggère de mettre en place une proposition de repli commune qui permettrait de faire face aux « élans de générosité des instances politiques »[81].

Les discussions sur l'IME illustrent les tergiversations françaises et la constance allemande. Les divergences ou l'asymétrie de positions se font de plus en plus marquées entre la France et l'Allemagne. Ainsi Trichet, ambigu, reprend la position officielle du gouvernement français qui considère que la Banque centrale européenne est créée à la phase 2, tout en assurant rester ouvert à la négociation. Lagayette s'interroge sur la possibilité de faire participer tous les pays au SEBC. La position allemande est plus claire et est exprimée en trois points par Tietmeyer au nom de la Bundesbank. En premier lieu, « il est totalement inacceptable de créer une banque centrale européenne qui contienne des éléments de supranationalité tant que les politiques monétaires relèvent des politiques nationales. »[82] L'IME n'est que la prolongation d'une coopération monétaire internationale. En second lieu, pour être crédible aux yeux des marchés internationaux, une Banque centrale européenne doit bénéficier de toutes les responsabilités et de tous les pouvoirs de la politique monétaire. Troisièmement, il serait inconcevable et incohérent qu'un pays qui ne s'applique pas les règles strictes de change bandes étroites puisse participer à une institution à caractère supranational.

---

[79] *Ibid.*

[80] ABF DGSE 14892000201 B9, Réunion bilatérale, UEME, 13/14 septembre 1991, Berlin, Compte-rendu. Position de H. Köhler sur la cohésion sociale.

[81] *Ibid.*

[82] ABF DGSE 14892000201 B9, Réunion bilatérale, UEME, 13/14 septembre 1991, Berlin, Compte-rendu. Position de H. Tietmeyer.

Et Tietmeyer de préciser sans équivoque sa position sur la politique monétaire qui, dans la phase 2, relève des nations : « internationale veut dire consensus et absence de décision, supranationale veut dire majorité et décision »[83]. Sa dernière intervention résonne comme un avertissement à l'égard de la délégation française : « il y a une différence profonde entre la coopération internationale et le fonctionnement dans le cadre supranational. L'essentiel est de ne pas commencer le supranational avant d'être décidé et prêt à passer à la phase 3. »[84] Trichet résume la position allemande et les trois clés permettant un accord : -1- le mécanisme de change à bandes étroites; l'indépendance des banques centrales nationales; -3- la décision irrévocable de passer en phase 3.

Köhler refuse le gradualisme que semble défendre la délégation française et la pression politique qu'elle peut exercer : il n'y aura pas de Banque centrale européenne en phase 2. Et Köhler de rappeler les responsabilités de chacun : « Dans votre pays, il est essentiel que la politique de rigueur soit soutenue par le gouvernement. Chez nous, il n'est pas facile politiquement de convaincre les citoyens que le passage à une banque centrale européenne et à l'ECU est sans danger. »[85] Le chancelier a fait un choix politique qui peut être sanctionné et refusé par les Allemands. Il incombe aux Français de « ne pas acculer les Allemands dans une situation où ils feraient une fois encore le mauvais choix! »[86]. C'est pourtant ce que cherche à faire la délégation française, sans doute pour obtenir certains aménagements.

L'Allemagne campe sur la nécessité d'une pleine indépendance du conseil de la future banque centrale européenne, composée des gouverneurs et du directoire. Or le directoire n'est pas envisageable en l'état. Ils craignent, comme les Français, qu'un pays (l'Italie, mais surtout la Grèce), ne répondant pas aux critères de convergence puisse bloquer tout le système. Pour Tietmeyer « Ce n'est pas sérieux, rien n'empêchera les pays qui le voudront et qui seront en mesure de le faire, de mettre en œuvre ce qu'ils auront décidé malgré les Grecs. »[87] Et Trichet de souligner le risque bien réel auquel ils sont confrontés, avant de proposer

---

83 *Ibid.*

84 *Ibid.*

85 *Ibid.*, Position de H. Köhler.

86 *Ibid.*

87 *Ibid.*, Position de H. Tietmeyer.

explicitement les conditions de mise en place d'une Europe à deux vitesses, compromis entre les positions françaises et allemandes : « tout le monde entre en Phase 2, mais ceux qui ne sont pas dans le mécanisme de change bandes étroites ne sont qu'observateurs et ne participent pas aux mécanismes de décision. »[88] Cette synthèse peut apparaître comme une solution technocratique qui n'était pas initialement celle de la France.

Köhler clarifie la situation et les véritables enjeux. Le risque de séparation n'apparaît pas en phase 2, mais en phase 3. À ce stade, il sera très difficile pour les politiques d'obtenir cette séparation nécessaire. « En créant cette institution [réclamée par les négociateurs français], nous réduisons la marge de manœuvre des autorités politiques et donc les chances que cette séparation, nécessaire, puisse être pratiquée. »[89] Lagayette et Trichet semblent acculer la délégation allemande pour qu'elle adopte le caractère irréversible que la France veut pour des motivations politiques qui ne répondent pas aux exigences économiques. Sur ce plan qui constitue l'objet officiel des négociations, Tietmeyer, au nom de la Bundesbank résume la position allemande : « Pour nous un élément très important a été introduit dans le débat le jour où P. Bérégovoy a dit qu'il n'y aurait pas d'entrée en vigueur du nouveau statut de la Banque de France avant le jour J du passage en phase 3. »[90]

Sur l'Union politique et la cohésion, l'Allemagne, répondant aux exigences du chancelier, demande des progrès dans trois domaines : -1- le renforcement du Parlement ; -2- la politique extérieure et de sécurité commune ; -3- « l'extension des domaines de compétences de la Communauté. ». Sur ce plan, la délégation allemande reproche à la France sa réticence. Les deux s'entendent pour brider le rôle du parlement européen en renforçant sur ce point le pouvoir de veto de la Commission et du Conseil pour éviter les dérapages budgétaires sur le coût de la cohésion et les promesses des ministres des Affaires étrangères.

La France et l'Allemagne affichent des revendications divergentes quant à la gouvernance de l'UEM. Dans la perspective d'une redistribution du pouvoir économique après l'instauration de l'UEM, la France défend l'usage de l'ECU. La Bundesbank, elle, ne tient pas à l'encourager ; ce n'est pas le rôle de la BCE. Köhler, pour des raisons politiques propres au

---

88 *Ibid.*, Position de J.C. Trichet.

89 *Ibid.*, Position de Köhler.

90 *Ibid.*, Position de H. Tietmeyer.

chancelier, est prêt à des encouragements, accordant ainsi des gages à la partie française. En insistant sur le rôle de surveillance et de contrôle des marchés financiers dévolu à la BCE, la France cherche à contrôler ce qui lui échappe et affronte les réticences et les oppositions de la Bundesbank. Ce contrôle n'est pas concevable dans une perspective de libération des marchés financiers. Alors que l'Allemagne veut remplacer le FECOM, coquille vide symbole du pouvoir de la Commission, par l'IME, la France le protège.

Trichet veut rajouter à l'IME la possibilité de gérer les réserves de change. Cette position est incohérente pas rapport au statut de l'IME et apparaît comme un casus belli pour la Bundesbank qui voit cette proposition comme une atteinte évidente à l'indépendance des banques centrales. La demande française est un non-sens économique. Pour Tietmeyer ceci n'est pas raisonnable. Comme le rappelle Köhler, la gestion des réserves doit être soustraite à l'influence du gouvernement pour garantir l'indépendance des banques centrales. Il est inutile de se payer de mots ; il sait, comme Tietmeyer, que les politiques ne comprennent pas l'impact des interventions monétaires sur la politique de change. Une telle revendication est inacceptable. Et Tietmeyer d'insister sur l'absence de gradualisme en phase 2. La responsabilité de la politique monétaire relève de la Banque centrale (et des banques centrales nationales en phase 2).

Trichet et Lagayette ne comprennent pas le rôle du marché financier et tentent d'acculer politiquement leurs homologues allemands en faisant fi des réalités et des mécanismes économiques qu'ils semblent ne pas maîtriser. Ils reprochent à l'Allemagne l'asymétrie du système européen alors que celle-ci est le reflet des différences économiques entre les deux pays et l'illustration de la perception qu'en a le marché. Ces évidences économiques leur échappent. Ils agissent sur ordre de façon technocratique afin de hâter la création de la BCE et donner à ce phénomène un caractère irréversible.

Tietmeyer clarifie la position allemande rappelant deux éléments cruciaux : « le passage des politiques monétaires nationales à la politique monétaire européenne doit se faire en un saut, sans gradualisme »[91]. Par ailleurs « en phase 2, la responsabilité de la politique monétaire doit

---

[91] ABF DGSE 14892000201 B9, Réunion bilatérale, UEME, 13/14 septembre 1991, Berlin, Compte-rendu. Position de H. Tietmeyer, p. 15.

rester nationale, sans atténuation. »[92] Quant au passage à la phase 3 qui doit marquer la création de la BCE, la position du ministère des Finances allemand, représenté par Köhler est également claire et sans équivoque : « la décision du passage en phase 3 qui est une décision politique suppose que puisse être constaté le succès de la convergence à partir des résultats clairs et des critères précis (finances publiques, taux d'intérêt, taux d'inflation). Tout ceci doit être minutieusement prévu dans le traité. Il faut à tout prix se mettre en mesure de résister aux pressions politiques qui ne manqueront pas de se manifester le moment venu. »[93] Dans ces conditions explicites, les pays qui ne satisferont pas aux conditions de convergence ne pourront prendre part à la décision.

Le Conseil Ecofin d'Apeldoorn, le 22 septembre 1991, ouvre la voie au Traité de Maastricht. Bérégovoy cherche à obtenir des concessions et à lever les conditions contraignantes imposées par la Bundesbank, en capitalisant sur les réticences et les craintes des autres pays européens, acculant ainsi l'Allemagne qui résiste.

> « 22 septembre 1991 – Apeldoorn. Nouvel Ecofin informel, cette fois au milieu des landes sablonneuses des Pays-Bas. Le sujet essentiel est le passage à la troisième phase : quels critères de convergence pour apprécier si un pays est prêt ? Quelle procédure de vote pour décider l'entrée dans la monnaie unique ? Les Allemands — sous l'impulsion de la Bundesbank — et les Anglais veulent des conditions restrictives ; les pays du "Sud" refusent de voir leur exclusion programmée. Wim Lok, le président néerlandais, Philippe Maystadt, ministre belge, Carlos Solchaga, ministre espagnol, travaillent avec moi au compromis : il y aura des critères précis, mais il y aura une marge d'appréciation en tendance des efforts faits. »[94]

Après Apeldoorn, ne demeurent que quatre problèmes à résoudre : -1- le statut des pays qui ne feraient pas partie de l'UEM ; -2- la politique de change ; -3- la définition des critères de convergence ; -4- la structure et la mission de l'IME. Deux points sont décidés à Maastricht ; la politique de change (sous la responsabilité du Conseil européen en collaboration avec la BCE qui affirme son indépendance) et les critères de convergence comme l'atteste le Traité.

---

[92] *Ibid.*

[93] ABF DGSE 14892000201 B9, Réunion bilatérale, UEME, 13/14 septembre 1991, Berlin, Compte-rendu. Position de H. Köhler, p. 16.

[94] Védrine, *Les mondes de François Mitterrand*, *op. cit.*, p. 463.

« **Inflation basse.** Le taux d'*inflation* moyen observé au cours d'une période d'un an avant l'examen de l'entrée d'un pays ne peut dépasser de plus de 1,5 % la moyenne de ceux des trois États membres présentant les meilleurs résultats en matière de stabilité des prix.

Finances publiques saines. Le déficit public ne peut être supérieur à 3 % du produit intérieur brut (*PIB*) et la dette publique ne peut excéder 60 % du PIB, à moins qu'elle ne diminue suffisamment et ne s'approche de la valeur de référence à un rythme satisfaisant. Ce dernier critère est donc plus souple et sujet à une appréciation plus large.

Taux de change stable. Le pays candidat doit avoir respecté les marges normales de fluctuation prévues par le mécanisme de change du *Système monétaire européen* pendant deux ans au moins et ne pas avoir dévalué sa monnaie par rapport à celle d'un autre État membre.

Taux d'intérêt bas. Durant l'année précédant l'évaluation, le taux d'intérêt moyen à long terme ne peut excéder de plus de 2 % celui des trois États membres présentant les meilleurs résultats en matière de stabilité des prix. »[95]

Concernant la politique de change, la délégation française, rejointe par l'Angleterre, souhaite préserver le pouvoir économique (Art. 109), alors que l'Allemagne considère qu'il ne faut restreindre la marge de manœuvre de la politique monétaire à l'égard des marchés financiers.[96] La Bundesbank exige l'unanimité en matière de décision alors que la France souhaite l'enlever pour éviter la paralysie qui pourrait être provoquée par la Grèce. La France fait le forcing en utilisant des concepts qui n'ont pas de sens au niveau économique ni au niveau juridique (by means of agreements) et n'ont pas reçu l'aval politique en Allemagne. La délégation allemande refuse.[97] Finalement, les positions allemandes sont acceptées.

Le compromis bilatéral sur l'IME apparaît minimaliste et respecte pour l'essentiel les préoccupations allemandes[98]. Sur l'Union politique, l'Allemagne reproche à la France ses réticences, alors que la délégation cherche un soutien qu'elle ne trouve pas pour encadrer le pouvoir de proposition de la Commission qu'elle juge de façon paradoxale trop

---

[95] Traité de Maastricht, 7 février 1992, https://www.cvce.eu/content/publication/2002/4/9/2c2f2b85-14bb-4488-9ded-13f3cd04de05/publishable_fr.pdf.

[96] ABF DGSE 14892000201 B9, Négociations CIG, 21 novembre 1991, Art. 109 : politique de change.

[97] ABF DGSE 14892000201 B9, Réunion bilatérale franco-allemande sur l'UEME, Francfort, 23 novembre 1991

[98] ABF DGSE 14892000201 B9, Compromis bilatéral sur les statuts de l'IME, Bercy, le 9 novembre 1991.

technocratique. Ce pouvoir devrait revenir au Conseil européen, seule instance légitime en ce point.[99] La France et l'Allemagne cherchent à distinguer une Chambre des gouverneurs (premier cercle) et un Comité SME auquel l'Italie et la Grande-Bretagne participeraient de plein droit. L'Italie ne répond pas aux critères et ne peut faire partie du noyau dur.

Lors du Conseil européen de Maastricht, les 9 et 10 décembre 1991, les Conférences intergouvernementales sur l'Union politique et sur l'Union économique et monétaire parviennent à un accord et permettent la signature du Traité sur l'Union européenne le 7 février 1992.

Conclusion

Les relations monétaires franco-allemandes pétries de divergences structurelles sont dominées par le réalisme allemand et les illusions françaises d'un retour à une grandeur révolue. Cette relation ambivalente peut être décrite par le pragmatisme de la Bundesbank, véritable artisan de l'UEM, sur laquelle la diplomatie française par manque de lucidité économique et de volonté politique s'aligne. Proche de Kohl, et quittant la réserve de rigueur sur le processus d'intégration européenne, Hans Tietmeyer, membre du directoire de la Bundesbank, s'inscrit dans les pas de Pöhl et Schlesinger, en faisant cette déclaration peu avant les négociations du sommet de Maastricht : « L'unité allemande ne doit pas ralentir la marche vers l'union monétaire européenne. Mais elle ne doit pas non plus accélérer le tempo de cette intégration monétaire. Le grand problème, c'est que l'Allemagne est soumise à une pression politique. L'Allemagne unie a beaucoup à perdre à cette future réorganisation des monnaies européennes : un des systèmes monétaires les meilleurs et les plus efficaces du monde. »[100] Comme le souligne Marsh, « la Bundesbank est bien trop puissante pour être contrôlée par d'autres, mais elle dispose de trop de pouvoirs pour les utiliser toute seule. »[101]

Accordant le primat à la politique sur l'économie, la diplomatie française, en refusant l'Union politique voulue et réclamée par

---

[99] ABF DGSE 14892000201 B9, Réunion bilatérale franco-allemande sur l'UEME, Francfort, 23 novembre 1991.

[100] Déclaration de Hans Tietmeyer effectuée à Francfort, le 11 juin 1991 in David Marsh, *La Bundesbank aux commandes de l'Europe, op. cit.*, p. 275.

[101] David Marsh, *La Bundesbank aux commandes de l'Europe, op. cit.*, p. 310.

l'Allemagne, commet de façon paradoxale un contresens économique aux lourdes conséquences politiques sur la place de la France au sein de la Communauté. En proposant une structure fédérale, l'Allemagne dessine les contours d'une Allemagne européenne. La France qui rêve d'une puissance politique retrouvée n'accepte que l'Union économique et monétaire qui mécaniquement en économie ouverte conduit à la prédominance de l'économie de la monnaie la plus forte. Elle fait le choix d'une Europe allemande, à son corps défendant.

Le chancelier défend l'Union politique européenne, une structure intégrée quasi fédérale, où les décisions au Conseil des ministres seront prises à la majorité qualifiée sous l'égide d'une Commission aux pouvoirs renforcés. La France prône, non une fédération, mais bien une confédération où les décisions portant notamment sur la PESC doivent être prises par le Conseil européen à l'unanimité. Dans les faits, la France exige une finalisation de l'UEM en échange de l'Union politique dont elle ne veut pas dans l'immédiat. Elle cherche ainsi à éviter à court terme la pression trop forte qu'exercent les taux d'intérêt allemands élevés qui nuisent à sa croissance économique. Cette démarche conduisant à la création de l'Union économique européenne pour arrimer l'Allemagne à la Communauté et utiliser le levier européen pour repositionner la diplomatie française au centre de l'échiquier international révèle toute l'ambiguïté et le paradoxe de l'opération dont la diplomatie allemande a pleinement conscience. La France accepte l'UEM, mais n'est pas prête à l'Union politique alors que les deux sont nécessaires pour garantir l'équilibre économique escompté.

Sur le plan économique, un non-respect de cette condition est clairement source de déséquilibres importants dont la France risque d'être l'une des principales victimes. Comme le souligne Soutou, sur le plan politique « on voulait contrôler l'Allemagne dans un cadre européen, mais sans perdre sa propre liberté d'action, donc en conservant un droit de veto. »[102] Cette situation illustre la perception de la diplomatie française, telle que développée par la Présidence de la République : la politique conserve le primat sur l'économie dont les mécanismes semblent mal maîtrisés. « Le Traité jette la base d'une Union européenne à vocation fédérale, elle-même épine dorsale d'une confédération paneuropéenne

---

102 Georges-Henri Soutou, *L'alliance incertaine : les rapports politico-stratégiques franco-allemands, op. cit.*, p.404.

encore à bâtir, qui unira douze États et 340 millions de citoyens pour faire de l'Europe la première puissance mondiale »[103]. Cette déclaration de Dumas, ministre des Affaires étrangères, illustre, comme le souligne Védrine, « la pensée profonde du Président ».[104] Elle révèle également que la France n'est plus maîtresse de son destin. Le marché domine, instaurant un ordre spontané qui échappe à la volonté politique.

Fière de son indépendance insulaire et faisant montre de plus de lucidité, seule la Grande-Bretagne, sous l'impulsion libérale de Margaret Thatcher et de ses successeurs Tories, est opposée au principe de l'Union économique et monétaire et de l'Union politique.

La France est confrontée à ses contradictions et à ses ambitions déçues. Pour elle, l'Union politique n'est concevable que si on y inclut une défense européenne. L'UEO est la structure adoptée, mais elle se heurte à la position américaine, défendue par de nombreux pays communautaires (la Grande-Bretagne, les Pays-Bas, le Danemark et le Portugal, entre autres) qui prônent la primauté de l'OTAN. Par certains aspects, le projet d'Union politique rappelle le plan Fouchet de 1962 et ses enjeux géopolitiques ravivés ici dans une période de fin de « guerre froide ». Lors d'une rencontre à Key Largo, le 19 avril 1990, George Bush avait précisé sans équivoque la position politique américaine sur ce point : « Il faut que nous restions en Europe… l'OTAN est pour nous un moyen de rester en Europe… La présence américaine est bonne pour l'Europe… »[105]

L'Allemagne et la France opposent des différences géopolitiques importantes qui expliquent l'issue du Traité de Maastricht. Ainsi, comme le résume Védrine, l'Allemagne défend l'UEM, l'autonomie de la future BCE, un Conseil européen fort, un Parlement européen doté d'un véritable pouvoir législatif, une PESC avec toutefois quelques réticences sur une défense commune affranchie de l'égide américaine. La France partage de nombreuses attentes avec l'Allemagne, mais rechigne à garantir l'autonomie et l'indépendance de la future banque centrale, ne souhaite pas une augmentation du pouvoir du Parlement européen, veut par contre préserver son indépendance nucléaire et donner, à des fins de

---

103 Déclaration de Roland Dumas, ministre des Affaires étrangères, devant l'Assemblée nationale, novembre 1991, reprise dans Védrine, *Les mondes de François Mitterrand*, *op. cit.*, p. 470.

104 *Ibid.*

105 Témoignage de G. Bush, lors de sa rencontre avec F. Mitterrand, à Key Largo, le 19 avril 1990. Dans Védrine, *Les mondes de François Mitterrand*, *op. cit.*, p. 444.

politique intérieure, une coloration plus sociale à l'UEM à travers une charte sociale.

Cette attitude révèle de nombreuses contradictions, une charte sociale dans une structure économique libérale telle que l'UEM peut sembler difficilement compatible avec les exigences d'efficience qu'elle exige. Sans doute faut-il y voir un reliquat des promesses du candidat Mitterrand à son électorat orphelin de la mutation pro-européenne du Parti socialiste ? L'Allemagne bénéficiant d'un partage des pouvoirs politiques, législatifs et économiques, souhaite une Europe à son image, fédérale. La France, héritière d'un pouvoir centralisateur et jacobin dont elle ne souhaite pas se défaire, ne peut envisager qu'une confédération.

Finalement, sur ce point, le duo Kohl-Mitterrand a fait peu de progrès par rapport aux positions divergentes de Brandt et Pompidou vingt ans plus tôt. Mitterrand, pour des raisons qui sont propres à son long parcours politique, craint la puissance hégémonique de l'Allemagne lorsque celle-ci demande une augmentation du nombre des députés allemands au Parlement après la réunification. Sa déclaration à Bonn au chancelier, le 14 novembre 1991 en est une bonne illustration : « l'augmentation unilatérale de 18 Allemands serait un manquement grave à l'esprit des traités qui reposait sur la parité. On risque de dire qu'on passe à une Europe allemande, et d'assister à un réveil des sentiments anti-européens ».

À la fin de sa carrière politique, Mitterrand semble obsédé par les craintes d'un passé révolu et met en exergue sa volonté de préserver la paix en Europe qu'il croit menacée. Le mot apparaît de façon récurrente dans ses discours de l'époque et sera utilisé comme argument quelque peu anachronique pour convaincre les Français hésitants lors du référendum sur le Traité de Maastricht à la fin de l'été 1992.

La position du premier ministre italien, Giulio Andreotti, est lucide et peut-être empreinte d'une certaine forme de cynisme sur le processus de construction européenne et plus particulièrement sur le rôle dévolu à l'époque au Parlement européen : « Pourquoi a-t-on créé un Parlement européen ? Parce qu'on a été démagogue ! L'évolution n'est pas encore à ce point fédéraliste. »[106] Paradoxe, la France et l'Italie, qui sont les pays les

---

[106] Témoignage du premier ministre italien, tenu le 17 octobre 1991 à Viterbe et rapporté dans Védrine, *Les mondes de François Mitterrand*, *op. cit.*, p. 469.

plus demandeurs de l'UEM, sont les moins prêts à adopter une structure fédérale nécessaire à sa mise en place efficace.

Au premier jour du Conseil européen de Maastricht, Mitterrand insiste sur un calendrier pour l'UEM : « Il faut fixer une date de passage à la troisième phase, une date "au plus tard", qui pourrait être avancée. Le Conseil européen doit se réunir avant le 31 décembre 1996, mais, s'il ne décide rien, la date du 1er janvier 1999 tombera comme un couperet. » Il reçoit le soutien du chancelier Kohl et peut ainsi paraître comme son alter ego dans le processus de construction européenne. L'irréversibilité de l'entente franco-allemande semble acquise.

Pour Delors « la coopération monétaire était la clé d'une future intégration politique »[107] en « ôtant au mark son pouvoir, elle permettrait de redistribuer le pouvoir économique »[108]. La France, prisonnière d'un engrenage politico-économique né d'un rêve giscardien, s'est bercée d'illusions. L'Allemagne par sa pugnacité affichée a fait preuve de pragmatisme et de réalisme politiques et économiques. Le SME voulait que l'ECU soit au centre du système. Comme le constate avec satisfaction, Pöhl, grand architecte de l'UEM et défenseur des intérêts économiques allemands : « La Bundesbank a renversé le système voulu à l'origine en faisant de la monnaie la plus forte la vraie valeur de référence. »[109]

---

107 Marsh, *La Bundesbank, aux commandes de l'Europe*, *op. cit.*, p.273.

108 *Ibid.*

109 Karl-Otto Pöhl, allocution prononcée à l'église Saint-Paul à Francfort le 27 août 1991, dans David Marsh, *La Bundesbank, aux commandes de l'Europe*, *op. cit.*, p.271.

Conclusion générale

L'analyse des relations monétaires franco-allemandes dans la perspective de relance de l'Union économique et monétaire, du discours de La Haye prononcé par Georges Pompidou en décembre 1969, à la signature du Traité de Maastricht en février 1992, permet d'apporter un éclairage nouveau sur les ambitions françaises, leurs évolutions et les résultats atteints. Sur l'ensemble de la période, deux idées-forces partagées avec des nuances par les présidences successives ressortent : la quête de stabilité économique et monétaire et la recherche d'une Europe maîtresse de son destin, indépendante de l'hégémonie américaine, où la France occuperait une place de premier plan.

Lorsque Pompidou, avec son homologue allemand, Brandt, prend l'initiative de relancer le processus de construction européenne, à La Haye le 2 décembre 1969, il fait montre d'un grand réalisme, tant politique qu'économique. Successeur du général de Gaulle à la présidence de la République, il apparaît comme son héritier politique à plus d'un titre. Sa vision de l'Europe et de la place que doit y occuper la France a des accents gaulliens. Elle inaugure le volontarisme politique de la France et la nécessité d'une action économique devant permettre d'établir les fondements d'une Union économique et monétaire à l'échelle européenne pour s'affranchir de la tutelle américaine. Face à la mutation économique et géopolitique du monde occidental qui se dessine avec la fin prévisible du système de Bretton Woods, très ébranlé par la politique économique américaine, Pompidou inscrit son action dans une politique d'ensemble qui cherche à repositionner la France sur l'échiquier des relations internationales. Cette démarche volontariste fait écho à la position défendue par le général de Gaulle en 1965 : « La France, pour sa part, est prête à participer activement à la vaste réforme qui s'impose désormais dans l'intérêt du monde entier »[1].

Son programme présidentiel présenté lors de sa campagne au premier semestre 1969 décrit de façon synthétique sa position qui reste constante

1 Charles de Gaulle, *Discours et Messages,* Paris, Plon, 1970, p. 334. Discours du 4 février1965.

tout au long de son mandat. Elle résume assez bien les ambitions nourries par la France dans ses relations monétaires avec l'Allemagne : « Je pense qu'il faut construire une Europe maîtresse de ses destinées. Pour cela, elle doit devenir une réalité d'abord sur le plan économique et spirituel, afin que tous ses habitants acquièrent une conscience politique commune. Je suis convaincu qu'elle pourra, alors, jouer le rôle auquel elle a le droit ».[2] Sa démarche prudente est progressive et veille à maintenir l'indépendance de la France et son non-alignement sur la politique économique allemande. Ces réserves varieront avec ses successeurs à la présidence de la République.

Si les relations monétaires franco-allemandes affichent des constantes, elles présentent également des dynamiques propres aux conjonctures économiques et politiques. Elles oscillent du réalisme économique, caractérisé par l'action pompidolienne volontariste et prudente, au rêve européen et aux aspirations plus fédéralistes, entretenus par l'administration giscardienne. Ces deux cycles partagent la même quête d'une stabilité économique perdue. Les deux septennats de François Mitterrand et le mandat de chancelier d'Helmut Kohl instaurent des dynamiques différentes où les illusions économiques et politiques déçues cèdent le pas à la réalité économique des marchés. Le phénomène mondial de libéralisation de l'économie s'accélère au cours des années 1980. Ainsi les résultats atteints par la France, mais aussi par l'Allemagne, ne peuvent être véritablement jugés qu'à l'aune du contexte historique fluctuant qui les a générés. Dans une période marquée par la libéralisation de l'économie voulue par les États-Unis et par la Grande-Bretagne, la France comme l'Allemagne, dans une moindre mesure, font figure de petits pays confrontés à des chocs exogènes qui vont modifier les relations économiques et politiques mondiales. Elles doivent s'adapter et ne sont pas maîtresses des grandes orientations. En ce sens, elles doivent prendre des décisions sous contrainte, avec parfois une marge d'action plus limitée.

La décennie 1980 inaugure, à travers la déréglementation, le triomphe de l'économie sur la politique, la fin d'une certaine idée de l'Europe encore présente dans les années 1960 et au début des années 1970, et l'avènement de la primauté des marchés. Alors que l'Allemagne

---

[2] CHAN, 5AG2/1088, Georges Pompidou, Programme présidentiel de G. Pompidou : Objectif no 3 : L'Europe.

défend l'idée d'une Allemagne européenne, la France, par ses choix économiques et politiques, en s'éclipsant sur le plan économique tend à dessiner les rivages d'une Europe allemande. Dans les faits, la France perd progressivement son indépendance et son idée de grandeur peut apparaître dans les années 1990 comme une ambition déçue. La stabilité économique et monétaire semble avoir été atteinte au prix d'une perte d'indépendance : l'idée d'une Europe maîtresse de ses destinées demeure un rêve latent, voire évanescent…

Du réalisme économique au rêve européen : à la recherche de la stabilité économique perdue

L'action du président Pompidou révèle un fort volontarisme, empreint de pragmatisme et de réalisme politiques et économiques, au service d'un projet européen. La démarche de son successeur, Valéry Giscard d'Estaing, s'inscrit par de très nombreux aspects dans la continuité, mais donne à l'action présidentielle une dimension plus prométhéenne où le rêve d'une Europe fédérale semble poindre. La dynamique de la construction européenne s'accélère.

Les relations monétaires franco-allemandes sous la présidence de Pompidou illustrent un volontarisme au service d'un projet européen. Dans une période marquée par la fin du système monétaire international défini en juillet 1944 à Bretton Woods, la nécessité de relancer l'UEM apparaît de plus en plus forte pour l'économie française. L'Europe doit être pour la France un facteur de stabilité et un moyen de redynamiser sa croissance économique. Le volontarisme et les ambitions de Pompidou sont illustrés par le célèbre triptyque qui définit la politique européenne de la présidence : achèvement, approfondissement et élargissement. La collaboration monétaire, source de stabilisation, est le moyen privilégié d'atteindre ces objectifs.

Sur le plan économique, le principal but est de relancer puis de préserver la croissance économique grâce à un retour à la stabilité des changes. Dans cette perspective s'inscrit la recherche d'une communauté de stabilité et de croissance à l'échelle européenne. Toutefois, la France doit faire face à certaines contraintes structurelles propres à son choix de modèle économique établi à la fin de la Seconde Guerre mondiale. Elle ne peut se défaire d'un modèle de croissance inflationniste qui va à l'encontre du modèle de stabilité monétaire défendu par la Bundesbank et inscrit dans la constitution allemande. Un alignement immédiat sur la rigueur de la politique monétaire allemande n'est pas envisageable. Une lutte drastique contre les dérives inflationnistes, imposée par la Bundesbank, risque de provoquer la disparition des entreprises incapables de maintenir leur coût de production dans la limite de ceux observés en Allemagne. L'ajustement économique nécessite du temps. L'industrie doit s'adapter progressivement à la stabilité des prix des facteurs de production.

Cette contrainte économique majeure permet de comprendre le refus du plan Werner par la présidence de la République. De fait, par ses recommandations, le plan Werner bride la politique inflationniste de la France en lui imposant une politique monétaire de stabilité, d'inspiration allemande, contraire aux intérêts et au fonctionnement de son industrie. L'action politique européenne de Pompidou cherche à gagner le temps nécessaire à l'adaptation de l'économie française aux nouvelles contraintes et exigences de l'économie mondiale. Dès l'automne 1969, lucide, le président français évoque la nécessité « de gagner quatre ans qui permettraient à l'industrie et à l'économie françaises d'acquérir la solidité nécessaire. »[3]

Au début des années 1970, contrairement à l'économie allemande, l'économie française n'est pas aussi prête à la concurrence internationale et à la libre circulation des capitaux. L'instabilité du SMI constitue, par conséquent, un danger important. Ce danger est sans doute l'une des motivations à la fermeté de la diplomatie française dans ses négociations, au nom de la France et de la CEE, avec les États-Unis pour rétablir une plus grande stabilité des changes. Par sa pugnacité et son volontarisme, la France s'impose comme un négociateur valable pour les États-Unis dans la recherche d'un meilleur encadrement de la volatilité des devises et du dollar en particulier. La rencontre des Açores entre les présidents Nixon et Pompidou, les 13 et 14 décembre 1971, constitue une étape importante quant au rôle majeur de la France dans la création d'une monnaie européenne où la solidarité franco-allemande a su s'exprimer. Cette action diplomatique permet d'envisager à terme l'émergence d'une Europe maîtresse de ses destinées. Les États-Unis prennent pleinement

---

[3] Archives privées Jean-René Bernard, note pour Michel Jobert, 22 octobre 1969. Cité par Éric Bussière « Georges Pompidou et la crise du système monétaire international : intérêt national, solidarité européenne et enjeux internationaux », in Association Georges Pompidou sous la direction d'Éric Bussière. *Georges Pompidou face à la mutation économique de l'Occident : 1969–1974*. Paris, PUF, 2003, p. 76.

conscience du danger que représenterait la constitution d'une Europe puissance, affranchie des interventions hégémoniques américaines, et agissent en conséquence en favorisant une grande volatilité du dollar, source de tensions et d'instabilité dans les économies européennes.

Il n'empêche. Grâce à une diplomatie habile, Pompidou a su poser les bases d'une « Europe européenne », écho à un rêve gaullien inachevé. La France, devenue à l'issue de la Seconde Guerre mondiale une puissance moyenne, est parvenue à rétablir pour un temps une stabilité monétaire perdue et à faire naître l'idée d'une Europe puissance, danger évident pour la puissance américaine. La création du Serpent monétaire européen dans le cadre de l'accord de Bâle du 10 avril 1972 est le résultat d'une collaboration monétaire franco-allemande, en réponse aux exorbitants privilèges monétaires américains. Le « serpent dans le tunnel » annonce les prémices d'une monnaie européenne, chargée de protéger l'économie européenne des vicissitudes du dollar, en instaurant une communauté de stabilité et de croissance. La période qui couvre toute l'année 1972 jusqu'à la dévaluation du dollar en février 1973 est marquée par la recherche d'une harmonisation des politiques économiques. Pour la France, comme pour l'Allemagne, l'enjeu est de poursuivre dans la voie de l'UEM pour sortir de la crise. Durant cette période une certaine méfiance, voire une défiance, s'installe dans les relations monétaires franco-allemandes. Face à l'insistance de Jean Monnet, qui prône une solidarité illimitée en matière de politique monétaire, Georges Pompidou redoute une « OPA allemande sur l'Europe »[4].

La dévaluation du dollar annonce le ralliement aux thèses économiques allemandes et le temps des incertitudes. La perspective d'un retour à un système de parités fixes, voulu par la France, disparaît définitivement. Les thèses défendues par la Bundesbank s'affirment au sein de la CEE : il faut laisser flotter les monnaies et mettre en place une coordination des politiques économiques (monétaires et budgétaires). À des fins de protection contre le risque d'un SMI désorganisé, le franc suit les règles du Serpent monétaire, supportant le risque d'un système monétaire européen axé sur le deutsche mark. Un alignement sur le mark peut effectivement compromettre la croissance de l'économie française. Le 19 janvier 1974, face à l'impossibilité d'obtenir une convergence des

---

[4] CHAN 5AG2, carton 164, Jean-René Bernard, 15 janvier 1973, note pour Michel Jobert, objet : « conversation avec Jean Monnet » (annotation de Pompidou : « Je suis fort réticent »).

taux d'intérêt français et allemand, le franc quitte le Serpent monétaire. Par cette action, les acquis économiques et monétaires sont préservés. La crise du système des changes contraint à la mise en sommeil de l'UEM. Pompidou en fait le constat : « … l'union monétaire est provisoirement en sommeil et ne peut être qu'en sommeil ».[5]

Volontariste, défenseur d'un projet « d'Europe européenne », Georges Pompidou a pu s'appuyer sur la collaboration monétaire franco-allemande pour défendre la stabilité des changes, pierre angulaire de la croissance économique française, sans pour autant la garantir de façon permanente. Par son action diplomatique, il a su affirmer le rôle primordial de la France en Europe et dans le monde, tout en envisageant les contours possibles d'une Europe plus indépendante des États-Unis sur les questions monétaires. Les relations monétaires franco-allemandes sous la présidence de Pompidou et le mandat de Brandt, affichent des divergences et ne peuvent que répondre partiellement aux ambitions entretenues. Reposant sur des fondements économiques et politiques affermis, elles permettent néanmoins d'envisager au printemps 1974 des convergences accrues et de nourrir l'idée d'un rêve européen, partagé par le président Giscard d'Estaing et le chancelier Schmidt.

Les relations monétaires franco-allemandes sous la présidence de Valéry Giscard d'Estaing : un volontarisme au service d'un rêve européen

Deux périodes politiques caractérisent l'action de VGE. Elles s'échelonnent de la volonté de rétablir la confiance à la mise en place de politique de rigueur qui conduit au système monétaire européen.

Ancien ministre de l'Économie et des Finances de Georges Pompidou, VGE, devenu président de la République, inscrit son action dans la continuité même si la perspective à terme d'une fédération européenne est un rêve latent. Face aux fortes variations des devises et à l'importante volatilité du dollar, les relations monétaires franco-allemandes défendues par le chancelier allemand et le président français cherchent à privilégier une harmonisation et une convergence des politiques économiques pour accélérer le processus d'UEM. L'Europe des « petits pas » de Schuman et Pompidou ne suffit plus. Il apparaît important d'envisager de nouvelles

[5] CHAN, 5AG/1091, Discours de Georges Pompidou, 24 janvier 1974.

institutions politiques et l'émergence d'un véritable centre de décision : la construction d'une Europe maîtresse de son destin doit prendre forme. Si les deux chefs d'État affichent un volontarisme fort, ils sont confrontés à des problèmes économiques significatifs. La France et la RFA mènent des politiques économiques différentes, voire divergentes, qui nuisent à l'UEM, d'autant que la France est sortie du Serpent.

Dès juin 1974, le gouvernement français met en place le plan Fourcade pour permettre à la France de rejoindre le camp des pays du Serpent. Il s'agit d'un « plan de refroidissement » de l'économie établi afin de contrôler les dérives inflationnistes caractéristiques de l'économie française. Le « mémorandum Fourcade » allie flexibilité et solidarité communautaire en proposant : -1- un emprunt communautaire ; -2- une unité de compte pour la Communauté et -3- un changement dans les règles du Serpent. Il se heurte au refus du gouvernement allemand et de la Bundesbank qui ont conscience que cette démarche et la demande d'interventions plus équitables dissimulent l'incapacité de la France à se soumettre aux exigences du Serpent. L'idée de « tunnel déformable » et de structure d'accueil pour les pays candidats au système de change européen met en évidence les problèmes de symétrie des changes et de charges de soutien monétaire supportées par les pays à monnaie faible[6].

Le mémorandum Fourcade et la note Mathonnet sur « l'avenir monétaire de l'Europe », produite en mai 1975, constituent des jalons qui permettent à VGE d'établir les fondements de son action politique à l'égard de l'Europe. Décision politique qui va s'avérer prématurée, le franc réintègre le Serpent le 10 juillet 1975, alors que des divergences de politiques économiques existent entre la France et l'Allemagne. Si le plan Fourcade a permis de contrôler l'inflation grâce à une politique de rigueur, il a également eu pour conséquence un ralentissement de l'économie provoquant une hausse du chômage. Pour des raisons électoralistes, Jacques Chirac, premier ministre, met en place une politique de relance d'inspiration néokeynésienne, endossée par VGE, qui va ruiner les avancées obtenues grâce au plan Fourcade.

Les divergences françaises et allemandes sur le fond apparaissent de façon évidente. Avant le sommet de Rambouillet à l'été 1975, le chancelier Schmidt annonce que l'objectif de l'Allemagne à terme est la création

---

[6] ABF 14589200205/367, Note sur un nouveau régime de fluctuation des monnaies européennes, mémorandum Fourcade, septembre 1974.

d'une Europe fédérale. Toutefois, la RFA refuse d'endosser le laxisme de la politique économique française trop souvent mue par des considérations politiciennes plutôt que par l'atteinte d'objectifs économiques à long terme. Le gouvernement allemand et la Bundesbank refusent d'assouplir la rigueur de la politique monétaire. En réponse aux initiatives françaises et néerlandaises pour faciliter l'intégration des pays européens au sein du Serpent, la position du chancelier Schmidt est sans équivoque : « La République fédérale d'Allemagne est contre toutes espèces de zones qui ne servent qu'à encourager la spéculation »[7]. La France fait montre d'un volontarisme politique indéniable, mais ne parvient pas à réformer son économie. La démission médiatisée de Chirac et la nomination de l'économiste et ancien haut-fonctionnaire à la Commission, Raymond Barre, annonce un changement de politique en France et permet d'envisager une convergence des politiques économiques : l'espoir d'une relance de l'UEM est réel. Néanmoins, le chemin est encore long et le chancelier fait montre de lucidité lorsqu'il rappelle que l'important à court terme est la lutte contre l'inflation en précisant que « l'UEM, dans une situation de telles disparités, n'est qu'un rêve de diplomates. »[8]

À partir de la fin du mois d'août 1976, la politique de rigueur mise en place par Barre convertit progressivement l'économie française aux vertus du libéralisme économique, donnant à la RFA des gages de confiance qu'elle attendait depuis l'élection de VGE à la présidence de la République. Traducteur d'Hayek, Barre amorce véritablement un tournant libéral et abandonne le modèle keynésien qui a permis la reconstruction et la période des « Trente Glorieuses » qui s'achève. Il a compris les nouveaux enjeux apparus depuis la fin du système de Bretton Woods : « Nous ne vivons plus dans un monde keynésien »[9]. Cette position semble faire écho à celle d'un autre économiste au pouvoir, Helmut Schmidt. « Les méthodes de Keynes ont fonctionné dans les années 30 ; ce n'est plus le cas et il n'y a plus de Keynes »[10]. Grâce à Barre, la France cherche

---

7 CHAN 5AG3, Affaires étrangères 163, compte-rendu du Conseil européen de La Haye du 29 et 30 novembre 1976 établi par le conseiller technique du cabinet du ministère des Affaires étrangères, 6 décembre 1976.

8 CHAN 5 AG 3/AE 163, Compte-rendu du Conseil européen de La Haye du 29 et 30 novembre 1976.

9 Citation de Raymond Barre rapportée par Emmanuel Mourlon-Druol, in *An Europe Made of Money*, Ithaca, Cornell University Press, 2012, p. 99.

10 Citation d'Helmut Schmidt rapportée par Emmanuel Mourlon-Druol, *op. cit.*, p. 99.

à créer les conditions nécessaires à une coopération monétaire et une convergence économique accrues avec l'Allemagne.

De fait, de septembre 1976 à décembre 1977, la coopération monétaire franco-allemande se renforce : la politique économique française s'est alignée sur celle de l'Allemagne, rendant possible la mise en place d'un avatar du Serpent monétaire. Le Conseil européen de Rome (25 et 26 mars 1977) annonce le retour de la monnaie au premier plan des préoccupations de la CEE. Ses conclusions affirment la priorité accordée à la stabilité monétaire et soulignent le rôle que doit jouer une « Europe européenne ». Face aux tergiversations de la nouvelle administration Carter, l'Allemagne recherche le soutien de la France et éprouve le besoin de conforter son identité européenne et son ancrage à l'Ouest. Elle assume son rôle de première économie européenne et accepte de prendre les initiatives de construction de la CEE. En dépit du discours politique de VGE, c'est la RFA qui est par sa position économique dominante la véritable instigatrice du processus de relance de l'UEM.

L'idée d'une « Allemagne européanisée » plutôt que d'une « Europe germanisée » se diffuse progressivement au sein du gouvernement allemand, à l'initiative du chancelier. Dans les faits, la Bundesbank, par son pouvoir de veto, incarne le vrai leadership dans la coopération monétaire européenne. Le rêve européen de VGE, et avec lui les ambitions de la France, redeviennent possibles grâce aux actions de la présidence et du gouvernement français, mais aussi et surtout à celles de la chancellerie allemande et de la Bundesbank. Si l'objectif de stabilité monétaire pour résister aux vicissitudes de l'économie mondiale est partagé des deux côtés du Rhin, des divergences quant aux attentes géopolitiques se font plus présentes au début de l'année 1978, année de la mise en place du nouveau Système monétaire européen. Avatar du Serpent monétaire, le SME, organe et outil de stabilisation économique et monétaire communautaire, met en place les conditions d'un véritable engrenage politique et économique auquel les pays membres ne pourront se soustraire, une fois le processus enclenché.

L'année 1978 marque une année décisive dans la collaboration monétaire franco-allemande et la relance de l'UEM. La solidarité et la complémentarité économiques et politiques franco-allemandes sont facilitées et encouragées par l'attitude désinvolte de l'administration Carter qui ne prend pas pleinement conscience des grands enjeux géopolitiques à l'échelle mondiale et de la dérive du dollar, nuisible à la croissance économique. Souffrant d'une économie vieillissante et en perte de compétitivité, la France ne peut intégrer le Serpent malgré la mise en place d'une politique de rigueur assumée. La convergence économique nécessaire n'est pas atteinte. Pour des raisons politiques, un nouveau Système monétaire européen, avatar du Serpent, est proposé à l'initiative du chancelier, soutenu par le président français, avec l'accord de la Bundesbank qui accepte de ne pas s'y opposer dans l'intérêt de l'économie allemande.

La création du SME est une démarche réalisée en partie sous le couvert du secret qui permet la mise en place du plan Schmidt à travers une collaboration VGE-Schmidt-Callaghan (même si l'implication britannique s'avère moindre). Le chancelier a obtenu l'accord de la Bundesbank, très réticente face au manque de rigueur des politiques économiques des autres membres de la CEE et de la France en particulier, en assurant le directoire que le SME sera au moins aussi strict que le Serpent. Grâce à la collaboration étroite VGE-Schmidt, lors du sommet de Brême (6 et 7 juillet 1978) les neuf reconnaissent la nécessité de mettre en place un nouveau système monétaire européen, garant de la stabilité économique en Europe. Économiste de formation, Schmidt fait le choix politique et stratégique d'une « Allemagne européenne ». Le nouveau SME, établi afin d'améliorer le Serpent monétaire jugé trop contraignant par nombre de pays européens (France, Grande-Bretagne, Italie, Irlande), est le moyen choisi pour atteindre cet objectif de politique internationale.

Face aux errements de la politique internationale de Carter et à l'opposition croissante sur le plan intérieur, Schmidt est sous pression politique en Allemagne. La Bundesbank, les ministères de l'Économie et des Finances et les alliés libéraux (FDP) se montrent de plus en plus critiques à l'égard du chancelier. Il a besoin de redynamiser sa politique et d'affirmer son pouvoir : l'initiative du SME est un moyen d'atteindre cet objectif. La Bundesbank qui dispose d'un pouvoir de veto va faire des concessions, mais imposer ses conditions. Emminger définit la ligne de la Bundesbank[11] : le nouveau système monétaire doit véritablement apporter plus de stabilité en Europe, être durable et être compatible avec le fonctionnement de la Bundesbank. Il recense trois risques pour la politique monétaire allemande : -1- l'excès de liquidité internationale; -2- la perte potentielle de création du deutsche mark; -3- le risque de

[11] BB, N2/265, Erklärung von O. Emminger zu dem Bremer Währungsplan im Bundeskabinett am 12.7.1978, 12 juillet 1978.

parités non réalistes. Pöhl rappelle que le système monétaire doit être nécessairement compatible avec l'exigence de stabilité de la Bundesbank[12].

Face à ces exigences, le chancelier lors de son intervention (fait exceptionnel dans l'histoire allemande) devant la Bundesbank assure que le Serpent sera maintenu tant que le SME n'est pas opérationnel. Lors des négociations, la Bundesbank, qui ne veut pas de l'ECU[13] panier avancé par la France pour limiter le pouvoir du mark, va imposer la grille de parités et accepter, sous la pression politique, l'indicateur de divergence, défendu par la délégation française. En raison de l'efficacité de la grille de parités, cet indicateur, dans les faits, ne servira quasiment pas.

Malgré les divergences économiques et monétaires apparentes, le degré d'implication politique de l'Allemagne et de la France est très important, si bien qu'il exclut un échec des négociations. Sur le plan politique, un compromis s'impose. La France va valider, comme le souligne le « memorandum of understanding », la « grille de parités » imposée par la Bundesbank, évitant ainsi l'abandon du SME qui aurait été perçu comme un échec majeur. Dans les faits, la France s'aligne sur la politique et les exigences allemandes. VGE semble prêt, en dépit de son discours politique où il en appelle à la mythologie carolingienne à l'issue du sommet d'Aix-la-Chapelle (14–15 septembre 1978), à accepter une zone mark. Il fait le choix de l'Europe, mais aussi du modèle économique allemand auquel l'économie française n'est pas adaptée. Par sa décision, il s'éloigne de la vision prudente et pragmatique pompidolienne, à tel point que la diplomatie britannique, très opposée à l'idée de perdre son autonomie monétaire, aura l'impression d'être la seule à véritablement défendre les intérêts économiques de la France.

Le SME résulte d'une décision éminemment politique qui constitue une rupture par rapport à la prudence et aux atermoiements passés. L'Annexe de Brême qui cherche à assurer le succès du SME a deux objectifs pour relancer la construction européenne à travers l'UEM, l'un économique, l'autre politique : -1- renforcer la stabilité monétaire au sein de la CEE ; -2- organiser l'Europe. En ce sens, elle répond aux attentes

12 BB, B330/DRS. 142, 499–522, Sitzung, 1978, Protokoll der 512. Sitzung, 13 juillet 1978.

13 BB, B330/DRS. 142, 499–522, Sitzung, 1978, Protokoll der 515. Sitzung, 7 September 1978, Anlage: Stellungnahme des Zentralbankrats der Deutschen Bundesbank zu den den Vorlschlagen fur ein EWS nach dem Stand vom 6. September 1978.

et aux ambitions de la France et de l'Allemagne, avec des possibilités d'interprétation très différentes.

Le SME n'est pas véritablement un nouveau système monétaire européen : son caractère novateur répond à des attentes politiques et communicationnelles. Il apparaît davantage comme une synthèse des positions et suggestions passées ordonnancées dans l'intérêt de la Bundesbank qui a su jouer son rôle de garante de la stabilité économique et monétaire allemande. Les autorités monétaires des autres pays, ne jouissant pas d'indépendance à l'égard du pouvoir politique, sont amenées à perdre progressivement leurs marges de manœuvre et à s'aligner sur les règles du SME, véritable engrenage économique. Certes, la France en adoptant une politique de rigueur a obtenu une certaine victoire dans la lutte contre l'inflation, mais les taux élevés qu'elle implique nuisent à l'investissement et à la modernisation de l'économie. La véritable impulsion donnée à l'UEM, à travers la création du SME, est allemande et répond aux exigences de la Bundesbank.

Le SME, innovation politique beaucoup plus qu'économique, peut apparaître comme un « Bretton Woods européen » dont l'initiateur est l'Allemagne, soutenue par la France. Il relance le processus d'UEM et l'ECU ravive le rêve européen. Le poids du politique l'emporte sur la réalité économique : condition nécessaire à l'émergence d'un mythe que les politiciens vont veiller à entretenir. En défendant le SME devant la Bundesbank, Schmidt dessine les rivages d'une Allemagne européenne. La collaboration asymétrique monétaire franco-allemande a permis d'atteindre deux objectifs majeurs : -1- la préservation du marché commun menacé par l'instabilité des changes; -2- la mise en place du modèle économique et monétaire de la Bundesbank appelé à être l'exemple à suivre par la CEE et par la France en particulier. Le 13 mars 1979, le SME entre en vigueur. Pour des raisons de politique intérieure répondant aux attentes de VGE, le franc entre surévalué dans le système qui va faire montre de stabilité et répondre aux ambitions qu'il a entretenues des deux côtés du Rhin.

Grâce au maintien de la politique de rigueur, la France répond aux exigences du SME sur la période 1979–1981, perturbée par le second choc pétrolier et la hausse du dollar. Toutefois, la lutte contre l'inflation, basée sur des taux d'intérêt élevés, entraîne une hausse du chômage et une baisse de pouvoir d'achat des ménages, fragilisant la politique économique menée par Barre et soutenue par VGE. La France souffre d'une inadaptation structurelle de son économie : les taux d'intérêt élevés obèrent la capacité d'investissement des entreprises. Alors que l'ECU et le FME sont appelés à être des piliers du SME, leur rôle est assez limité, le FME faisant l'objet d'un report. La grille de parités s'impose et souligne le poids de la Bundesbank dans l'organisation et la gestion des changes européens. Les divergences dans les relations monétaires franco-allemandes demeurent importantes et persistent. La France affiche un certain complexe à l'égard de l'Allemagne. Avec la mise en place d'une nouvelle politique monétaire de la Fed, d'inspiration monétariste, se dessine la fin de la primauté de la politique sur l'économie. Paradoxe, après l'élection de 1981, perdue par VGE, il incombe à un président socialiste, François Mitterrand, d'adapter l'économie française aux exigences et contraintes du libéralisme économique qui annonce la déréglementation des marchés.

Des illusions déçues à l'avènement du pouvoir des marchés

Les relations monétaires franco-allemandes sous la longue présidence de François Mitterrand (mai 1981–mai 1995), sont marquées par deux périodes qui soulignent les illusions déçues d'une politique anachronique portée par le candidat Mitterrand à l'élection présidentielle de 1981 et l'avènement du pouvoir des marchés financiers, nouveaux régulateurs des politiques économiques européennes.

Comme le souligne Christian Sautter, l'une des préoccupations principales du président Mitterrand est d'apparaître aux yeux de son électorat et de la postérité comme un homme de gauche : « ni Thatcher ni Wilson »[14]. Fin politique, survivant de la IVe république ayant fait ses premières armes sous le gouvernement de Vichy, il connaît mieux que ses adversaires les arcanes et les chausse-trappes du pouvoir. Ses compétences politiques dissimulent mal une incompétence économique notoire, attestée par ses plus proches conseillers économiques qui évoquent à son égard et à celle de son premier ministre, Pierre Mauroy, une incompréhension dans ce champ devenu majeur avec la fin du SMI.

---

14 CHAN 5AG4 4338. Cette position correspond à un refus d'une conversion au libéralisme triomphant et à un refus de la mise en tutelle de l'économie française par le FMI.

Ni l'économie ni l'Europe ne sont de réelles priorités pour François Mitterrand; elles passent au mieux au second plan de son engagement. Comme nous l'avons déjà mentionné, dans ses 110 propositions adressées aux Français, l'Europe occupe une place minime. Force est de constater avec Robert Salais (et bien d'autres) que le volet économique du programme commun qui conduit Mitterrand à l'Élysée souffre d'une déficience conceptuelle, un véritable « défaut originel ». Conçu au début des années 1970, il repose sur une analyse dépassée du système économique des années 1960 basée sur une modélisation d'après-guerre. Avec la fin du système de Bretton Woods, la forte volatilité des marchés des changes, les mutations majeures de l'économie mondiale au cours des années 1970 et la mise en place du SME, avatar politique du « Serpent » monétaire, la politique économique mise en place par les gouvernements Mauroy de juin 1981 à mars 1983 répond à des attentes politiques et relève de l'anachronisme économique.

Cette attitude est mal comprise au sein de la CEE où les autres membres se sont progressivement convertis aux exigences d'une économie mondialisée en voie de libéralisation. L'attitude française sème le doute et la suspicion tant auprès des partenaires allemands qu'italiens : en témoigne l'échec de l'initiative Genscher-Colombo en 1982. « La politique de rupture » voulue et maintenue par le candidat Mitterrand à des fins politiciennes apparaît comme une parenthèse dans les relations monétaires franco-allemandes sur la voie de l'UEM. Le gouverneur de la Banque de France, Renaud de La Genière, et Jacques Delors, ministre de l'Économie et des Finances, cherchent durant cette période à préserver la confiance, déjà ébranlée, de l'Allemagne. Faisant abstraction de cette réalité économique qui lui échappe, Mitterrand cherche à minimiser les conséquences politiques de l'alignement économique que l'Allemagne impose à la France en mars 1983 : la mise en place d'une politique de rigueur ou le retour à la dure réalité économique.

Le SME est un engrenage économique dont la France ne peut s'échapper au risque d'hypothéquer, voire d'interrompre la construction européenne. Mitterrand revient à sa feuille de route politique et peut sembler fidèle à cette proposition du candidat à la présidentielle de 1981 en défendant avec force et talent l'idée d'« une France forte dans une Europe indépendante ». Avec cette antienne aux accents gaulliens, il s'aligne sur ses prédécesseurs à la présidence de la République et, de façon paradoxale, lui incombe le rôle d'inaugurer « la République du centre »[15]

[15] François Furet, Jacques Julliard et Pierre Rosanvallon, *La République du centre*, Paris, Calmann-Lévy, 1988.

et la fin de l'exception française. À l'issue de cette parenthèse politique, les relations monétaires franco-allemandes s'inscrivent dans un retour à la continuité et à la stabilité pour faire face à la forte surévaluation du dollar, menace à la croissance. Elles permettent d'affirmer la position de la CEE sur l'échiquier mondial. Une nouvelle étape de la construction européenne s'ouvre, soulignant le talent politique du président français. La politique de rupture est un échec économique que Mitterrand va transformer en tremplin pour sa politique européenne, nouvelle planche de salut.

La politique de rigueur imposée par les contraintes du SME, rappelées par l'Allemagne et son chancelier, doit permettre à la France d'établir les bases d'un redressement de son économie. D'aucuns y voient un tournant libéral par rapport au programme commun. Il est toutefois difficile de voir dans la politique de rigueur une véritable politique économique libérale ; c'est davantage l'adaptation et l'alignement sur les exigences des réalités économiques dictées et par le SME et par les marchés dont l'importance s'affirme. Une alliance franco-allemande permet de faire renaître auprès de la presse française la notion de couple franco-allemand, immortalisé à Verdun par la photo Mitterrand et Kohl se recueillant devant le monument aux morts de la Première Guerre mondiale. Les techniques habiles du marketing politique utilisées par la présidence de la République permettent de convaincre du nouveau grand dessein européen qui s'ouvre à la France. Devant les caméras, la France retrouve son rang de leader dans le concert des nations européennes. Toutefois, cette nouvelle communication pro-européenne ne doit pas faire oublier que les initiatives de relance de la construction européenne, comme l'annonçait dès 1982 le projet Genscher-Colombo, sont surtout à porter au crédit de l'Allemagne qui, pour des raisons diplomatiques, les partage avec la France.

Les Conseils européens de Stuttgart (juin 1983), de Fontainebleau (juin 1984) et de Luxembourg (décembre 1985) constituent trois dates importantes conduisant à l'initiative de l'Acte unique, amendement au Traité de Rome, établissant les contours du grand marché communautaire à l'horizon 1993. Il n'empêche que cette alliance franco-allemande mise en place dans la perspective d'une Union politique européenne révèle dès ses débuts des visions différentes et parfois contradictoires entre la France et l'Allemagne. Si l'Allemagne entretient des ambitions stratégiques et géopolitiques devant lui permettre d'affirmer son ancrage européen en prônant un discours intégrationniste, la France cherche à utiliser, tant sur le plan monétaire qu'économique, le levier de la CEE pour contribuer à la modernisation de son industrie en perte de compétitivité. Il s'agit également pour la République française d'utiliser le tremplin de la CEE pour se repositionner sur l'échiquier mondial. En ce sens, les politiques économiques et diplomatiques françaises marquent un infléchissement à partir de mars 1983 qui s'inscrit dans la continuité des politiques menées par Pompidou et VGE.

Les archives révèlent sans ambiguïté que l'Allemagne, en dépit d'un volontarisme européen affiché, n'est pas prête à sacrifier les politiques de rigueur et de stabilité qui contribuent au dynamisme de l'économie allemande. Malgré les discours politiques vantant les mérites de l'Europe, présentée comme une source d'espoir, la France, dont la monnaie est fragilisée à l'égard du mark, doit s'aligner sur les politiques monétaires contraignantes établies par la Bundesbank et faire de la lutte contre l'inflation l'une de ses principales priorités. L'économie française marque le pas sur l'économie allemande qui a connu une croissance plus importante depuis la mise en place du SME en mars 1979. Face au risque de ralentissement de la croissance et de l'augmentation du taux de chômage, la France cherche à obtenir des aménagements au SME dont les exigences sont perçues comme trop contraignantes et défend l'utilisation de l'ECU pour minimiser l'influence du mark sur la dynamique économique européenne. Garante de la stabilité économique et monétaire, la Bundesbank refuse ces demandes contraires à l'orthodoxie de la politique de rigueur.

La nomination de Jacques Delors à la présidence de la Commission inaugure une politique volontariste de celle-ci, destinée à infléchir les positions monétaires allemandes, tout en louant la stabilité du SME dont les effets positifs sur l'emploi doivent être mis en évidence[16]. Répondant aux attentes de l'Allemagne, de la Grande-Bretagne et des Pays-Bas, la Commission souligne devant le Conseil européen la priorité que représente la libéralisation des marchés de capitaux dans la perspective du grand marché. La convergence des politiques économiques doit faciliter l'atteinte de cet objectif, tout en permettant de « réaliser un peu plus de croissance et d'emplois »[17]. Cette position plus sociale répond aux attentes

---

16 ABF, 1489200205, 74–79, PV du 203e Comité des Gouverneurs des Banques Centrales, 11 février 1986, Intervention de J. Delors.

17 *Ibid.*

de l'Élysée et de l'économie française qui supporte le coût des politiques de rigueur.

Le marketing politique appliqué en France entretient le rêve européen, mais ne parvient pas à dissimuler une réalité économique et monétaire moins favorable. De fait, l'économie française révèle des signes annonciateurs d'un décrochage vis-à-vis de l'économie allemande. L'analyse de l'évolution du cours du franc à l'égard du mark de la mise en place du SME en avril 1979 à l'Acte unique en février 1986 est assez révélatrice de cette tendance. Le mark passe de 2,295 0 francs en avril 1979 à 3,069 6 francs[18], sept ans et trois dévaluations du franc plus tard : soit une appréciation de 33,75 %. Face à ce constat, la France fait de l'aménagement du SME et de l'utilisation de l'ECU, panier de monnaies, des enjeux majeurs de l'UEM.

Les relations monétaires franco-allemandes de la première cohabitation au Traité de Maastricht témoignent de l'avènement des marchés et du leadership allemand. La victoire des élections législatives par l'union des partis de droite (UDF et RPR) en mars 1986 permet la nomination d'un gouvernement en voie de conversion au libéralisme économique. Il est dirigé par Jacques Chirac, premier ministre, et va chercher à marquer une rupture avec le gouvernement de Laurent Fabius qui s'était déjà aligné sur les exigences du SME, sans pour autant réformer l'économie française. Malgré les efforts d'Édouard Balladur, ministre d'État de l'Économie et des Finances, la nouvelle politique économique française reste beaucoup moins libérale que les politiques menées par les administrations Reagan et Thatcher, ou même Kohl. Elle tente d'introduire une plus grande flexibilité et une déréglementation progressive en vue de la mise en place du grand marché. Elle accorde une plus grande place à la libéralisation des marchés dont elle craint et redoute les conséquences sur le plan social. L'action du ministère des Finances et de Balladur s'inscrit dans le prolongement du pragmatisme pompidolien tant sur le plan national que sur la scène internationale et plus particulièrement européenne. Elle va chercher à repositionner l'économie française au premier plan au sein de la CEE.

Par son volontarisme que n'entravera pas la politique du président Mitterrand, resté au pouvoir, le ministère de l'Économie et des Finances atteint trois objectifs importants sur la voie de l'UEM : l'acceptation

---

18 https://fred.stlouisfed.org.

de l'ECU public et privé par l'Allemagne, le renforcement du SME et la création du Conseil économique et financier franco-allemand. Ces initiatives répondent à la politique européenne de Mitterrand et servent ses intérêts. Elles obtiennent également le soutien et l'approbation de la Commission européenne active dans la dynamisation du SME. La mise en place du marché intérieur établi par l'Acte unique est assurée. Les réformes économiques mises en place par le gouvernement Chirac, sous l'impulsion d'Édouard Balladur, la bonne entente diplomatique entre le président français et le chancelier allemand et la forte implication du ministre des Affaires étrangères allemand Genscher dès l'automne 1987 ouvrent la voie à l'accélération de l'Union économique et monétaire, initiative politique allemande, lors du Conseil européen de Hanovre le 28 juin 1988.

En défendant la mise en place d'une monnaie et d'une banque centrale européennes, la diplomatie française souhaite encadrer le pouvoir du mark et éviter une gouvernance monétaire mondiale placée sous l'égide du dollar, du yen et du mark. La CEE est appelée à devenir un acteur politique majeur sur l'échiquier international où la France, forte de son indépendance géopolitique, pourra utiliser le levier européen et affirmer son influence. La recherche d'une double stabilité monétaire internationale (obtenue partiellement avec les accords du Plaza à l'automne 1985 et du Louvre en février 1987) et européenne ainsi que le repositionnement au premier plan de la diplomatie française dans le processus de construction de l'Europe politique font écho à l'héritage de l'action de Pompidou dont Chirac et Balladur apparaissent comme les héritiers directs.

Les ambitions entretenues par la France depuis le discours de La Haye en décembre 1969 peuvent sembler en bonne voie de réalisation. Toutefois des divergences entre les attentes françaises et allemandes, tant sur le plan économique que sur le plan diplomatique et géopolitique, apparaissent de façon plus évidente. Force est de constater que le fonctionnement asymétrique du SME, la pression et le renforcement du mark ont contribué à la convergence des politiques économiques et à la réduction des différentiels d'inflation au sein des pays de la Communauté membres de la zone mark (dont la France).

La décision de dynamiser et de relancer l'UEM est une décision prise par le chancelier Kohl qui s'inscrit dans une politique de long terme qui prolonge la vision du chancelier Adenauer et repositionne l'Allemagne au cœur de l'Europe et dans le concert des nations. Devant le parlement européen, le 11 mars 1988, le chancelier rappelle que l'harmonisation des politiques économiques et monétaires est une condition indispensable à la mise en place du marché unique et à la création d'une zone de solidarité et de stabilité économique et monétaire en Europe[19]. Il n'hésite pas à affronter l'opposition du ministère des Finances[20] et de la Bundesbank qu'il parvient à brider sur le plan politique. Adoptant les conseils de Genscher, il est convaincu que l'Union économique et monétaire est le meilleur moyen d'atteindre l'Union politique.

Dans cette initiative majeure du processus de construction européenne, il reçoit le soutien et l'approbation de l'ancien chancelier Schmidt[21]. Kohl propose à ses homologues européens le modèle économique et monétaire allemand auquel ils se sont convertis depuis la mise en place du SME. À l'issue du Conseil européen de Hanovre, Delors, président de la Commission, est mandaté pour constituer un comité d'experts afin de proposer les étapes conduisant à une Union économique et monétaire.

En adoptant la politique du « ni nationalisation ni privatisation » défendue par Mitterrand, réélu à la présidence de la République, la France abandonne les réformes économiques structurelles et sa conversion progressive au libéralisme économique devenu la norme. Elle reste prisonnière d'une situation « entre l'État et le marché »[22]. Le gouvernement allemand et surtout la Bundesbank, par leur clairvoyance et leurs compétences économiques, qui font défaut à l'administration française (mal formée aux exigences de l'analyse économique en économie ouverte et trop dépendante du pouvoir politique), vont dessiner jusqu'au Traité de Maastricht les contours de l'UEM, à l'image et dans l'intérêt de l'économie allemande. En dépit des apparences et des discours politiques, la collaboration monétaire franco-allemande apparaît très asymétrique, bien loin du « couple » vanté dans les médias à des fins électoralistes.

---

[19] Helmut Kohl, « Bericht des Bundeskanzlers vor dem Europaïschen Parlament », *Bulletin des Presse- und Informationsamts der Bundesregierung*, 37, 11 mars 1988, pp. 309–312.

[20] Gerhard Stoltenberg, « Gerhard Stoltenberg : Zur weiteren Entwicklung der währungspolitischen Zusammenarbeit in Europa », Bonn, 15 mars 1988.

[21] Helmut Schmidt, « Blockiert von Kleinmütigen. Wer einen europäischen Binnenmarkt will, muss auch eine gemeinsame Währung schaffen », *Die Zeit*, 22 avril 1988, pp. 38–39.

[22] Jean-Claude Casanova et Maurice Levy-Leboyer, *Entre l'État et le marché*, Paris, Gallimard, 1991.

Le sophisme politique fait fi de la réalité économique, mal maîtrisée et souvent incomprise par le pouvoir politique.

En développant la déréglementation de l'économie, les administrations américaines et britanniques donnent plus de poids à l'économie sur la politique : les marchés définissent les politiques économiques. Cette mutation majeure de l'économie mondiale a pour réponse l'accélération du processus d'UEM. Les divergences politiques et économiques entre la France et l'Allemagne du Conseil européen de Hanovre (juin 1988) à celui de Maastricht (décembre 1991) apparaissent de façon évidente. Alors que la France et ses principaux dirigeants au pouvoir continuent à privilégier la politique, l'Allemagne, héritière de l'ordo-libéralisme, s'adapte en accordant une place croissante à l'économie et en déléguant le pouvoir décisionnel monétaire à la Bundesbank, garante de la stabilité économique.

Kohl et Pöhl, plus que Mitterrand, sont les véritables architectes de cette nouvelle phase de la construction européenne. Alors que le chancelier a l'initiative de l'Union politique, le président de la Bundesbank, Pöhl, grâce à son indépendance et à son pouvoir économique, parvient à définir le cadre de l'UEM dans l'intérêt de la stabilité économique allemande. La France, disposant d'une marge de manœuvre très limitée sur le plan économique, s'aligne. Le président français défend l'Union économique et monétaire, sans en comprendre les véritables enjeux, pour endiguer la puissance du mark et arrimer l'Allemagne à l'Europe après la réunification. Par son action politique qui n'est pas suivie de réformes économiques structurelles profondes et nécessaires (libéralisation de l'économie et des marchés et désengagement progressif de l'État), il fragilise l'économie française. Les déséquilibres économiques entre la France et l'Allemagne vont se creuser d'autant que la France refuse l'Union politique, solution à la convergence et à la stabilité économiques.

Cette volonté d'indépendance française illustre un refus d'une fédération européenne et est lourde de conséquences. Soutou résume cette situation : « on voulait contrôler l'Allemagne dans un cadre européen, mais sans perdre sa propre liberté d'action, donc en conservant un droit de veto. »[23] Ce manque d'analyse économique fait l'objet de critiques éclairées que le pouvoir politique français élude. Comme l'écrit Maurice

---

[23] Georges-Henri Soutou, *L'alliance incertaine : les rapports politico-stratégiques franco-allemands*, *op. cit.*, p.404.

Allais, prix Nobel d'économie français : « Une monnaie unique ne peut constituer que le parachèvement final d'une réelle Union politique fondée sur une base démocratique et sur les délégations de souveraineté bien délimitées dans une Charte communautaire préservant les intérêts fondamentaux de chaque pays. »[24] Une analyse de la construction européenne après la signature du Traité de Maastricht et avant la mise en fonction de la Banque centrale européenne à l'aune de cette recommandation pourrait constituer une voie de recherche intéressante.

La période qui court de la réunification allemande au Traité de Maastricht marque l'ancrage européen de l'Allemagne au sein de l'OTAN et au sein de la CEE appelée à devenir l'Union européenne. En proposant une structure fédérale, l'Allemagne dessine les contours d'une Allemagne européenne. La France, qui rêve d'une puissance politique retrouvée, n'accepte que l'Union économique et monétaire. Cette décision conduit mécaniquement en économie ouverte à la prédominance de l'économie du pays à la monnaie la plus forte. Paradoxe, elle fait le choix d'une Europe allemande. L'attitude de la France qui s'est enfermée volontairement dans l'engrenage du SME peut sembler surprenante et soulève quelques questions. La France cultive les paradoxes et les contradictions que résume bien Gabriel Robin : « La France veut voir dans l'Europe un refuge contre la mondialisation et l'Europe n'a de cesse de l'y précipiter; une défense contre l'hégémonie américaine et celle-ci n'a pas d'auxiliaire plus complaisant que l'Europe; un enclos où enfermer l'Allemagne et l'Allemagne en possède toutes les clés. »[25]

Cette contradiction est également présente dans les critiques des économistes libéraux qui reconnaissent que la position française n'est absolument pas une conversion aux règles du libéralisme économique, mais plutôt l'avatar d'une démarche constructiviste que dénonce l'économiste Friedrich Hayek, prix Nobel d'économie. Selon l'économiste autrichien, le constructivisme réside dans l'intervention politique cherchant à fixer les choix publics pour établir un type de société au détriment de l'individu[26]. L'analyse effectuée par l'économiste français Pascal Salin souligne les incohérences de la politique économique française dans

---

24 Maurice Allais, « L'abandon du Franc : une faute politique majeure », *Géopolitique*, printemps 1996, 53, p.21.

25 Gabriel Robin, « Le supranational, une vieille tentation française », *Géopolitique*, printemps 1996, 53, p. 20.

26 Friedrich Hayek, *La Route de la servitude*, chap. 5, Paris, PUF, édition Quadrige, 2002, p. 49 . Pascal Salin précise la notion de constructivisme : « L'attitude constructiviste consiste à penser que l'on peut "construire" une société selon

ses relations communautaires : « Il existe… une certaine contradiction entre le développement de la concurrence, pour le plus grand bien des acheteurs, et l'accent mis à notre époque sur l'idée d'harmonisation, de politiques communes ou de monnaie unique. … les politiques communes consistent bien souvent à limiter la concurrence et donc l'intégration des marchés. »[27] Milton Friedman, prix Nobel d'économie et père du monétarisme moderne, est encore plus explicite : « Il faut distinguer l'intégration par les marchés d'un côté, la seule intégration authentique aux yeux des libéraux, de l'intégration bureaucratique qui prétend mettre en place des soi-disant politiques communes dans le but déclaré de permettre la fusion des différentes économies nationales et qui aboutit à la négation de l'économie de liberté. »[28]

Des ambitions françaises percluses de contradictions et d'incohérences

La stabilité économique et monétaire a été atteinte grâce à la mise en place du « franc fort » qui est un alignement sur la politique de la Bundesbank. Si des réformes structurelles ne sont pas effectuées et si la France n'adhère pas à une structure fédérale susceptible de permettre une meilleure réallocation du fardeau des politiques communes calquées sur le modèle allemand, la politique de rigueur allemande apparaît contradictoire aux intérêts de l'économie française.

Les relations économiques et monétaires franco-allemandes obéissent davantage aux lois du marché et à ses impératifs de maximisation du profit. L'économie française, ses entreprises et ses dirigeants, après plus de quarante ans de politiques économiques dirigistes et néokeynésiennes, éprouvent des difficultés certaines à se souvenir que la France, elle aussi, fut libérale. Comme l'écrivait Jean-Baptiste Say, ils ont oublié cette

---

ses propres vœux, qu'on peut la conduire comme on le ferait d'une quelconque machine… Par opposition, le libéral est, selon les propres termes de Friedrich Hayek, celui qui *laisse faire le changement, même si on ne peut pas prévoir où il conduira.* Il implique, par conséquent, une confiance dans les capacités des personnes à s'adapter continuellement à des conditions changeantes et toujours imprévisibles. » in Pascal Salin, *Libéralisme*, Paris, Odile Jacob, 2000, p.25.

27 Pascal Salin, « Un saut dans l'inconnu », *Géopolitique*, printemps 1996, 53, p.30.

28 Milton Friedman, « Un entêtement suicidaire », *Géopolitique*, printemps 1996, 53, p. 61.

règle d'or : « La perfection de l'administration est d'administrer peu »[29]. L'Allemagne et son économie sont montrées en exemple dans les discours politiques.

En France, l'économie tarde à prendre l'ascendant sur la politique. En détournant les propos de Jacques Rueff qui considérait qu'une construction européenne bâtie sur la monnaie serait une erreur économique, la France semble avoir oublié que la monnaie est une manifestation de la puissance et non l'inverse. La position de Rueff doit être comprise à l'aune du lien économique qui doit exister entre les monnaies et la parité des prix. L'économiste libérale qui murmurait à l'oreille du général de Gaulle l'explique clairement en ces termes : « Tant que n'aura pas été abordé franchement le problème monétaire, problème de la reconstitution, non d'une monnaie unique, mais de monnaies qui s'échangent à des parités répondant à la parité des prix, le problème de la reconstitution ou de la constitution des unités internationales, sera sans espoir et tous les efforts qui seront dépensés pour adopter une solution seront vains ».[30]

Le problème est économique. Or la France, par son action, apporte une réponse essentiellement politique, surtout sous les deux septennats de Mitterrand où l'Europe apparaît d'abord comme une contrainte avant d'être une planche de salut, après l'échec annoncé de la politique du programme commun. Comme le souligne Bino Olivi, il y a deux temps dans la politique européenne du président français : « l'absence, au départ, chez Mitterrand, d'une vision européenne… »[31]; puis lors de son discours de Strasbourg le 24 mai 1984, un mois avant le Conseil européen de Fontainebleau qui marquera sa conversion à la construction européenne, « un net changement de stratégie »[32]. Les contradictions et l'opportunisme politique de Mitterrand sont patents tout au long de son parcours. Ainsi ses écrits de 1967 sur l'Europe illustrent ce point : « Dans une entreprise de cette envergure, toute nation qui regardera derrière

---

29 Jean-Baptiste Say, *Cours d'économie politique,* Paris, 1826. Réédition, Paris, Calman-Lévy, 1972, 572 pages.

30 Intervention de Jacques Rueff au congrès de l'Europe (La Haye, 10 mai 1948) https://www.cvce.eu/content/publication/2008/4/16/2be404d6-2fc6-46d3-8704-545613612c96/publishable_fr.pdf. Archives du Mouvement européen international, Bruxelles. Congress of Europe (May 1948), Vol. III. Economic and Social Committee, pp. 147–148.

31 Bino Olivi, *L'Europe difficile. Histoire politique de la Communauté européenne.* Paris, Gallimard, 1998, pp. 280–283.

32 *Ibid.*

elle sera pétrifiée. Sans l'Europe, la France, de même que ses cinq autres associés, sera livrée aux gémonies. Mais il n'est pas question de construire n'importe quelle Europe. Sur ce point, la Fédération de la gauche s'est exprimée radicalement : elle a choisi l'Europe des peuples et du suffrage universel contre l'Europe des technocrates et des cartels. »[33]

Pour Mitterrand, la construction européenne qui occupe une place très limitée dans son programme de 1981 peut apparaître comme une contrainte dans son parcours politique : « Je suis partagé entre deux ambitions : celle de la construction européenne et celle d'une justice sociale. »[34] Plusieurs contradictions importantes sur le plan économique peuvent être rapportées. Le programme commun, qui crée de 1981 à 1983 un sentiment de défiance à l'égard des partenaires européens de la France, est un programme électoral au discours anticapitaliste. Pourtant, dès 1977, sa réalisation est très critiquée par les principaux conseillers de Mitterrand, dont Alain Boublil qui conteste le principe de nationalisation des filiales majoritaires et son incohérence économique : « la nationalisation-domino qui n'a rien à voir avec le seuil minimum proposé… se traduirait par la rupture brutale de liens industriels avec des sociétés étrangères qui ont constitué avec ces filiales des associations dont a priori il n'y a pas lieu de remettre en cause le principe. Une telle rupture signifierait l'isolement industriel de la France et à terme un chômage massif, car les perspectives de débouchés qui avaient été à l'origine de ces associations disparaîtraient. »[35]

Boublil montre également l'incohérence d'un plan de relance économique par la demande et prône — chose surprenante — une économie de l'offre, comme les libéraux américains qui deviendront plus tard en 1980–1981 les « Reaganomics ». L'échec du plan Chirac en 1975, d'inspiration néokeynésienne, semble l'avoir convaincu : cette relance « a davantage profité à l'Allemagne et au Japon qu'à l'économie française ». Il considère que, tirant les enseignements de « l'échec des politiques de régulation par la demande », le « socialisme industriel » défendu par le

---

33 Éric Duhamel, *François Mitterrand : l'unité d'un homme,* Paris, Flammarion, 1998, p. 237.

34 F. Mitterrand, le 19 février 1983, cité par Élisabeth du Réau, « l'engagement européen », in Berstein, Milza, Bianco, *François Mitterrand : les années du changement, 1981–1984*, *op.cit.*, p. 286.

35 CHAN 5AG4 AN 2955, note manuscrite en huit points sur les positions du P.S. concernant le champ des nationalisations, septembre 1977.

programme commun doit passer « par une action sur l'offre. »[36] Cette position précoce, établie dès 1977, souligne la contradiction avec la politique qui sera menée dès mai 1981 pour répondre aux attentes d'un électorat qui ignore la réalité économique.

L'UEM est une décision politique, alors que le monde occidental en mutation accorde progressivement le primat à l'économie sur le politique. La France, peut-être pour protéger une certaine cohésion sociale, tarde à s'adapter aux nouveaux enjeux et ignore l'analyse faite par de Gaulle au début des années 1960 lorsqu'il évoque le lien entre l'économie et les Français : « ... le fait est que leur économie possède, grâce à leurs efforts millénaires, les éléments de la capacité et de la solidité. Mais, à l'inverse, les mêmes traits, faute qu'ils aient été à temps adaptés et réédités, tendent maintenant à ralentir la marche en avant de la France. »[37]

Il s'agit là d'une incohérence aux conséquences tant économiques que politiques : le refus par Mitterrand d'une Europe fédérale proposée par Kohl en est sans doute l'illustration la plus patente. Comme le confie le chancelier Kohl, il n'a pas réussi à mettre en place un lien organique (« junktim ») entre l'Union économique et monétaire et l'Union politique[38]. La Grande-Bretagne et la France (de façon tacite) se sont opposées à un processus graduel menant à une Union fédérale. La politique monétaire fait l'objet d'une communautarisation alors que la politique étrangère reste dans le champ de la coopération intergouvernementale[39]. Les dirigeants français sont souvent enclins à céder à des considérations politiciennes face aux réformes que les enjeux politiques et économiques exigent. Cette attitude est un point de discorde et d'incompréhension avec l'Allemagne. Elle témoigne également d'une contradiction avec la politique de grandeur que semble rechercher la France et réfute l'analyse de de Gaulle : « ... comment n'aurais-je pas appris que ce qui est salutaire à la nation ne va pas sans blâmes dans l'opinion ni sans pertes dans l'élection ? »[40]

---

36 Alain Boublil, *Le socialisme industriel*, Paris, PUF, 1977, p. 256.

37 Charles de Gaulle, *Mémoires d'espoir*, Paris, Gallimard, Collection la Pléiade, 2000, p. 996.

38 Position d'Helmut Kohl, « Regierunserklärung des Bundeskanzlers Helmut Kohl vor dem Deutschen Bundestag am 13. Dezember 1991 über die Ergebnisse des Europaïschen Rates in Maastricht », *Europa-Archiv*, 3, 1992, p. D.110–117.

39 La France n'est pas prête à accepter une Europe fédérale. Le référendum de 2005 confirmera cette position.

40 Charles de Gaulle, *Mémoires d'espoir*, *op.cit.*, p. 1208.

La position allemande, comme nous l'avons souligné, relève cette asymétrie dans les relations monétaires franco-allemandes. L'Allemagne accorde une place importante et progressivement prépondérante à l'économie. Les positions pragmatiques de la Bundesbank l'attestent, comme celle exprimée par Otmar Essing au moment des négociations du Traité de Maastricht : « Longtemps nous avons déclaré que l'union monétaire européenne n'aboutirait pas. Nous avions la meilleure politique monétaire, pourquoi nous confier à une monnaie moins bonne? Nous avons alors compris que si nous restions sur la touche, nous allions avoir des problèmes. Aussi avons-nous décidé de nous porter à la tête du mouvement, et de faire connaître clairement la position de la banque au niveau européen »[41]. Cette constatation qui résonne comme une évidence avait déjà été établie au début de la CEE (1963) par le Président de la Bundesbank, Karl Blessing qui soulignait la nécessité de politiques économiques communes tant sur le plan monétaire que sur le plan budgétaire :

> « L'objectif final de la Commission est l'union monétaire européenne... Une monnaie et une banque centrale fédérale exigeront, pour être faisables, non seulement une politique commerciale commune, mais aussi une politique financière et budgétaire commune, une politique économique commune, une politique sociale et salariale commune, bref une politique complètement commune. Ce qui veut dire qu'il faudrait une Europe fédérale avec un parlement européen exerçant son pouvoir sur tous les États membres. »[42]

La politique du franc fort associée à la politique de rigueur, qui est en fait une politique d'alignement sur la politique monétaire de la Bundesbank, relève des artifices de la sémantique politicienne. Comme le dénonce Milton Friedman : « Au fond, l'expression "politique du franc fort" constitue un bel exercice, d'autosuggestion. Bien loin de traduire, comme les termes semblent l'indiquer, une inébranlable confiance en soi, elle pourrait plutôt refléter un étrange complexe d'infériorité en matière monétaire; complexe qui s'efforce de se dissimuler sous un vocabulaire avantageux, mais quelque peu dérisoire. »[43] Et le tenant de l'École de Chicago de mettre en exergue l'incohérence de la position française

---

41 Otmar Issing, chef du département de la Bundesbank. Il sera membre du comité exécutif de la Banque centrale européenne. David Marsh, *op. cit.*, p. 284.

42 Blessing, Président de la Bundesbank, commentaire sur la radio NDR (Nord Deutsche Rundfunkt), le 27 janvier 1963. Repris dans David Marsh, *La Bundesbank aux commandes de l'Europe*, *op. cit.*, p. 282.

43 Milton Friedman, « Un entêtement suicidaire », *Géopolitique*, printemps 1996, 53, p.65.

depuis le tournant de la rigueur en 1983 : « Cette bizarre politique du franc fort a aggravé depuis dix ans vos difficultés structurelles. »[44].

La France recherche la stabilité économique et sous le second mandat de Mitterrand témoigne d'un refus de l'incertitude inhérente au fonctionnement des marchés économiques et financiers. Alors que les réformes structurelles n'ont pas été effectuées, Mitterrand, à l'issue du Conseil de Maastricht, en appelle au verbe. Faut-il y voir une technique rhétorique qui offre un refuge illusoire et temporaire face aux réalités et aux désillusions économiques futures ?

> « On est lancé dans une grande aventure [...]. Avec une monnaie unique, on dotera l'Europe d'un instrument qui lui permettra de s'affirmer comme la première puissance au monde : première puissance commerciale — c'est déjà pratiquement le cas -, première puissance industrielle, première puissance pour la recherche, première puissance qui offrira aux jeunes des possibilités d'avoir du travail, des métiers. Sur tous les marchés, nous serons ensemble au moins aussi forts que le sont aujourd'hui les Américains et les Japonais. »[45]

Le président français décrit, peut-être sans le savoir, une Europe allemande où le poids de la France est appelé à s'éclipser faute de réformes structurelles. L'analyse économique face à ce faux-semblant est sans appel[46].

En refusant l'Union politique et la mise en place d'un État fédéral doté d'institutions et d'une gouvernance européennes adaptées aux nouveaux enjeux, la décision française assumée par Mitterrand entretient des contradictions, sources de risques pour la France et son économie. L'économiste Maurice Allais abonde en ce sens : « Dans l'immédiat, poursuivre l'instauration d'une monnaie unique et renoncer par là même à notre monnaie nationale, c'est-à-dire à une condition essentielle de notre souveraineté nationale, alors que les institutions et les délimitations géographiques de l'Union européenne restent non définies, constituerait

---

44 *Idem*.

45 François Mitterrand, déclaration à Antenne 2, le 13 décembre 1991, à son retour du sommet de Maastricht, in Védrine, *op. cit.*, p .476.

46 Comme le soulignera plus tard, sur un ton quelque peu péremptoire, Milton Friedman : « L'incertitude est un ingrédient indispensable au progrès. Ce dont vous souffrez, ce n'est pas d'un excès d'incertitudes, mais d'un trop-plein de clichés, de phrases convenues, de sophisme. », in Friedman, « Un entêtement suicidaire », *Géopolitique*, printemps 1996, 53, *op. cit.*, p.64.

une faute politique majeure aux conséquences incalculables. »[47] Dès 1990, face au risque économique et politique de la réunification allemande, VGE, cofondateur du SME souligne la nécessité d'une Union politique et la mise en place d'une structure fédérale pour assurer le succès de l'UEM :

> « La seule démarche compatible avec le maintien de l'entente franco-allemande consiste à inscrire le processus de réunion des deux Allemagnes dans la démarche tendant à établir une Union fédérale des États de la Communauté, ce qui engloberait non seulement l'Union économique et monétaire, mais aussi l'intégration des politiques étrangères et, en dernier lieu, les politiques militaires et de sécurité, dans lesquelles la France et l'Allemagne auront à exercer conjointement un rôle particulier »[48].

La France, contrairement à l'Allemagne convertie grâce à Röpke et Erhard au libéralisme, est souvent gérée par des hauts fonctionnaires, technocrates, qui n'ont ni la volonté ni l'intérêt de convertir l'économie française au libéralisme économique qu'ils connaissent mal. Avec l'élargissement de la CEE puis de la Communauté européenne, se dessinent progressivement dans les années 1980 et 1990 les contours d'une Europe marché. Si la stabilité économique et monétaire a été acquise, après de lourds efforts économiques, le rêve français d'une Europe puissance, maîtresse de son destin, semble s'éloigner. La France a refusé l'Union politique que lui proposait l'Allemagne et celle-ci n'a pas voulu s'affranchir de l'imposante présence de la diplomatie américaine. Les ambitions entretenues par Georges Pompidou, puis reprises parfois sous d'autres formes par ses successeurs à la présidence de la République, n'ont pas été atteintes. VGE en fait le constat en 1997 :

> « Ne nous voilons pas la face, l'avenir est désormais inscrit parfaitement lisible devant nous : l'Europe est appelée à devenir une zone de libre-échange, faiblement intégrée et couronnée par des institutions largement fondées sur la coopération intergouvernementale. C'est la conception qu'ont défendue, dès l'origine, nos partenaires britanniques et scandinaves. Les pères de l'Europe, qui rêvaient d'une puissance européenne à vocation fédérative, dotée d'institutions stables, efficaces et démocratiques, capable

---

47 Maurice Allais, « L'abandon du Franc : une faute politique majeure », *Géopolitique*, printemps 1996, 53, p.21.

48 Valéry Giscard d'Estaing, entretien accordé au *Figaro*, 12 février 1990.

de faire entendre sa voix dans le monde des grands continents du vingt et unième siècle, ne reconnaîtraient plus leur enfant ! »[49]

Certains, à l'image de Jacques Delors, voient dans la monnaie unique une planche de salut pour la France et son économie dans ses relations avec l'Allemagne. « La monnaie unique apparaîtra peut-être un jour aux historiens comme l'élément qui aura empêché cette dérive de l'Europe vers une simple zone de libre-échange souhaitée par certains pays »[50]. Il est possible d'en douter avec les deux principaux fondateurs du SME. L'ancien chancelier Schmidt est sans doute le mieux placé pour répondre à cette affirmation du président de la Commission :

> « Je pense que Delors a fait beaucoup trop de concessions aux gouverneurs des Banques centrales, qui n'ont aucun intérêt à la création de la monnaie unique, puisque celle-ci ramènerait les Banques centrales nationales au rang de filiales ! Le traité de Maastricht ne pourrait même pas être rempli par les États-Unis ou le Japon ! La barre est placée beaucoup trop haut ! Et ils l'ont fait exprès ! Delors n'a pas fait assez attention à cela. Ce traité est un mauvais traité. Évidemment j'ai fait campagne pour le traité, pour qu'on le ratifie. Mais je ne l'aurais jamais signé. »[51]

De l'UEM à l'euro : perspectives et réalités

Après la signature du Traité de Maastricht, les positions de l'ancien président de la République, de l'ancien chancelier et de l'ancien président de la Commission suggèrent à terme une consultation future des archives et une analyse approfondie et révisée afin de mettre en perspective la position de la France dans ses relations économiques et monétaires avec l'Allemagne avant et après la mise en circulation de la monnaie unique le 1er janvier 2002. La transition des politiques économiques, le respect des critères de Maastricht, la cohésion européenne entre les pays de la zone mark et les pays méditerranéens moins intégrés au système économique

49 VGE, interview donné à l'hebdomadaire l'*Express*, le 3 juillet 1997. Cité par Michèle Weinachter, *op. cit.*, p. 312.

50 Entretien accordé par Jacques Delors au *Nouvel Observateur*, dans le *Nouvel Observateur* numéro 1747, 30 avril 1998. Cité par Michèle Weinachter, *op. cit.*, p. 315.

51 Entretien d'Helmut Schmidt avec Michelle Weinachter, *op. cit.*, p. 243. Le traité est qualifié par l'ancien chancelier de « Kraut und Rüben Vertrag ».

allemand… constituent autant de sujets d'étude que l'analyse historique devrait pouvoir éclaircir à travers des contributions nouvelles.

Il s'agira, par exemple, de vérifier si la poursuite de l'unité politique européenne et l'élargissement de l'Union européenne sont compatibles avec l'esprit d'une Europe maîtresse de son destin. La chute du mur de Berlin et la fin de la « guerre froide » ont provoqué l'ouverture de l'Union européenne vers les pays de l'Est, écho du « Drang nach Osten » amorcé par la bulle d'or de Rimini. La place géopolitique de l'Allemagne dans cette nouvelle Europe change et appelle à une relecture de la politique internationale allemande. Ce constat effectué par VGE suggère une réflexion à laquelle l'analyse historique pourra apporter quelques réponses complémentaires à celle que nous évoquons avant le traité de Maastricht :

> « La confusion permanente systématiquement entretenue par les dirigeants allemands des années quatre-vingt-dix, et plus ou moins acceptée par leurs partenaires, a consisté à affirmer qu'il était possible de réaliser simultanément le grand élargissement de l'Union européenne, et l'avancée de son unité politique. C'était évidemment une chimère, qui a abouti aux traités bâtards d'Amsterdam et de Nice, où on ne retrouve ni une bonne gouvernance pour la grande Europe ni un projet réaliste d'Union politique pour les États à volonté fédérative. »[52]

La place relative de la France et son évolution dans la nouvelle Union européenne qui se dessine dans les années 90 et 2000 représentent également des questions d'importance dans l'histoire récente des relations internationales. Dans cette perspective l'analyse des ajustements économiques et politiques effectués et leur cohérence eu égard aux réalités et aux ambitions entretenues méritent une analyse archivistique et historique, lorsque la confidentialité sera levée. Il sera alors temps de voir dans quelles mesures les contradictions et les incohérences que nous avons soulignées se sont résorbées ou accrues des deux côtés du Rhin. Un nouveau bilan des ambitions françaises, mais aussi allemandes, depuis le discours de La Haye (1969) et plus encore depuis la réunification allemande (1990) et la signature du Traité de Maastricht, pourra être présenté.

De nouvelles perspectives s'ouvrent également pour l'histoire économique récente. Après les critiques, souvent non démenties, des économistes libéraux dans les années 80 et 90, il serait pertinent d'étudier

---

[52] Valéry Giscard d'Estaing, entretien accordé au *Figaro Magazine* le 9 juin 2001.

les relations monétaires franco-allemandes et leurs ambitions après Maastricht à l'aune de la réalité économique. Cette constatation critique sur le rôle de la monnaie unique européenne effectuée par le prix Nobel d'économie, Joseph Stiglitz, pourrait être un sujet d'étude pertinent, mettant en exergue la dichotomie entre les aspirations politiques et les contraintes économiques :

> « Le signe distinctif d'une économie qui fonctionne, c'est une croissance rapide, aux bénéfices largement partagés, et un chômage faible. Ce qui se passe en Europe, c'est l'inverse. La clé de l'énigme? Elle est simple. C'est une décision fatale prise en 1992 : adopter une monnaie unique sans créer les institutions qui l'auraient fait fonctionner. Les bons systèmes monétaires ne peuvent garantir la prospérité, mais les mauvais peuvent conduire à des récessions et à des dépressions. »[53]

Si notre analyse des relations monétaires franco-allemandes laisse apparaître pour la France des désillusions, fruits de contradictions et d'incohérences répétées, nous souhaiterions, toutefois conclure notre présente étude sur un message d'espoir et faire montre d'espérance en reprenant ce message toujours d'actualité du général de Gaulle adressé à la jeunesse allemande en 1962 :

> « … la vie du monde est dangereuse. Elle l'est d'autant plus que, comme toujours, l'enjeu est moral et social. Il s'agit de savoir si, à mesure de la transformation du siècle, l'homme deviendra, ou non, un esclave dans la collectivité, s'il sera réduit, ou non, à l'état de rouage engrené à tout instant par une immense termitière ou si, au contraire, il voudra et saura maîtriser et utiliser les progrès de l'ordre matériel pour devenir libre, plus digne et meilleur. »[54]

---

[53] Joseph Stiglitz, *L'Euro, comment la monnaie unique menace l'avenir de l'Europe*, Paris, Babel, Actes Sud, 2016, p. 8.

[54] Charles de Gaulle, Discours prononcé à Ludwigsburg (en Allemand), le 9 septembre 1962, devant la jeunesse allemande, in Pierre Maillard, *de Gaulle et l'Allemagne : le rêve inachevé, op.cit.*, Annexe VII, p. 294.

SOURCES ET BIBLIOGRAPHIE

SOURCES

FRANCE

Archives historiques de la Banque de France (ABF)

- ABF DDPE43, ABF 1417200405, ABF 1180200501
- ABF DGSE 14892000201 B6-B10
- ABF 1489200205,
- ABF 1373201001.

Archives du ministère des Affaires étrangères (AMAE)

Direction des Affaires économiques et financières (DAEF)

Archives du ministère de l'Économie et des Finances (AMF), Centre des Archives économiques et financières (CAEF)

Archives nationales de France (ANF), Service interministériel des archives de France

Archives nationales de France (Centre historique des archives nationales CHAN)

Archives présidentielles :

Dossier du président de la République, Charles de Gaulle, 5 AG 1

Dossier du président de la République, Georges Pompidou, 5 AG 2

Dossier du président de la République, Valéry Giscard d'Estaing, 5AG 3

Dossier du président de la République, François Mitterrand, 5 AG 4

Archives de l'Assemblée nationale

ALLEMAGNE

Das Bundesarchiv, Koblenz (BAK)
Das politische Archiv des Auswärtigen Amtes (PAAA)
Historisches Archiv der Deutschen Bundesbank (BB)
Friedrich Ebert Stiftung, Archiv der sozialen Demokratie (AdsD)

GRANDE-BRETAGNE

The National Archives (TNA)

EUROPE

Council of Ministers Archives (CMA)
European Central Bank Archive (ECB)
https://www.ecb.europa.eu/ecb/access_to_documents/archives/html/index.en.html
European Economic Community (EEC)
European Commission Historical Archives (ECHA)
https://ec.europa.eu/historical_archives/index_en.htm
Historical Archives of the European Union (HAEU)

BIBLIOGRAPHIE

Cette bibliographie ne prétend pas à l'exhaustivité, et pour plus de détails on se reportera aux notes infrapaginales.

MÉMOIRES ET PUBLICATIONS DE CONTEMPORAINS

Balladur, Édouard. *Une France plus forte, liberté économique et réforme financière, 1986–1988*, Paris, 1988.

Barre, Raymond. *Entretiens*, Paris, Flammarion, 2001.

Barre, Raymond. *L'expérience du pouvoir*, Paris, Fayard, 2007.

Brandt, Willy. *De la guerre froide à la détente, 1960–1975*. Paris, Gallimard, 1978.

Brandt, Willy. *Mémoires*, Paris, Albin Michel, 1990.

Delors, Jacques. *Mémoires*, Paris, Plon, 2004.

Froment-Meurice, Henri. *Vu du Quai, Mémoires*, Paris, Fayard, 1998.

Gaulle (de), Charles. *Discours et Messages*, Paris, Plon, 1970.

Gaulle (de), Charles. *Mémoires d'espoir*, Paris, Gallimard, Collection la Pléiade, 2000.

Genscher, Hans-Dietrich. *Erinnerungen*, Berlin, Siedler, 1995.

Giscard d'Estaing, Valéry. *Le Pouvoir et la Vie*, Paris, Cie 12, 1988.

Giscard d'Estaing, Valéry. *Le Pouvoir et la Vie*, Paris, Cie 12, t.3, 2007.

Giscard d'Estaing, Valéry. *Les Français*, Paris, Pocket, 2001.

Jenkins, Roy. *A Life at the Center*, London, Politico's, 2006.

Jenkins, Roy. *European Diary 1977–1981*, London, Collins, 1989.

Jenkins, Roy. *The Chancellors*, London, Macmillan, 1998.

Kissinger, Henri. *À la Maison Blanche*, Paris, Fayard, 1979.

Kohl, Helmut. *Erinnerungen 1982–1990*, Munich, Droemer, 2005.

Kohl, Helmut. *Erinnerungen 1990–1994*, Munich, Droemer, 2007.

Kohl, Helmut. *Ich wollte Deutschlands Einheit*, Berlin, Propyläen, 1996.

Mendès-France, Pierre. *Œuvres complètes, tome IV, Pour une République moderne 1955–1962*, Paris, Gallimard, 1987.

Mitterrand, François. *De l'Allemagne, de la France*, Paris, Odile Jacob, 1996.

Mitterrand, François. *Ici et maintenant*, Paris, Fayard, 1980.

Mitterrand, François. *Politique*, Paris, Fayard, 1967.

Mitterrand, François. *Réflexions sur la politique extérieure de la France*, Paris, Fayard, 1986.

Monnet, Jean. *Mémoires*, Paris, Fayard, 1976.

Pompidou, Georges. *Entretiens et Discours : 1968–1974*, Tomes I et II, Paris, Plon, 1975.

Pompidou, Georges. *Entretiens et Discours, 1968–1974*, Paris, Flammarion, Tome 2, 1984.

Schmidt, Helmut 2001. *L'Europe s'affirme*, Paris, De Fallois, 2001.

Schmidt, Helmut. *Des Puissances et des hommes*, Paris, Plon, 1987.

Schmidt, Helmut. *La Volonté de paix*, Paris, Fayard, 1980.

Schmidt, Helmut. *Die Deutschen und ihre Nachbarn: Menschen und Mächte II*, Berlin, Siedler, 1990.

Snoy, Jean-Charles. *Rebâtir l'Europe, Mémoires*, Bruxelles, Duculot, Fondation Jean Monnet, 1989.

Stoltenberg, Gerhard. *Wendepunkt: Stationen deutscher Geschichte 1947–1990*, Berlin, Siedler, 1997.

Thatcher, Margareth. *The Downing Street Years*, London, Harper and Collins, 1993.

OUVRAGES

Association Georges Pompidou. *Georges Pompidou et l'Europe*, Bruxelles, Éditions Complexes, 1995.

Association Georges Pompidou. *Georges Pompidou face à la mutation économique de l'Occident : 1969–1974*, Paris, PUF, 2003.

Attali, Jacques. *Verbatim I : 1981–1983*, Paris, Fayard, 1993.

Attali, Jacques. *Verbatim I : 1981–1986*, Paris, Fayard, 1993.

Attali, Jacques. *Verbatim II : 1986–1991*, Paris, Fayard, 2011.

Bernard, Jean-René et al. *Georges Pompidou et l'Europe*, Bruxelles, Éditions Complexes, 1995.

Berstein, Serge et Jean-François Sirinelli. *Les années Giscard : Valéry Giscard d'Estaing et l'Europe : 1974–1981*. Paris, Armand Colin, 2006.

Berstein, Serge, Casanova, Jean-Claude et Jean-François Sirinelli. *Les années Giscard : la politique économique : 1974–1981*. Paris, Armand Colin, 2009.

Berstein, Serge, Pierre Milza et Jean-Louis Bianco (dir.). *François Mitterrand : Les années du changement : 1981–1984*, Paris, Perrin, 2001.

Berstein, Serge, Rémond, René et Jean-François Sirinelli. *Les années Giscard : Institutions et pratiques politiques : 1974–1978*. Paris, Fayard, 2003.

Bitsch, Marie-Thérèse. *Histoire de la construction européenne de 1945 à nos jours*, Bruxelles, Éditions Complexe, 1996.

Bitsch, Marie-Thérèse. *La construction européenne. Enjeux politiques et choix institutionnels*, Bruxelles, PIE Peter Lang, 2007.

Bitsch, Marie-Thérèse. *Le couple France-Allemagne et les institutions européennes*, Bruxelles, Bruylant, 2001.

Bonin, Hubert. *La Banque de l'Union Parisienne*. Plage, Paris, 2001.

Bossuat, Gérard. *Faire l'Europe sans défaire la France*. Euroclio Études et Documents, P.I.E. Peter Lang, 2005.

Bossuat, Gérard. *L'Europe des Français, 1943–1959 : la IVème République aux sources de l'Europe communautaire*. Paris, Publications de la Sorbonne, Paris, 1996.

Bossuat, Gérard. *La France, l'aide américaine et la construction européenne 1944–1954*, 2 vol. CHEFF, Paris, 1992.

Bossuat, Gérard et Frank, Robert. *Les identités européennes au XXème siècle. Diversités, convergences, solidarités*. Publications de la Sorbonne, 2004.

Boublil, Alain. *Le socialisme industriel*, Paris, PUF, 1977.

Bourguinat, Henri. *Les vertiges de la finance internationale*, Paris, Economica, 1987.

Bracher, K.D., Eschenburg, T., Fest, J.C., Jackel, E.. *Die Geschichte der Bundesrepublik Deutschland*. Stuttgart-Wiesbaden, DVA/Brockhaus, 1987.

Bracher, Karl, Wolfgang Jäger et Werner Link. *Die Geschichte der Bundesrepublik Deutschland, Republik im Wandelm 1974–1982*, T.1., Die Ära Schmidt, Deustche Verlags-Anstalt, 1987.

Bussière, Éric et Émilie Willaert. *Un projet pour l'Europe : Georges Pompidou et la construction européenne*, Bruxelles, P.I.E. Peter Lang, 2010.

Bussière, Éric et Michel Dumoulin, Michel (dir.). *Les cercles économiques et l'Europe au XXème siècle*, Bruxelles, P.I.E. Peter Lang, 1992.

Bussière, Éric, Michel Dumoulin et Émilie Willaert (dir.). *La Banque de l'Union européenne. La BEI, 1958–2008*, Luxembourg, Imprimerie Centrale, 2008.

Bussière, Éric, Michel Dumoulin et Sylvain Schirmann (dir.). *Europe organisée, Europe du libre-échange ? Fin XIXème-années 1960,* Bruxelles, Peter Lang, 2006.

Bussière, Éric, Michel Dumoulin et Sylvain Schirmann (dir.). *Milieux économiques et intégration européenne au XXème siècle. La crise des années 1970. De la conférence de la Haye à la veille de la relance des années 1980*, Bruxellles, Peter Lang, 2006.

Bussière, Éric, Michel Dumoulin et Sylvain Schirmann. *Milieux économiques et intégration européenne au XXème siècle : la relance des années quatre-vingt (1979–1992),* Paris, CHEFF, 2007.

Bussière, Éric. *Georges Pompidou face à la mutation économique de l'Occident : 1969–1974*, Paris, PUF, 2003.

Casanova, Jean-Claude et Maurice Levy-Leboyer. *Entre l'État et le marché*, Paris, Gallimard, 1991.

Cohen, Samy et Marie-Claude Smouts. *La politique extérieure de Valéry Giscard d'Estaing*, Paris, Presses de la FNSP, 1985.

Cohen, Samy. *Mitterrand et la sortie de la guerre froide*, Paris, PUF, 1998.

Collectif, *Michel Debré, un réformateur aux Finances, 1966–1968*, Paris, CHEFF, 2005.

Collignon, Stefan. *Europe's Monetary Future*, London, Pinter Publishers, 1994.

Dankert, Jochen. *Frankreichs Politik in Europa von de Gaulle bis Giscard d'Estaing*. Berlin (Ost), Staatsverlag der DDR, 1982.

Defrance, Corinne et Ulrich Pfeil. *Le traité de l'Élysée et les relations franco-allemandes : 1945–1963–2003.*, Paris, CNRS Éditions, 2005.

Deutsche Bundesbank (ed.), *Hans Tietmeyer: Währungsstabilität für Europa*, Baden-Baden, Nomos Verlag, 1996.

Dietz, Thomas et Antje Wiener. *European Integration Theory*, Oxford, Oxford University Press, 2009.

Djian, Michel, *Raymond Barre*, Paris, Flammarion, 2001.

Duchaussoy, Vincent. *La Banque de France et l'État. De Giscard à Mitterrand : Enjeux de pouvoir ou résurgence du mur d'argent? 1978–1984*, Paris, L'Harmattan, 2011.

Duhamel, Éric. *François Mitterrand : l'unité d'un homme,* Paris, Flammarion, 1998.

Dumoulin, Michel (éd.). *Réseaux économiques et construction européenne.* Bruxelles, Peter Lang, 2004.

Dumoulin, Michel (éd.). *La Commission européenne, 1958–1972*. Bruxelles, Communautés européennes, 2007.

Dumoulin, Michel et Anne-Myriam Dutrieu. *La ligue européenne de coopération économique (*1946–*1981),* Berne, Peter Lang, 1993.

Dyson, Kenneth et Kevin Fearterstone. *The Road to Maastricht*, Oxford, Oxford University Press, 1999.

Eck, Jean-François, Stefan Martens et Sylvain Schirmann. *L'économie, l'argent et les hommes : les relations franco-allemandes de 1871 à nos jours*, Paris, CHEFF, Paris, 2009.

Eck, Jean-François. *Les entreprises françaises face à l'Allemagne de 1945 à la fin des années 1960*, Paris, CHEFF, 2003.

Erhard, Ludwig. *Deutsche Wirtschaftspolitik – Der Weg der Sozialen Marktwirtschaft*, Düsseldorf, Econ. Verlag, 1990.

Erhard, Ludwig. *Wohlstand für alle*, Düsseldorf, Neuausgabe (1957), Econ. Verlag, 1990.

Eichengreen, Barry. *Exorbitant Privilege: The Rise and Fall of the Dollar*, Oxford, Oxford University Press, 2011.

Eichengreen, Barry. *L'expansion du capital*, Paris, L'Harmattan, 1997.

Eichengreen, Barry. *The European Economy since 1945*, Princeton, Princeton University Press, 2007.

Emminger, Otmar. *Währungspolitik im Wandel der Zeit*, Frankfurt, Fritz Knapp, 1986.

Esambert, Bernard. *Pompidou capitaine d'industries*, Paris, Odile Jacob, 1994.

Favier, Pierre et Michel Martin. *La décennie Mitterrand : les épreuves (1984–1988)*, Paris, Seuil, 1991.

Favier, Pierre et Michel Martin-Roland. *La décennie Mitterrand, vol. 3, « Les défis, 1988–1991 »*, Paris, Seuil, 1996.

Favier, Pierre et Michel Martin-Roland. *La décennie Mitterrand, vol. 4, « Les déchirements, 1991–1995 »*, Paris, Seuil, 1999.

Feiertag, Olivier et Margairaz, Michel (dir.). *Politiques et pratiques des banques d'émission en Europe (XVIIème-XXème siècle)*, Paris, Albin Michel, 2003.

Feiertag, Olivier et Michel Margairaz. *Les banques centrales à l'échelle du monde*, Paris, Presses de Sciences-Po, 2012.

Feiertag, Olivier. *Wilfrid Baumgartner. Un grand commis des finances à la croisée des pouvoirs (1902–1978)*, Paris, CHEFF, 2006.

Fontaine, Pascal. *Le Comité d'action pour les États-Unis d'Europe de Jean Monnet*, Lausanne, 1974.

Fourastié, Jean. *Les Trente Glorieuses ou la révolution invisible de 1946 à 1975*. Paris, Fayard, 1979.

François-Poncet, Jean. La politique économique de l'Allemagne occidentale. Paris, Sirey, 1970.

Frank, Robert. *La hantise du déclin*. Paris, Belin, 1994.

Fritsch-Bournazel, Renata. *L'Allemagne unie dans la nouvelle Europe*, Bruxelles, Complexe, 1991.

Furet, François, Jacques Julliard et Pierre Rosanvallon. *La République du centre*, Paris, Calmann-Lévy, 1988.

Garton Ash, Timothy. *Au nom de l'Europe. L'Allemagne dans un continent divisé*, Paris, Gallimard, 1995.

Gerbet, Pierre. La naissance du Marché commun, Bruxelles, Complexe, 1987.

Girault, René (dir.). *Identité et conscience européenne au XXème siècle*, Paris, Hachette, 1994.

Haftendorn, Helga. *Coming of Age: German Foreign Policy Since 1945*, Lanham, Rowman & Littlefield, 2006.

Hayek, Friedrich. *La Route de la servitude*, Paris, édition Quadrige, PUF, 2013

Hayek, Friedrich. *Scientisme et Sciences Sociales : Essais sur le mauvais usage de la raison*, première traduction de 1953, effectuée par R. Barre, Paris, Pocket, collection Agora, 1991.

Institut Charles-Gaulle. *1958 : la faillite ou le miracle économique. Le plan de Gaulle-Rueff,* Paris, Economica, 1986.

Issing, Otmar. *Der Euro : Geburt, Erfolg, Zukunft*, Munich, Franz Vahlen, 2008.

James, Harold. *International Monetary Cooperation since Bretton Woods*, Oxford, Oxford University Press, 1996.

Johnson, Christopher et Stefan Collignon (dir.). *The Monetary Economics of Europe: Causes of the EMS Crisis*, London, Pinter, 1994.

Jörges, Hans-Uhlrich (dir.). *Der Kampf um den Euro: Wie riskant ist die Währungsunion?,* Hamburg, Hoffmann et Campe, 1998.

Kaiser, Wolfram. *Christian Democracy and the Origins of the European Union, Cambridge*, Cambridge University Press, 2007.

Kenen, Peter B. *Economic and Monetary Union in Europe: Moving beyond Maastricht*, Cambridge, Cambridge University Press, 1995.

Krägenau, Henry et Wolfgang Wetter. *Europaïsche Wirtschafts-und Währungsunion. Vom Werner Plan zum Vertrag von Maastricht. Analysen und Dokumentation*, Baden-Baden, Nomos, 1993.

Kundnani, Hans. *The Paradox of German Power*, London, C. Hurst, 2014.

Küsters, Hans-Jürgen et Daniel Hofmann. *Deutsche Einheit. Sonderedition aus den Akten des Bundeskanzleramtes 1989/1990,* Munich, R. Oldenbourg Verlag, 1998.

Lévy-Leboyer, Maurice. *Les Banques de l'Europe de l'Ouest de 1920 à nos jours*, Paris, CHEFF, 1995.

Lévy-Leboyer, Maurice, Aglietta, Michel, de Boissieu, Christian. *Du franc Poincaré à l'écu*. Paris, CHEFF, 1993.

Loth W. (ed.) 2001. *Crises and Compromises, the European Project, 1963–1969*, Baden-Baden, Nomos Verlag, Bruxelles, Bruylant, 2001.

Ludlow, Peter. *The European Community and the crises of the 1960's. Negociating the Gaullist Challenge*, Londres, Routledge, 2006.

Ludlow, Peter. *The Making of the European Monetary System*, London, Butterworth Scientific, 1982.

Maillard, Pierre. *De Gaulle et l'Allemagne : le rêve inachevé*, Paris, Plon, 1990.

Maillard, Pierre. *De Gaulle et l'Europe entre la nation et Maastricht. Approches*, Paris, Taillandier, 1995.

Marchais, George. *Programme commun de gouvernement du parti communiste et du parti socialiste*, Paris, Éditions sociales, 1972.

Margairaz, Michel (dir.), 2005. *François Bloch-Lainé, fonctionnaire, financier, citoyen,* Paris, CHEFF, 2005.

Margairaz, Michel (dir.). *Pierre Mendès-France et l'économie. Pensée et action,* Paris, Odile Jacob, 1989.

Marjolin, Robert. *Europe and the United States in the World Economy*, Durham, N.C., Duke University Press, 1953.

Marsh, David. *La Bundesbank aux commandes de l'Europe*, Paris, Belin, 1993.

Marsh, David. *The Euro: The Battle for a New Global Currency*, New Haven, Yale University Press, 2011.

Ménudier, Henri (ed.). *Le couple Franco-allemand en Europe*, Paris, PIA, 1993.

Ménudier, Henri. *Das Deutschlandbild der Franzosen in den siebziger Jahren.* Gesammelte Aufsätze, Bonn, Europa Union Verlag, 1981.

Miard-delacroix, Hélène. *Partenaires de choix ? Le Chancelier Helmut Schmidt et la France (1974–1982)*, Berne, Peter Lang, 1993.

Moravcsik, Andrew. *The Choice for Europe: Social Purpose and State Power from Messina to Maastricht*, Ithaca, Cornell University Press, 1999.

Mourlon-Druol, Emmanuel. *A Europe Made of Money*, Cornell University Press, New York, 2012.

Nölling, Wilhelm. *Unser Geld: Der Kampf um die Stabilität der Währungen in Europa*, Berlin, Ullstein, 1993.

Olivi, Bino. *L'*Europe *difficile. Histoire politique de la Communauté européenne.* Paris, Gallimard, 1998.

Patat, Jean-Pierre. *Histoire de l'Europe monétaire*, Paris, La Découverte, coll. « Repères », 2005.

Patat, Jean-Pierre. *L'Europe monétaire*, Paris, La Découverte, 1990.

Perroux, François. *L'Europe sans rivage*, Paris, PUF, 1954.

Perroux, François. *Pouvoir et économie*, Paris, PUF, 1975

Pfister, Thierry. *La Vie quotidienne à Matignon au temps de l'Union de la gauche*, Paris, Hachette, 1985.

Poidevin, Raymond et D. Spierenburg. *Histoire de la Haute Autorité de la CECA*. Bruxelles, Bruylant, 1993.

Poidevin, Raymond et J. Bariéty. *Les relations franco-allemandes 1815–1975*, Paris, Armand Colin, 1977.

Poidevin, Raymond et René Girault. *Le rôle des ministères des Finances et de l'Économie dans la construction européenne (1957–1978)*, Paris, CHEFF, Paris, 2002.

Poidevin, Raymond. *Les relations économiques et financières entre la France et l'Allemagne de 1898 à 1914*, Paris, Armand Colin, 1969.

Poilloue (de) de Saint Périer, Amaury. *Le combat du Président Giscard d'Estaing pour intégrer la France dans l'Europe monétaire de 1974 à 1981 ou la persévérance récompensée*, thèse de doctorat en Histoire, Université Paris IV Sorbonne, 2008.

Prate, Alain. *Quelle Europe?*, Paris, Julliard, 1991.

Rapport au Conseil et à la Commission concernant la réalisation par étapes de l'Union Économique et Monétaire dans la communauté, « Rapport Werner », Supplément au Bulletin 11 -1970 des Communautés européennes, Bruxelles, 1970.

Raymond, Robert. *L'Unification monétaire en Europe*, Paris, PUF, 1993.

Raymond, Robert. *L'Euro et l'unité monétaire en Europe*, Paris, Economica, 2001.

Réau (du), Élisabeth et Robert Frank (dir.). *Dynamiques européennes : Nouvel espace, nouveaux acteurs.* Paris, Publications de la Sorbonne, 2002.

Röpke, Wilhelm. *Das Kulturideal des Liberalismus*, Frankfurt am Main, Vittorio Klostermann Verlag (1985), ehemals: Schulte-Bulmke Verlag (1947), 1985.

Röpke, Wilhelm. *Ist die deutsche Wirtschaftspolitik richtig? Analyse und Kritik*, Stuttgart, Köln, Kohlhammer Verlag, 1950.

Röpke, Wilhelm. *Wirtschaftsfragen der freien Welt*, Frankfurt, Fritz Knapp Verlag, 1957.

Roussel, Éric. *Georges Pompidou*, Paris, Lattès, 1984.

Rückert, Katrin, Warlouzet, Laurent (éd.). *Quelles Europes? Nouvelles approches en histoire de l'intégration européenne*, Bruxelles, Peter Lang, 2006.

Rueff, Jacques. *Œuvres complètes. Politique économique, tome III*, Paris, Plon, 1980.

Saint Périer (de), Amaury, *Valéry Giscard d'Estaing, la France et l'Europe monétaire de 1974 à 1981. La persévérance récompensée.* 2008. Thèse de Doctorat de l'Université de Paris IV Sorbonne. 283 p.

Saint Périer (de), Amaury. *La France, l'Allemagne et l'Europe monétaire de 1974 à 1981 : la persévérance récompensée*, Paris, Presses de Sciences-Po, 2013.

Salin, Pascal. *La vérité sur la monnaie*, Paris, Odile Jacob, 1990.

Salin, Pascal. *Libéralisme*, Paris, Odile Jacob, 2000.

Say, Jean-Baptiste. *Cours d'économie politique, Paris, 1826. Réédition, Paris, Calmann-Lévy, 1972.*

Schiller, Karl. *Der schwierige Weg in die offene Gesellschaft: Kritische Annerkungen zur deutschen Wiedervereinigung*, Berlin, Siedler, 1994.

Schirmann, Sylvain 2011, Quelles architectures pour quelle Europe?, Bruxelles, PIE, 2011.

Schmidt, Helmut. *Die Deutschen und ihre Nachbarn*, Berlin, Siedler, 1990.

Schönfelder, Wilhelm et Elke Thiel. *Ein Markt –Eine Währung*, Baden-Baden, Nomos, 1994.

Schor, Armand-Denis. *Le Système monétaire européen*, Paris, PUF, 1993.

Schor, Armand-Denis. *La Monnaie unique*, Paris, PUF, 1997.

Soutou, Georges-Henri. *L'alliance incertaine : les rapports politico-stratégiques franco-allemands, 1954–1996*, Paris, Fayard, 1996.

Soutou, Georges-Henri. *La Guerre de cinquante ans. Les relations Est-Ouest 1943–1990*, Fayard, 2001.

Stark, Hans. *Kohl, l'Allemagne et l'Europe*, Paris, l'Harmattan, 2004.

Stiglitz, Joseph. *L'Euro, comment la monnaie unique menace l'avenir de l'Europe*, Paris, Babel, Actes Sud, 2016.

Todd, Olivier, *La marelle de Giscard*, Paris, Robert Laffont, 1977.

Triffin, Robert. *Europe and the money muddle.* Londres, Oxford UP, 1962.

Ungerer, Horst. *A Concise of European Monetary Integration: From EPU to EMU*, Westport, Quorum Books, 1997.

Vaïsse, Maurice. *La puissance ou l'influence? La France dans le monde depuis 1958*, Paris, Fayard, 2009.

Védrine, Hubert. *Les mondes de François Mitterrand*, Paris, Fayard, 1996.

Waigel, Theo (dir.). *Unser Zukunft heißt Europa: Der Weg zur Wirtschafts und Währungsunion*, Düsseldorf, EconVerlag, 1996.

Warlouzet, Laurent. *Le choix de la CEE par la France : l'Europe économique en débat de Mendès France à de Gaulle (1955–1969)*, Paris, CHEFF, 2011.

Weinachter, Michèle. *Valery Giscard d'Estaing et l'Allemagne : le double rêve inachevé*, Paris, L'Harmattan, 2004.

Werner, Pierre. *L'Europe monétaire reconsidérée*, Lausanne, Centre de recherches européennes, 1977.

Wilkens, Andreas. Les relations économiques franco-allemandes, 1945–1960, Berlin, Jan Thorbecke Verlag, 1997.

Winckler, Heinrich. *Histoire de l'Allemagne, XIXème-XXème siècle : Le long chemin vers l'Occident*, Paris, Fayard, 2005.

Wolffsohn, M. *West Germany's Foreign Policy in the Era of Brandt and Schmidt*, 1969–1982, New York, Lang, 1986.

Zelikow, Philip et Condolezza Rice. *Germany Unified and Europe Transformed*, Reprinted edition, Boston, Harvard University, 1997.

CHAPITRES DE LIVRES

Asselain, Jean-Charles. « L'expérience socialiste face à la contrainte extérieure », dans Serge Berstein, Pierre Milza et Jean-Louis Bianco (dir.). *François Mitterrand : Les années du changement : 1981–1984*, Paris, Perrin, 2001.p. 383 430.

Bernard, Jean-René. « L'élargissement de la Communauté, vu de Paris », dans Jean-René Bernard *et al.*, dir., *Georges Pompidou et l'Europe*, Bruxelles, Éditions Complexe, 1995, p. 237–252.

Bernard, Jean-René. « Pragmatisme et ambition dans l'action européenne du président Pompidou », dans Jean-René Bernard *et al.*, dir., *Georges Pompidou et l'Europe*, Bruxelles, Éditions Complexe, 1995, p. 45–54.

Bitsch, Marie-Thérèse. « Jean Monnet et la création du Conseil européen », dans Gérard Bossuat et Andreas Wilkens, dir., *Jean Monnet : L'Europe et les chemins de la paix*, Paris, Éditions de la Sorbonne, 1999, p. 399–410.

Boissieu (de), Christian. « La France et la réforme du système monétaire international », dans Jean-René Bernard *et al.*, dir., *Georges Pompidou et l'Europe*, Bruxelles, Éditions Complexe, 1995, p. 383–403.

Boissieu (de), Christian. « La politique macro-économique : objectifs, contraintes et résultats », dans Éric Bussière, *Georges Pompidou face à la mutation économique de l'Occident : 1969–1974*, Paris, PUF, 2003, p. 115–126.

Bonin, Hubert. « Les relations bancaires franco-allemandes (1900–1970) : admiration, guerre économique et coopération de voisinage », dans Jean-François Eck, Stefan Martens et Sylvain Schirmann *L'économie, l'argent et les hommes : les relations franco-allemandes de 1871 à nos jours*, Paris, CHEFF, 2009, p. 357–382.

Bossuat, Gérard. « Le président Georges Pompidou et les tentatives d'Union économique et monétaire », dans Jean-René Bernard *et al.*, dir., *Georges Pompidou et l'Europe*, Bruxelles, Éditions Complexe, 1995, p. 405–446.

Bussière, Éric. « Georges Pompidou et la crise du système monétaire international : intérêt national, solidarité européenne et enjeux internationaux », dans Éric Bussière, *Georges Pompidou face à la mutation économique de l'Occident : 1969–1974*, Paris, PUF, 2003, p. 69–106.

Bussière, Éric. « Le ministère des finances et les enjeux économiques européens de la cohabitation 1986–1988 », dans Éric Bussière, Michel Dumoulin et Sylvain Schirmann, *Milieux économiques et intégration europénne au XXème siècle : La relance des années quatre-vingt (1979–1992)*, Paris, CHEFF, 2007, p. 147–164.

Bussière, Éric. « Les banques d'affaires françaises au XXème siècle », dans Maurice Lévy-Leboyer, *Les Banques de l'Europe de l'Ouest de 1920 à nos jours*, Paris, CHEFF, 1995, p. 223–235.

Cassis, Youssef. « Intégration européenne, mondialisation et places financières internationales : les enjeux des dérèglementations des années 1980 », dans Olivier Feiertag et Michel Margairaz (dir.), *Les banques centrales à l'échelle du monde*, Paris, Presses de Sciences-Po, p. 349–364.

Ésambert, Bernard. « La politique industrielle de Georges Pompidou et l'Europe », dans Jean-René Bernard *et al.*, dir., *Georges Pompidou et l'Europe*, Bruxelles, Éditions Complexe, 1995, p. 505–516.

Feiertag, Olivier. « Le tournant de la mondialisation (1988–1989) », dans Olivier Feiertag et Michel Margairaz (dir.), *Les banques centrales à l'échelle du monde*, Paris, Presses de Sciences-Po, 2012, p. 221–250.

Feiertag, Olivier. « Finances publiques, « mur d'argent » et genèse de la libéralisation financière en France de 1981 à 1984 », dans Serge Berstein, Pierre Milza et Jean-Louis Bianco (dir.). *François Mitterrand : Les années du changement : 1981–1984*, Paris, Perrin, 2001, p. 431–455.

Frank, Robert. « Les problèmes monétaires et la création du SME », dans Serge Berstein et Jean-François Sirinelli, *Les années Giscard : Valéry Giscard d'Estaing et l'Europe : 1974–1981*, Paris, Armand Colin, 2006, p. 13–26.

Frank, Robert. « Pompidou, le franc et l'Europe », dans Jean-René Bernard *et al.*, dir., *Georges Pompidou et l'Europe*, Bruxelles, Éditions Complexe, 1995, p. 339–369.

Fritsch-Bournazel, R. « Les relations interallemandes », in *La République fédérale d'Allemagne dans les relations internationales*, H. Ménudier (dir.), Paris, Éditions Complexe, 1990, p. 157–172.

Gerbet, Pierre. « Georges Pompidou et les institutions européennes », dans Jean-René Bernard *et al.*, dir., *Georges Pompidou et l'Europe*, Bruxelles, Éditions Complexe, 1995, p. 55–84.

Grygowski, Dimitri. « La RFA et la France face aux turbulences du système monétaire international : l'Union économique et monétaire (UEM) comme exutoire, instrument de dissuasion et de négociation de 1957 à 1978 », dans Jean-François Eck, Stefan Martens et Sylvain Schirmann *L'économie, l'argent et les hommes : les relations franco-allemandes de 1871 à nos jours*, Paris, CHEFF, 2009, p. 339–356.

Kaiser, K. « Les relations avec l'URSS », in *La République fédérale d'Allemagne dans les relations internationales*, H. Ménudier (dir.), Paris, Éditions Complexe, 1990, p. 173–190.

Koeune, Jean-Claude. « La mise en place et les premières expériences du SME », Éric Bussière, Michel Dumoulin et Sylvain Schirmann, *Milieux économiques et intégration européenne au XXème siècle : La relance des années quatre-vingt (1979–1982)*, Paris, CHEFF, 2007, p. 66.

Küsters, Hans-Jürgen et Daniel Hoffmann, *Deutsche Einheit. Sonderedition aus den Akten des Bundeskanzleramtes 1989/1990* dans « Gespräch des Ministerialdirigenten Hartmann und des Ministeral rats Luedwig mit Präsident Delors. Paris, 16. Februar 1990. », Munich, R. Oldenbourg Verlag, 1998, p. 852–853.

Küsters, Hans-Jürgen. « La controverse entre le chancelier Helmut Kohl et le président François Mitterrand à propos de la réforme institutionnelle de la Communauté européenne (1989/1990) », dans Marie Thérèse Bitsch (ed.), *Le couple franco-allemand et les institutions européennes*, Bruxelles, Bruylant, 2001, p. 487–516.

La Serre (de), Françoise. « La politique européenne de François Mitterrand : innovante ou réactive » dans Samy Cohen, *Mitterrand et la sortie de la guerre froide*, Paris, PUF, 1998, p. 110–125.

Larosière (de), Jacques. « La conversion des banques centrales européennes à l'Euro », dans Olivier Feiertag et Michel Margairaz (dir.), *Les banques centrales à l'échelle du monde*, Paris, Presses de Sciences-Po, 2012, p. 251–261.

Maes, Ivo. « La Commission européenne, le SME et la relance du processus d'UEM dans les années 1980 », dans Éric Bussière, Michel Dumoulin et Sylvain Schirmann, *Milieux économiques et intégration européenne au XXème siècle : La relance des années quatre-vingt (1979–1982)*, Paris, CHEFF, 2007, p. 87–106.

Margairaz, Michel. « Les autorités monétaires et l'internationalisation des banques dans la France des années 1970 », dans Olivier Feiertag et Michel Margairaz (dir.), *Les banques centrales à l'échelle du monde*, Paris, Presses de Sciences-Po, 2012, p. 167–180.

Margairaz, Michel. « Rapport introductif », dans Serge Berstein, Pierre Milza et Jean-Louis Bianco (dir.). *François Mitterrand : Les années du changement : 1981–1984*, Paris, Perrin, 2001, p. 331–343.

Margairaz, Michel. « Les nationalisations : la fin d'une culture politique? », dans Serge Berstein, Pierre Milza et Jean-Louis Bianco (dir.). *François Mitterrand : Les années du changement : 1981–1984*, Paris, Perrin, 2001, p. 344–384.

Mélandri, Pierre. « Une relation très spéciale : la France, les Etats-Unis et l'Année de l'Europe, 1973–1974 », dans Jean-René Bernard *et al.*, dir., *Georges Pompidou et l'Europe*, Bruxelles, Éditions Complexe, 1995, p.89–132

Ménudier, H. « Les lignes de force de la politique extérieure allemande » In *La République fédérale d'Allemagne dans les relations internationales*, H. Ménudier (dir.), Paris, Éditions Complexe, 1990, p. 23–43.

Ménudier, Henri. « Valéry Giscard d'Estaing et les relations franco-allemandes », in Samy Cohen, Marie-Claude Smouts (dir.), *La politique extérieure de Valéry Giscard d'Estaing*, Paris, Presses de la FNSP, 1985, p. 67–85.

Miard-Delacroix, Hélène. « Les relations avec les États-Unis », In *La République fédérale d'Allemagne dans les relations internationales,* H. Ménudier (dir.), Paris, Éditions Complexe, 1990, p. 101–118.

Miard-Delacroix, Hélène. « Les relations franco-allemandes », dans Serge Berstein, Pierre Milza et Jean-Louis Bianco (dir.). *François Mitterrand : Les années du changement : 1981–1984*, Paris, Perrin, 2001, p. 295–310.

Moulin, Luc. « l'Association pour l'Union monétaire de l'Europe : un groupe d'entrepreneurs contribue à la création de l'euro », dans Éric Bussière, Michel Dumoulin et Sylvain Schirmann, *Milieux économiques et intégration européenne au XXème siècle : La relance des années quatre-vingt (1979–1992)*, Paris, CHEFF, 2007, p. 241–256.

Perron, Régine. « Comment gérer le Nixon/Tokyo Round sur fond de crise monétaire? Les positions du gouvernement Pompidou (1971–1973) », dans Éric Bussière, *Georges Pompidou face à la mutation économique de l'Occident : 1969–1974*, Paris, PUF, 2003, p. 155–172.

Réau (du), Élisabeth. « L'engagement européen », dans Serge Berstein, Pierre Milza et Jean-Louis Bianco (dir.). *François Mitterrand : Les années du changement : 1981–1984*, Paris, Perrin, 2001, p. 282–294.

Rovan, J. « Les relations avec l'Europe de l'Est », In *La République fédérale d'Allemagne dans les relations internationales*, H. Ménudier (dir.), Paris, Éditions Complexe, 1990, p. 191–206.

Saint Étienne, Christian. « l'Union monétaire franco-allemande », dans Thierry de Montbrial, Karl Kaiser, René Lasserre et Robert Picht, *Agir pour L'Europe. Les relations franco-allemandes dans l'après-guerre froide*, Paris, Masson, IFRI, 1995, p. 223.233.

Salais, Robert. « De la relance à la rigueur », dans Serge Berstein, Pierre Milza et Jean-Louis Bianco (dir.). *François Mitterrand : Les années du changement : 1981–1984*, Paris, Perrin, 2001, p. 476–505.

Saunier, Georges. « Le gouvernement français et les enjeux économiques européens », dans Éric Bussière, Michel Dumoulin et Sylvain Schirmann, *Milieux économiques et intégration européenne au XXème siècle : La relance des années quatre-vingt (1979–1992)*, Paris, CHEFF, 2007, p. 109–146.

Segreto, Luciano. « La politique américaine et la crise du système monétaire international (1968–1973). Vers le flottement général des monnaies », dans Éric Bussière, *Georges Pompidou face à la mutation économique de l'Occident : 1969–1974*, Paris, PUF, 2003, p. 9–45.

Soutou, Georges-Henri. « L'attitude de Georges Pompidou face à l'Allemagne », dans Jean-René Bernard *et al.*, dir., *Georges Pompidou et l'Europe*, Bruxelles, Éditions Complexe, 1995, p. 267–314.

Vaïsse, Maurice. « Changement et continuité dans la politique européenne de la France », dans Jean-René Bernard *et al.*, dir., *Georges Pompidou et l'Europe*, Bruxelles, Éditions Complexe, 1995, p. 29–44.

Volle, Angelica. «Die EG in einer Phase des Umbruchs», dans Marion Gräfin Dönhoff, Karl Kaiser, Hans W. Maull et Wolfgang Wagner (eds), *Die Internationale Politik 1989/1990*, Munich, Oldenbourg Verlag, 1992.

Weinachter, Michèle. dans Berstein, Serge et Jean-François Sirinelli. *Les années Giscard : Valéry Giscard d'Estaing et l'Europe : 1974–1981*. Paris, Armand Colin, 2006, 272 p.

Wilkens, A. « Willy Brandt, l'Europe et le mark, 1969–1974 » dans Éric Bussière (dir.), *Georges Pompidou face à la mutation économique de l'Occident : 1969–1974*, Paris, PUF, 2003, p. 47–68.

ARTICLES

Allais, Maurice. « L'abandon du Franc : une faute politique majeure », *Géopolitique*, printemps 1996, 53, 1996, p. 21.

Bussière, Éric et Olivier Feiertag (dir.), 1999. « Banques centrales et convergences monétaires en Europe (1920–1971) » *Histoire, économies et sociétés*, 4, 1999, p.797–814.

Ehlermann, Claus-Dieter. « Die Beschlüsse des Brüsseler Sondergipfels : Erfolg einer Gesamtstrategie der Delors-Kommission », *Integration* 2, 1988, p. 56–63.

Fabra, Paul, « *Une opération vérité* », *Le Monde* 16 décembre 1971.

Fleming, J. Marcus. *«Domestic financial policies under fixed and floating exchange rates». IMF Staff Papers.* 9, 1962, *p.* 369–379.

Friedman, Milton. « Un entêtement suicidaire », *Géopolitique*, printemps 1996, 53, 1996, p. 58–66.

Haberer, Jean-Yves. « Les problèmes de l'identité monétaire. Conférences Jacques Rueff », *le Monde*, 12 mars 1981.

Haftendorn, Helga. « Le triangle stratégique Bonn-Paris-Washington », *Politique Étrangère* 3, 1996, p. 553–567.

Hrbek, Rudolf. « Der mühsame Einstieg in die EG-Reform », *Wirtschaftsdienst* 10, 1987, p. 497–505.

L'Année politique, économique, sociale et diplomatique de la France, Paris, Éditions du Moniteur, 1981.

La Serre (de), Françoise. « La politique européenne de la France : New Look ou New Deal? », *Politique étrangère* 1, 1982, p. 126–137.

Le Monde. « L'Allemagne et l'UEM : un concert parfois discordant », Dossiers et Documents, Avril 1991, p. 87–88.

Le Monde. *Europe : l'engrenage du marché unique*, Le Monde, Dossiers et Documents, Avril 1991.

Mundell, Robert A. «Capital mobility and stabilization policy under fixed and flexible exchange rates». *Canadian Journal of Economics and Political Science.* 29 (4) (1963), p. 475–485.

Mundell, Robert. «A Theory of Optimum Currency Areas», *The American Economic Review*, 51(4), 1961, p. 657–665.

Padoa-Schioppa, Tommaso. (1992) *European capital markets between liberalisation and restrictions. Speech by Tommaso Padoa-Schioppa [Director-General, economic and financial affairs], to the National Economist's Club. Washington DC, 6 July 1982.* [EU Speech]

Robin, Gabriel. « Le supranational, une vieille tentation française », *Géopolitique*, printemps 1996, 53, 1996, p. 18–20.

Rosenzweig, Luc. « Le chancelier Kohl se prononce pour la mise en œuvre et la deuxième étape de l'UEM au 1er janvier 1994 », *Le Monde*, 19 octobre 1990, p. 33.

Rovan, Joseph. « Faire les États-Unis d'Europe », entretien avec Helmut Kohl, *Politique internationale* 2, 1991, pp 21–32.

Rueff, Jacques. « Introduction : une mutation dans les structures politiques : le marché institutionnel des Communautés européennes », *Revue d'économie politique* 1, 1958, p.1–11.

Rueff, Jacques. « L'Europe se fera par la monnaie ou ne se fera pas », *Revue Synthèses* 45, 1950.

Rueff, Jacques. « L'Europe se fera par la monnaie ou ne se fera pas », *Commentaire* 3, Paris, 1978, p. 386–388.

Rueff, Jacques. au congrès de l'Europe (La Haye, 10 mai 1948) https://www.cvce.eu/content/publication/2008/4/16/2be404d6-2fc6-46d3-8704-545613612c96/publishable_fr.pdf. Archives du Mouvement européen international, Bruxelles. Congress of Europe (May 1948), Vol. III. Economic and Social Committee, p. 147–148.

Salin, Pascal. « Un saut dans l'inconnu », *Géopolitique*, printemps 1996, 53, p. 28–35.

Schmidt, P. « Die Aussenpolitik der Bundesrepublik im Kalten Krieg – Frei gewählt oder aufgezwungen? Eine Skisse », *Revue d'Allemagne* 30 (2), 1998, p. 209–220.

Soutou, G.H. « Le général de Gaulle et le Plan Fouchet d'union politique européenne : un projet stratégique », *Revue d'Allemagne* 29 (2), 1997, p. 211–220.

Soutou, Georges-Henri. « La Maison commune européenne : tactique et stratégie », *Géopolitique* 36, hiver 1991–1992.

Thorn, Gaston. « Peut-on et doit-on changer la Communauté ? », *Politique Étrangère* 3, 1982.

Tietmeyer, Hans. « Konzentration auf das Wesentliche tut not», *Wirtschaftsdienst*, 8, 1983, p. 375–378.

Triffin, Robert. « L'histoire de l'unification monétaire européenne : de l'UEP à nos jours », *Revue d'économie financière*, n° 8–9, 1989, p. 13–18.

Verger, Christine, « Les montants compensatoires monétaires », dans le *Système monétaire européen*, Cahiers français, 196, mai-juin 1980.

Winock, Michel. « Le Parti Socialiste dans le système politique français », *Vingtième siècle*, 96, octobre 2007, p. 11–21.

Index

Bio

Alain Coën est Professeur Titulaire de Finance à l'École des Sciences de la Gestion de l'Université du Québec à Montréal. Titulaire d'un doctorat en Sciences de Gestion (Finance), d'un doctorat en Sciences Économiques (Macroéconomie), d'un doctorat en Histoire (Histoire économique, Relations internationales) et de deux Habilitations à diriger les recherches (HDR), il enseigne la gestion de portefeuille, l'analyse des titres à revenus fixes et la finance d'entreprise.

Ses travaux portent sur la finance internationale, la gestion de portefeuille, l'analyse des titres alternatifs, la macrofinance et l'économétrie financière appliquée. Ils ont été publiés dans de nombreuses revues scientifiques incluant entre autres Journal of Banking and Finance, Journal of International Money and Finance, Real Estate Economics, Journal of Empirical Finance, Journal of Housing Economics et Journal of Financial Econometrics.

Il a été Professeur visitant dans plusieurs universités, incluant l'Université Paris Dauphine, l'Université Paris Nanterre, l'Université de Grenoble, l'Université de Liège, l'Université Laval, l'Université de Sherbrooke, l'Université Nationale d'Économie de Hanoi, SGH Warsaw School of Economics, Grenoble École de Management et l'École des Hautes Études Commerciales du Nord (EDHEC).

FSC
www.fsc.org
MIX
Papier | Fördert gute Waldnutzung
FSC® C083411

Kolibri 360 GmbH
Ferdinand-Jühlke-Straße 7
99095 Erfurt, Deutschland
produktsicherheit@kolibri360.de

Druck:
CPI Druckdienstleistungen GmbH
im Auftrag der
Kolibri 360 GmbH
Ferdinand-Jühlke-Str. 7
99095 Erfurt